Cem milagres

Zuzana Růžičková com Wendy Holden

CEM MILAGRES

COMO A MÚSICA ME AJUDOU A SOBREVIVER AO HOLOCAUSTO

Tradução: Claudio Carina

GLOBOLIVROS

Copyright © Zuzana Ruzickova 2020
Translation copyright © 2020, by Editora Globo S.A.

Todos os direitos reservados. Nenhuma parte desta edição pode ser utilizada ou reproduzida — em qualquer meio ou forma, seja mecânico ou eletrônico, fotocópia, gravação etc. — nem apropriada ou estocada em sistema de banco de dados sem a expressa autorização da editora.

Texto fixado conforme as regras do Acordo Ortográfico da Língua Portuguesa (Decreto Legislativo nº 54, de 1995).

Título original: *One Hundred Miracles*

Editora responsável: Amanda Orlando
Assistente editorial: Isis Batista
Preparação de originais: Denise Schittini
Revisão: Marcela Isensee e Daiane Cardoso
Diagramação: Abreu's System
Capa: Estúdio Insólito
Imagem de capa: Stanislaw Mucha, Wikimedia Commons

1ª edição, 2020

CIP-BRASIL. CATALOGAÇÃO NA PUBLICAÇÃO
SINDICATO NACIONAL DOS EDITORES DE LIVROS, RJ

R95c   Růžičková, Zuzana, 1927-2017
      Cem milagres : como a música me ajudou a sobreviver ao Holocausto / Zuzana Růžičková, Wendy Holden ; tradução Claudio Carina. – 1. ed. – Rio de Janeiro : Globo Livros, 2020.
      352 p. ; 23 cm.

      Tradução de : One hundred miracles
      caderno de fotos
      ISBN 978-65-86047-19-6

      1. Růžičková, Zuzana, 1927-2017. 2. Músicos – Biografia. 3. Nazismo. 4. Auschwitz (Campo de concentração). 5. Holocausto judeu (1939-1945). 6. Segunda Guerra Mundial. I. Holden, Wendy. II. Carina, Claudio. III. Título.

20-65398
                  CDD: 927.864
                  CDU: 92:780.616.31

Camila Donis Hartmann – Bibliotecária – CRB-7/6472

Direitos exclusivos de edição em língua portuguesa para o Brasil adquiridos por Editora Globo S.A.
Rua Marquês de Pombal, 25 — 20230-240 — Rio de Janeiro — RJ
www.globolivros.com.br

Dedicado por Zuzana a Johann Sebastian Bach, cuja música
nos faz lembrar que ainda existe beleza neste mundo.

Sumário

Nota da autora 9

1. Sibiu, Transilvânia, 1960 13
2. Pilsen, 1927 27
3. Praga, 1949 53
4. Praga, 1938 79
5. Ostrava, 1954 97
6. Terezín, 1942 117
7. Munique, 1956 143
8. Auschwitz II-Birkenau, 1943 161
9. Paris, 1965 191
10. Hamburgo, 1944 211
11. Jindřichův Hradec, Tchecoslováquia, 1968 233
12. Bergen-Belsen, 1945 259
13. Pilsen, 1945 277
14. Praga, 1989 303

Epílogo — Zuzana: duas apreciações 333

Agradecimentos 345

Bibliografia 349

Nota da autora

O processo de escrever este livro de memórias foi incomum e muitas vezes desafiador. Nos anos desde a Segunda Guerra Mundial, Zuzana quase nunca recusou um pedido de entrevista. Pessoalmente, ao telefone, por vídeo, em documentários, em programas de televisão e rádio, todos em várias línguas diferentes — principalmente tcheco, alemão, francês e inglês. Em setembro de 2017, quando fui convidada para organizar todas essas transcrições e escrever as memórias de Zuzana, viajei a Praga para fazer minhas próprias entrevistas, realizadas na casa dela duas semanas antes de sua morte. Zuzana era pequena, como um passarinho, com olhos cinza-esfumaçados e uma expressão franca e afetiva. Quando sorria, os olhos brilhavam com malícia e alegria. Fumante inveterada, acendia um cigarro atrás do outro nas horas que passávamos em seu antiquado apartamento ou em algum restaurante local, onde ela sempre ingeria generosas porções de comida. Embora — aos noventa anos — se sentisse cansada, sempre se mostrou disposta a responder minhas páginas e mais páginas de perguntas, baseadas no material existente e na minha extensa pesquisa. Se não conseguia se lembrar de detalhes precisos, como datas e nomes, ela nos servia uma bebida e me pedia para preencher essas lacunas. Quando encerramos os nossos encontros, ela apertou a minha mão e perguntou se eu tinha tudo que precisava. Disse que por enquanto sim, mas que nos veríamos novamente em alguns meses. Sorriu e me deu um beijo de despedida. Infelizmente essa foi a última vez que nos vimos. Depois de sua morte inesperada, uma semana mais tarde, todos os envolvidos no projeto queriam saber se eu tinha o suficiente para prosseguir. Meu agente e nossos vários editores internacionais se mostraram compreensivelmente preocupados, e a família e os amigos dela estavam esperançosos de que o projeto prosseguisse. Quando revi todo o material, fiquei muito feliz em dizer a todos que tinha o suficiente. O inglês de Zuzana era quase impecável e sua história, singular, como apresentada neste livro, contada em suas próprias palavras, em transcrições das respostas que deu a mim e aos que vieram antes de mim, abrangendo muitas décadas. Os relatos eram quase sempre idênticos, palavra por palavra, depois de anos contando as mesmas histórias, mais e mais vezes. Às vezes eram conflitantes, como acontece com as lembranças de eventos ocorridos em um passado distante. À medida que ficava mais velha, ia se mostrando um pouco mais esquecida. Em algumas entrevistas, dizia que não conseguia se lembrar de um acontecimento, enquanto em outras era capaz de descrevê-lo com notável clareza. Nos poucos casos em que houve alguma discrepância, recorri às suas entrevistas mais coerentes e confirmei a sequência precisa de fatos usando seu arquivo pessoal de cartas, ensaios e discursos, bem como artigos, o breve diário do tempo que passou em Auschwitz e outros documentos históricos. Também me baseei no testemunho de várias pessoas que compartilharam suas experiências durante e depois da guerra, que conseguiram explicar certos pontos que eu não poderia descrever com precisão.

Foi um trabalho considerável entretecer todo o material reunido, que, em boa parte, precisou ser ser traduzido do tcheco. Fui muito ajudada pela generosidade dos seus entrevistadores anteriores e pela paciência de historiadores, arquivistas, documentaristas, amigos, familiares, tradutores e músicos do mundo todo. As lembranças deste livro são exatamente como Zuzana se recordava dos acontecimentos. Até onde consegui, eu as editei de uma forma que espero que ela aprovasse.

Minha impressão mais marcante foi a de que Zuzana estava determinada a prestar seu testemunho da história. Não apenas dos anos da guerra, mas também das décadas posteriores, em geral extremamente desafiadoras.

Nunca deixarei de me sentir comovida por sua coragem e resistência em face de tantos sofrimentos, preconceitos e adversidades.

Apesar de tudo por que passou, Zuzana continuou de bem com a vida, e queria que o mundo soubesse que ela tinha sido curada pela música e pelo amor da mãe e do marido. Foi um dos maiores privilégios da minha vida cumprir esse desejo.

Wendy Holden
Londres, 2018

1. Sibiu, Transilvânia, 1960

— Seja bem-vinda, camarada! — Como sempre, o diretor cultural me cumprimentou calorosamente na remota cidade de Sibiu, na Transilvânia. — Muito, muito obrigado por voltar. Mal podemos esperar para ouvi-la tocar novamente para nós.

Era o inverno de 1960, e levei boa parte do dia para viajar até lá, saindo de Kiev. Quando finalmente cheguei sozinha, em um voo para Bucareste e, depois, em um antigo trem a vapor que pareceu demorar uma eternidade para atravessar o país, estava cansada e morta de fome.

Minha última turnê de recitais por estaleiros, faculdades e prédios do governo — a décima naquele ano — tinha durado três semanas e havia sido especialmente cansativa no frio da Ucrânia, da União Soviética e da Polônia. Kiev tinha sido difícil em particular, com um estranho diretor que ameaçou não me pagar. Eu estava desesperada para ir para a casa da minha família em Praga depois dessa apresentação, meu penúltimo concerto para as autoridades naquele ano.

Por visitas anteriores à medieval Sibiu, sabia que meus tão esperados alojamento e jantar seriam básicos. Felizmente, tinha um pouco de salame e uma lata de sardinha sobrando em minha mala, bem como um suprimento de cigarros russos.

De todos os outros países do Bloco Oriental nos quais fui obrigada a me apresentar para os socialistas, a Romênia era um dos mais atingidos pela terrível pobreza e pela sensação de desespero. A população dessa antiga província húngara sofria horrivelmente nas mãos do presidente Gheorghiu-Dej e de seu primeiro-ministro, Nicolae Ceauşescu, e estava ainda mais faminta pelo contato com o mundo exterior do que nós, tchecos. Lembro-me de uma viagem a Timisoara, onde o hotel era tão terrível, com uma banheira tão insanamente suja, que tive medo de que houvesse percevejos. Desfiz a malinha que minha querida mãe tinha arrumado com tanto cuidado para mim e comecei a chorar. Disse para mim mesma: "Se ela visse em que tipo de ambiente eu estou desfazendo essa malinha...".

Em Sibiu, as condições eram as mesmas, mas o diretor musical — que ficava emocionado com a chegada de qualquer artista do programa cultural do Estado — de alguma forma conseguia sempre levantar o meu moral, muito agradecido por eu ter concordado em incluir sua cidade no meu itinerário.

— Está tudo pronto para você em seus aposentos — me assegurou.

Essas palavras alegraram meu coração na minha primeira visita à cidade alguns anos antes — até ver meu quarto sem aquecimento. Com uma nevasca prevista para aquela fria noite de novembro, provavelmente eu teria de dormir com o meu casaco.

Meu recital de música antiga na noite seguinte seria no saguão de um prédio que funcionava como cinema. Acompanhada por entusiasmados músicos de Sibiu, eu não esperava que fosse o meu desempenho mais memorável, mas sabia que a apreciação seria sincera e genuína.

Contudo, muito antes de me arrumar com o vestido de baile de veludo verde que a costureira de minha mãe fez para mim, desfilei pela cidade como de costume, com membros do Partido Comunista tirando fotos minhas na sede administrativa antes de visitar escolas e locais de trabalho. Os alunos sempre eram mais receptivos, especialmente se tinham ambições musicais, e pareciam me considerar uma espécie de celebridade.

Naquele dia, em uma das salas de aula, falei para um grupo que tinha a mesma idade que eu quando Hitler finalmente invadiu a Tchecoslováquia — doze anos. Como sempre, falei sobre minha paixão pela música e de minha profunda ligação com Johann Sebastian Bach.

— Bach foi amor à primeira audição, quando eu tinha apenas oito anos de idade — falei.

Em resposta às suas muitas perguntas, não só expliquei por que dediquei minha vida à música, mas por que mudei do piano para o cravo.

— Algumas pessoas pensam no cravo como um instrumento feudal, um artefato de madeira do século XVI que deveria estar num museu, mas, para mim, ele ainda está muito vivo — afirmei. — Bach compôs suas primeiras músicas de teclado no órgão e no cravo e deixou um terço do seu enorme legado para o cravo, muitas vezes especificando em qual instrumento cada peça deveria ser tocada. Para ser autêntica e fiel às intenções de Bach, eu toco cravo.

Alguém levantou a mão.

— Mas o que há de tão especial em Bach? Por que não Beethoven, por exemplo? — perguntou um adolescente curioso.

Abri um sorriso.

— Beethoven brande o punho para os céus.— Gesticulei com a mão fechada. — Na música de Bach há o máximo da alegria de viver e também a mais desesperada tristeza. Sempre somos tocados pelo profundo sentimento de sermos humanos.

Quando voltei ao meu quarto para me preparar para a apresentação da noite, acendi mais um cigarro, e fui surpreendida por uma batida na porta. A concierge do prédio, cujo trabalho era me espionar e relatar qualquer coisa subversiva, disse-me que alguém queria falar comigo ao telefone.

Assustada, corri para o quarto dela e peguei o fone. Quase deixei o aparelho cair quando ouvi a voz do meu marido. Por que Viktor estava ligando e de onde? Nós nem tínhamos telefone. Pouca gente em Praga tinha. Será que tinha acontecido alguma coisa com a minha mãe?

— Está tudo bem, Zuzana — ele me tranquilizou, sabendo que eu estaria em pânico. — Estou ligando porque eu e sua mãe queremos que você mude seus planos de viagem. A previsão do tempo está muito ruim e não queremos que você volte de avião no meio de uma nevasca. Você não pode vir de trem?

Espiei pela janela e vi os flocos de neve rodopiando loucamente pela luz de um poste da rua. Não parecia pior do que quando cheguei, e já estava

Cem milagres 15

prestes a argumentar com ele. Então ouvi minha mãe pedindo a Viktor para me convencer, e sabia das dificuldades que eles deviam ter tido para completar a ligação.

— Tudo bem — respondi, meio relutante, pois a viagem demoraria o dobro do tempo e eu teria de começar uma nova gravação assim que voltasse. — Vou perguntar à organização de concertos o que eles podem fazer.

Com a ajuda do diretor, um funcionário da agência concordou em alterar minha agenda de viagem. Eu tinha mais uma apresentação na cidade de Arad, na fronteira com a Hungria, e esperava poder voltar de lá para casa. As autoridades disseram que eu poderia fazer isso:

— Não é necessário que você vá a Bucareste antes — informou o funcionário. — Você pode pegar o trem da meia-noite até a fronteira da Hungria e depois outro trem para Praga, via Viena e Ostrava. — Ele rabiscou alguma coisa na minha passagem, carimbou e me dispensou.

Mais tarde naquela noite, quando me sentei diante do cravo e fiz uma pausa para meu habitual momento de reflexão, vi na fileira da frente algumas crianças com quem tinha conversado mais cedo, olhando para mim com expressões ansiosas. Quando comecei a tocar o *Concerto italiano,* de Bach, vi que todas ouviam atentamente cada nota que eu tirava do instrumento, que, felizmente, estava bem afinado.

Logo me perdi na música, entrando naquele estado quase meditativo que sentia assim que meus dedos tocavam nas teclas. Era sempre a mesma coisa quando eu tocava Bach. Há tanta beleza em sua estrutura. Eu tenho uma memória arquitetônica, não visual, e à medida que as melodias começam a se construir eu imagino um edifício. Sei onde estão os agudos e os graves. Os movimentos de modulação de Bach me encaminham como corredores. Sei perfeitamente onde e quando virar a esquina. Sei instintivamente como é construído. Compreendo a arquitetura e para onde está indo — os corredores que levam aos quartos; escadas que levam aos níveis superiores, e finalmente a uma última melodia que completa a estrutura de maneira perfeita.

Muito tempo depois de ter tocado a nota final, sempre demoro algum tempo para voltar a mim mesma — e aos aplausos.

* * *

Como de costume, fui presenteada com um buquê e — fora do palco — o diretor me entregou um envelope com meu cachê em leus romenos. Não podia abrir o envelope, pois tinha instruções estritas de entregá-lo para o Estado 24 horas depois de chegar a Praga, junto com meu passaporte e os outros pagamentos pela turnê.

Tenho certeza de que o diretor de Sibiu desconfiava que eu só recebia uma pequena parte dos que controlavam as minhas apresentações. Ele me abraçou calorosamente mais uma vez.

— Nós não podemos pagar muito, camarada Růžičková, mas, por favor, não recuse se pedirmos para você voltar. Significa muito ter alguém como você aqui — falou.

Alguém como você.

Olhando nos olhos dele, refleti sobre aquela escolha de palavras. Duvidava que ele conhecesse minha história. Imaginei que estivesse se referindo ao seu distrito, tão raramente visitado por um dos poucos músicos da Cortina de Ferro autorizados a gravar álbuns e — ocasionalmente — até a viajar para o Ocidente.

Garanti que voltaria e aceitei sua oferta de me acompanhar à estação mais tarde naquela noite cada vez mais nevada. O centro medieval de Sibiu era extremamente pitoresco, mas na periferia ficava claro que, para a maioria dos cidadãos, o inverno era apenas mais uma dificuldade indesejada. Enquanto caminhávamos até a plataforma, tivemos de passar por pessoas tão pobres que usavam tiras de panos enroladas em volta dos pés em vez de sapatos.

Pontualmente, o trem chegou até alguns minutos antes da meia-noite, envolto em nuvens de vapor. Estava ansiosa para embarcar, mas o condutor--chefe tinha outras ideias. Depois de examinar minha papelada, ele me informou que não era válida:

— Sua reserva é de Bucareste — falou sem hesitar. — Não há lugar para você neste trem.

Eu quase comecei a chorar. Queria chegar logo à cidade onde passei a morar depois da guerra e estava com muita saudade de Viktor e da minha mãe. Tudo que eu queria era voltar para o nosso apartamento de dois quartos onde mamãe ficava com a única cama e eu e meu marido dormíamos em um colchão embaixo do piano.

— Mas preciso voltar para Praga — protestei —, e esse é o único jeito de sair.

O diretor tentou intervir, falando diretamente com o condutor:

— Camarada, esta é Zuzana Růžičková, a virtuosa do cravo. É uma convidada de honra da festa. Você precisa fazer tudo para ajudá-la.

O funcionário não pareceu impressionado. Fiquei pensando se ele tinha se recusado a ingressar no Partido Comunista, como Viktor e eu.

— Você não consegue me arranjar algum lugar nesse trem? — insisti afinal.

— Muito bem — concedeu ele, com um suspiro. — Você pode ocupar um leito vazio no vagão-dormitório tcheco, mas esteja preparada para ser expulsa se alguém embarcar em Ostrava com uma passagem válida.

Agradeci e corri para o vagão-dormitório antes que ele mudasse de ideia.

Precisei usar toda minha força para erguer a mala até o beliche superior, carregada de livros, vestidos de baile, minhas partituras e alguns itens alimentícios. Com menos de um metro e meio de altura e pesando menos de cinquenta quilos, nunca tive um porte atlético — para grande decepção do meu pai, que sempre quis uma filha esportista.

Acomodei-me no beliche inferior com um livro do meu escritor favorito, Thomas Mann, e me despedi com um aceno do prestativo diretor na plataforma, envolto em vapor e neve. Enquanto o trem avançava e ele saía da minha visão, lembrei-me da minha última despedida numa estação de trem, do diretor da Filarmônica de Kiev, que tinha sido uma espécie de enigma.

Assim como em Sibiu, cheguei à República Socialista Soviética da Ucrânia atrasada e exausta. Estava ansiosa para chegar ao meu quarto e comer alguma coisa — pois eu vivia com fome —, mas primeiro precisava localizar o diretor, que encontrei em um pequeno escritório aquecido por uma estufa diminuta.

Era como uma cena de um filme. O diretor era um homem que parecia um urso atrás de uma mesa grande com as mangas da camisa branca protegidas pela cobertura de um tecido preto. Sua secretária estava sentada em um canto e o recinto era terrivelmente quente e abafado.

— Olá, diretor. Sou Zuzana Růžičková e é um prazer estar aqui — disse educadamente. Em seguida, apresentei os formulários necessários para as autoridades calcularem os impostos a serem deduzidos antes de eu receber meu pagamento.

O rosto do diretor ficou vermelho.

— O que é isso? — grunhiu, apontando meus documentos com o dedo.

— Meu contrato de apresentações, camarada — expliquei. — Requer sua assinatura... como de costume.

Sem uma palavra, ele pegou meus papéis e jogou-os para o ar.

— Eu não vou assinar. Eu me recuso a assinar qualquer outra coisa. Estou cansado de toda essa papelada, de ficar nesse escritório sem ar! — berrou, ficando de pé. Andou em direção à porta e se virou: — Eu vou sair. Me deixe em paz! — gritou.

Comecei a protestar, mas olhei para a tímida secretária, que abanou a cabeça e levou um dedo aos lábios. A porta bateu e ouvimos o diretor sair pelo corredor enquanto ela me ajudava a recolher meus papéis.

— Não se preocupe — falou, como se o comportamento dele não fosse nada fora do comum. — Eu cuido disso para você.

— É mesmo? Ah, obrigada.

Organizou a pilha em cima da mesa dela, mas, quando estava prestes a colocar um selo oficial, a porta se abriu e o diretor voltou, com os olhos brilhando.

— O que você está fazendo? Nós não vamos assinar isso! Eu a proíbo. E não me importo se perder meu emprego. Eu estou em greve!

— Mas, diretor — choraminguei —, sem esses documentos eu vou ter problemas terríveis e não vou ser paga.

Ele saiu novamente, irredutível, deixando-me sem palavras. Felizmente, a secretária o ignorou e, em poucos minutos, eu estava saindo do escritório com meu contrato assinado.

Na noite seguinte, quando eu subia a grande escadaria da sala de concertos onde iria tocar, a mesma mulher saiu de um canto para me dizer que o diretor tinha me convidado para jantar depois do meu recital.

— O quê? Depois do jeito que ele me tratou?

— Ele *precisa* levar você para jantar — ela respondeu. — É o que se espera dele — acrescentou, em voz baixa.

Eu não tive escolha senão concordar.

O concerto correu bem, mas depois, no restaurante do hotel, eu e o diretor ficamos praticamente em silêncio.

— Sei que não me comportei bem, camarada, mas você tem que entender que a vida é muito difícil para mim aqui... porque sou judeu — ele finalmente falou.

Respirei fundo, olhei nos olhos dele.

— Eu também — falei.

Ele franziu os olhos por um momento e examinou minha expressão com desconfiança.

— Prove — disse.

Olhei ao redor do restaurante meio vazio, sem saber o que fazer. A expressão dele não demonstrou nada, então eu arregacei a manga esquerda e mostrei a tatuagem minuciosamente gravada no meu antebraço em Auschwitz por uma prisioneira inexpressiva com um uniforme listrado.

O diretor fez um sinal com a mão, desdenhando.

— Ah, muitas pessoas têm isso! — Antes que eu pudesse protestar, ele se inclinou para frente: — Me mostre o seu passaporte — sussurrou.

Enfiei a mão na bolsa e entreguei-lhe o que queria, mas ele ficou consternado ao descobrir que meus documentos tchecos não davam nenhuma indicação de nada além da minha cidadania. Jogou o passaporte para mim do outro lado da mesa.

— Diga alguma coisa em iídiche — ordenou.

Eu quase dei uma risada. Tinha 33 anos e, embora soubesse um pouco de hebraico, quase não tinha falado iídiche na minha vida. Meus pais eram ricos e não praticantes, e só me levavam à sinagoga de Pilsen em ocasiões especiais e feriados prolongados. Nós éramos uma família assimilada, que comemorava a Chanucá, mas também o Natal todos os anos, com uma árvore enfeitada. Sabia um pouco de hebraico porque ouvia meu avô cantando em festas familiares, mas meu único contato com quem falava iídiche fora nos campos de concentração e trabalho escravo de Terezín, Auschwitz, Hamburgo e Bergen-Belsen.

Puxando pela memória, fechei os olhos enquanto meu cérebro filtrava palavras de uma época que eu tentava esquecer.

— *Meshuggeneh!* — Surgiu de repente.

— Ah, mas o que isso significa? — perguntou o diretor, testando-me numa língua que ele conhecia bem.

— "Louco"?

— O que mais?

— *Kvetch?* — arrisquei. — Acho que quer dizer "reclamar".

Ele assentiu.

— Ah, e *mensch*, que significa "bom homem".

Aparentemente satisfeito, o diretor abriu seu primeiro sorriso, que transformou completamente o seu rosto.

— Bem-vinda a Kiev, camarada — bradou, estendendo uma das mãos. — Mal posso esperar para apresentar você à minha família judia.

Pensei que ele estava brincando, até partir de Kiev para Sibiu na manhã seguinte. Ele estava lá, esperando por mim na estação, com um monte de gente que orgulhosamente apresentou como seus pais, avós, tias, primos e filhos, que se espremeram ao meu redor como se eu fosse uma estrela de cinema.

— Eu trouxe todos eles para dizerem adeus! — gritou sobre as cabeças dos parentes. — Por favor, volte logo.

Voltei a Kiev alguns anos depois, mas o diretor não estava em nenhum lugar em que pudesse ser visto. Só consegui imaginar que tinha sido demitido.

Depois de atravessar a fronteira romena de Arad até a Hungria, meu trem seguiu lentamente para Viena, onde seguimos por um desvio e fomos conectados a uma moderna locomotiva a diesel.

Quando chegamos a Ostrava eu já esperava ser despejada do meu leito solitário, mas, felizmente, ninguém chegou para reivindicar meu beliche. Li um pouco, comi um pouco e fumei um pouco, mas estava dormindo quando, de repente, fui atirada para fora da cama.

A primeira coisa de que me lembro foi ter caído no chão com um baque. Depois minha mala desabou sobre mim do beliche superior. Tentei me levantar, mas percebi que meu vagão estava num ângulo oblíquo e que estava fraca demais para tirar o peso da mala das costas. Não tenho ideia de quanto tempo fiquei presa, mas quando finalmente consegui me soltar comecei a ouvir gritos e o som de metal raspando contra metal.

As horas seguintes foram de um atordoamento doloroso. Alguém me ajudou a sair do trem, e eu teimosamente insisti que minha mala fosse retirada comigo. Quando finalmente saí dos destroços, só conseguia ver uma névoa espessa. Só conseguia sentir cheiro de fogo. Havia escombros por toda parte. Tive que escolher o meu caminho através de vidros quebrados e restos de vagões despedaçados como lenha para lareira. Corpos espalhavam-se pela neve. Perdi a noção do tempo, não tinha ideia se era dia ou noite, mas parecia noite e eu via as chamas lambendo a cena de devastação atrás de mim.

Muitos dos que sobrevivemos fomos levados por guardas da segurança pública para um prédio sem aquecimento em uma aldeia vizinha, que depois soubemos que era Stéblová, no leste da Boêmia. Moradores locais nos trouxeram água, pão e um pouco de licor de cereja para nos aquecer antes de correrem para o local do acidente. Ficamos ali tremendo, em vários estágios de choque e lesões.

A certa altura, um homem veio para cuidar dos feridos e nos contou o que havia acontecido. Um trem a vapor de passageiros colidiu de frente com o nosso, e muitos morreram ou ficaram feridos. Para evitar que a caldeira explodisse, alguém jogou as brasas no aterro, que acidentalmente incendiaram o diesel derramado do nosso trem. Mais abaixo dos trilhos, disse o homem, pessoas acorriam aos destroços para resgatar os feridos, que estavam sendo levados para hospitais próximos a Hradec Kralove e Pardubice.

Apesar da dor que eu sentia nas costas, recusei tratamento médico e pedi para ser levada de volta a Praga o mais rápido possível. "Eu tenho um compromisso importante", repetia. "Eu preciso ir para casa."

Demorou dois dias em circunstâncias periclitantes, mas afinal consegui voltar, via um ônibus para Hradec Kralove, um trem e um bonde. O acidente aconteceu a cerca de 120 quilômetros de Praga, por isso só cheguei nas primeiras horas da manhã. Quando Viktor abriu a porta do nosso apartamento, totalmente vestido apesar da hora, ele parecia estar vendo um fantasma.

— Você está viva! — gritou, abraçando-me. Meu marido, um brilhante compositor, que se casou com uma jovem judia recém-saída dos campos de concentração, apesar de todas as minhas advertências, não acreditava nos próprios olhos. Afastou-se, me examinou mais uma vez. — É um milagre! Você voltou dos mortos, Zuzana... de novo! — exclamou.

Abanei a cabeça, cansada demais e com muito frio para falar.

Subir os seis lances de escada até nosso apartamento consumiu todas as minhas forças, inclusive porque minhas costas doíam demais. Conforme subíamos devagar, Viktor me disse que ele e minha mãe ouviram uma breve notícia no rádio sobre o acidente de trem, mas que as autoridades não divulgaram mais detalhes.

Passou-se muito tempo até ficarmos sabendo que altos funcionários do Partido tinham decidido manter em segredo o pior desastre de trem na história tcheca, para impedir que as notícias fossem "usadas pelos inimigos do socialismo". A mídia não informou de imediato que 118 pessoas haviam morrido e que mais de cem ficaram feridas. Nem sequer cobriu o julgamento subsequente, em que o maquinista sobrevivente, o condutor e o chefe do trem foram presos por interpretar mal os sinais no nevoeiro.

Desesperado por notícias na noite após o acidente, Viktor teve que pedir muitos favores para saber mais detalhes. Felizmente, um amigo influente tinha ligações com a estação ferroviária de Praga, ligou para lá e perguntou se os vagões-dormitórios da Romênia estavam envolvidos no acidente. "Sim" foi a resposta. "Os últimos três vagões internacionais de passageiros ficaram totalmente destruídos. Não houve sobreviventes."

Ele e minha mãe ligaram para os hospitais da região para ver se eu estava entre os feridos, mas não conseguiram encontrar nenhum registro. Ficaram angustiados, pensando que a mudança de planos da minha viagem sem querer havia causado minha morte.

Quando cheguei ao alto da escada, minha mãe, também completamente vestida, me esperava de braços abertos.

— Zuzana — sussurrou, com os olhos arregalados, incapaz de falar mais alguma coisa.

Já era madrugada quando eu e Viktor nos deitamos no nosso colchão embaixo do piano de cauda, mas ainda pedi para ele acertar o despertador. Viktor pareceu chocado:

— Mas por quê?

— Eu tenho que estar logo cedo no Salão Domovina — respondi. — O prédio foi reservado para a gravação e todos estarão me esperando.

Ele começou a protestar, mas depois olhou nos meus olhos. Desde garotinha, meus olhos não conseguiam mentir. Foi uma característica que herdei do meu pai. Viktor sabia o que eu estava pensando. Eu nem precisava dizer: "O que Bach faria?". Ele se virou e ligou o alarme.

A única concessão que fiz a suas preocupações foi me levantar mais cedo para ser examinada antes no hospital.

— Posso estar com lombalgia ou ter machucado as costas — disse ao médico que me atendeu. — Caiu uma mala em cima de mim — acrescentei.

Ele pediu uma radiografia e prometeu entrar em contato comigo mais tarde com os resultados.

Não consigo lembrar qual peça musical gravei naquele dia para a Supraphon, o selo da gravadora tcheca que se tornou minha grande divulgadora. Depois achei que poderia ter sido algo de Domenico Scarlatti, um contemporâneo italiano de Bach e prolífico compositor para cravo.

Mas os encartes da época me dizem que foram as *Variações Goldberg*, uma das peças mais difíceis de Bach e um trabalho que eu aspirava gravar desde que era menina. Supostamente encomendadas por um conde russo que tinha insônia e queria que seu cravista, Johann Gottlieb Goldberg, tocasse essas peças à noite para entretê-lo, as variações são matematicamente perfeitas, com um deslumbrante número de padrões numerológicos que Bach definiu como "preparados para o deleite da alma de amantes da música".

Não me lembro de sentir muita alegria naquele dia. Só sei que cumpri todas as minhas obrigações, aguentando a dor de passar quatro ou cinco horas no teclado. Como sempre, meus diligentes colegas músicos e a equipe de gravação me ajudaram. Quando o produtor decidiu que tinha material suficiente e perguntou se eu queria ficar para ouvir o que eles tinham gravado até o momento, balancei a cabeça. Eu me sentia um pouco febril.

— Obrigada, mas estou cansada depois de todas as minhas viagens, e acho que posso estar pegando um resfriado. Agora eu gostaria de ir para casa — disse a ele.

Devo ter entregado minhas moedas estrangeiras e meu passaporte às autoridades, conforme exigido. Depois devo ter tomado o bonde para o nosso apartamento perto do Hotel Flora, de quatro andares, do século XIX, no bairro de Vinohrady, onde eu e Viktor costumávamos almoçar (até ser demolido para dar lugar a um shopping e à estação de metrô). Mas não me lembro de fazer nada antes de virar a esquina da nossa rua e ver uma ambulância perto do nosso quarteirão, com as portas traseiras abertas. Acelerei meus passos o máximo que consegui, cheguei à porta da frente e dei de cara com o médico que tinha me examinado horas antes.

— Onde esteve, senhora Růžičková? — ele perguntou em voz alta, claramente agitado. — Nós ficamos esperando por você.

— Por quê? Qual é o problema? — perguntei, temendo que houvesse algum problema com minha mãe.

— São os resultados dos raios X — explicou o médico. — Você precisa ser hospitalizada imediatamente.

— O quê? Por quê? — perguntei, confusa.

— Minha querida camarada, você fraturou uma vértebra cervical. — Continuou me dizendo que eu tive sorte de não ter perdido meus movimentos. Sob instruções estritas de não me mexer, passei as três semanas seguintes deitada de costas no hospital, e várias semanas depois imobilizada em uma órtese de coluna. A gravadora me enviou um buquê de flores com uma nota dizendo que o álbum tinha ficado muito bom, apesar da minha dor.

Minha sorte foi a lesão não ter afetado a minha execução e — assim como lutei para recuperar a saúde em 1945 —, eu fiz a mesma coisa mais uma vez. Ferida, mas não abatida, eu mal podia esperar para voltar para casa, para Viktor e minha mãe, grata mais uma vez por outro milagre que me permitiu passar o Natal com as duas pessoas que significavam mais para mim do que a própria vida.

2. PILSEN, 1927

"PRECISA-SE DE BABÁ PARA CRIANÇA do sexo feminino, seis meses de idade. Deve saber cantar." O anúncio que minha mãe publicou no jornal de Pilsen, em 1927, deve ter intrigado muita gente. Muitas das que se inscreveram disseram que a exigência de cantar era desnecessária para uma criança tão pequena, mas minha mãe insistiu: "A babá anterior sempre cantava e ela adorava".

Para provar que eu tinha um ouvido musical incomumente desenvolvido, ela me segurava no colo durante cada entrevista e pedia a cada babá em potencial para cantar para mim. Quando elas desafinavam, eu chorava tão alto que, por um processo de eliminação, minha mãe encontrou a babá perfeita. Mamãe disse que minha reação a quem cantava mal foi a primeira indicação que ela teve de que um dia eu poderia me tornar uma musicista.

Não há dúvida que meus pais foram muito indulgentes comigo. Eu era filha única e não conhecia a pobreza. Quando alguém me pergunta o que teria acontecido comigo se eu não tivesse ido para os campos de concentração, digo que provavelmente teria sido uma criança insuportavelmente mimada. Minha mãe, Leopoldina, conhecida como "Poldi", tinha trinta anos quando eu nasci, e meu pai, Jaroslav Růžička, 34. Um *shadchen*, ou casamenteiro, arranjou o casamento, como era tradição, mas isso não significava que eles fossem infelizes. Longe disso. Os dois eram dedicados um ao outro e tiveram um dos mais belos casamentos que já conheci.

Minha mãe queria estudar Medicina, mas acabou administrando uma loja de porcelana na cidade de Dobris, no leste da Boêmia, e depois trabalhou na contabilidade de uma empresa que fabricava tintas e vernizes, antes de assumir o cargo de secretária-administrativa na fábrica de veículos para exportação Auto-Štádler de Pilsen. Culta e elegante, estudou em um internato, onde aprendeu alemão, e depois passou bastante tempo em Viena com a irmã, Elsa, indo a teatros, shows e museus. Minha mãe era incrivelmente bonita, mas se considerava feia, apesar de ter vários homens apaixonados por ela, inclusive um que era casado. Quando era mais jovem ela se apaixonou pelo irmão de um de seus cunhados, um homem mais velho e coxo. Ele também a adorava, mas foi rejeitado como inadequado pelos pais dela, que contrataram o casamenteiro.

Meu pai foi primeiro-tenente do 35º Regimento de Infantaria de Pilsen na Primeira Guerra Mundial e foi baleado no pulmão, tinha uma postura quase prussiana e não era um judeu praticante. Ele nunca falou sobre a guerra, mas o ferimento o afetou pelo resto de sua vida, particularmente em suas atividades esportivas. Estudou em uma academia de comércio antes de ir trabalhar na loja de brinquedos do pai, a Hračky Růžička (*hračky* significa "brinquedos"), na rua Solní nº 2, em Pilsen. Quando ele e minha mãe foram formalmente apresentados, ele acabara de voltar de uma viagem de quatro anos a Chicago, nos Estados Unidos, onde foi aprendiz na loja de departamentos Leader, nas ruas Paulina e Dezoito, de copropriedade de parentes de sobrenome Ginsburg. Minha tia-avó Malvina tinha emigrado para os Estados Unidos em 1912 e se casado com um dos filhos dos Ginsburg. Eles se estabeleceram num bairro habitado principalmente por tchecos em Chicago, que chamaram de Pilsen em homenagem a nossa cidade. Zdeněk Ginsburg e seus três irmãos mais novos logo se estabeleceram no comércio de secos e molhados com outros parentes, membros da família Oplatka. Vendendo de tudo, de uniformes escolares a edredons com enchimento de plumas e, especificamente, tendo como alvo os imigrantes tchecos, a loja continuou atendendo seus fiéis clientes até os anos 1970.

Mas eles também tinham outros talentos. Um dos filhos de Ginsburg, Roderick, fundou a Sociedade Tchecoslovaca de Artes e Ciências e ficou famoso por traduzir obras tchecas, inclusive o poema "Máj" [Maio], de Karel

Hynek Mácha, as "Tyrolské elegie" [Elegias tirolesas], de Karel Havlíček e a poesia de Ján Kollár. Outro filho se casou com uma moça de uma família politicamente importante. Todos eram tão amigáveis e acolhedores com o primo tcheco que meu pai usufruiu bem de seu tempo em Chicago, apesar de ter começado trabalhando no depósito para aprender como uma loja de departamentos era administrada.

Meu pai adorou o tempo que passou nos Estados Unidos. Provavelmente teria ficado por lá, mas seu pai, Heinrich, conhecido como Jindřich, ficou doente e escreveu para o filho mais velho e herdeiro pedindo que voltasse para administrar a loja de Pilsen com o irmão mais novo, Karel. Relutante, voltou depois de quatro anos, fluente em inglês e bem versado nos princípios do comércio americano. Então foi escolhido para ser marido da minha mãe, com quem se casou em 1923. O presente de casamento da minha avó materna foi uma cozinheira chamada Emily, que cuidava de todos nós. Quatro anos depois, eu nasci, em 14 de janeiro de 1927, minha avó treinou uma empregada para minha mãe, e mais tarde eu tive uma governanta. Recebi o nome de Zuzana Eva Miriam. Zuzana é a versão tcheca de Susanna, que significa "lírio" em hebraico, e meus pais a tiraram de um filme a que assistiram juntos quando minha mãe estava grávida. Eva era o nome de uma prima muito querida, e Miriam era meu nome judaico. Mas Zuzana não era um nome muito comum, e isso criou certo escândalo na família da minha mãe. Minha avó ficou chocada, e escreveu para minha mãe dizendo: "Zuzi é nome que a gente dá a uma cadela!".

Embora meu pai fosse profundamente patriota, acho que talvez nunca tivesse voltado dos Estados Unidos não fosse por um sentido de dever familiar. Com o tempo, porém, ele acabou assumindo o comando da loja de brinquedos com o irmão mais novo, Karel, de quem era muito próximo. Karel tinha desertado do exército austro-húngaro durante a Primeira Guerra para entrar para a Legião Estrangeira na Itália. Os dois irmãos herdaram o talento do pai na arte de vender, ainda que não tivessem seu estilo sofisticado. Meu avô paterno tinha cabelos brancos até os ombros, usava uma capa e ficou famoso por ornamentar as vitrines com temas para ocasiões diferentes. Em um dos anos, o tema para o feriado de são Nicolau foi o Inferno, com fogo e demônios. Em outra ocasião, ele encheu as vitrines com miniaturas de estradas de ferro. Qualquer tema que escolhesse, sempre atraía muitas crianças. Até hoje encontro pessoas que dizem que ficavam com o nariz grudado na vitrine da loja de brinquedos Růžička.

O estabelecimento vendia todos os tipos de brinquedos, incluindo patins, fantoches, bolas, piões e patinetes. Quando meu pai assumiu, baseou-se em sua experiência em Chicago e abriu uma nova seção de promoções com entrada própria, que vendia luvas, guarda-chuvas, sapatos, lingerie, roupas de cama, joias e iluminação, para que os clientes pudessem comprar tudo de que precisavam em um lugar só. Eu tenho uma fotografia antiga que mostra as vitrines abarrotadas do chão ao teto com todo tipo de mercadorias.

Meu pai também elaborava slogans publicitários em estilo americano, como "Não se esqueça de Růžička!", que ele publicou nos jornais locais e inscreveu em enormes cartazes espalhados pela cidade. Os negócios logo prosperaram e os revendedores procuravam meu pai, ansiosos para vender seus produtos. Desde de que me entendo por gente, lembro que vivia numa espécie de creche cheia de brinquedos. Nunca gostei de bonecas, mas adorava qualquer coisa brilhante, especialmente cristais lapidados.

Mamãe ajudava na loja e cuidava das contas. Com a aprovação dos maridos e do meu avô, ela e Kamila, esposa de Karel, fizeram uma coisa rara para as mulheres da época e abriram uma loja própria chamada Filiálka (que significa "filial") em Klatovská Třída, em um outro bairro. Elas gerenciavam a loja de forma independente e tiveram sucesso. As mulheres tentavam superar os seus maridos em uma competição saudável, e meu pai era solidário e gentil.

Nós éramos muito felizes, nós três, e éramos muito carinhosos uns com os outros, bem antes de isso se tornar moda. Minha mãe, em especial, vivia nos abraçando, apesar de estar sempre preocupada e parecer um pouco triste. Meus pais sempre trabalhavam até tarde da noite, mas quando voltavam para casa eu era o único foco de suas atenções. Viviam me perguntando sobre o meu dia e me mimando. Com governantas alemãs e inglesas, eu cresci rodeada por três idiomas — tcheco, alemão e inglês — e nós passávamos de um para outro sem esforço. Porém, talvez por meus pais passarem o dia inteiro no trabalho, eu me tornei uma criança neurótica, e desenvolvi uma terrível ansiedade de que algo poderia acontecer com eles. Minha mãe, por sua vez, era superprotetora e queria outro filho para me fazer companhia, mas meu pai era extremamente pessimista em relação às condições do mundo nos anos 1930 e disse que não queria trazer outra criança a esse lugar.

A decisão dele salvou nossas vidas, pois com um irmão mais novo talvez nós tivéssemos ido direto para as câmaras de gás, como aconteceu com alguns dos meus parentes próximos.

Eu não sentia falta de ter um irmão ou irmã, pois tinha minha prima Dášenka, conhecida como Dagmar. Nós éramos inseparáveis. Apenas um mês mais nova que eu, era a filha mais velha do meu tio Karel e da tia Kamila. Dagmar e eu nos vestíamos da mesma forma, frequentávamos a mesma escola primária e éramos conhecidas como Zuzi e Dagmar — "as garotas Růžička"— por todos os nossos professores. Também passávamos as férias juntas, no inverno esquiando com nossos pais, ou fazendo caminhadas nas montanhas Krkonoše no verão.

Dagmar morava com os pais e o irmão mais novo, Miloš, conhecido como Milošek, em um apartamento no segundo andar ao lado do nosso, na Plachého nº 4, no centro de Pilsen. Da janela do meu quarto eu podia ver o quarto de Dagmar do outro lado de um pátio. Todas as manhãs nós abríamos a janela e chamávamos uma à outra:

— Bom dia, prima! Você está vindo?

Da minha outra janela eu podia ver a loja da mamãe, de onde ela acenava para mim da porta, quando fechava às seis horas da tarde. Nós então caminhávamos juntas pelos jardins ao redor da sinagoga para pegar meu pai na loja. Ele costumava nos encontrar no meio do caminho em sua bicicleta e eu ficava muito feliz por sermos uma família de novo. Eu recebia minhas cinco coroas e nós íamos juntos comprar minha revista favorita, *Malý hlasatel* [Pequeno locutor], e algumas flores para minha mãe.

Eu era uma criança curiosa, fascinada por tudo, principalmente por aeronaves, e aos seis anos eu dizia que queria ser piloto quando crescesse. Depois me apaixonei por livros e declarei minha intenção de me tornar uma escritora. Dagmar era obcecada pela natureza e por animais, e desde cedo decidiu que seria veterinária. Tinha uma gatinha chamada Evinka e eu tinha peixes tropicais em um aquário no meu quarto, entre eles um com uma cauda em forma de leque que eu chamei de *Leque de lady Windermere* em referência a uma peça de Oscar Wilde de que gostei. Também tive um canário de estimação chamado Jerry, em homenagem a meu pai, Jaroslav, mas com certeza Dagmar se interessava muito mais por ele do que eu.

Meu pai (que chamávamos de Tata) incentivou o nosso inglês desde cedo, lendo histórias infantis como *Peter Pan*, *O ursinho Pooh* e *Alice no País das Maravilhas*. Dagmar gostava especialmente de *O ursinho Pooh* e sonhava em ter um burrinho chamado Ió. Ela era mais lenta no aprendizado de idiomas que eu, então o querido Tata perdeu a paciência e ela acabou abandonando as aulas. Depois disso, meu pai passou a me ensinar inglês de forma particular e maravilhosa. Ele me fazia escrever todas as palavras novas do capítulo que estávamos lendo e dizer seus significados quando ele voltasse para casa. Se eu não me saísse bem, nós não continuaríamos a leitura, por isso o incentivo era enorme.

Mamãe era tremendamente elegante, e isso me marcou muito. Eu adorava o jeito como estava sempre muito bem-vestida. Tinha roupas lindas, feitas sob medida para nós por uma costureira local, e era comum Dagmar e eu nos vestirmos com roupas iguais, apesar de minha mãe também mandar fazer vestidos combinando para mim e para ela. Nós adorávamos nos vestir em trajes típicos. Uma vez eu me vesti como a Cio-Cio-San, de *Madame Butterfly*, com o roupão da minha mãe, com turbante e crisântemos. Outra vez eu fui Mata Hari e, em uma peça da escola, fiz papel de um simples carteiro uniformizado.

Meu pai era um fotógrafo amador talentoso, com sua própria câmara escura instalada em uma saleta no nosso apartamento. Tirou dezenas de fotos de todos nós que felizmente foram salvas por amigos durante a guerra e que guardo até hoje. Em uma das minhas favoritas, Dagmar e eu estamos posando como flores silvestres para a nossa produção escolar de *A Mãe Terra*, em que eu era um miosótis e ela uma margarida. Ah, como nós adorávamos nos fantasiar!

Quando eu era pequena, nossa casa vivia cheia de música. Emily, a cozinheira, cantava velhas canções folclóricas sobre lobos e bebês, e meu pai era um bom barítono e tocava violino. Nós não tínhamos um piano, mas minha mãe tocava em pianos de outras pessoas sempre que podia, e eu adorava ver as mãos dela voando pelas teclas. Nós cantávamos juntos, em família, desde manhã, quando meu pai se barbeava, até à noite, quando cantávamos músicas para dormir. Tudo o que ouvia eu memorizava, e depois cantava. Meu pai tinha um ouvido fantástico, e sempre sabia quando eu desafinava.

Tata me ensinou canções em todas as línguas, especialmente em tcheco, inglês, e até russo. Lembro-me de ter aprendido "London's Burning", "My Bonnie Lies Over the Ocean" e um poema engraçado chamado "My Mother is Full of Kisses". Com os versos: *"A kiss when I wake up in the morning,/ a kiss when I go to bed,/ a kiss when I burn my fingers,/ and a kiss when I bump my head".* *

Minha favorita, no entanto, era uma velha música americana chamada "Silver Threads", que tinha uma letra assim: *"Darling, I am growing old,/ silver threads among the gold.../ Life is fading fast away./ But, my darling, you will be, always young and fair to me".* **

Se eu a ouvisse agora, acho que choraria.

Quando meu pai comprou um rádio, foi um grande acontecimento na nossa casa. Infelizmente, eu tinha medo do aparelho, e saía correndo sempre que era ligado. Reclamava que era muito alto, até me recusava a entrar na sala onde o rádio estava.

Mamãe me levou para ver um pediatra que, considerou minha audição perfeitamente normal:

— Sua casa é silenciosa demais. Talvez você e seu marido devam brigar um pouco mais.

Para me ajudar a superar o medo do rádio, Tata inventou uma história com dois personagens chamados Antena e Ampliom, que viviam aventuras emocionantes dentro de uma caixa de mogno envernizado. Inventou também outra história engraçada sobre um rouxinol que tentou ensinar uma vaca e um ganso a cantar. Meu pai era muito culto e não se sentia muito feliz trabalhando no comércio. Acho que preferiria ter investido mais na própria educação e se dedicado a tocar violino. Era um homem naturalmente introvertido, tinha

---

* Um beijo quando eu acordo de manhã,/ um beijo quando vou para a cama,/ um beijo quando eu queimo meus dedos,/ e um beijo quando eu bato a cabeça. (N. T.)

** Em tradução livre: "Querida, estou envelhecendo,/ fios de prata entre o ouro.../ A vida está passando depressa./ Mas, minha querida, você será sempre jovem e linda para mim". (N. T.)

estudado filosofia e era consciente em termos políticos. No entanto, como filho mais velho de um comerciante, não pôde viver a vida de um pensador, por isso não teve escolha a não ser administrar a loja e fazer tudo o que podia para torná-la um sucesso. Secretamente, planejava ganhar dinheiro suficiente para vender ou deixar a loja para o irmão, se aposentar aos cinquenta anos e construir a casa dos seus sonhos: uma mansão com quadra de tênis. Nós tínhamos tudo planejado, falávamos muito sobre isso e de quanto seria o meu dote.

Toda noite ele lia para minha mãe e para mim. Podiam ser artigos de jornais ingleses ou americanos que os parentes mandavam. É claro que eram sempre muito atrasados, mas ainda assim muito esperados. Eu sempre mergulhava nos quadrinhos, enquanto ele lia as notícias.

Ele também gostava de ler as histórias fantásticas de Rudyard Kipling para nós, ou trechos do assustador *Guerra dos mundos*, de H. G. Wells. Eu tinha acesso a todos os tipos de livros que tirava das prateleiras de sua grande biblioteca. Gostei particularmente quando ele leu Homero para mim, a *Odisseia* e a *Ilíada*, dois livros que me influenciaram muito — principalmente pelo ritmo deles. Acho que meu senso de ritmo e de métrica em música veio daquele comerciante judeu lendo essas histórias clássicas para mim quando eu era criança.

Os pais dele não combinavam muito emocionalmente, embora o casamento fosse surpreendentemente harmonioso. O pai, Jindřich, era um patriota tcheco convicto nascido em Pilsen, mas que tinha morado muitos anos em Viena, onde estabeleceu uma sede do Sokol, um movimento de ginástica baseado no princípio de "mente forte em um corpo sadio". A palavra *sokol* significa "falcão", e eles usavam uns uniformes maravilhosos e portavam bandeiras coloridas para inspirar o patriotismo tcheco. No início dos anos 1900, ele foi expulso de Viena por sua associação com a organização, que desempenhou um papel importante no desenvolvimento do nacionalismo tcheco no período entreguerras. Isso levaria, mais tarde, a uma brutal repressão pelos nazistas e resultaria em mais um motivo para nos perseguir.

Desde o exílio de meu avô, havia um forte sentimento daquele lado da família contra Viena e um ódio arraigado ao Império Austro-Húngaro. Eles também se opuseram veementemente à ascensão do Partido Nacional-Socialista dos Trabalhadores Alemães, ou Partido Nazista, que começou em

1920 com o slogan "Um povo, uma nação, um líder" e defendia posições antissemitas cruéis.

Ao voltar a Pilsen depois das suas experiências traumáticas em Viena, meu avô casou-se com minha avó Paula, vinda de uma abastada família de mercadores de Praga, e os dois tiveram cinco filhos em uma rápida sucessão — com cada um deles recebendo nomes tchecos patrióticos. Vlasta, depois meu pai, Jaroslav, seguidos pelas irmãs Jiřina e Zdena, e finalmente seu irmão Karel. Nenhuma das irmãs se casou com judeus, o que lhes deu um status diferente e mais tarde influenciou a velocidade com que foram mandadas para os campos na Segunda Guerra Mundial.

Quando se mudou de Viena para a Tchecoslováquia, meu avô montou um negócio de importação e exportação de ferro, antes de começar a vender brinquedos na loja cujas vitrines adorava decorar como os grandes magazines vienenses. Nunca perdeu sua paixão pela saúde e forma física e — como grande amante da natureza — passava todo o seu tempo livre no museu de história natural ou na floresta observando pássaros, identificando flores silvestres ou caçando borboletas. Ia de bicicleta comigo e com Dagmar até uma aldeia chamada Švihov, onde gostava de levar uma vida simples durante o verão. Nós visitávamos o belo castelo gótico com fosso do lugarejo e caminhávamos todos os dias pela floresta para aprender sobre as plantas e os animais. Foi ele quem despertou em Dagmar a ideia de ser veterinária.

Em comparação, minha avó Paula era uma animada socialite da cidade, que adorava viajar e gostava de música e cultura. O relacionamento deles era amistoso porque resolviam as muitas diferenças da forma razoável. Apesar de ter cinco filhos em casa, minha avó viajava de automóvel a Nice para passar as férias de verão com os amigos. Ela nos mandava as primeiras violetas da estação e voltava totalmente revigorada, trazendo presentes exóticos e comestíveis. Também adorava música de todos os gêneros e estimulava o gosto musical nos filhos e netos. Minha tia Vlasta tinha uma voz de contralto maravilhosa e ambições de ser musicista profissional. Interpretou o papel de Hata na primeira apresentação em Paris da ópera cômica de Smetana *A noiva vendida*, mas, sendo filha de uma família muito conhecida, uma carreira no teatro era impossível. Por isso, acabou se casando com um homem rico chamado Arnošt Karas e terminou se sentindo amargurada e infeliz pelo resto de sua curta vida.

Eu chamava minha avó Paula de Babička, e apesar de não ser muito musical, ela adorava a arte e sempre me levava ao teatro. De início, às matinês de espetáculos infantis quando eu tinha seis anos de idade, logo a operetas e balés, e depois a óperas, inclusive à minha primeira ópera — *Carmen* —, que eu adorei tanto pela música quanto pela intensidade da emoção. Dagmar também foi, além da minha prima Eva Šenková. Nós adoramos tudo, do começo ao fim.

Minha avó era envolvida com diversas instituições de caridade, inclusive com a Sociedade de Senhoras e Senhoritas Tchecas e com um fundo de apoio a estudantes judeus pobres. Também organizou uma temporada de quartetos de cordas pela Associação de Música de Câmara e uma apresentação do Ciclo Sinfônico de Beethoven com o quarteto Kolisch. Todos os anos, havia um Festival da Primavera da Ópera, nos quais tínhamos sempre um camarote reservado para a família no teatro. Assistir àqueles músicos extraindo sons tão lindos de seus instrumentos me encantava, o que resultou na minha final e duradoura ambição de me tornar musicista.

Eu me sentia tão empolgada quando ia assistir a um novo concerto que quase ficava doente de tanta excitação. Quando me sentava no camarote, às vezes chegava a me esquecer de respirar.

Apesar de minha mãe vir de uma família judia religiosa, mas não ortodoxa, nós não éramos praticantes. O pai dela sempre conduziu o canto hebraico nas festividades da Páscoa judaica, mas ninguém comia exclusivamente alimentos kosher ou só falava iídiche. Pelo contrário: a família era bilíngue em tcheco e alemão e totalmente adaptada.

Meu pai nunca morou em Viena com os pais, por isso não falava alemão com fluência nem gostava de judeus tchecos falando alemão nas cafeterias, pois temia que isso pudesse contrariar outros tchecos. Também era um ateu declarado que nunca fechava a loja aos sábados, mas também nunca questionou a silenciosa fé da minha mãe.

Quando minha mãe ia à sinagoga no Yom Kippur, seria parte do costume meu pai levar as flores dela. Mas era nossa empregada Rézi, conhecida como Emily, que era tcheca e católica fervorosa, quem dizia a ele: "O senhor precisa levar flores para a sra. Růžičková". E quando ele saía para a sinagoga com seu buquê, ela corria atrás dele. "Mas, sr. Růžičková, o senhor está sem chapéu!", choramingava. Ele não conhecia bem os costumes judaicos, mas ia porque amava minha mãe.

Enquanto crescia, eu tinha pouca noção de que era judia ou diferente dos outros de alguma forma, ainda que fosse com minha mãe à sinagoga nos feriados prolongados. Com Dagmar era a mesma coisa. Nossos pais nos criaram com total liberdade, inclusive liberdade religiosa, sem tentar nos influenciar de forma nenhuma. Como adorava qualquer tipo de cerimônia, eu gostava de ir à sinagoga no Rosh Hashaná e no Yom Kippur, mas era o único lugar onde tinha algum contato com o judaísmo. Sempre adorei qualquer coisa que tivesse música, mas meu interesse não era baseado na fé e eu também me interessava igualmente pelos antigos gregos e romanos com todos os seus deuses míticos.

Cheguei inclusive a participar da procissão católica de Corpus Christi e receber uma bênção do bispo depois de levar uma taça de peônias ao altar. Ele me deu uma imagem abençoada, que tenho até hoje. O ritual de tomar a hóstia representando "o corpo de Cristo" foi para mim a maior alegria. Agora o mais curioso é que ninguém na época da república do presidente Masaryk disse: "Você não é daqui. Você é judia". E era um fato bem conhecido na cidade que os Růžička eram judeus, mesmo que fosse um nome tradicionalmente cigano. Nem meus pais me diziam para não ir a essas cerimônias. Nós fazíamos parte de uma comunidade considerada um bastião da social-democracia, e eles me deixavam ir a qualquer lugar. Era tudo muito tolerante e democrático.

Dagmar e eu começamos a estudar no mesmo dia na escola local, a Cvičná škola, na rua Koperníkova. Mesmo estudando nas mesmas salas de aula, nunca houve qualquer rivalidade entre nós. A escola era muito bem-conceituada, um lugar onde os professores eram capacitados, por isso nós aprendíamos de tudo, desde idiomas até artes, clássicos e matemática. Com a minha hipersensibilidade natural ao barulho — descoberta quando me escondia do rádio da família —, muitas vezes tive que me sentar no silêncio da sala dos professores porque minha cabeça latejava ao ouvir os sons de forma tão estridente.

Além de nossos estudos regulares, todos os alunos tinham aulas semanais de religião, o que significava que Dagmar e eu fomos ver um maravilhoso velho rabino na bela Grande Sinagoga de Pilsen, a segunda maior da Europa. Da mesma forma, os estudantes católicos e protestantes foram às suas igrejas para se encontrar com suas autoridades religiosas. Meus pais deixaram a meu critério se eu queria ou não frequentar essas aulas sobre judaísmo, mas gostei muito delas porque o rabino explicou tudo muito bem e ensinou as parábolas como se fossem contos de fadas. E o melhor de tudo: para a minha audição extremamente sensível, os estudos religiosos eram muito mais silenciosos, com apenas cinco ou seis alunos, ao contrário das aulas regulares com vinte ou mais.

Até onde sabia, eu era uma criança tcheca que tinha uma educação judaica, só isso. Eu não me orgulhava de ser judia, e com certeza não me considerava uma "escolhida". Nunca tive medo de que alguém pudesse me perseguir por isso. Nunca senti nenhum preconceito antissemita, nenhuma vez, e nunca vi isso acontecer com ninguém. Depois de nossos estudos religiosos, Dagmar e eu nos encontrávamos com as outras crianças para ir ao parque juntas ou para nadar no lago, e nenhuma de nós pensava em fé ou raça.

Todas as minhas lembranças de infância são felizes. Acho que, se você tem uma infância feliz como a minha, pode sobreviver a praticamente qualquer coisa mais tarde na vida. Nada pode arruinar tudo o que aconteceu.

Minha mãe costumava dizer que para fazer limonada é preciso colocar o açúcar antes do limão. Se fizer o contrário, o gosto será sempre azedo. Isso é uma verdadeira metáfora para a vida, porque a doçura permanece para sempre, se for saboreada antes da amargura.

Felizmente, meus pais eram muito apaixonados um pelo outro e eu fazia parte do amor entre eles. Algumas das minhas melhores e mais vivas lembranças são de nossas duas ou três semanas juntos nos verões em Dobris, no leste da Boêmia, onde a maioria da família de minha mãe morava e fazia parte de uma grande e influente comunidade judaica. Mamãe era a mais jovem de quatro filhos, apesar de ter um irmão mais novo, Josef, conhecido como Pepa, que se suicidou depois da Primeira Guerra. Ele tinha estudado Química em Praga com os amigos Maksymilian Faktorowicz (o esteticista polonês mais tarde conhecido como Max Factor) e o maestro Walter Susskind. Quando voltou da guerra, Pepa não conseguiu se adaptar nem lidar mais com a vida cotidiana depois do trauma das trincheiras. Quando um caso de amor terminou, ele não conseguiu se recuperar e tirou a própria vida. Raramente se falava sobre o seu suicídio.

Meu avô Leopold era coproprietário de uma empresa chamada Schwartz & Lederer, que empregava mulheres de mineiros e metalúrgicos, que trabalhavam em casa fazendo luvas de couro importado para ele vender em sua loja. Em Dobris, ele era praticamente considerado parte da pequena nobreza, e minha avó, Zdenka Fleischmannov, era também muito respeitada. Consta que ela e seus muitos irmãos mais novos ficaram órfãos depois de uma epidemia, provavelmente de gripe espanhola, e que Zdenka cuidou deles como uma mãe. Só conseguiram ser salvos da indigência por seus tios, que formaram um famoso trio que cantava em sinagogas pelo mundo. Os três irmãos eram loiros de olhos azuis, ricos e populares, e mandavam dinheiro para os sobrinhos, uma bondade que minha avó nunca esqueceu. Mesmo depois de ter criado os próprios filhos, ela enviava um médico para crianças doentes na aldeia ou distribuía cestas de alimentos para os pobres, independentemente de quem fossem.

Com quatorze anos e já agindo como mãe, Zdenka era uma garota bonita que fazia compras na mercearia local. Meu avô era um jovem aprendiz e ficou fascinado por ela, não só por sua aparência, mas também pela maneira como cuidava de toda a família. Ao que consta, disse que esperaria por ela, o que ele fez: quando sua Zdenička completou dezoito anos, os dois se casaram.

Meus avós celebravam todos os feriados judaicos, e minha avó sempre preparava uma maravilhosa mesa para o Shabat enfeitada com velas prateadas e uma toalha de linho branco. Ela fazia uma deliciosa chalá* e o cheiro de fermento quente, sopa de beterraba e frango assado me transporta de volta àqueles dias. O que eu mais gostava na casa deles, no entanto, era o escritório forrado de livros do meu avô. Era como uma caverna de Aladim

---

* Tipo de pão trançado servido nas festividades judaicas. (N. E.)

onde ele ficava fumando o cachimbo, que me deixava acender como deferência especial.

Dobris era como uma segunda casa para mim porque eu tinha muitos parentes lá. Uma tia, Růžena, tinha uma grande casa na cidade e era conhecida por sediar saraus animados para intelectuais locais. Outra tia, Hermine, e o marido Emil, moravam no lugar com os dois filhos, Hanuš e Jiří. Hanuš era quatro anos mais velho que eu e foi o meu primeiro amor, apesar de preferir brincar com seus soldados de estanho a ficar comigo. Fiquei tremendamente desapontada quando minha mãe explicou que eu não poderia me casar com um primo de primeiro grau.

A cidade de Dobris ostentava um castelo rococó de propriedade de um conde austríaco que era membro da dinastia Colloredo-Mansfeld. Graças a uma ligação familiar com o gerente da propriedade, nosso pequeno grupo de primos e amigos teve acesso à chave do portão dos fundos do castelo e permissão para entrar. Eu era a única menina — o resto eram todos garotos — e nos divertíamos muito brincando naquele reino mágico. A condessa era uma ex-modelo de Paris que mandou construir um jardim que parecia uma miniatura de Versalhes, com passeios gramados e canteiros de rosas. Também tinha uma bela horta e tentava incentivar os moradores locais a comer mais legumes frescos. Nós, crianças, só podíamos ir ao parque inglês, com seus bosques e campos de flores silvestres, mas caminhar pelos prados e colher frutas das árvores era uma espécie de sonho de infância para uma garota que cresceu na cidade.

Eu me sentia muito sortuda e ficava perfeitamente feliz ali.

Os verões que passava ao ar livre eram mágicos para mim, mas também cada vez mais necessários porque, a partir dos seis anos, comecei a ter sérios problemas no pulmão e me tornei praticamente uma inválida. Essa foi a pior fase da minha juventude. A partir de então e até os doze anos, eu estava com bronquite ou gripada a maior parte do tempo. Tive que extrair minhas amígdalas, mas isso só me fez piorar, eu me sentia muito fraca.

Como ainda trabalhavam em tempo integral, meus pais contrataram uma babá chamada Karla, uma garota da aldeia que era perfeita para mim, já que era muito musical. Nós cantávamos músicas folclóricas e árias juntas, o que permitia que eu estudasse música ainda mais. Mas Karla contraiu tuberculose e foi mandada para um sanatório para se recuperar. Comecei a tossir, e Dagmar também. Eu era uma criança magra e fora de moda, numa época em que garotas mais roliças estavam em voga. As pessoas costumavam comentar sobre isso e se perguntavam em voz alta se eu tinha tuberculose, que era uma doença assustadora, pois às vezes era mortal.

Minha mãe — a mulher que sempre quis ser médica — também temia o pior e imediatamente me levou para Praga. Toda a família disse que ela era louca e que nós, meninas, tossíamos de propósito. Comentavam que Dagmar era saudável, gorducha e cor-de-rosa e não poderia estar doente. Em Praga, fui radiografada por precaução e os médicos confirmaram que eu também estava com tuberculose. Dagmar nunca foi examinada.

Depois de um episódio particularmente desagradável em 1935, minha mãe foi aconselhada a me levar para um sanatório em Breitenstein, nos alpes austríacos, perto do passo de Semmering para ficar lá por seis meses. Extremamente magra, fiquei enrolada em cobertores e tinha que ficar em repouso na cama entre tratamentos com vapor que avermelhavam meu rosto e enrugavam minha pele. Nas refeições, meus pratos vinham cheios de verduras folhosas, que eu odiava, mas o tempo que passei lá salvou minha vida.

Meu pai ia para as montanhas todo fim de semana e ficava durante três semanas no verão. Tudo isso aconteceu pouco depois de o chanceler austríaco, Engelbert Dollfuss, ser assassinado por ter proibido o Partido Nazista na Áustria, e havia um bocado de discussão a respeito disso. Lembro-me de estar com Tata no jardim do sanatório um dia enquanto ele cantava algumas de suas canções patrióticas tchecas favoritas.

Depois de algum um tempo, um homem se aproximou e disse para ele parar:

— Você não deveria cantar isso aqui — alertou. — O chanceler Hitler não gostaria disso.

Foi a primeira vez que eu ouvi aquele nome.

Eu ainda estava muito magra quando afinal voltamos para casa em Pilsen, e todos queriam que eu engordasse. Um dos meus pratos favoritos era *svíčková* com *knedliky* — carne com bolinhos —, mas até isso perdeu seu apelo depois de um tempo e eu muitas vezes empurrava o prato para longe.

Era raro meu pai me castigar por alguma coisa, mais um dia eu me recusei a comer um prato de macarrão com manteiga numa época em que minha mãe estava especialmente preocupada por eu estar muito magra. Tata me fez ficar no canto durante o almoço, mas eu não me incomodei. Preferia ficar no canto a comer o macarrão, mas a lembrança da minha teimosa recusa naquele dia zombaria cruelmente de mim anos depois.

Devido à minha saúde precária, não frequentei a escola durante grande parte da minha infância, mas tive governantas e professores particulares que aperfeiçoaram meu conhecimento de idiomas e outras habilidades. Era uma garotinha diligente e concluía todos os meus estudos, mas eu também era muito solitária, pois meus professores não eram uma boa companhia e quase nunca me deixavam brincar com outras crianças por medo de que eu as infectasse. A única outra criança que eu encontrava era Dagmar, que era uma menina normal e saudável até começar a tossir, mas sua mãe, Kamila, descartou a preocupação, como se não fosse nada, e se recusou a tratá-la.

Como ficava sozinha por horas a fio, eu ansiava por um piano e queria ter aulas de música, mas sempre me diziam que eu não deveria me esforçar. Por isso, passava boa parte do tempo lendo no meu quarto, depois da minha querida enfermeira Anča ter acendido a lareira para me manter aquecida. Eu tinha minha própria biblioteca, encomendada na livraria local e catalogada pessoalmente para mim pelo proprietário. Havia uma parede de livros em frente à minha cama, cada um deles numerado e codificado por cores. Azul era para história, amarelo para os contos de fadas, verde para os clássicos e assim por diante. Eu tinha um pequeno catálogo com capa de couro em que relacionava todos, para poder ficar na cama e pedir à minha governanta para me trazer o livro 34B ou 72A.

Aos nove anos, peguei uma pneumonia e fiquei gravemente doente. Lembro-me de meus pais em pé ao redor da cama, do médico da família preocupado com a minha febre e de Anča enxugando minha testa. Era março de 1936. Minha mãe não parava de retorcer as mãos e estava à beira das lágrimas.

— Zuzi, se você só melhorar vai poder ter o que quiser — dizia. — Tudo mesmo!

Meus olhos se abriram.

— Aulas de piano — disse a ela com voz rouca, mas já com uma nova determinação para melhorar.

Assim que me recuperei, mamãe manteve sua promessa, mas primeiro ela teve de encontrar um professor adequado. Sendo dona de uma loja, ela conhecia quase todo mundo na cidade. Pediu o conselho de uma de suas clientes, uma mulher sem filhos que costumava comprar brinquedos para os sobrinhos e sobrinhas. Madame Marie Provazníková-Šašková era uma pianista e organista de 53 anos formada no Conservatório de Praga e membro de um trio de câmara que se apresentava localmente e acompanhava solistas visitantes. Era de uma família de músicos do leste da Boêmia, onde o pai, Alois Provazník, tinha sido cantor e maestro do coral, a irmã Luisa era uma cantora famosa e o irmão Anatol era compositor.

"Madame", como todos a chamávamos, nunca teve muito sucesso como solista por causa de suas características masculinas. Por isso ensinava piano a alguns alunos, mas nenhum deles iniciante. Minha mãe só queria que ela recomendasse um professor para mim.

— Vou ter que fazer um teste com ela primeiro — disse antes de ir ao apartamento para me ouvir cantar.

Escolhi uma música tcheca complicada, mas me arrependi um pouco quando me vi diante daquela mulher imponente em um vestido de seda azul. E devo ter me saído bem.

— Eu vou ficar com ela — Madame se virou para minha mãe e disse.

— Como assim? — perguntou minha mãe.

— Eu mesma vou ensinar essa menina.

A decisão dela de me tornar sua aluna acabou sendo um dos primeiros milagres da minha vida.

No começo, eu ia ao apartamento de Madame para estudar e tocar no piano dela. Pouco tempo depois, ela comunicou que eu precisava ter o meu próprio instrumento e me recomendou uma loja. O vendedor era um homem imenso, que ouviu atentamente minha mãe dizer:

— Minha filha parece ser talentosa, então nós gostaríamos de comprar um bom piano para ela.

Sua expressão se transformou em uma careta e ele balançou a cabeça.

— Não deixe sua filha se tornar uma pianista! — gritou. — Meu filho é pianista e não ganha dinheiro nenhum! — Andou na minha direção, fazendo com que eu desse alguns passos para trás, e continuou: — Eu cortaria as mãos dela antes de deixar que se tornasse uma musicista profissional!

Aterrorizada, escondi depressa minhas mãos atrás das costas.

Mamãe pareceu imperturbável, e insistiu que ele nos mostrasse seu estoque de pianos. Enquanto eu espiava por trás da saia dela, mamãe examinou vários instrumentos e me sentou em alguns, até finalmente escolher um piano de armário alemão da marca Förster. Pediu para providenciar a entrega, e alguns dias depois o piano foi carregado pela escada com muito gemidos e arquejos e posicionado no meu quarto à vista do meu leito de doente.

A partir de então, Madame vinha me dar uma aula formal uma vez por semana, e depois tocávamos todos os domingos, principalmente por diversão. Ignorando meus problemas respiratórios, fumava e tomava café enquanto me ouvia e me ensinava tudo o que eu precisava saber sobre música. Percorri todas as partituras completas de *Arte da destreza dos dedos*, de Carl Czerny, e aprendi a postura correta de como me sentar, bem como teoria e posicionamento.

Uma coisa que ficou evidente para todos era que eu precisava de óculos. Ler um livro de perto era perfeito, mas acompanhar os complicados padrões de claves e colcheias à distância exigia demais dos meus olhos. Assim que ganhei meu primeiro par de óculos de aro de metal, meu estilo de tocar melhorou, e comecei a usar óculos a partir de então.

Madame tinha uma técnica de ensino bastante incomum: sempre que percebia que uma música não estava indo muito bem ou que eu estava cansada daquilo, ela mudava para outra coisa. Minha mãe se preocupava com isso, temendo que eu nunca aprendesse nada, mas Madame explicou com firmeza: "A coisa mais importante é que ela não fique entediada". Mamãe também estava preocupada com o fato de que eu nunca seria uma pianista de concerto, por não conseguir memorizar a música e sempre ter de olhar para as notas. Mais uma vez, Madame a tranquilizou, dizendo em voz baixa: "Isso vai se desenvolver". Ela estava certa, pois depois fiquei famosa por tocar e gravar sem ler as partituras.

Aos domingos tocávamos tudo juntas — ela tocando a parte de cima e eu tocando a parte de baixo. Madame realmente gostava muito de mim, e muitas vezes não vinha para me ensinar, mas só por diversão, para tocar a quatro mãos. Foi uma professora maravilhosa, que me ensinou expressão e entonação e me transmitiu sua grande paixão pela música, que continuou comigo por toda a minha vida.

Juntas, nós tocávamos todo o repertório — desde as sinfonias de Brahms e Haydn ao *Má Vlast* [Minha terra], de Smetana, além de Beethoven, Purcell, Tchaikovsky e Dvořák. Eu tocava Chopin, Mendelssohn e Saint--Saëns — o "Rondo Capriccioso". Tinha um caderninho em que anotava tudo o que tocava e é incrível lembrar que tocávamos tudo sem ensaiar. Usávamos partituras musicais, é claro, mas ela raramente me fornecia anotações antes. Assim, aprendi cedo a interpretar uma peça pela primeira vez, o que chamamos de *prima vista*, que foi o que de mais maravilhoso aprendi. Até hoje, se eu tocar uma música uma vez, consigo mais ou menos me lembrar dela para sempre.

Ainda mais notável, desde as primeiras etapas, eu sentia a música de uma forma que não consigo descrever. Parecia que de alguma maneira era uma parte de mim, como se estivesse me reconectando com algo no meu interior. Mal sabia então o quanto essa conexão se tornaria importante.

Quando fui apresentada formalmente a Johann Sebastian Bach, foi realmente amor ao primeiro toque. Madame me fez tocar o "Prelúdio em dó" de *O cravo bem temperado,* uma peça que eu nunca tinha ouvido, mas que imediatamente me pareceu muito conhecida.

Mais tarde Bach escreveu que esses 24 pares de prelúdios e fugas eram "para lucro e uso da juventude musical desejosa de aprender, e especialmente para o passatempo daqueles que já eram habilidosos neste estudo". Quando toquei pela primeira vez, foi quase como se não precisasse da partitura, e enquanto sentia a música, realmente sentia, fui transportada para um lugar em que nunca havia estado.

Ao perceber o quanto eu adorava estudar música, em 1936 meus pais me levaram a um concerto na Casa de Cultura Peklo de Pilsen, para uma apresentação do famoso violinista tcheco Jan Kubelík e seu maestro, seu filho Rafael. O filho estava ao piano e o pai tocou bem, mas dava para ver que ele estava desgastado. Morreu alguns anos depois. Eu nunca me esqueci da apresentação, tampouco da forma como tive que me vestir para a ocasião em uma das raras noites em que saí com meus pais naquele ano.

Minha primeira apresentação em público foi no Natal, que meus pais e eu comemoramos com uma árvore enorme que decoramos juntos, não muito depois de eu e mamãe termos festejado a Chanucá naquele ano. Era 1936 e eu só estava tendo aulas de piano havia sete meses, mas já sabia ler música. De alguma forma eu sabia. Naquele dia, no nosso apartamento, eu toquei uma canção infantil que Madame me ensinara, chamada "Feliz Natal", que apresentei de forma impecável para os meus pais. Eles pareceram impressionados.

O presente de Natal de Madame para mim foram os 48 *prelúdios e fugas*, de Bach, cada um escrito em um tom diferente, lindamente encadernados. Ela me entregou o presente com grande reverência.

— Um dia, em breve, Zuzana, você vai tocar isso. Pode até ser capaz de tocar algo tão desafiador quanto as *Variações Goldberg*, de Bach — disse. — Sorriu e acrescentou: — Isso seria uma realização de tudo o que sempre sonhei para mim mesma.

Desde o início ela fez com que eu me sentisse tão especial, e me inspirou tanto, que decidi que adoraria dominar as *Variações* para ela um dia.

Assim que percebeu o quanto eu era apaixonada por Bach, ela sugeriu que eu considerasse mudar do piano para o órgão, de modo a me tornar uma intérprete melhor de música antiga. "Bach não escreveu para piano", disse aos meus pais.

Eles consultaram meu médico sobre a sugestão, mas ele imediatamente objetou: "Impossível!", afirmou. "Só há órgãos em igrejas frias e úmidas. Isso seria um desastre para os brônquios frágeis de Zuzana."

Madame cedeu e continuou com minhas aulas de piano, mas sugeriu que algum dia eu pudesse estudar cravo, um instrumento de cordas barroco pouco conhecido em que Bach — substituindo o órgão — compôs muitas de suas primeiras peças e 24 de seus prelúdios e fugas. Já não era popular como instrumento, e os poucos ainda em uso eram muito antigos. Até onde eu sabia, não havia um único cravo em Pilsen, mas Madame continuou insistindo que eu deveria considerar essa possibilidade:

— O cravo pinça as cordas com pequenos bicos de penas, não com marteletes, o que resulta em um tom mais agudo e em um registro mais amplo — explicou, entusiasmada. — Tocar cravo requer uma disciplina muito diferente daquela exigida pelo piano. Existe um segundo teclado acima do primeiro, então é como se fossem dois instrumentos em um, que você pode tocar juntos ou independentemente. — Ela explicou que, como as cordas são pinçadas e não marteladas, o musicista precisa criar a ilusão de luz e sombra usando o "espaço" entre as notas, usando a articulação e a retenção das notas para produzir o som de um canto. — Tocar o cravo envolve não apenas a interpretação, mas também uma compreensão completa da teoria e da mecânica do próprio instrumento.

Animada para compartilhar sua paixão pessoal, mostrou para mim gravações de uma cravista mundialmente famosa chamada Wanda Landowska, principalmente composições do compositor francês Francis Poulenc e do compositor espanhol Manuel de Falla. Fiquei fascinada em ouvir suas composições e em aprender como o tom ou a cor eram alterados por uma embreagem e por uma série de alavancas semelhantes ao órgão, mas continuei me dedicando totalmente ao piano.

No ano seguinte, não fiz nada além de tocar, preenchendo todo o meu tempo livre com música. Devorava música da mesma forma que devorava livros, principalmente quando meu pai me abriu a biblioteca, dizendo à mamãe: "Deixe-a ler o que quiser. Se ela não entender alguma coisa, pode perguntar". Sempre que voltava a adoecer, eu ficava no meu quarto, estudando diligentemente ou me perdendo nas obras dos maiores escritores do mundo até a hora de praticar meu piano, em duas sessões de três horas cada uma.

Quanto mais Madame me ouvia tocar, mais convencida ficava de que eu deveria escolher a música como profissão e dar exclusividade ao estudo de piano imediatamente. Minha mãe ficou horrorizada com a ideia, e as duas tiveram várias discussões acaloradas a respeito. Embora ela tivesse um pouco de medo da minha professora — a quem se referia como *Milostpaní*, que significa "Gentilíssima Madame" —, aquilo era algo que ela não esperava e ao qual resistiu fortemente. Mamãe sabia quantos sacrifícios os músicos têm de fazer e o quanto precisam ser dedicados, muitas vezes excluindo todo o restante. Acabou citando o dono da loja de pianos e seu filho sem dinheiro:

— Mas Zuzana nunca vai ganhar nada. Ela precisa ao menos completar sua educação formal — ela argumentou.

— Não, não, seria tarde demais! — insistia Madame. — A adolescência é absolutamente crucial para o desenvolvimento de um músico.

Houve também discussões entre meus pais sobre isso a portas fechadas, de onde eu ouvia suas vozes se erguerem em debates dramáticos. Na verdade, eu conseguia entender os dois lados, pois já sabia que optar por uma carreira de musicista era um grande risco. Ou você é bem-sucedida ou você não é nada. Você pode ser um médico ou advogado mediano, mas não pode ser um músico mediano.

Meu pai era muito mais fatalista quanto ao meu futuro e, sendo uma pessoa sensível, sabia como a música era importante para mim. Afinal, ele me chamou para a sala que chamavam de salão:

— O que você gostaria de fazer, Zuzka? — perguntou.

Meu olhar vagou da mamãe para ele.

— Eu queria muito estudar música, Tata — respondi baixinho.

Minha mãe olhou para o meu pai, assentiu e soltou um suspiro.

— Muito bem... Vamos deixar que ela faça isso.

A única condição era que eu continuasse meus estudos até os quatorze anos, antes de me dedicar totalmente à música.

Madame não perdeu tempo, e imediatamente escreveu a Wanda Landowska em Paris para perguntar se ela me aceitaria como uma aluna de quatorze anos em sua École de Musique Ancienne, que ela havia fundado no bairro parisiense de Saint-Leu-la-Forêt. Ao ler os brilhantes relatos de Madame sobre minha habilidade, a sra. Landowska concordou e mandou todos os requisitos para admissão em suas aulas. Eles incluíam os melhores pontos em teoria, harmonia e contraponto, então Madame conseguiu umas aulas para mim com o compositor Josef Bartovský, professor de música no seminário de professores em Pilsen.

A instrução seguinte de Madame foi que eu cuidasse melhor das minhas mãos, pois meus dedos em crescimento eram frágeis e precisavam ser resguardados somente para tocar. Os dedos de um pianista não podem bater em nada para não fraturar um osso e tampouco ficarem expostos ao frio intenso ou desenvolverem frieiras. Foi um decreto que teve o efeito involuntário de perturbar meu pai. Como devoto da escola de pensamento Sokol, tão reverenciada pelo pai dele, Tata sempre sonhou que eu seria uma atleta. Apesar das neuroses de minha mãe sobre eu pegar um resfriado ou me cansar demais, ele continuou convencido de que ar fresco e exercícios vigorosos eram exatamente do que eu precisava. Quando Madame falou com eles, porém, tive que abandonar todas as atividades e só podia nadar em lagos (tépidos) ou jogar tênis de mesa. Desistir de atividades como ginástica rítmica, esqui, tênis e patinação não foi uma grande decepção, já que herdei o medo da minha mãe de que atividades ao ar livre pudessem fazer mal à minha saúde — mas foi uma grande decepção para Tata.

Por causa dos meus pulmões, eu e minha mãe continuamos viajando muito para as montanhas e meu pai ia conosco sempre que podia. Íamos regularmente a Karlsbad, na Floresta Negra, e a Mariánské Lázně, na região de Krkonoš, mas no verão de 1937 ficamos em uma pousada tcheca chamada Špindlerův Mlýn, um lugar para onde voltamos algumas vezes nos anos seguintes. Jindřich Matiegka, o reitor da Universidade Charles, em Praga, também ia lá e se dava bem com meu pai. Sempre que saía para fazer uma caminhada, ficava esperando para ver se o sr. Růžička também ia.

Para onde fôssemos, sempre levávamos muita bagagem, além da minha querida babá Anča, e às vezes Emily, a cozinheira, embora, de vez em quando, mamãe cozinhasse. Eu odiava viajar se isso significasse perder minhas aulas de piano, mas para minha alegria descobri um piano na sala de jantar no nosso hotel em Špindlerův Mlýn e imediatamente me sentei para tocar um pouco de Bach.

Enquanto eu me absorvia na música, como sempre, um senhor grisalho entrou na sala para ouvir. Eu não o conhecia, e isso não me importava. Depois ele foi falar com meus pais e se apresentou como Karl Straube, o cantor de Leipzig, uma posição que Johann Sebastian Bach já havia assumido.

— Eu fiquei estupefato! — falou. — Quando ouvi a música, pensei que deveria ser um colega tocando. Não conseguia acreditar quando encontrei uma criança ao piano. Vocês devem fazer tudo o que puderem para promover a educação musical dessa menina.

A última coisa que meus pais queriam era uma menina-prodígio, mas garantiram que eu estava sendo bem assessorada e o dispensaram. Para minha surpresa, minha mãe ficou aborrecida comigo.

— Você não deve se exibir, Zuzana! — repreendeu-me.

As palavras dela doeram. Em outro balneário, naquele ano, eu cantei para uma senhora que me pediu, mas logo corri para minha mãe, chorando. "Desculpe, mamãe!", choraminguei. "Eu me exibi de novo."

Só mais tarde fiquei sabendo que minha mãe sempre quis ser médica, o que era uma profissão impossível para a filha jovem de uma boa família. Ela teria tido coragem de ir atrás do seu sonho, mas havia outras dificuldades, pois meus avós tinham acabado de perder o filho mais novo, que se suicidara depois da Primeira Guerra, e ela achou que não poderia deixá-los para ir a uma universidade. De qualquer forma, eu não tinha absolutamente nenhum talento para ciências naturais e meu único interesse era a música. Tata não só estava do meu lado, mas também animado com a perspectiva de me acompanhar a Paris e em turnês mundiais, quando ele poderia me mostrar a América, país pelo qual tinha se apaixonado quando era jovem.

Muitas vezes me perguntei por que meu pai não providenciou para que nós três saíssemos da Tchecoslováquia enquanto ainda podíamos. Afinal, ele tinha parentes em Chicago que poderiam ter nos recebido sem nenhum problema naquela época. Era suficientemente interessado em política para saber o que estava acontecendo na Alemanha, com a ascensão de Hitler e de seu Partido Nazista, a ponto de temer ser pai de um segundo filho. Nosso "presidente Libertador", Tomáš Garrigue Masaryk, foi um dos primeiros a expressar suas preocupações sobre Hitler e, embora tenha morrido em 1937, seu sucessor, Edvard Beneš, continuou a alertar sobre a ameaça do nazismo.

O patriotismo do meu pai era muito intenso, acho. Tata nasceu em Pilsen em 1893, quando ainda existia o Império Austro-Húngaro. Tinha 25 anos quando nossa democracia foi formada, uma mudança que teve um profundo impacto sobre ele. Como muitos de seus compatriotas, sentia-se orgulhoso de seu povo ter conquistado a independência no fim da Primeira Guerra Mundial. Era tcheco antes de ser judeu, e sua identidade nacional era tão fundamental para ele quanto a música era para mim. Tinha lutado pelo país na última guerra. Atingido por uma bala no peito, quase morreu por causa disso. Se a Tchecoslováquia estava em perigo, achava que era seu dever patriótico e moral permanecer no país.

Além do mais, para onde ele iria e como? Mesmo se fugíssemos para Chicago, ele nunca teria seu próprio negócio, enquanto em Pilsen ele tinha duas lojas de brinquedos bem-sucedidas, com funcionários que dependiam dele para seu sustento. Nós tínhamos amigos e parentes das duas famílias por perto. Além disso, sua única filha parecia destinada a se tornar uma musicista talentosa graças a uma dedicada professora local determinada a me ajudar a chegar ao topo da minha profissão. Como poderia desistir disso tudo?

A exemplo de tantos judeus e gentios antes da guerra, meu pai acreditava que a população alemã instruída entenderia a situação e daria um fim em Hitler e seus delírios antissemitas. Afinal, a Alemanha era um país com uma das maiores tradições em literatura, cultura, música, arte e ciência. Tinha uma estatura intelectual e artística que o resto da Europa havia muito aspirava, e sua influência sobre todos nós era imensa. Nem meu pai conseguia acreditar que outra guerra mundial eclodiria tão cedo, tão pouco depois da "guerra para acabar com todas as guerras".

Até onde ele sabia, nós só precisávamos ficar de fora, sabendo que, se algo terrível acontecesse, nossos aliados no Ocidente certamente viriam em nosso auxílio.

3. Praga, 1949

A PRIMEIRA VEZ QUE TOQUEI NUM cravo foi na Academia de Artes Performativas de Praga, dois anos depois de ter sido aceita como estudante de piano, em setembro de 1947. Eu tinha vinte anos e passei o período intermediário desde a guerra trabalhando incansavelmente para recuperar o atraso na minha educação musical.

Enquanto continuei minhas aulas de piano por um ano sob a tutela de um dos melhores professores da academia, Albín Ším, também aprendi a tocar órgão e depois comecei a estudar como dominar o cravo graças à instrução especializada de um colega dele, o dr. Oldřich Kredba. Só depois de estudar bem a história do cravo, inclusive a teoria e a mecânica do instrumento, e avaliar as diferenças entre o cravo e o piano e as melhores formas de manipulação eu afinal cheguei ao instrumento, pousei minhas mãos nas teclas e comecei a tocar.

Assim como quando ouvi os prelúdios no piano quando era criança, eu me apaixonei imediatamente. A música de Bach realmente se tornou viva.

Nunca esqueci o que Madame me falou sobre o cravo quando eu era pequena, ou como fez de tudo para eu estudar com Wanda Landowska na França. Infelizmente, isso nunca aconteceu.

Wanda Landowska, uma judia franco-polonesa, estava gravando as sonatas para teclado de Scarlatti em Paris no momento em que os nazistas invadiram a cidade. Apesar das bombas caindo ao redor (algumas das quais podem ser ouvidas na gravação), ela manteve a calma e continuou tocando até o fim. Sua casa e todas as suas posses, inclusive seu precioso instrumento, foram roubadas, e ela fugiu só com as roupas do corpo e chegou a Nova York no dia em que Pearl Harbor foi bombardeada. Ficou morando nos Estados Unidos até sua morte, aos oitenta anos, em 1959.

Como a Tchecoslováquia foi libertada pelos soviéticos e pelos americanos em 1945 e depois os comunistas assumiram o poder, acabei vivendo dentro do que ficou conhecido como a Cortina de Ferro. Isso significava que eu não tinha permissão para viajar para um país tão capitalista como os Estados Unidos por um longo tempo e nunca tive oportunidade de conhecer a grande cravista. Não tinha sequer permissão para escrever para ela, porque éramos proibidos de ter qualquer contato com o Ocidente.

Eu conhecia as gravações de Wanda Landowska, pelo menos aquelas que minha querida professora costumava tocar. Mais tarde, consegui conversar longamente com um de seus últimos alunos, um cravista colombiano chamado Rafael Puyana. Era um homem muito meigo e me disse: "Se Wanda tivesse conhecido você, ela a teria carregado nos braços e simplesmente a adorado". Fiquei muito comovida com aquelas palavras.

Também nunca esqueci como Madame fez uma campanha sem sucesso para eu aprender a tocar órgão de tubos — o primeiro instrumento de teclado do mundo —, uma fera enorme projetada basicamente para igrejas. Depois do órgão, veio o clavicórdio, concebido para recitais musicais íntimos em casa. Projetado posteriormente, o cravo era mais versátil, perfeito para apresentações públicas na corte, mas o piano — ou pianoforte — que eu tocava só foi inventado em 1700, na Itália, por um homem chamado Bartolomeo Cristofori.

Quando um protótipo alemão do novo piano foi mostrado a Bach pela primeira vez em 1736, ele disse que era muito pesado para tocar e não aprovou as notas mais agudas, que alegou serem muito suaves para permitir um alcance completo. Só quase vinte anos mais tarde e já nos seus últimos anos de vida ele concordou em aprovar um modelo atualizado. Mesmo assim, nunca compôs nada para piano, e sua última composição, a *Oferenda musical* — uma série de dezesseis movimentos em resposta a um desafio de

Frederico, o Grande, depois de se gabar de sua coleção de pianofortes —, foi composta no cravo.

No momento em que comecei a tocar o instrumento de teclado preferido de Bach, entendi exatamente o seu raciocínio. Assim que ouvi o quão diferentes suas obras soavam — especialmente suas fugas —, senti um déjà-vu. Era como se eu tivesse voltado para casa. Havia tamanha afinidade, era como se eu tivesse morado na corte de Elizabeth I e tocado cravo para reis e rainhas, duques e condes.

A partir de então, decidi tocar o cravo sempre que pudesse, sem deixar de aperfeiçoar minha técnica no piano para impressionar meu professor mais difícil da academia, František Rauch, que nunca deixava de me dizer diariamente o quanto eu ainda precisava aprender.

Ansiosa por compensar o tempo perdido nos campos de concentração e absorver tudo o que podia, tive aulas de composição e de musicologia com um professor que me incentivou a falar na sala de aula, e não ficar em silêncio, pois eu não me sentia tão bem preparada quanto os outros alunos. Fiz amizade com dois violoncelistas que serviram na Força Aérea Real Britânica (RAF)— durante a guerra, e com outro grupo de músicos que formou o quarteto Smetana pouco depois. O violista era Václav Neumann, que se tornaria o principal regente da Filarmônica Tcheca e um destaque da música tcheca.

Também me matriculei em aulas de música de câmara sob a supervisão do violoncelista e professor Karel Pravoslav Sádlo, nas quais eu tinha de acompanhar colegas músicos. Na minha audição, Sádlo — a quem todos nos referíamos afetuosamente como KPS — pediu para eu dizer se um dos violoncelos estava afinado corretamente e depois me pediu para acompanhar o violoncelista ao piano tocando "Sonata para violoncelo em sol menor", de Beethoven. Por sorte, eu passei no teste.

Sádlo era uma figura competente e respeitada na casa dos cinquenta anos que recebeu outro apelido dos alunos, "O Velho". Comportava-se como uma figura paterna para jovens músicos como eu e cuidava especialmente daqueles que sofreram durante a guerra. Na década de 1920, ele tinha acolhido um violoncelista adolescente de um lar desfeito que se tornou o mundialmente famoso Miloš Sádlo — que ficou tão grato ao seu benfeitor que assumiu seu sobrenome.

Um dia, KPS me pediu para distribuir alguns panfletos que divulgavam uma aluna dele que estava prestes a apresentar seu primeiro recital público de piano, como parte de seu exame final:

— Por favor, distribua esses convites aos seus amigos e ela fará o mesmo por você quando for a sua vez — explicou.

Eu baixei a cabeça e comecei a chorar, o que o surpreendeu. Ele me perguntou qual era o problema.

— Meu professor não me deixa fazer um recital — expliquei. — Ele não acha que eu sou boa o suficiente.

"O Velho" foi falar com o professor Rauch e questionou sua decisão, mas ele não se demoveu:

— Vai ser um fiasco — insistiu Rauch. — As mãos e os nervos dela estão arruinados.

Era verdade que os meus adoráveis dedos de menina tinham se fossilizado por enregelamento no terrível inverno de 1944-1945. As impressões digitais tinham sido praticamente desgastadas por bolhas que nunca cicatrizavam, e meus dedos foram deformados e retorcidos por meses de trabalho escravo. Minhas articulações ficaram duras e inflexíveis e não se mexiam do jeito certo. Foi preciso muita dedicação e práticas diárias no piano por até doze horas seguidas para, por fim, chegar à academia depois de dois anos intensivos de estudo, para completar minha formação.

— As mãos não são tudo. O que importa é o coração — disse calmamente KPS, que sabia da minha história.

O professor Sádlo foi muito bondoso comigo e me ajudou bastante, especialmente com meu terrível medo do palco. Muitas vezes eu achava difícil tocar na frente de colegas ou acompanhar os outros no palco. Mesmo depois da guerra, ainda tinha muito a aprender sobre o que a minha mente humana conseguiria aguentar na vida como concertista.

— Eu não posso continuar! Esqueci o programa — protestava, sentindo-me terrivelmente cansada. — Eu simplesmente não consigo fazer isso.

KPS costumava suspirar e dizer:

— Mas, querida Zuzana, todos vão ficar muito desapontados, principalmente os violoncelistas, você precisa continuar. Você sabe que deseja tocar, e que vai tocar be".

Eu concordava, respirava fundo e continuava, e depois ele caçoava de mim dizendo às pessoas de forma eloquente:

— E depois de todo o drama, de repente uma radiante Zuzana subiu ao palco!.

Em fevereiro de 1948, o Partido Comunista — com apoio dos soviéticos — assumiu o controle e transformou a Tchecoslováquia em um estado comunista. Esse golpe de Estado — ou, como nos referimos a ele, um *putsch* — levou ao assassinato do ministro das Relações Exteriores, o filho do ex-presidente Tomáš Garrigue Masaryk, e à renúncia do presidente Beneš, deixando muitos de nós com medo de onde isso nos levaria.

Depois de nos sentirmos traídos pelo Ocidente por ter nos abandonado nas mãos Hitler, em 1939 e nos anos seguintes, a maioria dos tchecos era grata aos soviéticos pela nossa libertação e voltou suas esperanças para eles. Muitos começaram a adotar o socialismo e a rejeitar os valores ocidentais outrora populares. Até os judeus se sentiam assim na época, pois o comunismo prometia que todos os homens seriam iguais e todas as crenças, reconhecidas. Isso resolveria tudo, eles prometeram.

Em vez disso, o que tivemos foi o stalinismo, e foi bem diferente.

Minha mãe demonstrou uma coragem incrível diante dessa nova revolução política. Estava ocupada trabalhando na menor das nossas duas lojas em Pilsen e aos poucos reconstruindo sua vida. A administração da loja lhe dera uma nova razão de viver, ela adorava estar de novo entre as pessoas e ganhar algum dinheiro. Tentando dissipar meus medos, dizia: "Talvez a sociedade mude para melhor e a vida dos trabalhadores melhore". Falava com muita gente sobre a situação e realmente tentava entender tudo aquilo. Depois de ter vivido a ocupação nazista, estava determinada a se manter mais bem informada dessa vez.

Secretamente, porém, ela temia tanto quanto eu pelas consequências, preocupada em perder sua loja mais uma vez. E tinha razões para se preocupar. Não houve aviso. Tudo aconteceu de repente. Uma ex-funcionária de meus pais, uma boa balconista que pensávamos ser nossa amiga, entrou na loja com o marido.

— Você é uma capitalista e não pode mais ser dona desse lugar. A loja pertence ao Partido e o Partido deu a loja para mim. Nós estamos assumindo o controle — disse na cara da minha mãe.

Eles apelaram para os comunistas e foram designados como "zeladores nacionais", bons membros do Partido que foram recompensados com as casas, empresas e posses dos que tinham caído em desgraça com o Estado. O anúncio foi chocante e assustador, e mamãe ficou muito abalada com isso. Mais uma vez, ela voltava a ser uma cidadã de segunda classe.

A mulher era particularmente arrogante e, tempos depois, veio discutir negócios com minha mãe em seu carro novinho em folha, um sedã Tatra, regozijando-se de sua nova riqueza. De início minha mãe ficou chateada e com raiva, mas acabou aceitando, dizendo: "Quando eu comparo isso com o que aconteceu antes, não é o pior". Os comunistas também confiscaram o apartamento em que morava, pagando um valor muito menor. Puseram-na para trabalhar como supervisora e controladora de qualidade numa loja de brinquedos estatal, com um salário muito menor e a promessa de uma pensão mínima. Felizmente, ela guardou muito dinheiro da loja nos três anos desde a guerra e depositou a maior parte em uma conta bancária para mim, para eu não ter de ensinar piano pelo resto da minha vida.

Ironicamente, a jovem filha do casal que se apoderou da loja ficou gravemente doente pouco tempo depois, e a única coisa que poderia ajudá-la era um remédio que só estava disponível nos Estados Unidos. Os "cuidadores" escreveram para minha mãe, desta vez muito menos arrogantes, implorando por sua ajuda. A resposta da minha mãe ilustra bem o caráter dela. Não hesitou por um momento, apesar de eles terem tirado sua loja. Imediatamente contatou sua irmã Elsa em Nova York e mandou entregar o remédio, a ser pago em parcelas, o que ajudou muito a menina. A família ficou extremamente agradecida e a filha continuou escrevendo para minha mãe até a morte dela. Mamãe foi assim a vida toda. Mesmo que os comunistas a tivessem roubado, sempre tentava encontrar algo bom numa situação, e dizia até que as pessoas estavam em melhor situação sob o regime, embora eu tenha certeza de que ela realmente não acreditava naquilo.

Enquanto isso, eu ainda estava tão envolvida com a minha música e tão concentrada em meus estudos que realmente não sabia e não me importava com o que estava acontecendo na política. Como muitos de meus colegas, nunca entrei para o Partido Comunista, mas depois de ter sido pressionada a ingressar na União da Juventude, fui enviada para estudar marxismo-leninismo por duas semanas. Era de um rigor quase militar. Fazíamos exercícios militares durante a noite e fomos submetidos a uma lavagem cerebral muito minuciosa. No fim, tivemos uma entrevista com um funcionário da escola e, quando me perguntaram o que eu estava lendo, cometi o erro de ser honesta e dizer que era Freud, que, obviamente, era proibido. Como consequência, recebi um mau relatório político e fui chamada perante uma comissão para ser questionada sobre minha atitude em relação ao marxismo e ao freudismo.

Tive sorte de não ter sido expulsa da academia, mas recebi muitos livros sobre marxismo-leninismo para ler e tive de fazer exames especiais. Na academia, fomos obrigados a rever toda a história da música a partir da perspectiva do realismo socialista. Tive que ler a história do Partido Comunista, todos os livros de Stalin e Lênin. Os exames foram rigorosos, e muitos alunos foram expulsos porque não passaram. Acabei abandonando minhas aulas acadêmicas e nunca assumi as lições de russo como outras pessoas fizeram, alegando que com todas as minhas aulas, além de ter de praticar de três a cinco horas por dia, eu simplesmente não tinha tempo suficiente.

Estava sempre ocupada demais para o comunismo.

Já com 21 anos de idade, ainda não percebia bem que havíamos trocado uma ditadura por outra, e que nossa democracia duramente conquistada estaria perdida por mais quarenta anos. Eu não conseguia me permitir acreditar que a mesma situação na história se repetiria e achava que falar disso era uma espécie de piada. Estava profundamente envolvida com a minha música e ainda lutando pela minha vida. Viver um dia após o outro exigia toda a minha concentração e empenho. Estava isolada com a minha música e nada mais era importante para mim. Essa falta de interesse político foi meu grande erro.

No mesmo ano da ascensão dos comunistas, entrei em contato com outro grande músico que havia sofrido nas mãos deles. O célebre maestro Václav Talich me ouviu tocar o "Concerto para três pianos", de Bach, com outro aluno e me convidou para trabalhar com ele na Orquestra de Câmara Tcheca, que fundou depois da guerra:

— Venha até a casa da minha família no campo — disse. — Eu gostaria de preparar você para a "Missa da coroação em dó maior", de Mozart.

Foi a maior honra, vindo de alguém que tinha sido primeiro-violino da Filarmônica de Berlim, o principal regente da Filarmônica Tcheca e administrador da ópera no Teatro Nacional de Praga. Talich havia dito uma vez: "Na arte, não existe uma meta definitivamente alcançada. O desenvolvimento artístico é uma série de erros e uma busca que dura tanto quanto a vida de um artista". Eu não podia estar mais de acordo com isso.

Apesar de ter sido um herói do nosso país durante a ocupação alemã, defendendo bravamente a cultura musical tcheca, em 1945 foi acusado de colaborar com os nazistas, tendo sido preso e proibido de reger. Quando foi solto, formou sua própria orquestra de câmara com uns poucos solistas jovens, por isso considerei outro milagre ele ter me escolhido.

Fui até sua encantadora casa em Beroun, na Boêmia central, em um dia quente e ensolarado, onde fui calorosamente recebida por sua filha. Ele então me ensinou uma lição inesquecível. Mesmo com mais de sessenta anos e com a saúde debilitada após sua prisão, nós trabalhamos todas as frases musicais e até dançamos um pouco e cantamos juntos. Durante um intervalo, a filha dele sugeriu que fôssemos ao jardim, onde ela nos serviria um café.

Fazia tanto calor que tirei o cardigã que usava sobre uma blusa sem mangas. Talich deu uma olhada no meu braço, viu meu número pela primeira vez e começou a chorar.

— Você acredita que eles me acusaram de colaborar com as pessoas que fizeram isso? — disse, soluçando.

Disse a ele que estava tudo certo e que não acreditava em nenhuma daquelas histórias, mas ele não se conformava. A filha dele acabou me acompanhando até à porta:

— Por favor, não volte mais a visitar o meu pai, srta. Růžičková. Ele não vai conseguir olhar para você todos os dias — disse.

Em resposta à ascensão dos comunistas, Talich e seus músicos decidiram dissolver a orquestra de câmara antes de serem obrigados a fazer isso. Suas suspeitas foram confirmadas, e Talich foi proibido de reger novamente até 1954, quando se apresentou em seu último concerto público. Mas ele manteve contato comigo, e foi um admirador da minha música até o dia da sua morte, tendo ido a quase todos os meus concertos. Depois que ele morreu, em 1961, a filha dele tomou seu lugar.

Eu me sinto muito sortuda por ter trabalhado com ele, mesmo que apenas por aquela tarde dourada.

Em um dia decisivo, em 1951, eu caminhava por um corredor na famosa sala de concertos Rudolfinum, às margens do rio Vltava, quando ouvi a voz de uma contralto acompanhada por um piano vindo do Pequeno Salão.

A beleza da música me fez parar de imediato e esperei para ouvir até o fim. Quando a música terminou e surgiram alguns colegas, eu perguntei: "Quem era a cantora? Quem compôs essa música?". Eles me disseram que a música se chamava "Casamentos de passarinhos", de Viktor Kalabis, um aluno de composição que eu conhecia, mas me apaixonei pela sua música muito antes de me apaixonar por ele.

Viktor era um rapaz de 27 anos muito sério, do leste da Boêmia, que estudava composição e regência. Três anos mais velho que eu, tinha sido aluno do compositor Emil Hlobil, no Conservatório de Praga, e fazia musicologia na Faculdade de Filosofia da Universidade Charles — até Hitler interromper seus estudos. Um gentio de óculos para baixa visão, Viktor foi obrigado pelos nazistas a trabalhar em fábricas durante a guerra. Eu sabia quem ele era, pois às vezes almoçava com um grupo nosso. Éramos tão pobres que escolhíamos os pratos mais baratos no cardápio e os dividíamos entre todos.

Viktor poderia ter se sentado à nossa mesa e compartilhado nossa comida, mas ele não participava. Nunca foi de rir ou brincar como o resto de nós. Na verdade, sempre parecia bastante preocupado. Uma vez perguntei por que ele era tão sério e Viktor fez sua primeira piada: "Claro que eu sou sério. Sou casado e tenho dois filhos!". E eu, na hora, acreditei. A verdade é que ele lia muito sobre o que andava acontecendo na União Soviética e já estava preocupado com o nosso futuro.

Meu recital de mestrado em piano foi no dia 23 de abril de 1951. Cada aluno não apenas apresentava um longo recital, mas também concorria a uma oportunidade de se apresentar com uma orquestra. O primeiro prêmio era tocar com a Filarmônica da Tchecoslováquia, mas também havia prêmios que permitiam aos vencedores tocarem com uma orquestra regional ou municipal. Eu estava terrivelmente nervosa e incerta sobre qual música deveria executar.

Fazia um ano desde que eu havia sido escolhida como uma entre três jovens pianistas para executar as obras de Bach na academia em homenagem ao bicentenário de sua morte, um concerto em dó maior para três pianos e uma orquestra de cordas. Foi uma experiência maravilhosa, ainda que angustiante, mas era minha chance de brilhar como artista solo e sabia que a escolha da música seria fundamental. No fim, meu programa contou com os compositores Beethoven, Debussy, Chopin, Mozart e Prokofiev. Apesar do meu estado de nervos, o recital foi bem recebido e até ganhei o prêmio de tocar na Filarmônica da Tchecoslováquia. Mamãe ficou tão satisfeita e aliviada quanto eu.

Minha decisão seguinte foi sobre o que tocar com a Filarmônica, e, mais uma vez, senti-me agoniada. Lembrei que minha querida Madame gostava especialmente das encantadoras peças para piano do libretista tcheco Bohuslav Martinů, que se tornou um grande compositor de música clássica moderna. Como durante toda a minha vida só tinha me dedicado à música barroca, conheci as composições contemporâneas de Martinů apenas depois da guerra, quando me pediram para acompanhar sua sonata para violino e fiquei encantada. Foi como provar um novo prato delicioso e querer comer mais. Animada com essa nova descoberta, decidi tocar sua *Sinfonietta giocosa* para piano e orquestra, de 1940.

Assim que anunciei minha decisão, o reitor — que era um comunista fervoroso — me chamou ao seu escritório:

— Eu soube que você quer interpretar Martinů.

— Sim — respondi. — Eu só o descobri recentemente, mas já sou uma admiradora.

— Você sabe que ele é um renegado e um traidor de nossa nação? — perguntou, franzindo os olhos.

— Não. — Não consegui esconder minha decepção.

— Se você tocar Martinů, não vai se formar.

Só depois vim saber a história completa de Martinů. O jovem compositor viveu em Paris durante boa parte de sua vida adulta e foi lá que compôs a *Missa de campo* em homenagem à resistência tcheca durante a guerra. Os nazistas o puseram na lista negra por isso, e ele fugiu para os Estados Unidos em 1941, quando o exército alemão se aproximava de Paris. Pelo chamado "crime" de abandonar seu país, foi declarado traidor de sua terra natal pelo governo tcheco do pós-guerra e sua música foi proibida por vários anos.

Saí do escritório do reitor sabendo que minha mãe ficaria desesperada se eu não me formasse depois de todo o dinheiro que tinha gastado e de toda a preocupação que eu lhe fizera passar, por isso não tive escolha a não ser pensar em outra coisa. Acabei escolhendo o "Concerto para piano em ré maior nº 26", de Mozart, conhecido como "Concerto da coroação".

Martinů não foi o único compositor a ser banido. Durante minhas aulas de composição, ouvi várias peças de outras pessoas que constavam da lista negra, que incluíam Stravinsky e Bartók, que haviam ofendido os comunistas de alguma forma ou foram rotulados como traidores. Tocar uma nota de Stravinsky já era perigoso, mas os alunos o adoravam e seguiam sua maneira de compor, considerada decadente e formalista numa época em que eles deveriam compor músicas baseadas no realismo social.

Independentemente de suas afiliações políticas ou pessoais, o trabalho desses compositores proibidos ainda era estudado e admirado nos seminários e apresentações de música contemporânea no Teatro Musical de Praga. Jaroslav Šeda, que na época trabalhava para a gravadora Gramofonové Závody, mas que depois se tornaria diretor da Supraphon, organizou muitos desses eventos. Ouvir essa nova música foi uma grande mudança em relação à música antiga que eu conhecia e adorava, mas achei emocionante e estimulante de uma forma que tenho certeza de que Madame nunca acharia.

Mais tarde, naquele ano, fui convidada para tocar a parte de piano da "Sonata para violino em fá maior", de Brahms, o "Concerto italiano", de Bach, e sua "Fantasia e fuga para cravo", todos bem recebidos. Também tive a oportunidade de tocar os dois instrumentos para apresentar obras de Bach e Scarlatti. Um de meus críticos indelicados disse depois que era como usar um cavalo e uma carruagem quando eu poderia ter usado um automóvel.

Eu poderia dizer que meu segundo grande amor depois de Bach foi Domenico Scarlatti, cujo pai, Alessandro, foi o compositor número um na Itália e o fundador da escola napolitana de ópera. Domenico se tornou o organista da Basílica de São Pedro, em Roma. Certo dia deu aulas de cravo a uma princesa portuguesa, que mais tarde se tornou rainha da Espanha. Quando ela voltou a Portugal e se casou com um membro da casa real espanhola, Scarlatti levou a esposa para morar lá e continuou a serviço dos portugueses e depois da corte espanhola pelo resto de sua vida, antes de ir morar com pastores nas montanhas. Após sua mudança para a Espanha, não compôs nada além de sonatas para cravo, e foram mais de quinhentas. Estranhamente, nunca quis publicar nada. O impressor teve de implorar de joelhos para publicar as primeiras trinta sonatas, e a maioria só foi publicada depois da sua morte.

Eu toquei muito Scarlatti, que sempre me fez lembrar de Goya. Ele tinha um desses sotaques espanhóis — às vezes de drama, às vezes de dança. Não havia polifonia. Era um vulcão de ideias e de diferentes estados de espírito. Quando eu nascer de novo como cravista, vou gravar todos os Scarlatti.

Depois de me formar e começar a ficar conhecida, me ofereceram a oportunidade de ensinar piano compulsoriamente a um grupo de compositores no departamento de composição da academia, o que fiz durante quinze anos. Faltavam professores de piano, e diversos alunos, inclusive Viktor Kalabis, precisavam concluir sua formação, interrompida pela guerra.

Eu era anos mais jovem, e muitos centímetros mais baixa do que a maioria dos compositores a quem eu tinha de ensinar, muitos dos quais já eram famosos ou estavam se tornando conhecidos. O pagamento era mínimo, mas eu precisava de cada coroa tcheca que pudesse ganhar e era muito mais gratificante trabalhar com músicos do que dar aulas de piano para crianças em casa.

Viktor chegou para minha aula com seu melhor amigo, o compositor František Kovařiček e outros três. Como já o ouvira tocar, fui logo dizendo que tinha certeza de que não tinha nada a lhe ensinar. Sugeri que pulasse minhas aulas e fizesse direto o exame, pois ele certamente passaria.

— Eu não quero fazer isso. Prefiro ter aulas com você — ele disse sorrindo.

Ficou claro para mim desde o início que havia um líder naquele grupo, e que era Viktor. Os outros eram todos muito mais altos do que ele, cheios de talento e entusiasmo, mas ainda olhavam para Viktor em busca de conselhos e orientações. Politicamente, estavam absolutamente do lado errado e não a favor dos comunistas, e Viktor era o epítome dessa filosofia.

Em pouco tempo, eu e Viktor estávamos sentados lado a lado em um piano tocando a quatro mãos, como eu fazia com a querida Madame. Nós tocamos *A sagração da primavera* de Stravinsky e alguns Bartók. Desde o início, fiquei impressionada com sua experiência e seu jeito tranquilo e pensativo, mas estava muito concentrada em desenvolver minha educação musical para pensar em me envolver em um relacionamento.

Minha prioridade era me preparar para meu primeiro recital de cravo no Rudolfinum. Ainda que fosse no Pequeno Salão e tocando para um máximo de 190 pessoas (em comparação ao Salão Dvořák, que acomoda mais de 1.100), o meu medo de palco me fez entrar em pânico, convencendo-me de que nunca teria coragem de me apresentar em um local tão histórico.

O neoclássico Rudolfinum foi projetado em 1885 como uma "casa de artes monumental" e tornou-se o principal expoente musical de Praga. É uma das mais antigas salas de concertos da Europa — um lugar onde o próprio Dvořák regeu suas composições. Em 1919, foi adaptado para abrigar o recém- -criado governo tcheco. Quando os nazistas chegaram, em 1939, eles restauraram o prédio como sala de concertos para a Filarmônica da Alemanha, e depois da guerra o lugar tornou-se sede da Filarmônica da Tchecoslováquia.

Eu tinha ido a muitos recitais e apresentações lá, mas nunca havia subido ao palco, por isso queria me preparar o máximo que pudesse. Que lugar melhor para treinar que o próprio edifício? Levantei-me cedo, e vi uma faxineira entrando pela porta dos fundos às seis da manhã. Com um sorriso e um olhar suplicante, eu a convenci a me deixar entrar para poder praticar secretamente no instrumento em que tocaria algumas semanas depois. O cravo ficava isolado em um corredor frio depois do salão principal, e todas as manhãs entre as seis e as nove da manhã, quando o pessoal começava a chegar, eu tocava até me fartar — de casaco e chapéu.

O que eu estava fazendo não só era proibido pelas autoridades, mas seria desaprovado por todos, desde meus professores até minha mãe. Minha sorte acabou quando o diretor do Rudolfinum me pegou e deixou bem claro que eu não tinha nada que estar lá. Alguns dias depois, porém, ele me ouviu

CEM MILAGRES 65

tocando piano em um recital na academia e depois veio me dizer que eu poderia continuar com minhas sessões secretas. Fiquei muito grata a ele.

Ainda mais assustador do que o diretor, no entanto, foi o afinador polonês Xavier Skolek, que cuidava dos instrumentos da Filarmônica da Tchecoslováquia. Assim como muitos afinadores profissionais, o sr. Skolek tinha certo sentido de propriedade em relação aos instrumentos dos quais cuidava. Os cravos são especialmente sensíveis à temperatura, à umidade e a mãos pesadas, e precisam sempre ser afinados pouco antes de um concerto. Se houver algum problema inesperado, como um bico de pena quebrado ou uma rachadura na placa de ressonância, o concerto pode atrasar ou até mesmo ser cancelado. Compreensivelmente, quando me viu tocando certa manhã, "clandestinamente", no corredor, o afinador ficou furioso e me perguntou o que eu estava fazendo ali.

Quando expliquei que tinha a permissão do diretor, ele relutantemente me deixou continuar e ficou ouvindo, com a cabeça inclinada e uma expressão crítica. Quando terminei, sua atitude mudou totalmente e começamos a conversar. Ele me disse que tinha sido o afinador de cravo de Wanda Landowska, uma conexão que me emocionou profundamente. Depois disso, nós trabalhamos juntos por muitos anos.

Quando finalmente subi ao palco do Rudolfinum, algumas semanas depois, eu estava uma pilha de nervos. Espiando da coxia, não acreditava que conseguiria prosseguir. E quase não consegui, pois minha mãe trouxe meu vestido de Pilsen para o recital, mas esqueceu a anágua necessária, pois o vestido era transparente. Felizmente ela conseguiu alugar uma de uma loja de fantasias bem a tempo.

Naquela noite o salão estava lotado por colegas e alguns músicos célebres, inclusive Karel Hoffmeister, pianista e professor da Escola de Mestrado do Conservatório de Praga. Todos estavam curiosos para saber como seria o meu recital. Estavam especialmente interessados em ouvir o cravo, pois quase ninguém tocava mais aquele instrumento. O último solista a tocá-lo no Rudolfinum fora um tcheco chamado Frank Pelleg, que emigrara para a Palestina antes da guerra. Seu verdadeiro nome era Pollak, mas ele mudou para Pelleg — como uma alusão a Bach, cujo nome significa "riacho" em alemão, enquanto *peleg* é a palavra em hebraico para "calha" ou "canal".

Eu não era totalmente desconhecida, mas não era Pelleg, e estava com muito medo de decepcionar todo mundo na plateia, inclusive minha querida mãe. Sentia-me muito triste por Madame estar velha e fraca demais para comparecer.

Porém, como sempre, assim que pisei no palco e me sentei diante do instrumento, meus medos se esvaneceram. Todas as vezes que me apresento, eu me abstraio inteiramente na música. Tudo mais se desmancha. Nem me lembro do recital ou do concerto depois, e às vezes preciso perguntar às pessoas como toquei.

Aparentemente, naquela noite eu me saí bem e todos pareceram satisfeitos. Toquei músicas de Purcell, a "Suíte francesa em sol maior", de Bach, e algumas sonatas de Scarlatti.

Depois, o professor Kredba gentilmente me disse: "Eu não tenho mais nada a ensinar a você".

Havia outra pessoa na plateia naquela noite que eu queria impressionar — Viktor, de quem estava ficando cada vez mais próxima.

Certa noite, um grupo de nós foi a um bar para tomar vinho e nos compadecer depois de sermos obrigados a aprender as novas canções socialistas que deveríamos cantar em massa no Dia Internacional dos Trabalhadores, celebrado pelos comunistas. Viktor estava sentado atrás de mim enquanto aprendíamos essas canções e, como de costume, eu estava no centro do grupo, sendo alegre, debochando das letras bobas e contando piadas.

Tudo para me encaixar.

Mais tarde, no bar, Viktor me cercou quando eu estava saindo:

— Você às vezes fala sério, ou sempre brinca com tudo? — perguntou. — Depois disse que meus "falsos sorrisos" não o impressionavam. — Não acredito neles porque não são verdadeiros. Acho que você tem um problema que tenta esconder. Gostaria de falar comigo sobre isso?

Ele não sabia que eu era judia, pois conhecia várias outras pessoas com o nome Růžička que eram de sangue cigano ou ariano puro. Nem sabia de toda a minha história. Poucos sabiam. Não que eu escondesse o meu passado, mas ninguém nunca perguntava, e apenas algumas pessoas ficaram sabendo que eu estive nos campos depois que Sádlo contou. Mesmo assim, a maioria sabia pouco do que realmente tinha acontecido. Ninguém dizia nada durante a guerra, e depois os comunistas nunca quiseram discutir o assunto. Essa diretriz veio diretamente de Moscou. Se alguém falava de Terezín, eles só diziam que os tchecos ficaram presos lá. Não havia menção aos judeus.

Mesmo sabendo tão pouco, de alguma forma Viktor sentiu que minha risada forçada era uma máscara, uma tentativa de parecer normal. Seu questionamento franco abriu as comportas e eu comecei a chorar. Ninguém nunca tinha me sondado daquele jeito. Mais tarde naquela noite, enquanto ele me acompanhava pelos cinco quilômetros até o lugar onde eu morava, contei tudo e nós estabelecemos uma conexão real. Ele foi um excelente ouvinte e um bom psiquiatra amador. Quando se despediu, ele me beijou. A partir de então, nos tornamos inseparáveis e foi Viktor, acima de tudo, quem salvou minha vida.

Ele foi o meu milagre mais recente.

Viktor se formou naquele ano, mas teve o doutorado negado porque sua tese sobre Bartók e Stravinsky foi considerada "formalista e decadente". Claramente não estava alinhada com o pensamento comunista. No fim de semana de seu concerto de formatura, no qual Miloš Sádlo iria apresentar seu concerto de violoncelo, fiquei em Praga para assistir. Minha mãe já sabia então que eu tinha mais que uma admiração passageira por aquele jovem compositor. Depois do concerto, dei a Viktor um ramalhete de flores, que ele meigamente colocou entre as páginas de um livro e guardou durante anos.

Seu melhor amigo, František, precisava ser convencido de que éramos feitos um para o outro. Por isso, pediu para se encontrar comigo em um bar na próxima vez em que eu voltasse a Praga depos de uma das visitas à minha mãe.

— Preciso ter uma conversa séria com você — disse com uma expressão grave.

Depois que pedimos nosso vinho e nos sentamos a uma mesa de canto, František — com sua expressão mais séria — me contou que Viktor só tivera duas namoradas, nenhuma das quais era a certa para ele. Antes de me conhecer, tinha decidido não complicar sua vida com mulheres, mas sim se dedicar à sua música. Aí eu apareci.

* * *

— Quando Viktor se compromete com um relacionamento como o que tem com você, é sério, e eu não quero que ele se magoe — ele acrescentou.

Dei um gole de vinho.

— Eu não tenho nenhuma intenção de magoar Viktor — falei.

— Ele quer se casar com você, mas isso não vai ser fácil. Na vida de Viktor, a música vem em primeiro lugar, os pais vêm em segundo e você virá em terceiro — František continuou.

Fiquei chocada. Eu ainda não tinha pensado em casamento, e a ideia de Viktor querer se casar comigo sem me dizer me aborreceu. Mas não ia deixar František saber disso, por isso forcei uma risada.

— Não acho que isso seja uma dificuldade — falei. — Na minha vida a música vem em primeiro lugar e minha mãe vem em segundo, então, se eu e Viktor estivermos em terceiro lugar um para o outro, eu diria que estamos em perfeita sintonia.

František franziu a testa. Debrucei-me na mesa e toquei seu braço.

— Tudo bem, František. Fico feliz de ele amar sua música e fico feliz de amar os pais. O importante é que nós dois nos amemos.

Depois daquele encontro, voltei correndo para Pilsen e comecei a chorar nos braços de minha mãe enquanto contava o que havia acontecido:

— Eu não quero me casar — choraminguei —, mas também não quero perder Viktor, porque ele é um homem muito especial. Duvido que eu encontre alguém como ele de novo.

No fim, e depois de muito pensar, decidi que se aquele era o jeito de ficar com ele, então eu me casaria.

Imaginei que Viktor tivesse mandado o amigo falar comigo para me dizer que queria se casar comigo. Então, tirei a dúvida na primeira vez que o encontrei depois:

— Quando você pretende se casar? — perguntei.

Ele pareceu bastante chocado com a minha pergunta.

— Acho que primeiro você deveria conhecer os meus pais — foi tudo o que conseguiu dizer.

Só mais tarde descobri que ele não sabia nada sobre a conversa em particular com František, e que minha inesperada sugestão de casamento o assustou tanto quanto a mim. Mas ele agiu com coragem, inclusive se apresentando formalmente à minha mãe para pedir minha mão. Mas depois sempre caçoou de mim dizendo que só se casou comigo para se livrar das aulas de piano.

Os pais de Viktor, Karel e Viktorie, foram muito acolhedores e gostei muito deles. Moravam em um apartamento numa região bonita no sul da Boêmia, para onde Viktor voltava o tempo todo para compor no piano. A mãe era uma talentosa pintora e atriz amadora que falava francês e também tocava piano. O avô dela era formado pelo Conservatório de Praga. Viktorie morreu dois anos depois de eu e Viktor nos casarmos, por isso fiquei triste por nunca tê-la conhecido melhor. O pai dele era um funcionário de alto escalão do correio e não acredito que me considerasse a nora ideal, mas às vezes nos falávamos. O casal tinha trabalhado no posto do correio da cidade de Solnice, na região leste da Boêmia, onde Viktor estudou e desde cedo ficou fascinado pela banda de metais da cidade. Quando pequeno, costumava ficar na frente do coreto e fingir conduzir os músicos.

Uma das peças que eles tocavam e de que ele gostava muito quando passeava com a família pelo parque era uma música tcheca de Julius Fučík conhecida como "Marinarella". Isso sempre evocou em Victor lembranças felizes, embora mais tarde tenha evocado associações muito diferentes para mim.

O maestro ficou tão encantado com o entusiasmo de Viktor que se ofereceu para ensiná-lo a tocar piano, e assim aos dezesseis anos, Viktor fez seu primeiro concerto na prefeitura local.

Assim como eu, ele também sofreu de doenças respiratórias na juventude e foi mandado para ficar com parentes na cidade boêmia de Jindřichův Hradec por um ano. Os pais acabaram indo morar com ele. Durante a crise econômica dos anos 1930, casais que eram funcionários do Estado não tinham mais permissão para trabalhar juntos, de modo que sua mãe teve que desistir de seu trabalho e o pai conseguiu se mudar.

Quando a guerra começou, o pai de Viktor foi autorizado a permanecer em sua posição nos correios, mas Viktor, com dezenove anos, conseguiu continuar seus estudos enquanto ensinava canto e alemão numa escola de meninas em Mělník, trinta quilômetros ao norte de Praga. Depois de dois anos, foi enviado para uma fábrica que produzia peças de aeronaves, trabalhando como rebitador num lugar tão barulhento que ele quase perdeu a audição.

Apesar da guerra, Viktor estava tão ansioso quanto eu para não abandonar sua educação musical. Viajou para Praga quando pôde ter lições de composição com Jaroslav Řídký e o maestro Pavel Dědeček. Os Aliados bombardearam a cidade durante uma de suas visitas e ele teve de se esconder nos abrigos, onde tamborilou nos joelhos o ritmo de seu trabalho seguinte.

Assim como aconteceu comigo, a música ficou em primeiro lugar.

Viktor e eu estávamos muito apaixonados, mas quase não nos casamos quando novos e assustadores acontecimentos políticos em nosso país começaram a ameaçar nossa felicidade. Não que eu não gostasse demais dele. Eu queria, e estava pronta para me casar com ele, desde que František me contou sobre suas intenções. Mas as coisas mudaram na Tchecoslováquia, e 1952 foi um ano de grande tumulto. Muitas pessoas foram presas como traidores por supostamente estarem em contato com as potências ocidentais, algumas delas oficiais e políticos de alto escalão, mas a maioria era de judeus. Havia uma sensação cada vez maior de opressão e eu me sentia cada vez mais preocupada com as consequências de Viktor se casar comigo.

O problema foi um enorme aumento do antissemitismo no nosso país depois da guerra, em parte causado pelo grande número de intelectuais judeus entre os comunistas. Depois do golpe, quando o Partido assumiu o controle sob o comando do secretário-geral Rudolf Slánský, um judeu, só aumentaram as agressões antissemitas por todo o país.

A liderança comunista estava dividida sobre o quanto deveria imitar as políticas soviéticas linha-dura e saía em busca de elementos "desleais", ao mesmo tempo em que iniciava um expurgo dos judeus nos escalões mais altos. Em 1950, a política tcheca Milada Horáková foi a primeira "traidora" a ser julgada, acusada com outros doze de liderar um suposto complô para derrubar o regime comunista. Gentia, Milada era uma patriota e feminista convicta que participou da resistência tcheca durante a guerra, foi presa pela Gestapo e mandada para Terezín e outras prisões na Alemanha. Após sua última prisão, em 1949, ela foi submetida a intensas torturas físicas e psicológicas pela polícia secreta tcheca, a temida StB.

Todos os trabalhadores de fábricas foram obrigados a assinar uma proclamação contra esta "traidora", exigindo sua execução. Em seu julgamento, ela e três de seus corréus foram devidamente condenados à morte, apesar dos apelos da família e protestos de pessoas eminentes em todo o mundo, inclusive de Albert Einstein, do primeiro-ministro britânico Winston Churchill, e da ex-primeira-dama dos Estados Unidos, Eleanor Roosevelt. Milada, que manteve sua dignidade até o fim, foi enforcada por falsas acusações de crimes de conspiração e traição que ela não cometeu. Foi uma coisa muito cruel.

Isso foi apenas o começo dos espetáculos de julgamentos. Quando a linha antijudaica tornou-se a política soviética oficial graças a Stalin, as autoridades começaram a processar tantos judeus proeminentes quanto conseguiam, começando por altos funcionários do Partido como o secretário-geral Slánský e dez outros membros do Partido, no período que ficou conhecido como "Os processos judaicos". Todos foram acusados e condenados por participarem de uma conspiração trotskista-titoíta-sionista.

Todos os dias, o locutor da rádio estatal criticava os "traidores judeus" com uma voz ameaçadora. Todo mundo estava com medo e todos nós tivemos que assinar petições para que os "traidores" fossem executados por crimes contra o nosso "país feliz e em desenvolvimento". Os prisioneiros confessavam e depois se retratavam, afirmando terem sido drogados e obrigados a decorar suas confissões, mas um após o outro eram condenados à morte. O secretário-geral foi condenado e enforcado, e outros três foram condenados à prisão perpétua. Muitos outros foram enviados para as minas de urânio e campos de trabalhos forçados. No total, mais de 200 mil pessoas foram detidas e jogadas na prisão.

Foi muito assustador, pois parecia que os horrores da guerra estavam acontecendo de novo em uma espécie de simetria terrível. Minha única esperança era que, com Viktor e eu recém-saídos da faculdade e minha mãe sendo uma mera controladora de qualidade, nenhum de nós fosse importante o suficiente para ser processado, mas também sabíamos que isso não era garantia.

Qualquer um que se aliasse a um judeu ficava conhecido como Judeu Branco e seu nome era assinalado numa lista que afetaria sua vida enquanto os comunistas estivessem no poder. Sabia que Viktor tinha uma grande carreira pela frente, e eu tinha muito medo por ele. Casar-se comigo seria uma coisa corajosa, ainda assim tola, pois ele já tinha uma reputação de não ser politicamente correto. Casar-se com uma judia em meio a esse período politicamente difícil selaria seu destino e poderia ser extremamente perigoso.

O melhor seria nos separarmos. Eu disse a Viktor que ele não poderia se casar comigo:

— Eu não vou permitir que isso aconteça — falei, alguns meses depois de termos nos comprometido. — Se você fizer isso, vai estragar tudo para você e pode ser um prejuízo em dobro para nós dois.

Viktor apenas sorriu.

— Nem pensar — ele respondeu. — Eu te amo.

Recusando-se a aceitar um *não* como resposta, Viktor me convenceu de que deveríamos manter nosso compromisso e fazer planos para o casamento, independentemente do mundo ao redor. Inicialmente, nossos planos eram de nos casarmos em maio de 1953, pois até então Viktor ainda seria um estudante nas minhas aulas de piano, e era contra as regras da academia nós termos qualquer relacionamento pessoal. Politicamente, ele ainda estava sob suspeita, e havia uma grande questão sobre como ele iria ganhar a vida sem ser membro do Partido. Ele ganhava algum dinheiro compondo música para o rádio, e eu tinha algumas apresentações e o meu salário de professora, mas ainda éramos terrivelmente pobres. Nós dois morávamos em tristonhas sublocações em Praga ou passávamos algum tempo na casa de nossos pais e tentávamos economizar o suficiente para comprar nosso primeiro apartamento. Também queríamos conseguir dinheiro suficiente para pagar todas as formalidades do casamento, como um anel e meu vestido de noiva.

Depois da guerra, o governo tcheco tinha aprovado uma lei que possibilitava que os recém-casados recebessem um apartamento e algum dinheiro para bens essenciais, da qual esperávamos nos beneficiar, mas em setembro de 1952 foi anunciado que essa lei perderia a validade a partir de 1º de janeiro de 1953. Corri até a antiga prefeitura a fim de pedir para antecipar a data do casamento para antes do ano novo, na esperança de ainda nos qualificarmos.

O fim daquele ano foi uma ocasião desastrosa para se casar. Viktor estava com os pais em Jindřichův Hradec, tentando cumprir um prazo estabelecido para uma nova peça musical — a "Suíte Strážnice", encomendada pela Rádio Tchecoslovaca — e eu tinha dois grandes concertos agendados, inclusive as difíceis *Variações de Goldberg*.

Tinha também um concerto conjunto programado para a noite de 7 de dezembro com o dr. Jiří Reinberger, professor da academia e organista clássico. Era uma grande honra tocar com ele, e Viktor estava determinado a atravessar o país para me ouvir, uma viagem em que gastaria nossas últimas reservas. Em vez de ir a Praga duas vezes no mesmo mês, ele sugeriu que matássemos dois coelhos com uma só cajadada e nos casássemos na manhã seguinte ao meu recital.

O concerto correu maravilhosamente bem, e o dr. Reinberger, fumante inveterado, tornou-se mais um amigo. Para uma casa lotada, apresentamos e tocamos as *Cantatas corais*, de Bach, compostas quando ele era cantor em Leipzig e que fazem parte de uma série de corais protestantes baseados no *Catechism* de Lutero — as grandes para órgão e as menores para cravo.

Eu me senti muito privilegiada em tocar Bach com um organista tão renomado e talentoso, e estar às vésperas do meu casamento com alguém que me entendia muito bem.

Eu e Viktor nos casamos sem alarde numa terça-feira, 8 de dezembro de 1952. Estávamos nos vendo havia mais de um ano e já tínhamos enfrentado tantos obstáculos que as dificuldades de última hora em torno de nosso grande dia foram apenas novos obstáculos a serem superados.

O dia do casamento amanheceu gelado e monótono, mas não nos importamos. Eu me embrulhei em algo bem quente, usava um casaco marrom em cima de um vestido normal e chapéu. As únicas flores disponíveis à venda na época eram cravos vermelhos para os comunistas, e foi o que Viktor comprou para o meu buquê.

Achando graça, fomos correndo para a antiga prefeitura, à sombra do Orloj, o relógio astronômico, onde passamos por todas as formalidades, testemunhadas por minha mãe, pelos pais de Viktor e por dois amigos dele. Mamãe gostava do futuro genro, mas não ficou muito feliz com a velocidade com que nos envolvemos, o que na época ela achou impróprio.

Demorou tanto tempo para Viktor me convencer a ir em frente e me casar que disse seus votos bem depressa, para o caso de eu mudar de ideia. Depois que nossa certidão de casamento foi assinada e carimbada na prefeitura, todos nós fomos almoçar num restaurante local, onde Viktor me informou que seu presente de casamento era o concerto para piano em que estava trabalhando, o seu primeiro, a ser conhecido como "Concerto para piano nº 1, opus 12". Era uma peça bonita e alegre, inspirada no moteto "Exsultate, jubilate", de Mozart, que disse resumir como ele se sentia em relação a mim.

Depois, minha mãe nos deu seu presente de casamento — uma noite com direito a café da manhã numa suíte no lindo Palace Hotel bem no centro de Praga, perto da praça Wenceslas.

Era um luxo em que mal conseguíamos acreditar. Éramos realmente muito pobres e ficamos emocionados em passar a noite de núpcias em um hotel tão grandioso. Não víamos a hora de deitar em uma cama de casal adequada e fazer um belo desjejum.

Infelizmente, houve mais uma má notícia de última hora. Na tarde de nosso casamento, soubemos pelo melhor amigo de Viktor, František, que ele e meus outros alunos compositores tinham sido convocados para o serviço militar. Sabíamos que Viktor seria isento por causa de sua baixa visão, mas ficamos chocados ao pensar que aqueles quatro jovens talentosos seriam obrigados a entrar para as forças armadas em um momento crítico para seus estudos. O melhor que podiam esperar era tocar na orquestra do exército, mas František disse que já haviam sido informados de que não teriam esse privilégio por serem considerados "politicamente suspeitos".

Viktor tinha um professor que admirava e que gostava dele. Na tarde do nosso casamento ele entrou em contato com o professor para pedir sua ajuda.

— Venha falar comigo antes da aula amanhã de manhã e vou ver o que posso fazer — disse o professor. — Esteja no meu escritório na faculdade de Filosofia às 7h30.

Eu poderia ter deixado Viktor ir sozinho enquanto eu me espreguiçava em nossa cama confortável, mas o amava por ser altruísta e fiel aos amigos, e naquela manhã me levantei com ele às seis da manhã. Tomamos um café rápido na saleta e saímos da nossa aconchegante suíte para esperar o professor chegar ao prédio frio da faculdade. Quando finalmente chegou, Viktor teve uma longa conversa com ele, mas afinal o professor não podia fazer nada, e nós sabíamos que nossos amigos, os meus alunos, logo estariam nos deixando. Desapontados, voltamos correndo para o hotel para degustar nosso café da manhã e desfrutar as últimas horas de nossa lua de mel.

Viktor me ajudou muito nos primeiros anos do nosso casamento. Ele me deu a força espiritual para continuar sobrevivendo apesar de todos esses novos e assustadores desafios. Meu marido me abraçava quando eu gritava em meu sono e me acalmava depois de cada pesadelo. Muitas vezes eu me sentia aleijada por minhas recordações, mas Viktor sempre me lembrava de que eu tinha sobrevivido e que agora podia me dedicar à minha música. Também me garantia que eu era uma boa intérprete e eu acreditava nele porque respeitava sua opinião. Com Viktor não havia trivialidades e eu sabia que ele jamais mentiria sobre algo tão importante.

Com o tempo, percebi que só queria três coisas da vida: estar viva e sem fome; fazer música e ter minha mãe e Viktor por perto.

Mais importante de tudo, ele me fez falar muito sobre minhas experiências. Foi a primeira pessoa a me fazer descansar, pois eu era tremendamente viciada em trabalho, e depois de três horas de prática ele me fazia parar: "Você precisa esvaziar sua cabeça", dizia. Nós íamos de bicicleta até a reserva natural de Divoká Šárka nos arredores da cidade e saíamos andando pelo bosque. Logo descobri que a caminhada me fazia muito bem, mas quando chegava em casa eu praticava por mais três horas. Não sou especialista em cultura judaica, mas sempre gostei do conceito da Alma do Shabat — um dia de descanso quando a alma é obrigada a celebrar a criação. Manter um dia por semana livre proporciona a oportunidade de refletir sobre as lições da vida e recuperar o foco. E adoro que a tradição não é apenas para as pessoas, mas também para os animais de carga, para que também possam descansar.

Viktor sempre me garantia que estávamos vivendo em tempos incomuns e que o que aconteceu em tempos de guerra era uma raridade. Afirmava que nada semelhante aos nazistas jamais aconteceria de novo. Sabia que ele não acreditava nisso, nem eu, mas era sempre bom ouvi-lo dizer.

A verdade é que ele era extremamente pessimista sobre os acontecimentos políticos. Sabia muito sobre o que estava ocorrendo na União Soviética. Lia todas as memórias de imigrantes russos e sabia que os próximos desdobramentos na Tchecoslováquia não seriam bons. Mas tentava esperar pelo melhor e me ajudar a levar uma vida normal. Descobri em Viktor uma pessoa que era bondosa e sincera, em quem eu podia confiar totalmente. E isso foi um remédio muito melhor para mim do que tentar ser otimista quanto a nossa situação.

Durante todo o nosso longo e feliz casamento, sempre que chegava em casa do trabalho, deprimido com os acontecimentos mais recentes, ele me dizia: "Preciso esvaziar a cabeça". Sem mais palavras, nós nos sentávamos ao piano e tocávamos a quatro mãos, noite após noite. Viktor costumava dizer que precisava se "despoluir". Eu sempre toquei os graves e Viktor as vozes mais altas. Ele era melhor pianista e nós tocávamos Brahms, Beethoven, de tudo. Nós dois adorávamos Stravinsky e eu sempre gostei de tocar Bach, é claro, mas também tocávamos muito Haydn e Mahler. Viktor adorava as sonatas para piano de Hindemith, de Bartók e de Honegger. Continuávamos tocando até minha mãe dizer que o jantar estava pronto.

Meu querido Viktor sempre disse que além da sua música ele tinha um desejo na vida — me livrar do trauma da guerra, me curar e me fazer sentir como uma pessoa normal outra vez. Dizia que a maior tragédia para os que sofreram meu destino era se sentirem, de alguma forma, excluídos da raça humana.

Viktor usou seu amor para me curar e, assim como meus pais, nós dois fomos muito apaixonados — até o fim dos nossos dias.

4. Praga, 1938

— Zuzana, espere! — minha prima Dagmar gritou quando atravessei impetuosamente os portões da escola e saí pela rua chorando. Com a mochila voando, eu a ignorei e corri direto para a cabeleireira onde sabia que minha mãe estava. Era primavera de 1938 e achei que meu mundo estava prestes a acabar.

— Mamãe, mamãe! — Chorei quando me joguei no colo dela no salão de beleza. Enterrei o rosto na saia dela e chorei.

— O que foi, querida? — perguntou, horrorizada, tirando meus óculos e levantando meu rosto. — O que aconteceu?

— Vai ter uma guerra! — gritei. — Tata vai ser mandado para luta! Pode morrer e nunca mais voltar para casa!

Minha mãe olhou para sua cabeleireira e fez um sinal para que saísse. Segurou-me em seus braços, afagou minha cabeça e tentou me acalmar.

— Quem falou sobre esse assunto? — perguntou.

Soluçando, contei que meus professores na escola haviam simulado um ataque aéreo naquela tarde e deram a cada um de nós máscaras de gás antes de nos ensinarem como usá-las.

— Eles disseram que se a gente não as pusesse a tempo, podíamos morrer sufocados!

Para mim, aquelas horríveis máscaras de borracha eram uma prova tangível de algo impensável e fiquei profundamente chocada.

— Querida, por favor, não se preocupe — disse minha mãe, enxugando minhas lágrimas. — As guerras estão todas no passado. Nunca mais vão acontecer. Isso é apenas um exercício, como um treinamento.

Lembrei-me de todas aquelas conversas solenes entre minha mãe, meu pai, meus tios, minhas tias e parentes de Viena que nos visitavam. Ingenuamente, imaginei que estavam falando sobre negócios ou questões fiscais, mas agora percebia que todos nós estávamos vivendo à sombra de uma guerra e que eles estavam escondendo as coisas de mim. Não importava o que minha mãe dissesse ou o quanto ela tentasse me consolar, eu não podia ser consolada.

Aos onze anos de idade, nunca tinha ouvido meu pai falar sobre as experiências dele na Primeira Guerra Mundial, mas fui criada acreditando que aquela havia sido a última guerra. Naquele momento, a possibilidade de outro conflito mudou minha vida e mais ou menos acabou com a minha infância idílica.

Os acontecimentos dos meses seguintes só serviram para me assustar ainda mais. Quando anexou a Áustria na Anschluss, em março de 1938, Hitler fixou os olhos na Tchecoslováquia, tomando os Sudetos da nossa província ocidental no fim daquele ano. Meu pai ficou tão indignado com esse movimento que logo se apresentou ao exército tcheco. Não pôde servir por causa de seu ferimento de guerra, mas estava determinado a lutar mais uma vez pelo seu país. O exército tcheco era eficiente e bem preparado, e tínhamos tratados com a Inglaterra e a França para nos ajudar se fôssemos invadidos. Ele implorou à minha mãe que me levasse para Dobris, na Boêmia, para ficarmos com a família dela até ele voltar e depois, para meu horror abjeto, ele se despediu e partiu para o front.

Não muito tempo depois, o impensável aconteceu. A Inglaterra e a França, as principais potências da Europa, romperam seus tratados conosco e, junto com a Itália, assinaram o Acordo de Munique, dando à Alemanha nossa região dos Sudetos como um apaziguamento. A ideia era que, se fizessem isso, Hitler ficaria satisfeito. Quando voltaram a Londres, o primeiro-ministro britânico Neville Chamberlain e o primeiro-ministro francês Edouard Daladier foram recebidos com flores e aplausos. Foram vistos como pacificadores, mas na verdade foi o começo do fim.

O Acordo de Munique foi um golpe terrível para Tata. Ele se sentiu traído. O país inteiro se sentiu traído. Sem apoio estrangeiro e com o país em tumulto, não teve escolha a não ser perder as esperanças de lutar pela pátria e voltar para casa, para nos reunimos em Pilsen e esperar pelo próximo desastre.

Sendo ainda muito jovem, eu não fazia ideia do que estava para acontecer. Tinha acabado de entrar no ginásio clássico, ou ensino médio, e estava feliz por estar indo bem, depois de ter perdido muito tempo enquanto estive doente. Tinha aulas de Matemática, Química, Física, História, Geografia e Alemão. Minha primeira professora foi uma mulher chamada Milada Tománková, que eu adorava, apesar de ela sempre se queixar da minha caligrafia "terrível", pela qual sempre tinha notas abaixo da média. Mais tarde, os testes revelaram que eu era naturalmente canhota, o que me ajudou tremendamente quando tocava. Na maioria dos casos, a mão esquerda das pessoas é tecnicamente mais fraca que a mão direita, mas eu não tive nenhuma dificuldade. Acho até que me ajudou com a polifonia de Bach. Conseguia sentir as diferentes vozes e interpretar cada mão separadamente.

Minha felicidade de estar na escola, no entanto, foi ofuscada pelo rescaldo dos acontecimentos em Munique e depois, em novembro de 1938, com as notícias da Kristallnacht — a Noite dos Cristais —, quando centenas de casas, escolas e sinagogas judaicas em toda a Alemanha foram atacadas e pessoas inocentes foram assassinadas ou mandadas para campos de concentração.

Lembro-me de meus pais ouvindo solenemente o noticiário da rádio BBC, mas eu ainda não entendia o que estava acontecendo nem percebi que aquilo tinha algo a ver conosco. Isso foi até a chegada da Wehrmacht a Praga, em março de 1939, que provocou ondas de choque que reverberaram em todos os lares do planeta.

Não sei o que me abalou mais — pensar nos soldados alemães armados patrulhando nossa capital em tanques de guerra ou o fato de meus pais ainda estarem escondendo coisas de mim. A partir de então, insisti em me manter totalmente informada. Eu bombardeava meus pais com perguntas diárias sobre a situação política e comecei a ler tudo o que podia sobre o assunto, na esperança de não ser pega de surpresa mais uma vez.

Eles fizeram o possível para me distrair. Lembro-me de mamãe me levando ao cinema para ver meu primeiro filme, *Branca de Neve*, o desenho animado da Disney que me encantou e me deixou em êxtase. Eu gostei tanto que queria ver cada novo filme que fosse lançado depois, mas os nazistas tinham outros planos. Seis longos anos se passariam até que eu fosse autorizada a entrar em um cinema novamente.

Quando as leis de Nuremberg começaram a valer em nosso país, determinando o que os judeus de todas as terras ocupadas poderiam ou não fazer, de repente havia cartazes afixados nas esquinas para todos lerem. Eles anunciavam que os colégios estavam fechados para os judeus, assim como os cinemas, e nós só éramos autorizados a fazer compras em certas lojas e em certas horas, geralmente quando todas as melhores coisas já haviam sido vendidas. Todos os judeus tinham de usar uma estrela de David visível na roupa exterior. Imediatamente, muitas pessoas passaram a nos evitar na rua, porque até falar com um judeu era perigoso. Éramos barrados em lugares públicos e nos bondes, e tivemos que deixar nossos empregos habituais. As vitrines de lojas de judeus foram pintadas com uma estrela amarela ou com as palavras *žid* ou *jude*, que significam "judeu".

Os sentimentos de má vontade contra nós se desenvolveram aos poucos. Alguns dos meus colegas e até algumas amigas eram pró-alemães ou passaram a me evitar por causa da estrela de seis pontas. Ou talvez simplesmente estivessem com medo. Muitos foram bons comigo, mas eu me lembro mais dos que foram ruins. Um deles era Hans Ledeč, um garoto alemão que morava no andar de baixo, com quem costumávamos conversar e brincar, apesar de ser um pouco mais velho. Quando os nazistas chegaram, ele entrou para a Hitlerjugend (Juventude Hitlerista) e de imediato ficou diferente com a gente — frio e hostil. Começou a me atormentar e a ser desagradável, dizendo que eu não deveria estar ali e que Pilsen não era o meu lugar.

— Se o meu lugar não é neste país, qual é o meu lugar? — perguntei ao meu pai, confusa e chateada. — Por que você nunca me disse que eu era de uma raça diferente? O que vai acontecer conosco?

Fui à biblioteca e comecei a ler todos os livros que encontrei sobre a raça, a fé e a história dos judeus. Queria saber qual era a fonte do antissemitismo, se era religiosa, social ou racial. Até aquele momento eu nem sabia da sua existência. Fiquei tão chocada com o que li — os séculos de perseguição e pogroms que os judeus haviam enfrentado — que, aos doze anos, eu me tornei uma sionista fervorosa. Pareceu-me que a única maneira de sair do círculo do Diabo era criar o seu próprio círculo. Minha conclusão natural era que eu pertencia a algum outro lugar — talvez à Palestina ou a um dos outros países que estavam sendo considerados para ser um Estado judeu independente —, e todos nós deveríamos nos mudar para lá.

Mamãe estava preocupada que meu novo raciocínio pudesse devastar o fervoroso patriotismo de meu pai. Temia que ter uma filha sionista pudesse expô-lo ao ridículo, pois ele sempre se gabava de ser assimilado aos seus amigos do Sokol. Implorou para que eu não lesse nenhum livro sionista na frente dele. Então, eu passei a lê-los quando estava sozinha no banheiro, mas ele acabou descobrindo e, quando isso aconteceu, teve uma reação surpreendente:

— Se você sente isso mesmo, acho melhor estar bem informada — disse com uma voz cansada. — Talvez eu esteja errado e você esteja certa, Zuzka. Você precisa chegar às suas próprias conclusões.

Meu pai sempre aceitou minhas opiniões, o que era uma coisa maravilhosa para um pai fazer.

Depois disso, me senti quase orgulhosa por ser judia, já que conhecia a história do judaísmo. Percebi que aquilo também fazia parte da minha história, e até discuti o assunto com meu pai e os amigos dele, dizendo:

— Agora você pode ver que a assimilação não funciona! Os judeus sempre foram perseguidos e a única resposta é fundarmos o nosso próprio Estado.

Acho que ele nunca mudou de ideia e continuou dedicado ao seu país até o fim, mas acredito que ao menos entendeu minha linha de raciocínio.

Ingressei em um movimento juvenil sionista chamado Maccabi Hatzair, que parecia oferecer uma saída ao caos. Estabelecido na Tchecoslováquia, em 1929, tinha princípios semelhantes aos do Sokol em termos de promoção da educação física e de atividades esportivas, mas com o elemento adicional do ensino de hebraico. Nós chamávamos o nosso grupo de Kadima (que significa "Avante" em hebraico) e éramos preparados para a vida num kibutz na "Terra Prometida", assim que um Estado judeu fosse criado.

Dagmar se recusou a entrar no nosso grupo de dez garotas e cinco garotos, e a decisão dela realmente me chocou, já que sempre pensava em nós quase como gêmeas. Nós não brigamos, só discutimos a respeito, mas ela afirmou sua independência e escolheu ficar no campo oposto, dos judeus tchecos assimilados. Simplesmente acreditava que era tcheca e que a repressão nazista estava acontecendo com todos os tchecos e só um pouquinho a mais para os judeus. O sionismo não era para ela. Foi o início da nossa inevitável separação, depois de anos de proximidade, uma transição que começou na escola quando ela escolheu estudar ciências naturais em vez de grego e latim comigo.

Fiquei desapontada por ela não compartilhar do meu entusiasmo, mas isso não me impediu de me aproximar cada vez mais dos meus novos amigos, especialmente do jovem casal que liderava o grupo: Tylda (conhecida como Tilla) Fischlová e Karel Schleissner, que eu amava e respeitava. Tilla era uma linda loira proveniente de Pilsen, gorducha e de olhos azuis, oito anos mais velha que eu. Karel era dos Sudetos, de aparência bem judaica, com cabelos pretos repartidos do lado, olhos castanhos e um bigodinho. Era muito bonito e uma ótima pessoa. Os dois eram profundamente apaixonados e eu estava convencida de que se casariam e teriam uma família maravilhosa, provavelmente na Palestina.

Eles nos deram aulas naquele primeiro verão depois da ocupação da Tchecoslováquia que, ironicamente, foi quando eu finalmente recuperei minha saúde e me tornei uma criança normal. Quase todos os dias íamos nadar juntos no "lago judeu" no vale do České údolí. Era o único lugar que tínhamos permissão para usar, já que não podíamos mais nadar com as crianças arianas, e, assim, esse se tornou um espaço para encontrarmos nossos pais, amigos e companheiros do Maccabi. No lago éramos todos judeus, e fazer parte de um grupo de jovens que se apoiavam uns aos outros e tinham um objetivo comum ajudava muito. Isso me fez apreciar a força da fé judaica.

Quando fomos proibidos de usar o transporte público e obrigados a cumprir o toque de recolher às oito da noite, tínhamos que calcular bem o tempo até chegar em casa ou encarar a prisão, mas às vezes perdíamos a noção das horas no lago. Foi quando encontramos pela primeira vez alguns membros do movimento da juventude fascista chamado Vlajka, que significa

"A bandeira". Eram o que chamávamos de nazistas tchecos — meninos mais velhos, entre dezoito e vinte anos, em busca de crianças judias. Não acho que eram exatamente antissemitas; eram apenas valentões fascistas. Costumavam nos esperar na estrada que voltava do lago e bater em todos por estarem fora depois do toque de recolher. Essa foi a minha primeira experiência de violência. Sempre tentávamos fugir, mas às vezes eles nos pegavam. Eu só me machuquei uma vez, tomei uma surra de tapas e murros, mas felizmente não quebraram meus óculos. Os meninos do nosso grupo se machucavam com muito mais frequência.

Meu pai ainda se sentia profundamente traído pelo Ocidente e andava muito deprimido. Alguns membros do Sokol haviam sido presos, e a cada dia havia notícias de mais problemas. Os judeus foram proibidos de ter rádios, mas de alguma forma conseguimos manter o nosso e todas as noites ouvíamos avidamente a BBC de Londres. Tata tentava não me mostrar seus verdadeiros sentimentos, mas percebi que estava atormentado, temendo que todos fôssemos presos a qualquer momento.

Uma noite, quando nós dois voltávamos do lago para casa, bem antes do toque de recolher, nossa cozinheira, Emily, estava nos esperando numa esquina e se interpôs no nosso caminho.

— A Gestapo está procurando o senhor e outros membros do Sokol — avisou. — É muito perigoso ir para casa.

Tata agradeceu a ela e me disse que iria se esconder no bosque.

— Vá para casa, cuide para que sua mãe esteja segura e venha me encontrar amanhã — falou. — Vamos nos encontrar no nosso lugar especial.

Corri para casa, com o coração na boca, e encontrei dois homens da Gestapo esperando no nosso apartamento. Eles já deviam estar lá havia algum tempo, pelo jeito que o cinzeiro transbordava. Minha mãe parecia surpreendentemente calma.

— Eu realmente não sei onde está meu marido. Eu nunca sei. Só sei que ele vai voltar para casa quando puder. Vocês podem esperar aqui para sempre — ela dizia.

Os homens acreditaram nela e foram embora.

Na manhã seguinte, corri para o bosque com comida e roupas e encontrei meu pai exatamente onde ele havia falado. Teve que continuar escondido por uma semana, pois a Gestapo foi procurá-lo todos os dias. Seu irmão, Karel, também teve que se esconder, porque as autoridades queriam prendê-lo por ter desertado do exército austríaco na Primeira Guerra Mundial.

Quando a Gestapo percebeu que seria pouco provável encontrar meu pai em casa e decidiu que ele acabaria sendo preso por ser judeu, eles começaram a ir ao apartamento só para roubar. Iam mais ou menos uma vez por semana, em geral dois homens uniformizados com um tcheco dos Sudetos chamado Haas, que os ajudava a procurar comida, chocolate e joias. Muita gente dos Sudetos ficou do lado dos alemães contra os judeus, o que teve consequências mais tarde.

Era apavorante ouvi-los esmurrando a porta e exigindo entrar. Chegavam gritando e chutando as coisas, abrindo gavetas e armários, nos ameaçando o tempo todo enquanto vasculhavam todos os cômodos. Eu nunca tinha ouvido gritos dessa espécie e tinha que tapar os ouvidos. Ficavam por cerca de uma hora, pegando o que quisessem e dizendo:

— Nós logo vamos nos livrar de todos vocês judeus. Nenhum de vocês vai sobreviver, nem vão precisar dessas coisas no lugar para onde vão.

As ameaças eram terríveis e nunca sabíamos o que iria acontecer com a gente quando eles apareciam. Eu estava com muito medo.

Minha mãe foi muito corajosa, e muitas vezes os enfrentou. Durante uma das buscas, eles acharam um grande salame que ela havia escondido na chaminé.

— *Das ist nicht für sie, das ist für deutsche Kinder* (Isso não é para você, isso é para crianças alemãs) — disse o oficial da Gestapo.

— *Aber wir haben auch ein Kind und das will auch essen* (Mas nós temos uma filha e ela também quer comer) — respondeu minha mãe, em um alemão perfeito.

Por alguma razão, eles deixaram o salame lá. Ela mostrou uma grande personalidade na maneira como os enfrentou. É incrível que eles nunca a tenham maltratado por sua insolência. Quando eles iam embora, nós guardávamos tudo nos devidos lugares e continuávamos vivendo. O que mais podíamos fazer?

A Gestapo finalmente parou de ir quando eles perceberam que não havia mais nada para roubar. Não tínhamos mais nenhuma renda, pois a loja de meu pai havia sido confiscada e entregue aos cuidados de um *Treuhänder*, ou curador, um homem que acreditava piamente na propaganda nazista. Tendo visto os terríveis cartazes antissemitas pregados em todos os lugares pelos alemães, ele imaginava que os judeus tivessem barbas e chifres e ficou surpreso que Tata fosse bonito, não praticante e não parecia judeu. De início, meu pai foi autorizado a trabalhar na loja com o curador mas, por ser um homem muito orgulhoso, não aceitou sua nova posição.

O curador passou a gostar dele e tentou ser bondoso. Sabia que haviam roubado o negócio de Tata.

— Herr Růžička, por favor, pode pegar o que quiser da loja — acabou dizendo.

Meu pai ficou irritado.

— Não diga isso! — ele retrucou bruscamente. — A loja é minha.

Depois o *Treuhänder* se ofereceu para lhe passar secretamente metade do lucro da loja, mas meu pai não aceitava nem um cigarro daquele homem. O curador o fazia sentir que o ladrão era ele.

Pouco depois, meu pai foi mandado para a cidade de Horní Bříza, a quatorze quilômetros de distância, para trabalhar em uma fábrica de caulim. Ele não conseguia voltar para casa de lá, o que nos deixava preocupadas, então um de seus amigos do Sokol o levou para sua fábrica em Pilsen. Perdemos nosso lindo apartamento e tivemos de nos mudar para um muito menor, com uma família de judeus alemães. Demos a maior parte de nossos pertences ou pedimos a amigos que guardassem algumas coisas especiais para nós, e tivemos que atravessar a cidade até nossa nova casa só com o que pudemos carregar. Embora pensássemos que estávamos sendo tratados injustamente, nunca nos consideramos inferiores de forma alguma. Nossos novos companheiros de apartamento foram muito gentis e cuidaram bem de nós. Comemorávamos todas as festividades judaicas juntos e dávamos presentes uns para os outros.

Melhor de tudo, eles tinham um gramofone e uma grande sala em que tinham aulas de dança. Até contrataram um professor de verdade. Empurrávamos a mobília para os quatro cantos e ouvíamos discos, e foi lá que aprendi a dançar, flanando pelo assoalho ao som das maravilhosas melodias de Glenn Miller ou de uma das minhas favoritas — "Smoke Gets in Your Eyes", com o cantor Leslie Hutchinson, conhecido por todos como Hutch e uma das minhas primeiras paixões de adolescente.

Pode parecer ingênuo relembrar esses dias agora, mas apesar de cada novo acontecimento ser pior do que o anterior, nós ainda sentíamos que aquela situação não duraria muito. Podemos ter vivido em constante medo de coisas terríveis que estavam acontecendo, mas — para minha surpresa — eu não desmoronei emocionalmente, nem minha mãe. Nós ficamos mais fortes.

A esperança a que nos apegávamos era uma bênção e uma maldição, porque continuávamos esperando, embora nossas esperanças fossem repetidamente esmagadas.

Eu ainda era muito jovem e acreditava que, de alguma forma, nós sobreviveríamos e nos mudaríamos para um novo Estado judeu. Meus pais achavam que os exércitos do Ocidente interviriam para derrotar os nazistas e nos salvar, para podermos continuar na Tchecoslováquia e seguir vivendo como antes. Conhecíamos muitos judeus que já tinham fugido, e outros que estavam planejando fugir, apesar dos riscos cada vez maiores. Eles pediam a amigos gentios para esconder seus pertences mais preciosos, como nossos amigos já tinham feito com nossas fotografias, tapetes persas, porcelana, ouro e joias, mas era extremamente perigoso para os que fossem pegos escondendo alguma coisa. Os nazistas congelaram contas bancárias de judeus e ordenaram que todas as famílias catalogassem meticulosamente suas posses e bens antes de deixá-los sob a "custódia" do Terceiro Reich.

Meu pai ainda tinha muitos amigos no Sokol e quase todos os dias algum "irmão" ligava para saber o que poderia fazer para ajudar. Eles ainda usavam seus uniformes especiais e se encontravam em segredo como "gaviões" ou "falcões". Meu pai era uma figura importante na cidade e eles não queriam que os abandonasse.

— Não se preocupe — garantiram. — Não vai ser tão ruim para os judeus aqui quanto é na Alemanha. Nós vamos cuidar de você. Você é um dos nossos. Nada vai acontecer com você ou com sua família, e isso não vai durar muito. A França e a Inglaterra vão ajudar e em seis meses tudo estará terminado.

Fizeram dele um ariano honorário, e se ofereceram para nos esconderem até o fim da guerra se necessário, mas Tata declinou. Era realista.

— Vocês não podem fazer essa promessa. Nenhum de nós sabe quanto tempo isso pode levar — disse solenemente.

Nos meses seguintes, meus pais finalmente começaram a considerar a ideia de sair do país. Houve conversas sobre oportunidades na América Latina. Apesar de eu achar que meu pai nunca tenha tido qualquer intenção de sair da Tchecoslováquia, para acalmar minha mãe ele começou a ter aulas de espanhol em sigilo, e eu junto com ele. Tata e eu também tivemos aulas de conversação em inglês com um britânico, para o caso de conseguirmos nos mudar para Londres. Minha mãe às vezes entrava num estado de nervos, mas se mantinha ocupada aprendendo a fazer gravatas, pois achava que talvez conseguisse ganhar a vida em algum lugar fazendo isso.

Sua irmã Elsa havia fugido de Viena com o marido Leo em 1937, antes do Anschluss, e emigrado para Nova York. Leo era dono de um negócio de guarda-chuvas de seda e havia se restabelecido nos Estados Unidos. Seu filho Otto mantinha contato frequente com meus pais e sempre pedia que eles também fugissem. A família Ginsburg, em Chicago, chegou a mandar uma declaração juramentada se responsabilizando por nós que nos dava direito de solicitar um visto na embaixada americana. Meu pai tinha esse documento no bolso, mas ainda assim se recusou, dizendo:

— Eu emigraria em qualquer outro momento, agora não posso sair daqui enquanto meu país estiver em perigo.

Nunca o questionei e aceitei a decisão dele como minha. Eu sempre fui muito patriota, e apesar de sonhar em começar uma vida nova na Palestina, ainda acreditava no futuro da Tchecoslováquia. Minha mãe não pensava da mesma forma, e quando as fronteiras foram fechadas, no outono de 1941, tornando impossível a fuga de uma família inteira, eu tive medo que ela dificultasse ainda mais a vida para o meu pai. Ele já andava muito deprimido, e ela ainda o repreendia diariamente por não termos saído do país em segurança enquanto podíamos.

A pressão psicológica pelo que ele havia decidido por todos nós pesava em seus ombros. Finalmente, eles decidiram pelo menos me salvar. Depois de muitas conversas secretas, eles levantaram a possibilidade de eu partir em um dos Kindertransports de crianças judias para a Inglaterra.

Fiquei horrorizada e me opus imediatamente e com toda convicção:

— Eu morreria se tivesse que deixar vocês! — falei. — Não vou de jeito nenhum.

Como sempre, eles me trataram como adulta e acataram minha decisão com algum alívio, penso eu, já que nenhum de nós queria se separar.

Antes de os nazistas chegarem, Dagmar e eu deveríamos ir a uma escola judaica de ensino médio em Brno, mas como as leis de Nuremberg proibiam que crianças judias estudassem, nós acabamos não indo. Essas mesmas leis impediam os gentios de ensinar aos judeus, mas minha corajosa Madame me deixava visitá-la em segredo para ter aulas de piano, embora eu tivesse que esconder minha estrela embaixo da echarpe. O castigo teria sido severo para nós duas se tivéssemos sido pegas, e ela só me dava aulas quando o marido estava trabalhando (como engenheiro no complexo industrial Škoda de Pilsen, requisitado pelos nazistas para fabricar tanques). Lembro que tocamos muito Dvořák e Mendelssohn naquela época, muitas vezes a quatro mãos. Madame era uma pessoa linda e corajosa.

Muitos outros também demonstraram uma bravura notável. As crianças mais velhas se organizavam para ensinar às que estavam perdendo aulas na escola, oferecendo-se para vir às nossas casas em segredo para ajudar aquelas de nós para as quais a educação era agora *Verboten*, ou seja, "proibida". Os professores de Brno mandavam todos os livros, materiais e exames que precisávamos, e nosso ex-diretor da escola, o sr. Spala, outro gentio, nos ensinava na casa dele. Sentia-se arrasado com a situação política, e continuava dizendo que Masaryk, o primeiro presidente do nosso país, nunca deveria ter rompido com o Império Austro-Húngaro.

Os comentários dele nos pareciam tão estranhos na época. Achávamos que era um homem antiquado que só falava absurdos. Não tínhamos ideia. E assim seguíamos em frente, da melhor forma possível, apesar das ameaças quase diárias à nossa existência.

Os "transportes" começaram em outubro de 1941. Era uma palavra tão comum para algo que passou a representar nossos piores temores. Estima-se que 6 mil judeus tchecos tenham sido enviados de Praga e Brno para o

"Leste" para trabalhar para o Terceiro Reich em guetos na Polônia e na Bielorrússia. Nenhum de seus familiares sabia para onde tinham sido mandados e poucos retornaram, o que levou a uma especulação desenfreada e a rumores de que todos haviam sido mortos.

Dois meses depois, um gueto tcheco foi criado em uma cidade fortificada chamada Terezín, cerca de cinquenta quilômetros ao norte de Praga. Os nazistas a renomearam como Theresienstadt e deveria ser um gueto modelo, um exemplo de campo de concentração rotulado como "um presente de Adolf Hitler para os judeus". Diziam que era um lugar para os judeus viverem em segurança e chamarem de seu. Todo o conceito foi concebido como um golpe publicitário para mostrar como "o problema judaico" estava sendo resolvido, ao mesmo tempo que mascarava seu verdadeiro propósito — o de ser um campo temporário para os centros de extermínio localizados no Leste.

Todos os 75 mil judeus tchecos remanescentes deviam ser enviados a Terezín, especialmente os que eram *prominentní,* ou vigiados pelo Ocidente, os artistas e os cientistas, professores, músicos, intelectuais e dramaturgos. Depois o gueto seria promovido a um lugar para veteranos de guerra e judeus idosos que tivessem dificuldade para aguentar "o estresse do reassentamento". O local foi então inundado por judeus ricos e proeminentes de todos os países invadidos por Hitler em toda a Europa, para os quais foram prometidas acomodações de luxo, no que acabou sendo uma das mais horríveis fraudes na história da humanidade.

Os chamados "cartões de convite" começaram a ser entregues nas casas de famílias judias em Pilsen, informando-as sobre os números do transporte e avisando que tinham dois dias para se preparar antes de se apresentarem no Sokolovna, um enorme ginásio local. De lá, embarcariam nos trens para suas novas "casas".

Havia rumores de transportes levando todos os judeus de Dobris também, e mamãe estava muito preocupada com minha avó Zdenka. Meu querido avô Leopold, com seu cachimbo e seus livros, já tinha morrido aos 81 anos, depois de uma cirurgia cardíaca, e minha avó não estava muito bem vivendo sozinha. Na véspera do Yom Kippur, em setembro de 1941, ela fez a empregada preparar a mesa do Shabat como de costume, com a melhor prata e porcelana, o livro de orações e as velas. Celebrou o Dia da Expiação da maneira tradicional, foi para cama, engoliu algumas pílulas e nunca mais acordou. Ela sabia o que estava por vir.

Em 7 de dezembro de 1941, cerca de um mês depois do início dos transportes de Pilsen e numa reação direta ao bombardeio japonês de Pearl Harbor, os americanos entraram na guerra. De repente a esperança voltou. Todos acreditavam que as hostilidades terminariam em breve. Jamais acreditaríamos que durariam mais quatro anos.

Em vez de comemorar a notícia, dezenas de adolescentes judeus, inclusive Dagmar e eu, foram convocados pela Gestapo para ir à sede da Comunidade Judaica. Foi quando aconteceu o maior choque da minha infância. A Gestapo comunicou que nós deveríamos sair pelas ruas em duplas para distribuir cartões de convite de transporte aos seus destinatários, sendo que a maioria acreditava que o que tinha em nossas mãos equivalia a uma sentença de morte para eles e suas famílias.

Eu e Dagmar logo nos emparelhamos com a convicção de que poderíamos apoiar uma à outra na nossa tarefa macabra, mas não havia muito como nos consolarmos. Nós estávamos muito assustadas e chocadas com o que nos mandaram fazer. Cada rodada de entrega durava o dia todo, das oito da manhã às oito da noite. Andávamos de mãos dadas pelas ruas e íamos de porta em porta dos desafortunados. A notícia correu depressa, por isso fomos recebidas por algumas cenas realmente horríveis. As pessoas sabiam quem éramos e por que estávamos lá, e algumas nos esperavam e já estavam preparadas. Outras famílias gritavam e choravam desesperadas, imploravam e ficavam histéricas. Algumas pareciam enlouquecidas.

Muitos dos que conheciam a nossa família tentaram nos subornar para dizermos que não estavam em casa ou nos convencerem a, de alguma forma, extraviar o cartãozinho branco, mas não nos atrevemos a arriscar. Estávamos sob instruções rigorosas para entregar os cartões a todos os que foram designados, fazendo com que cada destinatário assinasse um recibo antes de voltarmos à sede da Gestapo às seis horas da tarde com todos os nomes e endereços, para os administradores adicioná-los às suas listas e preencherem a papelada.

Os alemães eram muito minuciosos.

Acho que só entregamos aqueles malditos cartões por algumas semanas, mas pareceu muito mais tempo. Dagmar e eu nos abraçávamos e chorávamos depois de cada entrega "bem-sucedida". Muitos ficaram com raiva de nós por entregarmos as ordens. Foi terrível. Houve choro e lamentações em todos os lugares. As coisas que vimos foram horríveis demais, e até hoje não consigo pensar em algumas das cenas que presenciamos. Poupamos nossos pais não contando todos os detalhes. Aqueles poucos dias realmente marcaram o fim da minha infância. Com apenas quatorze anos, não fazia ideia de que o mundo era assim. Fui criada em um lar idílico e amoroso. Não conhecia a indelicadeza ou o sofrimento, e de repente estava cara a cara com o pior que o homem pode fazer.

Dagmar e eu chegamos a um apartamento e descobrimos que toda a família tinha se envenenado. Eles já haviam sido descobertos e a porta estava aberta. Havia cadáveres por toda parte, inclusive de crianças pequenas. Deviam saber que estávamos chegando. Eu nunca tinha visto alguém morto, e a cena que presenciamos lá naquele dia ainda me assombra até hoje. Em outro lugar havia água e sangue saindo do banheiro, onde as pessoas tinham se matado.

Tarde da noite, quando afinal voltávamos ao QG da SS, ficávamos esperando por horas enquanto os funcionários verificavam e repassavam as nossas listas. Tínhamos que anotar onde estivéramos, quem tínhamos visitado e a quem havíamos entregado os cartões, ditando tudo para um funcionário da Gestapo. Estávamos exaustas e traumatizadas. Como o toque de recolher da lei marcial já vigorava havia muito tempo, também estávamos preocupadas em como voltar para casa em segurança. Despencadas nas cadeiras esperando para sermos liberadas, ficamos chocadas quando, de repente, vimos meu pai na porta, usando sua estrela de David como se fosse um distintivo de honra. Devia ser umas dez da noite, e era um ato quase suicida um homem judeu ser visto na rua depois do toque de recolher, mas ele nunca aceitou ser um cidadão de segunda classe.

— O que vocês estão fazendo com essas crianças? — esbravejou. — Estava branco como um lençol e olhou para os homens com uma expressão feroz. Sempre ficava pálido quando estava furioso. — Vocês sabem que elas não podem sair tão tarde. Elas estão em perigo e precisam ir para casa imediatamente!

Os homens da Gestapo olharam para aquele judeu agressivo com uma expressão de surpresa.

— Eu vou levar essas meninas para casa! — ele continuou, quando viu que ninguém respondeu. — Pegou minha mão e a de Dagmar e nos tirou de lá. Ninguém disse nada e ninguém o deteve. Naquela noite, mais uma vez Tata foi o meu herói.

Algumas semanas depois, no fim de janeiro de 1942, pouco depois do meu aniversário de quinze anos, uma adolescente que conhecíamos apareceu à nossa porta com o nosso "convite" para Terezín. Dagmar e eu ainda estávamos fazendo entregas naquele tempo, mas sabíamos que outra pessoa entregaria a ordem para nós. Já esperávamos por isso. Meu tio Karel, minha tia Kamila, Dagmar e o irmão dela de sete anos, Milošelk, já tinham recebido o deles no dia anterior.

Nossa ordem nos dava dois dias para nos apresentarmos às autoridades de Sokolovna, às cinco da manhã. Os pais do meu pai estavam no mesmo transporte, bem como muitos outros amigos nossos, e pelo menos estaríamos todos juntos. Dagmar e sua família iriam um dia antes.

Minha mãe disfarçou sua ansiedade ocupando-se em organizar tudo. Foi um pesadelo para ela, como seria para qualquer mãe. Nossa ex-cozinheira Emily veio ajudar, assim como nossa empregada. Só podíamos levar uma mala cada um — na verdade, duas malas e meia para a família, contando com a minha malinha — e o peso total não podia exceder cinquenta quilos (cinquenta quilos para toda uma vida). Não podíamos levar dinheiro nem joias, apesar de amigos terem sugerido costurar dinheiro e joias nos forros dos casacos. As ordens eram para deixar tudo para trás, inclusive todos os nossos objetos de valor. Como todos os transportados antes de nós, ficamos agoniados quanto ao que levar. Mamãe foi aconselhada a levar panelas e frigideiras e a pegar nossas roupas mais quentes, que decidimos usar no corpo para reduzir o peso das malas.

Não sabíamos quando ou o que seria a nossa próxima refeição, então Emily ajudou mamãe a empacotar ervilhas secas, farinha, algumas latas de peixe e tabaco. O curioso é que, mesmo com essas limitações estritas, a maioria das pessoas que iam para Terezín ainda levava livros ou violinos — até mesmo violoncelos —, determinadas a continuar com algum tipo de vida cultural. Mesmo que isso significasse que não poderiam levar tantos agasalhos ou comida, preferiram se sacrificar por seus instrumentos. É por isso que, assim que chegaram, as pessoas logo conseguiram formar um quarteto ou montar uma peça teatral. Nós não éramos exceção. Obviamente eu não podia levar meu piano, e os meus livros eram pesados demais; selecionei alguns dos que mais gostava. Tive permissão para levar algumas músicas e revi com toda a atenção as minhas partituras por um longo tempo. Finalmente, escolhi as suítes francesas e inglesas de Bach, parte de suas primeiras obras.

Estava com medo de me despedir de Madame, minha professora e mentora desde os nove anos de idade. Levei para ela uma cópia da fotografia oficial que meu pai conseguiu que fosse tirada, dias antes de partirmos. Ainda tenho uma cópia, dá para notar que eu tinha chorado. Madame foi muito corajosa, não demonstrou nenhuma emoção na minha frente. Deu minha aula, como de costume. "O que você gostaria de tocar como nossa última peça de hoje?", perguntou no fim.

Não fez nenhuma sugestão de que poderia ser a última peça que nós tocaríamos juntas, mas eu sabia o que nós duas estávamos pensando.

Sem hesitar, escolhi uma das músicas que estava levando comigo — a "Suíte inglesa nº 5 em mi menor", de Bach, com sua pungente sarabanda. Era uma música tão maravilhosa, tão simples e emocionante. Mostrava um lado que normalmente não associamos a Bach. Mostrava ternura.

Aproximamo-nos ligeiramente uma da outra, eu e Madame nos sentamos lado a lado no banquinho do piano e tocamos a peça, a quatro mãos.

A mãe de Zuzana, Leopoldina.

O pai de Zuzana, Jaroslav, na Primeira Guerra Mundial.

Zuzana com a mãe.

Avós de Zuzana, Heinrich e Paula.

Zuzana com os primos e amigos Hanuš e Jiří, em Dobris.

A loja de brinquedos Růžička, em Pilsen.

Dagmar e Zuzana: como irmãs.

Zuzana com os pais, Jaroslav e Leopoldina.

A primeira professora de Zuzana, Madame Marie Provazníková-Šašková.

Magra e adoentada, mas, ainda assim, praticando.

Zuzana com seus queridos pais.

Zuzana com os pais caminhando durante férias nas montanhas, antes da guerra.

Zuzana, terceira a partir da direita, em Bergen-Belsen, com parte da equipe médica que salvou sua vida.

Zuzana como aluna da Academia.

5. Ostrava, 1954

Não foi fácil encontrar trabalho na Tchecoslováquia quando me formei, em 1951, com tantos desempregados e com o país ainda em choque pós-guerra. Quando amigos da Academia de Praga me disseram que uma nova agência estatal chamada Pragokoncert estava promovendo um concurso para pianistas no Rudolfinum para viajar com uma cantora, um violinista e um violoncelista para "levar música para as pessoas", me inscrevi imediatamente.

A agência foi criada em 1948 para promover eventos culturais, musicais e artísticos em cidades e aldeias, muitas das quais tinham sido abandonadas e isoladas durante a ocupação nazista e depois profundamente divididas pela expulsão de todos os cidadãos alemães remanescentes após a guerra. A Pragokoncert imitou uma estrutura semelhante a da União Soviética e, como lá, contratou uma trupe inteira de palhaços e acrobatas para atuar com cantores populares e músicos clássicos como eu.

Viajar em um ônibus antigo para tocar em bares enfumaçados e fábricas parcialmente bombardeadas não era como imaginei que minha carreira musical começaria, mas a possibilidade de um trabalho remunerado com um contrato ao menos significaria um rendimento regular e mais algumas comodidades enquanto eu e Viktor economizávamos para nosso futuro juntos.

As audições aconteciam atrás de um tapume. Disseram-me que eu precisava de uma peça clássica e de uma moderna, então preparei algo — a "Sonata para piano nº 3", de Prokofiev, e a "Sonata para piano nº 31", de Beethoven. Chamando pouca atenção, sentei-me ao piano longe da vista dos juízes. Foi a primeira vez que toquei atrás de um tapume e devo dizer que foi bem agradável. Nem sei quem eles eram. O tapume não estava lá tanto por nós, era mais por eles. Eles realmente não sabiam quem estava tocando.

Para minha surpresa, me escreveram informando que eu tinha vencido o concurso da Pragokoncert como solista de piano. Não tinha ideia do que isso significava na verdade. O trabalho começou quase de imediato e eu deveria continuar nele por quatro anos. Meus colegas "vencedores" foram a soprano Ludmila Dvořáková, o violoncelista Josef "Pepik" Chuchro e o violinista Václav Snítil. Todos nós estávamos desesperadamente precisando de dinheiro. Juntos nós nos tornamos o chamado "Espetáculo de variedades de Praga". Depois, reconsiderei centenas de vezes sobre minha decisão de ter participado do concurso. O cronograma era exaustivo, as acomodações eram terríveis e o trabalho, muitas vezes, ingrato. Todos nós, músicos, muitas vezes achávamos que não tínhamos futuro. Nossas apresentações eram precedidas por um levantador de peso (que tinha de pedir ao violoncelista ajuda com os halteres), um contorcionista, um palhaço chamado Tio Jedlička ou uma amestradora de cachorrinhos. Um mediador supervisionava o evento todo, enquanto operários ou mineiros recém-saídos das entranhas da terra assistiam impassíveis aos nossos esforços em meio a uma névoa de fumaça de cigarro. Todos os dias nós pensávamos: "Oh, meu Deus, o que nós vamos ter que fazer hoje?".

Às vezes, eu me apresentava com os outros músicos tocando Dvořák ou Bach, ou, em outros momentos, sozinha. Também tinha que acompanhar a soprano, que cantava músicas populares. Sempre que tocava sozinha, o apresentador me chamava para o palco — geralmente apenas uma plataforma estendida do ônibus para a ocasião — e dizia animadamente ao público impassível:

— Agora Zuzana vai tocar alguma coisa para vocês!

Não havia muitos aplausos quando me sentava antes de o apresentador perguntar:

— Você conhece a escala, Zuzana? Pode tocar para nós? Dó, ré, mi, fá, sol, lá, si, dó.

E eu tocava como os cachorrinhos amestrados.

— Agora você pode tocar a escala de dó? — indagava com uma piscadela, e eu fazia o que me mandava.

— E agora, a "Appassionata", de Beethoven! — anunciava triunfalmente, quando eu começava a tocar a "Sonata para piano nº 23 em fá menor", de Beethoven. O piano vertical em que eu tocava não tinha rodas e por alguma razão era afixado na base de um cavalo de balanço, e sempre que me apoiava o piano se afastava.

Hoje posso até rir disso, mas devo dizer que não era nada engraçado. Era uma grande humilhação e muito degradante. Depois do concerto nós nos reuníamos em um quarto sombrio de hotel, enrolados em cobertores, pois sempre fazia frio, e nos perguntávamos o que nos aconteceria a seguir. Achávamos que aquele seria o nosso futuro, pois era a maneira como a cultura era promovida na União Soviética. Estávamos realmente com medo do que aconteceria conosco — e éramos os privilegiados, os que haviam vencido a audição como solistas da Pragokoncert, que logo ganhou o apelido de HAÚ, o Quartel-General da Música e do Circo (QGMC). As pessoas nos invejavam porque ganhávamos algum dinheiro para fazer isso.

De manhã eles podiam nos mandar tocar para crianças de creches e escolas primárias. Quando Chuchro não aguentava mais, punha de lado o violoncelo e dizia: "Crianças, eu vou contar um conto de fada". Suas histórias faziam muito mais sucesso que o Dvořák em si menor.

As fábricas eram melhores para se apresentar do que os bares esquálidos. Muitas vezes nos faziam tocar a peça folclórica "Červená sukýnka" (Saiote vermelho) até cansar para aumentar a capacidade de trabalho. Mas pelo menos depois tínhamos algumas discussões interessantes com os operários, muitos dos quais eram surpreendentemente bem informados e faziam perguntas inteligentes sobre a técnica e a história de cada composição. Lembro-me de uma fábrica lotada numa mina em Ostrava em 1954, onde todos os trabalhadores tiveram uma hora de folga para ouvir nossa música antes do turno seguinte. Ficaram diante de nós num grande salão com seus macacões sujos, de braços cruzados, prontos para serem entretidos. Naquela ocasião, a soprano Ludmila Dvořáková cantou com o violinista, e o professor Sádlo, "O Velho" — KPS —, veio nos apresentar para depois abrir um debate.

— Alguém tem alguma pergunta? — indagou, sorrindo para a multidão após a apresentação da "Sinfonia nº 104 em ré maior", de Haydn.

Alguém levantou a mão.

— Sim. O que o violinista recebe por um concerto? — perguntou um jovem.

Houve um murmúrio geral de aprovação quando as pessoas anuíram e acharam engraçado.

KPS virou-se para o violinista:

— Bem, camarada, você pode nos dizer, por favor, o quanto recebeu para tocar hoje?

O violinista enunciou a quantia em voz baixa — acho que era algo como seiscentas coroas tchecas (aproximadamente vinte libras de hoje) — e houve um grande alvoroço, com homens brandindo os punhos.

— O quê? Nós temos que trabalhar um mês inteiro pra ganhar o que ele recebe tocando em uma tarde! — gritaram.

O professor sorriu e esperou que se acalmassem. Olhou ao redor do salão.

— Vocês têm alguém entre vocês que seja realmente forte? — perguntou.

Os trabalhadores começaram a incitar uns aos outros e houve um tumulto geral antes que concordassem a respeito de um trabalhador gigantesco cujo nome, nos disseram, era Franta.

— Você poderia subir no palco, por favor? — perguntou KPS ao homem que eles empurraram para frente.

— Sim! Sim! — bradou a multidão, rindo e aplaudindo.

KPS pegou o violino do meu colega e entregou-o a Franta, que o segurou com cuidado nas mãos enormes.

— Agora, camarada — explicou —, queria que você ficasse do mesmo jeito que o violinista fez durante a última hora, com o instrumento no seu ombro e as mãos erguidas como se estivesse tocando Haydn também, certo?

Todos aplaudiram e riram quando Franta adotou a postura necessária — com alguns pequenos ajustes de KPS e do violinista — e olhou para os colegas de trabalho com um sorriso triunfante.

O professor sorriu para todos e olhou para o relógio.

— Vamos ver quanto tempo Franta consegue manter essa posição? — disse.

Enquanto isso, tocamos algumas músicas, Ludmila cantou "Písničky na jednu stránku" (Canções de uma página), e Franta começou a murchar. Em poucos minutos, pude ver os braços dele começarem a tremer, depois os joelhos. Seu rosto foi ficando vermelho, depois meio azulado e ele fez uma careta com a tensão que a posição começava a exercer nos seus ombros. O salão irrompeu com o barulho dos homens gritando e encorajando o colega, batendo os pés, batendo pratos de metal nas paredes, chamando o nome de Franta e insistindo para que ele não os decepcionasse:

— Franta! Franta! Franta! — gritavam os operários, avançando para ver melhor o seu campeão.

Vi dinheiro trocando de mãos e o barulho subiu a um nível ensurdecedor quando o corpo inteiro de Franta começou a tremer com o esforço.

De acordo com o relógio do professor, ele aguentou pouco mais de quinze minutos. Incapaz de suportar mais um instante, baixou os braços e a cabeça, envergonhado, enquanto os homens vaiavam e gritavam.

Quando finalmente pararam, KPS deu um tapinha nas costas de Franta e pediu a todos que lhe dessem uma salva de palmas.

— Agora vocês talvez possam entender por que o violinista ganha esse cachê. Não só ele fica assim uma noite inteira, mas também tem o talento e o conhecimento para tocar as mais lindas músicas. Por favor, agora vamos dar a todos os nossos músicos uma grande salva de palmas.

Os operários reconheceram a derrota e nos ensurdeceram com seus novos aplausos.

Eram homens como aqueles trabalhadores de fábrica que arriscaram tanto para se rebelar contra nossos mandatários comunistas no ano em que Viktor e eu nos casamos. Além do sentimento geral de opressão sob o stalinismo, houve agitações no nosso conturbado país.

Apesar de Stalin ter morrido em março de 1953, o governo avançou com um programa de reformas de inspiração soviética, no qual a agricultura foi coletivizada e o foco passou para a indústria pesada. A comida tornou-se escassa, o custo dos bens fornecidos pelo Estado disparou e a inflação subiu para 28%.

Houve boatos terríveis sobre a nossa economia estar à beira do colapso e sobre a necessidade de uma reforma monetária. No fim de maio, o recém-empossado presidente Antonín Zápotocký fez um discurso dizendo que esses boatos eram totalmente falsos e destinados apenas a destruir a fé no Estado socialista. Na manhã seguinte, todos os bancos foram fechados. Aconteceu da noite para o dia. O valor da nossa moeda caiu para menos de cinquenta para um. Só tínhamos permissão para ir ao correio e tirar uma certa quantia em dinheiro. De repente, o país inteiro tornou-se indigente.

Essas medidas pretendiam atingir açambarcadores e especuladores e esmagar outros "burgueses inimigos da classe". Os bancos foram instruídos a bloquear quaisquer grandes retiradas de dinheiro, o que foi amplamente considerado um roubo do Estado.

Naquela época, Viktor e eu estávamos morando com minha mãe em um pequeno e moderno apartamento em Pilsen. Uma cidade industrial dominada pelos trabalhadores, tinha uma filosofia muito diferente de outras partes da Tchecoslováquia, porque os americanos, e não os russos, a haviam libertado dos nazistas. Em 1º de junho de 1954, cerca de 5 mil trabalhadores, muitos deles da enorme indústria de engenharia e armamentos Škoda, saíram das fábricas e foram às ruas protestar contra um significativo corte de 80% em seus já minguados salários. Nós vimos tudo do nosso apartamento, em frente ao tribunal do distrito, o Palácio da Justiça. Os trabalhadores se reuniram com estudantes e outros manifestantes na praça principal, muitos dos quais acenavam com bandeiras tchecas. "Abaixo os comunistas!", gritavam. Ou: "Queremos eleições livres!", antes de marcharem para os gabinetes governamentais.

Em um notável ato de resistência que se tornaria o estopim da rebelião, a multidão derrubou as bandeiras soviéticas e as imensas imagens de Stalin e de Lênin. Bustos de líderes comunistas foram atirados na praça principal. Eles cantaram nosso hino nacional e invadiram o Palácio da Justiça para libertar os presos políticos. A polícia não interveio, por isso as autoridades tiveram de chamar o exército. Como muitos soldados também se recusaram a lutar contra os trabalhadores, eles convocaram a milícia do povo, que era formada por comunistas fervorosos.

Viktor estava ocupado trabalhando em casa em um novo concerto e tentando manter a concentração. Eu não conseguia trabalhar, então vesti meu casaco e fui até a praça ver o que estava acontecendo. Logo me afastei, mas, ao fazer isso, vi alguns automóveis não identificados dirigidos pela polícia secreta do StB, o serviço de inteligência da Tchecoslováquia, rondando a cena e tirando fotos de todos que estavam lá. Tudo parecia cada vez mais perigoso, e quando voltei para casa Viktor ligou o rádio para ouvir as notícias. Os acontecimentos não estavam sendo noticiados, o rádio não tocava nada além de valsas de Strauss, o que me causou arrepios na espinha. "Isso vai acabar mal", previu Viktor, e ele estava certo.

Quando a milícia chegou, começaram os combates, tiros foram disparados, canhões de água foram usados para dispersar a multidão e vários manifestantes ficaram feridos. A lei marcial foi imposta e centenas de pessoas foram presas pela StB, com seus agentes prendendo qualquer um que estivesse com as roupas molhadas. Em uma série de julgamentos espetaculares, os líderes da rebelião foram sentenciados a até quatorze anos de prisão e consta que um deles foi executado. Pelo menos duas mulheres presas morreram no cativeiro. Do nosso apartamento, nós vimos tudo: primeiro a rebelião, depois a libertação dos prisioneiros, seguida pela acusação de todos os que estavam sendo julgados, incluindo adolescentes acompanhados por seus pais chorosos, que imploravam por misericórdia.

Mais uma vez houve repercussões sombrias e inesperadas para nós. O governo não podia admitir publicamente que trabalhadores comunistas haviam encenado uma contrarrevolução, por isso alegou que antigos capitalistas tinham planejado toda a rebelião.

O Partido Comunista desencadeou uma onda de medidas vingativas contra qualquer um que pudesse culpar. Casas e propriedades foram confiscadas, centenas de pessoas perderam o emprego ou foram rebaixadas, sindicalistas foram expulsos. As autoridades aproveitaram a oportunidade para retirar os "elementos inimigos" da cidade e anunciaram um reassentamento forçado quase imediato de famílias inteiras em áreas desérticas na região dos Sudetos, perto da fronteira alemã, onde os edifícios abandonados e em ruínas destruídos pela guerra eram as únicas propriedades disponíveis.

Embora minha mãe já tivesse perdido sua loja e seu apartamento, ela e a família ainda eram consideradas "subversivas" e capitalistas judeus. Por isso as autoridades decretaram que ela deveria estar entre os outros "capitalistas" despejados de Pilsen para serem reinstalados em outros locais. Foi exatamente como antes. Eu odiava Pilsen por isso.

Um policial chegou com a intimação que tínhamos de assinar, estabelecendo um prazo de doze horas para sairmos de nossas casas com todos os nossos pertences para sermos levados em caminhões para essas aldeias desertas.

A ideia de caminhões vindo nos buscar deixou minha mãe profundamente abalada. Foi como nos campos de concentração. E mesmo se sobrevivêssemos ao reassentamento, depois de despejados nós seríamos considerados "não confiáveis politicamente", e nossas carteiras de identidade seriam carimbadas com os dizeres "Ação de 1º de junho de 1953" — um estigma que teria sido desastroso para todos nós. Se isso tivesse acontecido, como quase aconteceu, eu e Viktor nunca mais poderíamos continuar nossos estudos ou trabalhar em nossa música. Não haveria o compositor Viktor Kalabis e nenhuma musicista chamada Zuzana Růžičková. Não teríamos conseguido nada além de empregos servis menores. Eu teria que trabalhar no campo, e Viktor provavelmente nas minas.

Não havia tempo para contestar ou pensar em fugir antes de sermos banidos para o que sabíamos serem casas praticamente inabitáveis. Estávamos numa situação desesperadora.

Foi aí que outro milagre aconteceu. Anča, minha ex-enfermeira, aquela que cuidou tanto de mim quando era criança e tive tuberculose, que passou as férias conosco nas montanhas, era agora uma proeminente comunista em Pilsen e fazia parte do comitê municipal. Quando soube da nossa ordem de despejo, suspendeu-a imediatamente, embora soubéssemos que ainda assim

104 *Zuzana Růžičková com Wendy Holden*

precisaríamos ir embora e provavelmente nunca mais poderíamos voltar a morar em nossa cidade natal.

Anča era parte de nossa família — assim como todo pessoal que trabalhava para nós — e fez o que podia, correndo um grande risco. Fomos avisados de que a ordem só poderia ser adiada e seria reintegrada em breve, de modo que tínhamos cerca de dois dias para encontrar outro lugar para morar.

Na época, Viktor costumava se hospedar em alojamentos lúgubres em Praga e poderia continuar trabalhando na cidade. O lugar tinha uma cozinha, uma despensa e um quartinho onde só cabia uma cama. Mas a senhoria era simpática e o deixava tocar em seu piano de armário. Ele já tinha abandonado um lugar onde morara antes quando descobriu que a senhoria era racista.

— Você é judia? — ela me perguntou um dia, ao ver o número no meu braço. — Eu não gosto de judeus.

Viktor virou-se para ela, furioso:

— Por quê? Quantos você conhece?

— Eu nunca conheci nenhum — ela respondeu, sarcástica. — Mas sei tudo sobre eles.

Nós já tínhamos solicitado um apartamento para nós em Praga, mas ainda estávamos aguardando a aprovação, que tinha de ser autorizada por um funcionário — um controlador — que vinha ver onde e como você morava antes de alocar as novas acomodações. Viktor foi até a cidade para acelerar o processo e teve sorte, pois o controlador chegou na última hora, ficou sabendo do nosso dilema e prometeu nos ajudar. Ele tinha dois filhos, um harpista e o outro maestro, e simpatizava e entendia nossa paixão pela música. Prometeu nos arranjar um apartamento no dia seguinte e aconselhou Viktor a retornar a Pilsen com nossa intimação, lembrar às autoridades que éramos recém-casados, dizer que tínhamos um apartamento em Praga e que estávamos levando minha mãe para morar conosco.

Juntos ajudamos mamãe a guardar alguns pertences essenciais — mais uma vez — e chamamos alguns amigos que levaram nossos melhores móveis. Contratamos um caminhão e o carregamos com o piano de cauda e o resto de nossos pertences. Quando já estávamos de saída, um policial chegou com nosso novo "convite".

Cem milagres 105

— Aonde vocês estão indo? — perguntou, bruscamente. — Deveriam estar indo para os Sudetos.

— Nós acabamos de nos casar, temos um apartamento em Praga e estamos nos mudando para lá com a mãe da minha esposa — Viktor disse, com muita calma.

O policial poderia ter nos prendido na hora, mas a polícia de Pilsen não era muito simpática ao Partido, principalmente depois dos acontecimentos recentes e — surpreendentemente — nos deixou ir.

Durante todo o trajeto até a cidade, eu esperava ser interceptada. Sabia que poderíamos ser presos por nossa insolência e ter nossas vidas arruinadas. Tinha visões de nós três morando juntos em algum casebre desolado nas regiões fronteiriças, sem trabalho adequado, sem dinheiro e sem música. No momento em que finalmente abrimos a porta dos nossos quartos e tropeçamos no escuro, eu desmaiei imediatamente.

Nosso novo apartamento, no último andar de um prédio no bairro de Vinohrady, era pequeno para três adultos. Pertencia a um arquiteto que morava em uma mansão nos arredores de Praga. O controlador foi falar com ele: "Você não vai precisar mais do seu apartamento em Praga. Ele vai ser doado para estudantes".

Não conseguimos fazer caber todos os nossos móveis, mas estávamos determinados a espremer meu piano de cauda em um dos cômodos. Conseguir subir o instrumento pelos seis lances de escada já foi uma aventura em si, com pedaços de carpetes soltos nos degraus de pedra e vários homens ofegantes bufando até o alto da escada. Um dos cômodos era a cozinha e minha mãe dormia lá, com a cabeça praticamente na geladeira; o outro quarto era para nós — e o piano. Não havia alternativa a não ser pôr um colchão embaixo do instrumento e fazer a cama todas as noites para dormir.

Foi uma grande adaptação vivermos uns em cima dos outros o tempo todo. De repente, minha mãe não tinha mais trabalho nem amigos e ficava sozinha o dia todo enquanto saíamos para ensinar ou estudar, e só voltávamos para casa para comer e dormir. Deve ter sido um inferno para ela.

Vivemos assim durante os dez ou mais anos seguintes, até que uma senhora idosa que morava no apartamento ao lado morreu e nos candidatamos ao resto do imóvel. Não era nada demais, mas era melhor que os Sudetos — e pelo menos estávamos em segurança.

O levante de Pilsen foi um dos muitos em nosso país no verão de 1953, quando trabalhadores de outras cidades saíram às ruas para protestar contra as prejudiciais reformas do governo. Foi considerada a primeira rebelião antistalinista na Europa Oriental e teve grande significado para o futuro da Tchecoslováquia.

As chamadas repressões de "mão pesada" que se seguiram foram gradualmente relaxadas, e foram abertas algumas concessões aos que foram perseguidos. Reduziram-se os preços de varejo e novas casas foram construídas. Sob vários aspectos, as rebeliões ajudaram a forçar o governo a adotar uma postura mais branda e levaram ao que se tornou conhecido como "consumismo socialista" e um "novo caminho" destinado a melhorar a vida dos trabalhadores.

Para nós dois, apinhados em nosso minúsculo apartamento com minha mãe, o padrão de vida só piorou. Não tínhamos telefone nem banheiro, apenas uma bacia com água quente. A comida era cara, por isso vivíamos só com o básico e economizávamos nosso dinheiro para luxos como cigarro e vinho. Tenho que dizer, porém, que aproveitamos ao máximo; passamos tantas horas e noites felizes juntos lá! Líamos e ouvíamos música, ou tocávamos, e nossos gostos eram variados. Eu tinha uma predileção secreta por narrativas de aventura sobre os exploradores do Polo Norte, mas também adorava histórias de crime e suspense, especialmente as da Agatha Christie. Viktor as odiava e dizia que sempre conseguia descobrir como terminavam na terceira página. Ele lia muita literatura tcheca clássica, especialmente Karel Čapek e Alois Jirásek. Adorávamos Mann, que escreveu tão perfeitamente sobre o nosso mundo. Li todas as suas obras em alemão, mas há algumas traduções maravilhosas para o tcheco, que depois li para Viktor e que nos deram uma nova percepção e perspectiva de vida. Achávamos que nós dois conhecíamos os textos, mas quando eu os lia em voz alta era diferente.

Quanto à música, não ouvíamos música popular, apesar de eu argumentar que pelo menos a folclórica tinha alguma história. Viktor adorava tudo de Bohuslav Martin, mas também tocava muito Stravinsky. Um professor do ginásio certa vez perguntou o que Viktor ouvia para relaxar.

— Stravinsky — ele respondeu.

— Deixa disso. Nenhuma música popular? — o professor perguntou. Viktor sorriu.

— Você joga xadrez? — indagou Viktor.

— Jogo.

— Então por que você jogaria dominó?

Os quartos ao lado do nosso foram alugados pelo Estado para um homem que quase nunca víamos, mas que suspeitávamos ser da polícia secreta. Sabíamos que estávamos sendo vigiados e ouvidos o tempo todo. Tudo o que fazíamos era escrutinado. A cada seis meses, eu me deparava com uma avaliação complexa, em duas partes — a profissional e a política. Sempre tive uma boa avaliação profissional e uma avaliação política muito ruim. Era uma posição perigosa de se estar; para mostrar que estava ativa de alguma forma, me ofereci para cobrar as taxas para os sindicatos. Era o máximo que me permitia fazer como trabalho político.

Era pior para Viktor, que não apenas estava sob suspeita por causa de suas inclinações políticas, mas duplamente condenado por se casar com uma judia. Ele compunha algumas músicas para o rádio, mas o único trabalho que conseguiu depois de se formar foi ler partituras de alunos ou ensinar regência para os estudantes. As autoridades decretaram que todas as universidades e todos os colégios deveriam ter certa porcentagem de alunos das classes trabalhadoras, a maioria dos quais era operários de fábricas que nunca tiveram nenhuma educação formal. Eles mandavam pessoas para as fábricas para selecionar aqueles que poderiam tocar violão ou acordeão e fazer exames para que pudessem receber bolsas de estudo para composição e regência.

Viktor recebeu a tarefa obrigatória de ensinar esses rapazes e moças a lerem partituras e era uma coisa comovente, pois eles sequer entendiam o essencial sobre o que era ler música ou o que era uma clave. Eram extremamente pobres e muitos vinham de lares desfeitos ou sem pais depois da guerra. Meu querido Viktorek foi muito consciencioso e levou tudo a sério. Voltava para casa e dizia:

— O que vai acontecer com essas pessoas? Nunca vão ser capazes de compor ou reger, por mais que se esforcem para estudar. E se não conseguirem ficar diante de uma grande orquestra e fizerem o que se espera, será um inferno para elas.

Meticulosamente, passava algumas tarefas para que pudessem ao menos ler algo básico. Quando chegavam à lição seguinte, no entanto, não tinham feito o trabalho e não sabiam nada. Apenas um de seus alunos mostrou alguma promessa, e Viktor estava esperançoso de poder fazer dele um músico, mas o garoto também nunca estudava o suficiente ou completava o dever de casa.

— Por que você não está se dedicando? — Viktor acabou perguntando, exasperado.

E o jovem respondeu que não tinha tempo. Todos os estudantes foram nomeados chefes de um ou outro movimento juvenil partidário e tinham a semana inteira ocupada com o trabalho nas fábricas, seguido de atividades políticas obrigatórias e lições sobre marxismo-leninismo.

— Quem é seu professor de composição? — perguntou Viktor. Quando soube que era um colega mais novo, falou: — Por favor, peça a ele que o alivie por pelo menos meio ano de suas funções políticas para que você possa concluir este curso.

Infelizmente, o professor, um fervoroso comunista, escreveu uma carta ao diretor da faculdade alegando que Viktor estava tentando fazer com que seus alunos abandonassem seus estudos políticos. Foi o fim. Sua sugestão casual foi considerada um "ato de traição" contra o Estado. Viktor foi expulso imediatamente e recebeu mais um ponto negativo em seu histórico político já maculado. Com mais isso em sua ficha, ele não conseguiria emprego em lugar nenhum.

Nossa diminuta renda foi reduzida à metade e Viktor ficou desempregado pelos dois anos seguintes, sem permissão para lecionar e só podendo compor. Mas graças a Viktor e minha mãe, nunca fiquei muito deprimida com a minha pobreza, pois sabia que havia coisas piores que poderiam acontecer na vida. De alguma forma sempre tivemos a esperança de que conseguiríamos seguir em frente por meio da perseverança e do talento.

Depois de dois anos sem trabalho, um dos ex-alunos de Viktor que se tornou um comunista de alto escalão e diretor da Rádio de Praga entrou em contato com ele:

— Você ainda está roendo o osso da pobreza? — perguntou.

Quando Victor confirmou que continuava desempregado, o homem lhe deu o cargo de editor de transmissões de música para crianças da Rádio Tchecoslovaca. Iria trabalhar com um coral infantil e ajudaria a planejar todos os programas.

— Preciso de alguém que realmente entenda o que está fazendo — disse o ex-aluno.

Não era o trabalho que Viktor queria, mas aceitou com gratidão.

Os comunistas nunca pararam de tentar nos fazer ingressar no Partido, e muita gente nos dizia que nossa vida seria muito mais fácil se fizéssemos isso, mas não conseguíamos. Não era uma questão de sermos subversivos; era uma questão de princípio. Eu dizia aos funcionários que continuavam me atormentando:

— Eu sou uma individualista e nunca vou obedecer a comandos e regras.

Então eles tentaram fazer com que os amigos nos influenciassem, pessoas que nos prometiam:

— Eles podem fazer de você uma funcionária importante e ajudar muito com seus antecedentes e sua história.

— Você realmente consegue me imaginar numa passeata gritando "Viva Stalin"? — eu perguntava, rindo.

Eles tinham de admitir que não conseguiam.

Muitos judeus voltaram dos campos e ingressaram no Partido Comunista. Viam os russos como amigos. Os ingleses e franceses tinham nos decepcionado na guerra, mas os soviéticos queriam nos libertar. Conhecíamos muitas pessoas que tinham entrado para o Partido e que acreditaram fervorosamente no comunismo até o fim, mas nossa recusa em participar da política criou uma cisão entre amigos e familiares e fez com que não pudéssemos mais confiar uns nos outros.

Para Viktor era ainda mais arriscado. Certa ocasião ele começou a receber críticas perigosas sobre sua música, artigos que reconheciam que era um mestre em sua profissão, porém "muito influenciado pela música ocidental";

sugeriam que seria melhor se conseguisse entender a mente do trabalhador e talvez passar mais tempo nas fábricas ou nas minas. Fiquei apavorada por ele, o que só exacerbava os pesadelos que tinha desde os campos de concentração e acordava chorando, achando que alguém estava nos ameaçando ou nos maltratando. Viktor sempre foi muito bom e paciente, abraçando-me até minhas lágrimas secarem.

As três composições seguintes que ele fez foram intencionalmente influenciadas pelo folclore tcheco, que era a única maneira de não ser criticado. Depois da terceira, eu disse a ele: "Chega, Viktor. Pare com isso". Se continuasse naquela linha eu não iria gostar mais da sua música e nosso casamento não teria sido tão harmonioso. Nós respeitávamos muito a honestidade e gostávamos de ser sinceros um com o outro num clima em que tudo mais eram segredos e mentiras.

Mesmo assim, o Partido tentou atraí-lo. Um ministro no governo lhe ofereceu um novo emprego maravilhoso e tentou lhe dar cigarros americanos, mas ele recusou ambos. Rotulado como "Judeu Branco", seu nome já havia sido enviado para todas as instituições para ser posto na lista negra, e o funcionário se ofereceu para suspender a proibição e abrir as portas para ele como compositor, mas ainda assim Viktor se recusou, e eu também. Era um preço muito alto a pagar pela liberdade, e eu estava convencida de que nossas vidas teriam sido muito difíceis, pois daríamos péssimos membros do Partido e quase certamente seríamos expulsos. Eu estava exasperada com esse assédio, e acabei dizendo a um funcionário: "Camarada, se eu me inscrever você vai se arrepender para sempre, porque só terá dificuldades comigo". No fim, eles acabaram aceitando e não me incomodaram muito mais.

A única vez em que realmente me pressionaram foi um pouco mais tarde, quando o sindicato dos compositores organizou uma visita de três dias a Salzburgo, na Áustria, com ingressos para uma apresentação, e Viktor e eu fomos selecionados para ir. Procurei as autoridades para solicitar meu passaporte, sem saber se me concederiam, e fui imediatamente convidada a seguir um funcionário a outro escritório. Eles me sentaram a uma mesa num pequeno quarto escuro e — assim como nos filmes — focaram uma luz brilhante diretamente nos meus olhos. Era tão intensa que eu não conseguia ver nada além dela. Só podia ouvir uma voz sem corpo.

— Então você quer ir a Salzburgo com o seu marido? — perguntou o funcionário.

— Sim, camarada — respondi, franzindo os olhos.

Ele remexeu em alguns papéis:

— Bem, nós sabemos que você e seu marido têm um bom casamento. Você até mora com a sua mãe e sua família está razoavelmente satisfeita. Mas o seu salário não é muito alto e você não mora num apartamento grande. Então, quando vocês dois estiverem em Salzburgo e alguém se aproximar e oferecer um salário muito mais alto e um apartamento muito melhor, o que você vai fazer?

— Voltar para cá — respondi.

— Por quê?

— Porque eu amo este país.

— Isso é o que todos dizem. Mas depois atravessam a fronteira e começam a se sentir livres.

Comecei a rir por dentro.

— Você não entende — falei. — Já tive inúmeras outras possibilidades para ficar no exterior, mas eu realmente amo este país. Esta é a minha casa e minha mãe está aqui.

Ele soltou um longo suspiro.

— Eu tive uma conversa semelhante com um violoncelista recentemente e... adivinhe. Ele desertou.

— Não posso fazer nada a respeito.

Soltou outro suspiro.

— O problema é que minhas férias de verão começam agora e, se eu deixar você ir, não vou ter uma noite tranquila por medo de você e seu marido ficarem na Áustria.

Tentei reprimir uma risada.

— Sinto muito por você — disse com sinceridade, imaginando como as autoridades devem dificultar a vida de um oficial de baixo escalão sempre que alguém passa pela rede. — Vou dizer uma coisa, eu realmente não quero estragar suas férias. Deixe meu marido ir sozinho dessa vez. Eu posso ir a Salzburg em outra ocasião.

Ouvi o som da cadeira dele raspando no chão quando se levantou. Andou de um lado para o outro da sala por vários minutos antes de finalmente voltar a se sentar. Achei tudo muito ridículo — aquele pequeno diabrete com medo de perder sua posição e se preocupando se nós voltaríamos ou não. Realmente senti pena dele.

Afinal ele carimbou meus papéis.

— Pode ir. Acho que vou arriscar! — gritou.

Mal pude acreditar. A viagem até Salzburgo de ônibus com outros tchecos foi maravilhosa. O problema foi que quando chegamos lá nos encontramos em outra situação ridícula, pois tínhamos pouco dinheiro. Não pudemos pagar ingressos para a apresentação principal e estávamos mortos de sede. Fomos ao quiosque e pedimos a limonada mais barata que tivessem, e o vendedor riu e nos perguntou:

— Por que vocês me pedem isso se tem essas máquinas fotográficas de tão boa qualidade?

Ele não conseguia entender por que não tínhamos dinheiro. De nossa parte, olhamos para as velhas Leicas que trouxemos e ficamos surpresos que alguém no Ocidente as valorizasse tanto.

Viktor estava determinado a ver todos os espetáculos que tínhamos programado e, sendo um bom negociador, foi ver o regente e falou sobre a nossa situação. Por gentileza, o maestro nos permitiu assistir aos ensaios. Depois, lembro-me de estar na ponte em Salzburgo dizendo a Viktor como tudo era lindo e como era tentador ficar lá.

Nós dois sabíamos que aquilo estava fora de questão. Minha mãe estava em Praga. O pai dele estava na Boêmia. Eles teriam sofrido muito.

Durante todos os anos sob o regime comunista, eu e Viktor só pudemos sair do país juntos cinco vezes — duas para Salzburgo, mais duas para Zurique, quando suas obras estavam sendo tocadas lá, e uma para Moscou quando um de seus concertos para quarteto estava sendo tocado.

Nunca imaginei que Viktor gostaria de ir para a União Soviética e fiquei chocada quando ele aceitou um convite. Tendo estado em Moscou muitas vezes para a Pragokoncert, sabia que Viktor se sentiria absolutamente perdido naquela cidade. Seu pânico começaria quando descobrisse que não havia ninguém para encontrá-lo no aeroporto e teria de esperar pelo menos uma hora por causa da singular noção de tempo dos russos. Na época, eu tinha um visto de estudante para a União Soviética por ter sido convidada para dar aulas de cravo para alguns professores de música russos — e como não havia nenhuma possibilidade de desertarmos para Moscou, as autoridades me deixaram ir com ele.

Sempre que ia a Moscou, eu tinha uma espécie de tradutor, que na verdade era um prestador de contas do governo. Alguns eram bastante simplórios, mas outros eram bem-educados e inteligentes, e geralmente eu ficava amiga deles e pedia que contassem suas histórias. Da mesma forma, estava aberta se alguém me fizesse perguntas que eu pudesse responder. Uma mulher que foi bondosa comigo e que me deu um âmbar (que eu adoro) de presente parecia infeliz com seu trabalho e tremendamente desconfiada de mim.

— Ou você é do serviço secreto ou pensa que eu sou, então qual é? — perguntei a ela.

Ela relaxou de imediato e me contou sua história. Disse que era de uma família da qual o pai e o avô tinham sido mandados para a Sibéria por crimes contra o Estado.

— Se eu acabar indo para lá também, o que posso fazer? Estou entediada com a minha vida, por isso me candidatei a este emprego para ao menos conhecer pessoas interessantes como você.

Instantaneamente nos tornamos amigas.

Viktor e eu tivemos outro guia maravilhoso, um jovem que estudara artes dramáticas de Praga. A primeira coisa que ele disse quando chegamos a Moscou foi:

— Tenho ingressos para levar vocês ao Bolshoi, mas eu não vou. Gostaria de levar vocês a um pequeno teatro progressista. Acho que vão preferir.

Também nos levou a uma exposição de fotografias e conversou interminavelmente comigo sobre tudo — desde a vida em Praga até a cultura musical nos campos de concentração — enquanto nos mostrava a verdadeira Moscou. Lembro-me que nos acompanhou até a casa de um dos meus professores russos, que nos convidou a comer um pouco de queijo gorgonzola com ele e sua família. Todos ficaram radiantes com isso e muito animados. Não dissemos a eles que queijo gorgonzola era uma das guloseimas que podíamos conseguir facilmente em Praga.

Embora o concerto de Viktor tenha sido um enorme sucesso em Moscou e ele fosse muito popular no simpósio internacional de compositores a que compareceu, ele ainda achou o lugar muito opressivo para o seu gosto. Eles o convidaram a voltar no ano seguinte, mas Viktor foi muito franco e recusou a oferta. "Eu só quero ir para casa", disse.

Estar tão próximo do coração do stalinismo e da raiz de todos os nossos problemas foi um passo grande demais para o meu bom e sensível Viktor.

6. Terezín, 1942

A manhã de nossa partida para Terezín chegou fria e enevoada. Mamãe, Tata e eu nos levantamos no escuro e nos vestimos em silêncio. Nenhum de nós tinha dormido. Incomodados com tantas camadas de roupa, nos arrastamos para o local da reunião, nossos corações e malas pesados.

Os nazistas eram a favor de começar cedo para que as pessoas não testemunhassem os males que praticavam, mas muitos foram despertados pelo som infeliz de nossas botas nas calçadas de pedra. A maioria das pessoas da cidade saía das ruas durante esses eventos e se escondia em suas casas, mas vários amigos e clientes surgiram chorando da névoa para nos desejar sorte e se despedir. Houve também uma cerimônia realizada pelo arcebispo na Igreja de São Bartolomeu, durante a qual houve uma grande procissão de gente rezando por nós.

Quando chegamos a Sokolovna fomos tratados muito rudemente, empurrados em filas para esperar com milhares de outros para sermos registrados. Reunidos com gritos e cassetetes, ficamos parados por horas, até que um oficial da ss se apresentou para nos contar. Meu pai olhou para ele de tal maneira que foi imediatamente esbofeteado no rosto; não conseguiu esconder seu olhar de desprezo. Tata não recuou nem pareceu assustado. Nunca tinha visto alguém fazer algo assim com meu pai e meu coração se encolheu de medo.

Havia três transportes principais partindo de Pilsen no início de 1941, cada um composto por cerca de mil pessoas. Estávamos acompanhando centenas de jovens "voluntários", habilidosos artesãos de Praga, selecionados para irem na frente e prepararem os edifícios dilapidados do gueto para os recém-chegados. Em troca, a esses voluntários foram prometidas melhores condições e isenção de novos transportes, o que depois se mostrou uma mentira. Eles foram chamados de transporte Aufbaukommando (comando de construção), conhecido como AK. Depois disso, cada novo transporte para Terezín a partir de todo o país era rotulado com uma letra entre A e Z, de modo que os três de Pilsen eram R, S e T.

Nosso transporte, T, foi mandado para Terezín em 26 de janeiro de 1942. Meu número era T345, escrito numa etiqueta que eu tinha de usar no pescoço. Meus pais eram T346 e T347. Daquele dia em diante, sempre que fôssemos convocados ou abordados pela ss, nunca deveríamos dizer nossos nomes, só os nossos números. A gradual eliminação de nossas identidades havia começado.

Demorou mais algumas horas para nos mandarem marchar até a estação de trem e nos amontoarem em vagões de gado para seguir para a cidade que os alemães insistiam em chamar de Theresienstadt. Eu fiquei terrivelmente enjoada naquele trem. Não sei se eram os nervos ou algo que eu tinha comido, mas me senti muito cansada e doente. Tentando manter a calma, toquei a sarabanda de Bach várias vezes na minha cabeça, cantando para mim mesma em silêncio e pensando na última vez que tinha tocado com Madame.

A música na minha cabeça era mais importante que nunca para mim. Não pesava nada e os nazistas nem sabiam que estava lá. Eles não podiam roubá-la de mim, era minha e só minha.

Quando chegamos à estação, a três quilômetros da guarnição, todos, incluindo os jovens, velhos e doentes, receberam ordens de caminhar — uma silenciosa procissão de fantasmas na madrugada cinzenta. Demorou duas horas para chegarmos aos portões da cidade-fortaleza disposta em forma de estrela e cercada por um fosso, trincheiras gramadas e altos muros de tijolos.

O gueto tinha seu próprio governo, dirigido por anciãos judeus, mas supervisionado pela polícia tcheca, pela Gestapo e pela ss, esta última operando a partir de um prédio conhecido como a Pequena Fortaleza. Sob a supervisão deles, fomos levados a um enorme anfiteatro, onde precisamos ficar de pé e sermos contados — de novo — e foi quando eu desmaiei. Quando acordei, vi o rosto de um jovem olhando para mim com uma expressão bondosa.

— *Was ist los mit diesem kind? Ist sie krank?* (Qual é o problema dessa menina? Ela está doente?) — perguntou aos meus pais em alemão.

Meu pai respondeu em tcheco que eu só estava cansada e garantiu que estavam cuidando de mim. Enquanto ficamos sentados na nossa bagagem esperando para ver onde iríamos ser alojados, meus avós paternos, Jindřich e Paula, foram levados para o alojamento dos idosos. Temendo por eles, nos abraçamos e nos informaram que poderíamos vê-los em poucos dias. Meu consolo era que meu avô era excepcionalmente saudável, parecendo bem mais jovem que seus oitenta anos, graças a uma vida inteira dedicada a exercícios físicos. Já minha outrora animada Babička tinha uma expressão desesperançosa em seus olhos. Aos 71 anos, não apresentava nenhuma semelhança com a mulher cheia de vida que gostava de passar férias na Riviera Francesa e me levava a concertos, óperas, festivais e espetáculos. Temia que não sobrevivesse num lugar como Terezín.

Durante as horas que se seguiram, os homens foram separados das mulheres e crianças, e todos nós fomos encaminhados a uma dos onze enormes galpões que receberam nomes de cidades alemãs. Foi horrível ver meu pai escoltado para longe, sem saber onde estava e se ficaria em segurança.

Minha mãe e eu fomos finalmente alojadas no galpão que levava o nome da cidade de Hamburgo, junto com muitas outras mulheres e crianças, todas em um só dormitório. O sentimento de opressão foi imediato. O espaço designado para cada prisioneiro era de 1,5 m² numa sala imunda e úmida. Não havia beliches de madeira como em outros galpões, apenas colchões de palha jogados no chão que nós tirávamos do lugar e dobrávamos com cobertores durante o dia para nos sentarmos. Havia um pequeno fogareiro num canto pelo qual todos brigavam, e uma única lamparina de querosene pendia das vigas.

Em poucas horas a atmosfera estava sufocante e não havia ar suficiente para respirar. Todos foram proibidos de sair do local. As mulheres choravam ao serem separadas de seus homens e várias ficaram histéricas. Havia discussões entre as que queriam cozinhar alguma coisa. Sentindo o medo e o desespero, as crianças também começaram a chorar. Minha mãe, a mais velha, foi designada como superintendente do dormitório e tentou organizar todos, mas o barulho continuou insuportável e minha cabeça latejava.

Eu me senti terrivelmente doente.

Como numa espécie de visão, o homem bonito que tinha perguntado sobre a minha saúde entrou no nosso galpão e imediatamente fez tudo ficar melhor. O nome dele era Alfred, "Fredy", Hirsch, um atleta de 25 anos de Aachen, na Alemanha, com um sorriso largo e uma risada que agradou a todos.

Fredy era alto e ereto, com um corpo musculoso e uma postura muito elegante. Era um atleta tão talentoso antes da guerra que estaria no time de atletismo olímpico alemão se não fosse judeu. O escritor Arnošt Lustig disse certa vez que se Fredy fosse loiro e de olhos azuis, ele seria "o ariano perfeito". Mesmo naquele lugar, parecia mais limpo e bem-vestido que o resto de nós, com o cabelo penteado para trás. Eu ainda não sabia, mas ele era alguém que se tornaria crucial para minha sobrevivência.

A partir do momento em que chegou a Terezín, em dezembro de 1941, como parte do transporte da AK, Fredy — estudante de Medicina e um dos precursores do JPD, um grupo de judeus alemães intimamente ligados ao Maccabi Hatzair — dedicou-se a cuidar das crianças. Homem muito digno, que conversava com os nazistas em *Hochdeutsch*, ou "alto alemão", e sabia como lidar com eles, usava seu charme e carisma para persuadir as pessoas a fazer o que ele queria. Assim que chegava um novo transporte, ele corria para ver como poderia ajudar.

A primeira coisa que fez por nós foi pedir para que as crianças mais velhas cuidassem das mais novas. Mandou levá-las até um pátio para que as mães pudessem se recompor. Apesar de estar nevando, ensinou às crianças alguns jogos e fez todas pularem para cima e para baixo e fazerem exercícios para se manterem aquecidas. Ninguém tinha permissão para ir além do prédio ou do pátio sem um passe especial, pois a população regular da cidade ainda morava nas residências e era proibida de ter qualquer contato com os judeus.

Depois de levar as crianças para fora, Fredy voltou para examinar o resto de nós, e quando olhou para mim logo notou que eu estava mais do que apenas cansada. Foi até o médico do gueto e voltou com um remédio que me ministrou. Daquele momento em diante, Fredy Hirsch se tornou uma das pessoas mais importantes da minha vida.

Nos dias subsequentes, todos foram designados para algum trabalho. Mas como voltei a ter minha primeira infecção pulmonar depois de muitos anos, não consegui trabalhar ao ar livre com meus amigos na força-tarefa agrícola. Quando melhorei, fui designada para ajudar Fredy a organizar locais de segurança e aprendizagem para as outras crianças. Ele encontrou um velho sótão cheio de teias de aranha no galpão Hamburgo que queria transformar numa sala de jogos; para isso recrutou adolescentes para ajudar a limpar o lugar. Era frio lá em cima, mas não tão frio quanto do lado de fora, e aquele pequeno sótão tornou-se uma dádiva de Deus, um refúgio seguro da atmosfera opressiva lá embaixo. Tivemos algumas aulas com um pintor que parecia ser famoso e com um cantor muito bom. Fredy reuniu alguns professores que já havia alistado em seu Departamento de Serviços Juvenis e deu um jeito para que tivéssemos aulas com eles, ou com os *madrichim*, os jovens líderes e conselheiros. Fredy deixou doze crianças sob meus cuidados, o que significava que eu poderia participar das aulas de arte e poesia, cantar, dançar e fazer leituras. Os responsáveis também organizavam competições de asseio e exercícios, e outras de limpeza — qualquer coisa para manter as crianças ocupadas e preencher os longos dias.

Deixada sozinha na barraca superlotada, as emoções da minha mãe finalmente a venceram e ela desmaiou por conta de uma espécie de crise de nervos. Magra e frágil, sofreu de uma série de crises ou ataques de pânico e foi internada no chamado hospital-gueto, que tinha poucas instalações e nenhum remédio. Os médicos-prisioneiros não sabiam o que havia de errado com ela, mas me disseram que estava muito doente. No fim, diagnosticaram um coração fraco. Quase todos os dias depois disso, eu era chamada no grupo de crianças para ver minha mãe porque ela estava morrendo. As prisioneiras-enfermeiras pareciam sempre tão sérias que eu ficava apavorada. Mas de alguma forma minha mãe acabou se recuperando e foi considerada suficientemente saudável para voltar ao trabalho.

Quando aceitei que ela não morreria, meu maior problema era a fome que roía meu estômago, sempre contraído. Tendo sido magra e exigente com comida durante toda a minha infância, de repente eu estava o tempo todo faminta. (Como me arrependia de ter recusado aquele prato de macarrão na manteiga em casa.) Eu estava com quinze anos e entrando na puberdade e meu corpo precisava de todo alimento que conseguisse. O que havia disponível simplesmente não era suficiente.

O café da manhã em Terezín era um pedaço de pão e um pouco de água preta que eles chamavam de café *ersatz* (artificial). O almoço era uma sopa rala feita de crostas de pão ou legumes — nunca carne — e à noite nos davam de novo pão e "café". Aos domingos nós podíamos comer bolinhos com um pouco de açúcar e às vezes ganhávamos uma batata cozida com um pouco de margarina. Qualquer outra coisa que comêssemos tinha de ser roubada ou trocada. Havia um mercado clandestino movimentado, mas minha mãe e eu não sabíamos muito bem sobre essas formas de comércio ilegal, por isso geralmente passávamos fome.

Mamãe se ofereceu para descascar batatas nas cozinhas, na esperança de poder roubar algumas, ou pelo menos as cascas, para fazer uma sopa mais substancial. Ela fez isso, mas a um preço alto. O trabalho envolvia ficar de joelhos o dia todo em cascas molhadas num porão frio, escuro e úmido. Partiu meu coração ver minha querida e elegante mãe, que usava roupas feitas à mão e sempre manteve uma bela postura reduzida àquilo. Depois, ela conseguiu um emprego como secretária do dentista do gueto, o que era muito mais adequado, mesmo que significasse não termos batatas extras.

Para tirar da cabeça a minha fome constante, eu me dedicava o mais diligentemente possível ao trabalho com Fredy e continuei com meus estudos sionistas no grupo Maccabi Hatzair, ao qual ainda pertencia. Nossos jovens líderes de Pilsen, Tilla Fischlová e Karel Schleissner, foram transportados conosco, então reformamos nosso grupo original do Kadima e recrutamos mais dois para que houvesse cinco meninas e cinco meninos. Dentro de nosso grupo, montamos um *kvutza,* ou coletivo comunitário, com uma rígida disciplina socialista na qual deveríamos compartilhar tudo — comida, roupas, músicas e livros. Sempre tive tanto medo de estragar as coisas dos outros! Nada era privado e toda a propriedade era comum para nos preparar para a vida num kibutz. Não gostei muito porque era individualista e não estava acostumada a compartilhar. Além disso, nunca fui uma pessoa que gostasse de ouvir conselhos sobre como se comportar.

Eu tinha uma amiga da mesma idade, que também se chamava Zuzana. O sobrenome dela era Heller e nos entendemos de imediato. Ela se tornou minha melhor amiga em Terezín. O pai dela era médico no gueto. Nós duas éramos as rebeldes do nosso grupo; achávamos que algumas das regras comunitárias eram bobas, especialmente as chamadas "sessões críticas", em que todos eram encorajados a expressar seus pensamentos sobre todos os outros. Como sempre fui criticada por não ser muito boa em termos de coletividade, estava chegando rapidamente à conclusão de que a vida em um kibutz na Palestina não seria adequada para mim.

Cada vez mais e mais pessoas chegavam ao gueto, que se tornou insuportavelmente superlotado. Epidemias eram gradualmente mais frequentes e doenças e infecções matavam centenas, principalmente os idosos, os muito jovens e os doentes. Carrinhos de madeira carregados de corpos indo para o crematório eram uma visão frequente e infeliz, com as rodas rangendo enquanto passavam, quando nos levantávamos e observávamos em silêncio.

Minha prima Dagmar e seus pais foram alojados em galpões diferentes dos nossos e só os víamos de vez em quando: eu sentia falta dela. Havia outra Dagmar, conhecida como Dana, que estava no mesmo quarto que eu e que era muito simpática, apesar de ser dois anos mais nova, o que parecia muito nessa idade, e também nos tornamos amigas. Ela havia sido transportada da Boêmia com os pais e a irmã mais nova, e todos acabaram sendo mortos. O pai dela também era médico, mas se voluntariou para entregar carvão no nosso galpão só para ver a família e todos ríamos de como ele ficava preto do pó de carvão.

Acabado o inverno, nós começamos a receber ocasionalmente pacotes de comida das pessoas que estavam em casa. Foi bom quando isso aconteceu. Podia ser uma lata de sardinha, um bolo ou alguns biscoitos, e nós tentávamos ser justos e dividir tudo. O domingo também se tornou um bom dia, porque foi o dia que Fredy combinou com a ss de sair com todas as crianças dos limites das muralhas da fortaleza, um passeio maravilhoso. Ele estava decidido a nos manter saudáveis e nos ensinou que o principal objetivo em

Terezín era continuar vivo, por isso nos enfileirava ao longo das muralhas todos os domingos de manhã para fazer ginástica e outros exercícios.

Era um espetáculo ver centenas de crianças fazendo flexões, se alongando e correndo no mesmo lugar todas as semanas enquanto ele dava instruções. Sentíamos uma sensação de liberdade em estar ao ar livre, pela primeira vez em três meses, olhando aqueles prados verdejantes e pomares florescentes até o sopé tingido de púrpura ao longe. Foi uma nova liberdade e nos deu um motivo para viver.

Mas eu não conseguia deixar de imaginar, enquanto observava a vida seguindo normalmente para aqueles além das nossas paredes, quem poderia vir nos salvar.

Nas tardes de domingo, nós tínhamos autorização para visitar nossas famílias dentro do gueto. Mamãe e eu íamos direto ver meu pai no galpão Magdeburgo, onde morava, ou ele vinha nos visitar. Foi muito bom encontrar com ele e saber que tinha sido contratado como policial do gueto no *Ordnungsdienst* (Serviço de Ordem). Meu tio Karel estava no mesmo galpão e conseguiu trabalho como bombeiro. Ele e meu pai sempre foram muito próximos e ficaram aliviados por estarem juntos, mas o ambiente no galpão deles era muito solene, pois eles souberam que vários jovens do transporte AK pegos contrabandeando cartas para entes queridos tinham sido enforcados publicamente uma semana antes. O verdugo foi um cafetão alemão chamado Arno Böhm, que estava preso no gueto por ter matado uma de suas prostitutas no bairro de St. Pauli, na cidade de Hamburgo. Esse personagem desagradável era alguém que estávamos destinados a encontrar novamente. Esses enforcamentos, e outros que realizou depois, foram um terrível choque para todos em Terezín. Quando nos assentamos na vida do gueto e percebemos que, embora difícil, nós poderíamos sobreviver se conseguíssemos evitar doenças e infecções, nenhum de nós achava que os nazistas iriam executar pessoas ali. Então, ficamos todos muito deprimidos quando soubemos dos enforcamentos.

Nas tardes de domingo nós também visitávamos meus avós nas barracas dos idosos — um sótão depauperado. Meu avô havia organizado um grupo Sokol em seu quarto, acordava todo mundo de manhã e os fazia se lavar com água fria, como Fredy fazia conosco, apesar de nossas reclamações. A higiene pessoal em Terezín, os dois insistiam, era de importância vital para evitar as doenças e os piolhos, principalmente porque só podíamos lavar nossas roupas a cada seis semanas.

Depois do banho frio, meu avô levava os velhos para fora para fazerem algum exercício vigoroso, para se manterem saudáveis. Mas minha avó não ia muito bem. Estava doente o tempo todo, e apesar de se sentir feliz em nos ver, parecia ter desistido por causa da fome, do frio e da sujeira.

Em junho de 1942, todos os civis que continuavam morando na cidade-fortaleza do século XVIII, pouco depois dos nossos galpões, foram evacuados para dar lugar aos milhares de novos prisioneiros judeus que chegavam. As casinhas geminadas e prédios públicos maiores foram requisitados, e os carpinteiros trabalhavam dia e noite fazendo beliches, além de caixões para o crescente número de mortos.

Fredy logo reservou dois dos prédios vagos para as casas das crianças ou *heims* — um para meninos e outro para meninas. O Conselho dos Anciãos concordou que aqueles com idade entre dez e dezesseis anos poderiam ser transferidos dos blocos de adultos para lá. No fim, acho que Fredy conseguiu que dez desses *heims* fossem montados para atender às centenas de crianças que chegavam todos os dias.

Fiquei preocupada em deixar minha mãe no galpão abafado de Hamburgo para ir morar na casa das meninas, conhecida como Heim L410, mas logo percebi que seria melhor para nós duas. Apesar do fedor e das constantes brigas entre as mulheres no Hamburgo, ela logo ficou mais tranquila por saber que eu não estava passando fome, o que era um tormento. Para mim também foi uma espécie de libertação, por causa dos frequentes ataques de pânico dela.

Minha prima Dagmar também foi transferida para um *heim,* mas não estava no meu quarto e saía para trabalhar todos os dias com os animais em uma das fazendas próximas. Não a via muito porque ela também arranjou um namorado jovem e simpático chamado Arci Yigal, por quem estava muito apaixonada.

Por causa das condições anti-higiênicas e pela má alimentação peguei outra pneumonia e passei um tempo doente demais para trabalhar.

Quando fiquei um pouco mais forte, Fredy me arranjou um trabalho tranquilo no escritório de atendimento aos jovens, uma salinha esquálida onde eu tinha de separar documentos administrativos e registrar os nomes dos recém-chegados. Sentia-me entediada, sem ter com quem conversar e sem muito o que fazer, o que me fazia ansiar terrivelmente pelos meus pais e pela vida que nós tínhamos. Pensar em Madame e no meu piano, nos meus livros e na minha música só me deixava mais infeliz. Não conseguia nem tocar música na minha cabeça porque era muito doloroso.

O ponto alto do meu dia era quando eu tinha que passar mensagens entre o Conselho Judaico de Anciãos, que dirigia o gueto no galpão Magdeburgo, e Fredy e sua equipe de ajudantes. Quando eu o encontrava, ficava por perto e o ajudava, colhendo notícias de alguém que tivesse uma noção melhor do que estava acontecendo no mundo. Havia sempre uma pessoa com um rádio que dava informações sobre os últimos acontecimentos. Os civis tchecos que trabalhavam no gueto também contrabandeavam coisas embrulhadas em jornais, que nós podíamos ler.

Porém, as notícias que chegavam de fora raramente eram boas, e o sofrimento dentro de Terezín continuava. Acima de tudo a fome, depois a exaustão física por causa do trabalho duro. Havia infestações de piolhos e percevejos, pulgas e ratos que causavam epidemias de tifo, meningite, icterícia e encefalite. Nossa pele não parava de coçar, sempre vermelha e irritada. Idosos e pessoas com doenças mentais eram mantidos nos alojamentos com pouca ou nenhuma assistência médica. A superlotação tornou-se tão grave que os transportes para o "Leste" se aceleraram, o que se transformou numa nova nuvem, grande e escura que pairava sobre todos nós. Ainda não fazíamos ideia de onde ficava exatamente o "Leste", ainda que a maioria imaginasse que fosse a Polônia ou a Alemanha. Nunca ouvimos falar de Auschwitz ou da chamada "solução final", mas havia tantos rumores horríveis sobre campos de extermínio e trabalho escravo que ninguém queria ir para onde quer que fosse.

Uma das coisas mais sádicas que os nazistas fizeram foi obrigar o Conselho de Anciãos a decidir quem deveria continuar no gueto e quem partiria no próximo transporte. Temendo o pior, eles tentavam salvar as crianças sempre que possível, e também não enviar pessoas cujas famílias ainda estivessem juntas. Isso significava que, se você perdesse algum parente, teria uma probabilidade maior de seu nome ascender na lista do transporte.

Estranhos cartões-postais começaram a chegar em Terezín de muitos dos que haviam sido transportados para o Leste. O selo oficial dizia "Birkenau", nome do qual ninguém nunca tinha ouvido falar. Os cartões simples eram escritos em letras maiúsculas em alemão, dizendo que estava tudo bem, mas eram compostos de maneira formal e não natural, como se fossem censurados enquanto estavam sendo escritos. Palavras aleatórias em hebraico que significavam "pão" ou "perigo" continuaram surgindo também, o que só aumentou os boatos.

Eu tinha uma adorável amiga do Maccabi chamada Margaret Winternitz, de Praga, que foi uma das primeiras a ser mandada para o Leste com toda a família, tendo sido notificada apenas dois dias antes. Estávamos todos com medo por ela — um medo terrível —, mas o que podíamos fazer? Choramos, nos abraçamos e a ajudamos a fazer as malas, depois a acompanhamos até o bloco conhecido como Sauna, onde as pessoas eram espiolhadas e preparadas para os transportes antes de andar os três quilômetros de volta até a estação. Não sei o que aconteceu com a meiga Margaret mas, até onde sei, ela e sua família nunca voltaram. Como acontecia em Terezín, outra garota logo ocupou seu lugar vago no nosso galpão e no nosso grupo.

O transporte vindo de Dobris chegou ao gueto trazendo os membros do resto da nossa família, incluindo meu primeiro amor Hanuš e seu irmão Jiří, seus pais, minha tia Hermine e meu tio Emil. Ficamos muito entusiasmados quando ouvimos a notícia, até ficarmos sabendo que os judeus de Dobris seriam mantidos numa área de detenção e não estavam autorizados a entrar no gueto principal porque seriam mandados para o Leste quase de imediato. Determinada a ver Hanuš pelo que poderia ser a última vez, de alguma forma consegui tirá-lo de lá — nem me lembro mais como — eu o levei para conhecer Fredy.

— Por favor, você pode tentar tirar meu primo da lista de transporte? — implorei.

Mas Fredy nem tentou mentir e nos disse categoricamente que não podia fazer nada. Hanuš me agradeceu por tentar e disse calmamente que preferia ficar com a família. Antes de nos separarmos, conversamos carinhosamente sobre nossos dias de verão mais felizes quando andávamos pelos prados do castelo de Dobris e prometemos manter contato quando pudéssemos. Assim como eu, ele tinha esperança de algum dia emigrar para a Palestina, onde pretendia se tornar um jogador de futebol profissional.

— A gente se vê na Terra Prometida! — disse Hanuš alegremente quando nos despedimos e ele voltou para o trem.

Foram anos até descobrirmos que ele e toda a sua família — aqueles tios, tias e primos felizes que se reuniam ruidosamente à mesa da minha avó nas festas e feriados — foram mandados para a Bielorrússia, na União Soviética, para serem fuzilados e enterrados numa vala comum no campo de extermínio de Maly Trostenets, perto de Minsk.

Como eu e meus pais continuamos no nosso gueto sem cor e sem ar, esperando pelo que não sabíamos o que seria, o pouco tempo livre que tínhamos quando não estávamos trabalhando era preenchido por eventos educacionais ou culturais. Com tantos intelectuais por perto, Fredy e outros fizeram com que nós, as crianças mais velhas, continuássemos a nossa educação secundária, então aprendemos de tudo, de poesia tcheca a línguas, de história de Roma a geografia da Boêmia, de teatro a questões mais sutis de trigonometria.

Eu participava de tudo que podia, talvez mais que os outros do meu grupo, principalmente dos eventos organizados por Fredy.

Por um tempo entrei num grupo comunista e participei de algumas palestras maravilhosas sobre marxismo-leninismo proferidas por professores que, mais uma vez, nos garantiram que o comunismo era a solução para tudo e o fim do antissemitismo. Quando encontrei meu pai no fim de semana e disse o que estava estudando, ele ouviu respeitosamente, como sempre.

— Talvez sua geração tenha uma visão diferente sobre essas coisas, mas receio que não seja bem o que você espera. Pense sobre isso se quiser. Pense em uma ditadura do proletariado. Pense bem nisso — ele disse em seguida. E foi o que eu fiz. Depois dessa conversa eu comecei a ouvir aquelas palestras sob uma luz bem diferente.

Também tive lições de hebraico. As aulas contavam com a participação de alguns membros mais antigos do Maccabi, inclusive um belo adolescente de Brno chamado Hanuš Austerlitz, que se tornou meu primeiro namorado de verdade. Era um garoto muito cobiçado, do tipo que fazia as meninas cochicharem animadas: "Ele vem vindo! Hanuš está chegando!", diziam quando o viam se aproximando.

Nosso namoro foi meigo e infantil, só nos beijávamos e ficávamos de mãos dadas, mas foi a primeira coisa realmente boa que aconteceu comigo em Terezín. Nós dois também formamos um pequeno grupo em que cada um contava o que nos lembrávamos de histórias e peças, pois nós tínhamos poucos livros.

Também decidimos aprender latim e grego juntos e encontramos um linguista e professor de estudos orientais da Universidade de Viena chamado Israel Kestenbaum, que concordou em nos ensinar em troca de metade da nossa ração semanal de pão. Isso não foi nada fácil, porque já não era muito, para começar, e pão era algo de que realmente dependíamos para evitar a fome.

Estávamos ansiosos para aprender, e ele nos ensinou muito. Com a ajuda dele, conseguimos ler e entender o "Livro de Samuel", da *Bíblia*, e depois começamos os *Comentários sobre a Guerra Gálica*, de Júlio César. O professor era um erudito ortodoxo que nos disse que estávamos errados ao pronunciar Caesar como "Cé-sar" e insistiu que deveria ser pronunciado como "Cae-sar". Muitas vezes meu estômago roncou tanto durante as aulas no sótão que me arrependi do sacrifício do meu pão, que me pareceu muito grande. Ainda assim, mal conseguia esperar por esses ensinamentos de linguagem clássica, que me lembravam com carinho da *Odisseia* e da *Ilíada* que meu pai lia para mim quando era uma garotinha. Nunca deixei de me empolgar com todas aquelas histórias fantásticas de deuses e monstros marinhos. Nem Hanuš.

Quase todas as casas tinham um sótão onde acontecia alguma coisa. Karel Ančerl, que depois se tornou o principal regente da Filarmônica da Tchecoslováquia, era um dos nossos cozinheiros em Terezín, mas também um músico inspirador. Foi ele quem apelidou nós, os adolescentes, de seus "coelhinhos", e sempre pescava no fundo da panela para nos dar uma batata extra ou um pedaço de legume, por sermos muito magros. Quando ele não nos alimentava fisicamente, alimentava nossas almas com a música. Em outro sótão, havia um quarteto de cordas com todos os instrumentos, alguns dos quais haviam sido contrabandeados por partes.

À medida que mais e mais trens despejavam suas pesadas cargas humanas, Terezín recebia alguns renomados professores e musicólogos que logo começaram a tocar e a dar aulas nos lugares mais escuros e nas circunstâncias mais estranhas. Os nazistas proibiam oficialmente a maioria dessas atividades, mas não intervinham porque nos mantinham ocupados e — no que dizia respeito a eles — de qualquer forma nós estávamos todos condenados. Mais tarde, foi formalmente criada a Administração de Atividades de Tempo Livre para coordenar esses eventos.

O homem encarregado da vida musical do gueto era um jovem pianista e compositor tcheco chamado Gideon Klein, que foi muito bondoso comigo. Ele me deu aulas e exercícios de harmonia. Tinha uma personalidade fantástica. Trabalhou ao lado de um talentoso compositor chamado Hans Krása, que compôs *Brundibár,* uma ópera infantil baseada numa peça de Aristófanes, com um subtexto político oculto. Krása estava adaptando-a de memória para as crianças de Terezín e fui escolhida como membro do coro. Então, além dos meus estudos clássicos, eu tinha ensaio duas vezes por semana. Apesar de ter aprendido todas as letras, infelizmente não consegui cantar na estreia, porque fui transportada do gueto algumas semanas antes. E só depois da guerra fiquei sabendo que Krása, Klein e a maioria dos meus colegas cantores e artistas foram todos mortos.

Fui selecionada também para o coral de *A noiva vendida*, a ópera escrita pelo compositor tcheco Bedřich Smetana, que minha tia Vlasta apresentou em Paris em 1928. A comédia de amor verdadeiro deu certo apesar da história do ardiloso casamenteiro foi acompanhada por um velho harmônio tocado pelo músico e maestro Rafael Schächter, que trabalhou no gueto com o cantor de ópera tcheco Karel Berman e organizou algumas grandes apresentações do *Réquiem*, de Verdi, a cujos ensaios também assisti e me comoveram profundamente.

Schächter, Krása e Klein eram jovens notáveis e inspiradores, e nenhum deles sobreviveu ao Holocausto. Todos esses compositores, maestros e músicos conseguiram fazer muito no gueto, apesar de eles, seus corais e solistas terem sido várias vezes saqueados nos transportes para o Leste.

Fredy também fez sua parte, trabalhando como coreógrafo para criar um espetáculo maravilhoso baseado no drama *Jeremias*, do romancista alemão Stefan Zweig, em que vários de nós nos fantasiamos e dançamos como pequenas labaredas em um balé expressionista.

Jeremias é uma sátira sobre o Estado fascista e foi muito animadora. Diz que sempre sofremos ao longo dos séculos e somos espancados ou jogados na prisão. Mas continuamos vivos e os que nos espancaram pereceram e ainda estamos vivos. Essa mensagem foi muito importante em Terezín.

O gueto tinha um número de pianistas extremamente talentosos e apenas um ou dois pianos, por isso todos tinham de esperar sua vez. No nosso bairro, o único instrumento tinha apenas duas ou três pernas, se bem me lembro, e ficava num sótão apoiado em caixotes — ao contrário do harmônio no porão. Consegui tocá-lo algumas vezes quando Gideon Klein me pediu ou se ofereceu para me dar aulas de harmonia, mas quando todos aqueles incríveis pianistas chegaram ele ficou muito ocupado e não foi mais possível que eu tocasse.

Não me incomodei muito. Meu coração não estava realmente nisso. Apesar do encorajamento de Gideon, eu não sentia a música da mesma maneira que quando estava com Madame. Por alguma razão, não conseguia me jogar de cabeça ou traduzir meus pensamentos para as teclas. Tocar aquele velho piano no sótão só me fez lembrar de tempos mais felizes e isso me deixou muito triste.

E teria todos os motivos para ficar triste nos meses seguintes. Primeiro Tilla Fischlová e Karel Schleissner foram mandados para o Leste no transporte seguinte, junto com alguns dos outros amigos de Pilsen. Nós nos despedimos e prometemos nos encontrar na Palestina. Depois, em outubro de 1942, meu avô Jindřich morreu inesperadamente de câncer na próstata, seguido seis meses depois por minha avó Paula, de pneumonia. Não havia funerais apropriados em Terezín, apenas uma breve cerimônia. Os corpos eram cremados e as famílias recebiam caixinhas de papelão com as cinzas, que tiveram de ser jogadas no rio Ohře, que passava ao longo da periferia arborizada do gueto — um lugar onde normalmente nunca podíamos ir.

CEM MILAGRES 131

Eu chorei enquanto andava com meu pai até o rio levando aquela caixinha com os restos da minha avó. Amava muito a minha Babička. Nunca iria me esquecer dela voltando de Nice com seus presentes, como chocolates e lavanda seca, ou o quanto ela gostava quando ocupávamos o camarote da nossa família no teatro de ópera no Festival de Primavera de Pilsen. Ela ficava tão animada que quase não conseguia respirar.

Mamãe estava muito doente para ir ao funeral naquele dia. Meu pai me pegou pela mão na beira do rio e jogou as cinzas na água corrente enquanto nos despedíamos. Enxugando minhas lágrimas, ele apontou para uma linda macieira em plena floração a poucos metros de distância.

— Olhe, Zuzka! — exclamou. — Não chore. As cinzas da sua avó foram para o rio e a água do rio alimenta essa árvore. Logo a querida Babička estará em flor.

Olhei para a árvore e não consegui deixar de sorrir. Meu querido Tata era um homem tão sábio e maravilhoso. Cada um de nós tinha tantos deveres e exigências em Terezín que não tínhamos oportunidade de ficarmos tão juntos quanto sempre estivemos, mas as poucas coisas que ele me disse foram tão pungentes e necessárias para toda a minha vida.

Voltei ao trabalho depois do funeral, mas minha tarefa de atendimento aos jovens havia sido descontinuada. Como estava me sentindo fisicamente mais forte, fui designada para o trabalho agrícola. Todas as crianças com mais de doze anos tinham que trabalhar, geralmente nas hortas do gueto ou nas fazendas depois dos muros, o que era considerado um privilégio. Saíamos para o trabalho todos os dias às cinco da manhã e voltávamos para casa às oito da noite. Era fevereiro e fazia muito frio, mas ainda assim era bom estar longe do gueto, por isso foi um período relativamente feliz para mim.

No começo, meu trabalho era descarregar estrume de vaca da traseira de um trator com as mãos nuas. Era muito pesado e eu não estava acostumada. Trabalhávamos de nove a dez horas todos os dias e eu ficava o tempo todo com medo de prejudicar os meus dedos, que ficavam rígidos e doloridos, mas não havia escolha. O estrume era pesado e tinha um cheiro péssimo, e nós também, mas de alguma forma eu me sentia mais leve por estar de volta ao mundo. Estava vendo a natureza pela primeira vez em um ano. Podia olhar o céu, árvores e flores — coisas que não podíamos ver dentro do gueto de Terezín.

Quando voltávamos do campo, estávamos tão cansados que normalmente só nos lavávamos, comíamos e íamos dormir. Nunca tinha dormido bem no gueto, mas a exaustão física afinal me fazia dormir como um bebê.

Depois fomos transferidos para as hortas e isso foi ainda melhor, pois éramos supervisionados por um jardineiro tcheco — não pelos nazistas, para quem toda a comida era destinada. Nosso trabalho era administrar o posicionamento das pesadas armações de vidro colocadas sobre longos leitos de mudas. Havia batatas, tomates e pepinos e eu adorava ver as pequenas mudas brotando. Todas as manhãs, erguíamos as molduras para retirar ervas daninhas e regar as plantas. Era um trabalho extremamente físico e, além das armações, tínhamos de transportar regadores pesados — cerca de cinquenta deles — de um lado para o outro, o que exigia bastante, especialmente de alguém não muito forte. Minhas mãos ardiam de segurar as alças de metal e meus dedos ficavam cada vez mais rígidos. Por volta das três da tarde, quando o sol começava a baixar, tínhamos de carregar as molduras de vidro e guardá-las no lugar onde ficariam durante a noite.

Meus amigos me dizem que eu ajudava a manter o ânimo cantando óperas enquanto trabalhávamos, contando as histórias e cantando as árias, mas hoje não me lembro de ter feito isso. Mas sei que todas as músicas que cantei, todos os poemas que recitei e todas as óperas de que me lembrei eram outra maneira de fugir daquela terrível realidade.

A melhor parte de trabalhar nos jardins era poder roubar alguns legumes, principalmente quando fiquei com o braço numa tipoia por causa de um linfonodo inchado na axila. Naquela semana eu consegui esconder um pouco de espinafre e um pepino inteiro, que levei direto para minha mãe. Ela não conseguia acreditar no que seus olhos viam.

Em um lindo dia de primavera em maio, eu estava trabalhando no campo, como de costume. O sol brilhava e eu me sentia saudável sentada no chão, cercada de verduras e lindas flores. Eu me sentia estranhamente feliz. Comecei a cantarolar uma música da minha infância, deixando-me envolver pela melodia.

Um mensageiro apareceu vindo do galpão Magdeburgo e mandou que eu voltasse imediatamente ao gueto.

Cem milagres 133

— Zuzana Růžičková precisa voltar a Theresienstadt porque o pai dela está perigosamente doente.

Corri para o hospital, e quando cheguei lá fiquei horrorizada ao ver Tata vomitando e sentindo uma dor excruciante. Ele sofria muito. Estava em perfeita saúde da última vez que o vi, no fim de semana, mas de repente desmaiou. Eles o levaram ao médico e depois tentaram operá-lo, mas não foi possível. Soubemos, muito mais tarde, que ele estava sofrendo de volvo, uma obstrução intestinal em que uma alça do intestino se torce e causa necrose e frequentemente morte, mas os médicos achavam que era uma infecção. De qualquer forma, eles tinham pouco ou nada a fazer. Ele precisava ser operado imediatamente, mas não havia ninguém disponível para ajudá-lo.

Era extremamente angustiante ver meu pai com tanta dor. Eu queria ficar ao seu lado, mas os médicos me pediram para sair. Fiquei do lado de fora por um tempo antes de voltar ao trabalho. Não fazia ideia de que o estava vendo pela última vez. Minha mãe ficou ao seu lado até o fim. Demorou quatro dias. Quando sentiu que ele estava morrendo, apertou a mão dele e falou, em lágrimas:

— Eu odeio todos os alemães! Eu vou vingar sua morte.

Meu pai mal conseguia falar:

— Não odeie, Poldi... O ódio é algo que envenena a alma... Deixe a vingança para Deus. — Essas suas últimas palavras foram muito importantes para mim, porque ele era agnóstico. Elas permaneceram comigo para sempre.

Jaroslav Růžička, meu querido pai, morreu em 13 de maio de 1943. Com 49 anos de idade. Aos dezesseis anos, fiquei tão chocada que nem chorei. Só fui chorar muitos anos depois. De alguma forma minha dor estava enterrada muito fundo.

Minha cabeça estava cheia de tantas lembranças adoráveis do meu Tata — de cantarmos juntos como uma família, de caminharmos juntos nas montanhas com nossos cajados, de ouvi-lo lendo Homero perto do fogo. Conseguia me lembrar do frescor do cheiro da pele dele depois de se barbear, do jeito que me pegava em seus braços quando chegava da loja. Tentei me lembrar de sua voz de barítono e das letras de algumas das canções que cantava para mim. Para minha aflição, percebi que não conseguia visualizar o rosto dele tão claramente quanto gostaria. Nem me lembrava da cor exata de seus olhos. Agora era tarde demais — tarde demais para vê-los novamente e tarde demais para perguntar à mamãe.

Naquele gueto, onde eu e meu pai ficamos separados à força por dezesseis meses, eu só conseguia vê-lo brevemente, uma vez por semana, pouco sabendo o quanto nosso tempo seria curto. Se estivéssemos na nossa casa em Pilsen, ele quase certamente teria sobrevivido. Minha mãe teria chamado o médico da família, que conhecíamos tão bem, meu pai teria sido operado imediatamente e ela teria cuidado dele durante sua recuperação com a mesma atenção que tantas vezes dedicara a mim.

Os nazistas o assassinaram, da mesma maneira que assassinaram os outros 33 mil judeus que morreram em Terezín por inanição, doenças, crueldade ou execuções, e os 88 mil que foram deportados para os campos de extermínio. Eu era jovem demais para querer a vingança de que minha mãe falara, mas entendi totalmente o que meu pai disse sobre o ódio envenenar a alma.

Tata foi cremado e suas cinzas foram lançadas no rio, mas não me lembro de ter presenciado isso nem de ter me consolado com a macieira. Minha mãe estava arrasada demais para me confortar, tão desesperada que estava decidida a se matar.

— Não consigo viver sem meu pai, sem meu marido — falou. — Eu não vou conseguir sobreviver a isso.

Foram necessárias várias visitas do meu tio Karel para convencê-la a sair daquele estado:

— Você não pode abandonar sua filha pequena — insistia ele.

Eu também estava desesperada. Sentindo-me desamparada pela minha mãe e pelo meu pai, pois sabia que ela pretendia me deixar lá sozinha. Foi uma dupla perda, porque senti que também perdi o amor dela. Era muito jovem para entender completamente sua dor. Voltei para a casa das crianças e só a via uma vez por semana, mas ela estava sempre igual.

Temendo pela sanidade de minha mãe, o Conselho de Anciãos me designou um guardião, ou "pai adotivo", um membro sênior do Maccabi de 27 anos e amigo de Fredy. Egon Redlich, conhecido como Gonda, foi um dos que ajudaram Fredy a cuidar das crianças. A esperança era que, com tal pessoa como guardião nos meus registros, meu nome não fosse colocado num dos próximos transportes para o Leste. Porém, assim como minha mãe, fiquei tão chocada com a perda de nosso querido Tata que não acreditei que algo pudesse nos salvar.

Nós sabíamos.

Nós duas sabíamos que teríamos de ir.

Meu namorado Hanuš e todos os meus outros amigos foram muito doces comigo. Mas, por algum tempo, eu perdi todas as esperanças e me senti abandonada pela minha mãe. Então eu não era motivo suficiente para ela continuar vivendo? Eu estava sem força interior. Estava desesperada. Sequer conseguia me levantar da cama. Só ficava deitada numa espécie de coma. Não conseguia nem chorar.

Tio Karel fez o melhor que pôde para me convencer de que a minha mãe se recuperaria, mas eu não tinha certeza. Não sei como ele fez isso, mas afinal a convenceu a viver por minha causa, e de alguma forma a vida continuou.

Então algo novo e terrível aconteceu. No outono de 1943, quando parecia que as forças do Eixo poderiam perder a guerra depois da Batalha de Stalingrado e da retirada da África do Norte e da Sicília, um transporte com cerca de 1.200 órfãos judeus chegou a Terezín vindo de Białystok, na Polônia. Eles foram entregues para uma série de cuidadores adultos — a maioria deles médicos e enfermeiras, inclusive Ottla Kafka, a irmã mais nova do escritor tcheco Franz Kafka.

Como era a norma no que se tornou uma máquina bem lubrificada, os recém-chegados foram levados para o centro de processamento para serem desinfetados e espiolhados. De maneira incomum, porém, essas crianças foram mantidas isoladas, e toda a comunicação com alguém além de seus cuidadores era proibida.

Preocupado com o bem-estar delas, Fredy conseguiu fazer contato com os responsáveis, mas foi pego. Sua punição foi a prisão imediata e a condenação de ser mandado para o Leste no próximo transporte de 5 mil judeus. Aqueles entre nós que trabalhavam com ele todos os dias nos sentimos como se tivéssemos sido decapitados. Mas o pior estava por vir.

Antes de partir de Terezín em um vagão de gado lotado em 6 de setembro de 1943, Fredy contou a seus amigos que descobrira por que as crianças de Białystok estavam sendo mantidas isoladas. As autoridades suíças vinham demonstrando interesse pelos campos de trabalho nazistas e ameaçaram fazer uma visita. As crianças de Bialystok supostamente fariam parte de um acordo negociado que as trocaria por prisioneiros de guerra alemães na Suíça. Porém, quando chegaram a Terezín e foram levadas aos chuveiros para tomar banho, as crianças ficaram histéricas. "Gás! Gás!", começaram a gritar. Encolhidas, elas se recusaram a tomar banho ou até mesmo a tirar as roupas imundas e infestadas de piolhos.

Foi a primeira vez que uma menção a gás ou a câmaras de gás chegou a Terezín, e as notícias provocaram tremores sísmicos em toda a população. Eu ouvi isso das pessoas mais próximas a Fredy e meio que acreditei, mas também fiquei meio em dúvida. Não conseguia aceitar que uma raça inteira estivesse sendo exterminada aos milhares. A partir daquele dia, a atmosfera no gueto ficou incrivelmente tensa.

A reação histérica das crianças de Bialystok aos chuveiros de Terezín custou suas vidas, pois todo o grupo foi mandado de volta a Auschwitz para ser executado, junto com seus infelizes cuidadores.

A vida parecia tão sem esperança. Fredy desapareceu e meu pai e meus avós estavam mortos. Uma das irmãs do meu pai, tia Jiřina, partiu no mesmo transporte que Fredy, assim como minha querida amiga Zuzana Heller e sua família, incluindo seu pai médico. Minha mãe continuava muito deprimida, só o que me restava era Hanuš. Sentindo-me isolada e vulnerável, aos poucos fui me distanciando do meu grupo do Maccabi, embora fosse uma das líderes. Não gostava mais de sua política, até porque havia muitas lutas internas por influência e poder, inclusive para excluir algumas pessoas dos transportes.

Eu era idealista e sempre lutei para fazer a coisa certa. Acreditava que qualquer nova informação precisava ser compartilhada e que todos deveriam ser informados de tudo, enquanto outros achavam que a liderança deveria saber mais para controlar os outros. No fim, desisti da política e comecei a pensar por mim mesma — como meu pai sempre esperou que eu fizesse.

Naqueles dias, uma grave epidemia de encefalite começou a se alastrar. Muita gente morreu. De início, ninguém da minha família ou entre meus amigos foi afetado, mas depois eu acabei sendo contaminada. Tive terríveis dores de cabeça e tontura, e sempre que me levantava eu caía ou pendia perigosamente para o lado. Foram programados testes neurológicos obrigatórios para ver quem poderia estar contaminado, mas eu não queria fazer o teste e não queria ir para o hospital, pois tinha medo de ser enviada para o Leste ou posta em quarentena, o que significava que não poderia ver Hanuš.

Ele e alguns amigos meus fizeram vários testes comigo para ver se eu conseguia ficar de pé sozinha. "Siga para a esquerda mesmo que sua cabeça diga para ir para a direita", diziam, e depois de muita prática eu acabei conseguindo enganar meu cérebro para ficar de pé a maior parte do tempo.

Quando chegou a hora do teste, consegui me manter em pé, até o médico alemão deixar cair o lápis no chão de propósito e me pedir para pegá-lo. No momento em que me abaixei, claro, perdi o equilíbrio e caí.

Fiquei no hospital do gueto por seis semanas, entre agosto e setembro, o que foi uma tortura, embora talvez tenha nos salvado do transporte de setembro, já que os anciãos não teriam mandado minha mãe sem mim. Em quarentena, não podia ver minha mãe, nem Dagmar ou Hanuš, apesar de Hanuš aparecer na janela todos os dias para me cumprimentar. Temendo pela minha saúde, mamãe se reanimou, e quando fui liberada ela ajudou na minha recuperação. Senti-me grata pelo seu apoio e aliviada por ela ter se envolvido novamente com o mundo, embora ainda acreditasse que eu e ela seríamos mandadas para o Leste para enfrentar uma morte terrível.

De repente, houve uma grande mudança em Terezín. A Cruz Vermelha da Suíça expressou um interesse ainda maior em visitar o gueto, junto com representantes do governo da Dinamarca, especialmente preocupados com o destino de quase quinhentos judeus dinamarqueses no local. Os nazistas entraram em pânico e começaram seu *Verschonerung*, um programa de embelezamento para transformar as ruas imundas do gueto em algo adequado para uma possível inspeção da Cruz Vermelha. Não muito tempo depois, num tristonho dia de novembro, depois de termos sido notificados dois dias antes sobre um chamado "censo", todos os moradores do gueto foram levados a um vale ameaçados por fuzis para serem contados.

Enquanto nos arrastávamos pelas estradas rurais até um vasto campo aberto, todos se perguntavam o que iria acontecer. Poucos acreditavam que seríamos apenas contados, pois eles poderiam simplesmente verificar a papelada e nos contar no gueto. Será que pretendiam nos matar em algum lugar onde ninguém pudesse ver? Só mudaram de ideia porque perceberam que teriam que lidar com todos os nossos corpos? Nenhum de nós sabia, mas todos temíamos estar indo ao encontro da própria morte.

O que realmente aconteceu foi que ficamos lá um dia inteiro — todos os 40 mil —, uma massa de gente oscilando sem comida e sem água; as pessoas tinham de se aliviar onde estavam. Foi muito difícil, principalmente para os mais velhos. Alguns morreram. Cada um de nós, dos adolescentes do grupo Maccabi, tinha uma pessoa idosa para cuidar, e a minha era uma senhora muito fraca. Ventava e fazia frio, e ficamos ao ar livre por muito tempo, com medo do que poderia acontecer.

Já passava da meia-noite quando finalmente pudemos voltar ao gueto, e a essa altura estávamos todos extremamente cansados e famintos. Enquanto levava a senhora pela qual me responsabilizei para o outro lado do campo escuro e lamacento eu torci o tornozelo, o que tornou ainda pior uma experiência tremendamente desagradável. Nunca nos disseram qual foi o propósito da nossa provação naquele dia, mas os nazistas continuaram com seu "programa de embelezamento", montando lojinhas cheias de mercadorias que não podíamos comprar com o "dinheiro de Theresienstadt" que eles distribuíam, mas que não era de verdade. Limparam o pavilhão na praça central e fizeram Karel Ančerl apresentar concertos de música de câmara lá. De repente, todos tiveram mais liberdade do que antes e foram encorajados a andar, a socializar e a jogar futebol. Queriam disfarçar a palidez das pessoas com uma cor mais saudável, pois pretendiam filmar a visita inteira para fins de propaganda.

Com quase 50 mil pessoas no gueto na época, os nazistas precisavam abrir um pouco de espaço antes da chegada da Cruz Vermelha, de modo que novas notificações foram enviadas a 5 mil pessoas dez dias antes do Natal de 1943. Como eu temia, eu e minha mãe recebemos o nosso bilhete. Depois de quase dois anos em Terezín, vendo os outros irem e virem, finalmente nós estávamos na lista.

Várias pessoas do meu grupo do Maccabi logo me garantiram que eu poderia ser dispensada, então fui falar com Gonda Redlich, meu "pai adotivo", para perguntar se isso era verdade.

— Eu só posso salvar você, Zuzana — ele me explicou. — Mas não posso impedir que sua mãe viúva vá nesse transporte.

— Então eu vou com ela — falei, refutando todos os seus argumentos sobre por que eu deveria me salvar.

Não só eu queria ficar com minha mãe como também precisava fazer isso. Até 1939, éramos meus pais e eu contra o mundo. Tivemos um relacionamento muito próximo e feliz durante muitos anos, sem nunca imaginar que nossas vidas terminariam assim. Sentia-me especialmente temerosa por minha mãe que, com 46 anos, provavelmente seria considerada velha demais para trabalhar. Gonda insistiu que meu pai iria preferir que eu vivesse, mas eu sabia que Tata também não iria querer que nos separássemos, e rezei para que houvesse algo que pudesse fazer para salvá-la.

Passei os dias seguintes num torpor choroso. Sentimos medo por tanto tempo, vendo os outros partindo, fazendo as malas para eles, entrando na rotina, mas era terrível deixar a vida que construímos para nós, mesmo naquelas condições. Eu estava me despedindo de tudo aquilo, dos meus amigos e da minha "irmã" Dagmar. Estava deixando o meigo Hanuš e o lugar do descanso final do meu pai e dos meus avós.

Inacreditavelmente, de repente minha mãe estava totalmente calma e fez tudo que podia para me ajudar. Ela foi tão forte para mim, mas eu não fui forte para ela naquela ocasião, nem depois. Até hoje sinto a consciência pesada a esse respeito. Combinamos um falso Natal juntas em Terezín, para o qual amigos de alguma forma conseguiram encontrar algumas coisinhas para nos presentear — um livro ou uma peça de vestuário. Nós fizemos o possível para fingir que iríamos usá-los.

Com o incentivo de minha mãe e a ajuda de meus amigos e familiares, comecei a fazer as malas. Meu tio Karel me pediu para ser forte e me lembrar do meu orgulhoso pai. Minha tia Kamila também tentou ser corajosa. Dagmar e eu nos despedimos com um abraço e prometemos nos encontrar "quando tudo isso acabar". Hanuš também se despediu, embora nós dois tenhamos chorado. Ele me desejou feliz aniversário, já que em algumas semanas — em 14 de janeiro de 1944 — eu faria dezessete anos.

Minha amiga Dana me ajudou com a minha valise, mas quando viu todas as minhas anotações musicais ela disse em voz baixa: "Não leve todas, Zuzka. Nós precisamos delas aqui". Minha mãe concordou.

Eu sabia que elas estavam certas, apesar de sentir muito aquela perda. Sentada no meu beliche, sentindo-me estranhamente resignada com meu destino, remexi nos lençóis e resolvi copiar só uma página, a abertura da sarabanda de Bach da "Suíte inglesa nº 5 em mi menor". A última música que tinha tocado com Madame — uma peça linda e suave e que sempre amei tocar para ela. Mesmo sabendo de cor, achei um pedaço de papel e anotei os primeiros acordes para levar comigo:

— Esse vai ser o meu talismã — disse para minha mãe, tentando sorrir.

— Enquanto eu tiver isso, ainda haverá alguma beleza neste mundo.

7. Munique, 1956

A cada vez que eu tocava cravo, sentia-me mais afinada com Bach e mais desafinada com o piano. O cravo não soava apenas totalmente diferente, exigia uma técnica inteiramente distinta. Durante algum tempo consegui arranjar algumas apresentações combinadas para tocar o concerto de Bach no cravo e depois a mesma peça no piano para ilustrar a diferença.

Sempre que fazia isso, no entanto, tinha problemas com a música de Bach, especialmente porque não me dava muito bem no piano. Quanto mais considerava que ele só havia composto para órgão, clavicórdio ou cravo, mais percebia que logo teria uma decisão difícil a tomar — qual instrumento escolheria?

Foi um grande dilema, pois dava para dizer, pela reação do meu público e pelo número de reservas que vinha conseguindo, que eu poderia ter uma boa carreira como pianista se quisesse. Tocar exclusivamente cravo me limitaria tremendamente numa época em que qualquer tipo de música me animava, principalmente as novas composições — não só as do meu marido. Também sentiria falta das muitas peças maravilhosas compostas para piano, particularmente as sonatas de Beethoven, que seriam impossíveis no cravo. Sem mencionar o fato de que ninguém mais compunha para aquele instrumento, que estava fora de moda, e eu me sentia frustrada com as poucas partituras que conseguia obter. Foi uma pena Janacek não ter composto nada para cravo, nem Prokofiev, Hindemith ou Bartók. Adoraria ver músicas deles para o instrumento.

Também estava começando a ficar conhecida como artista de gravação, trabalhando com o flautista Václav Žilka e o quarteto Vlach com obras de Couperin, Byrd e Rameau, assim como muitas sonatas barrocas francesas e italianas.

Meu problema era que Johann Sebastian Bach tinha roubado meu coração quando eu tinha nove anos de idade. Ele se tornou minha filosofia e minha confissão. Foi a música de Bach que se incorporou em mim e me salvou durante os dias mais sombrios da minha vida. Queria saber tudo sobre ele e sua música antiga, consumi toda a literatura que encontrei, o que era bem difícil na época, pois muitos livros eram proibidos. Tive que encomendá-los da Biblioteca Nacional, e demoravam semanas ou às vezes meses para chegarem.

Quanto mais eu lia sobre Bach, mais percebia o quanto ele tinha aguentado na vida e o quanto tínhamos em comum. Seus dois companheiros constantes eram a música e a morte. Na tenra idade de oito anos ele perdeu os pais, e logo depois o amado tio — gêmeo idêntico de seu pai. Todos os seus irmãos acabaram morrendo seguidos por sua primeira esposa, precedida pelas mortes na infância de quatro de seus sete filhos. Tendo se casado de novo, Bach teve mais treze filhos, oito dos quais não sobreviveram à infância.

Sua dor insuportável por essas múltiplas tragédias é expressa em muito de sua música, como em sua *Fantasia cromática e fuga em ré menor*. Uma passagem inteira da *Fantasia* é de desespero, com acordes cromáticos indo cada vez mais para baixo. Retrata realmente um ser humano desesperado com a vida, desprovido de toda a esperança. Depois, ele começa com a fuga que está acima do sofrimento humano. É sobre a ordem. É sobre a lei. É sobre algo mais do que humano. Para mim, sempre chega às profundezas do sofrimento, mas há algo acima do indivíduo, acima da fé individual e acima do sofrimento particular. Sempre é possível sentir em sua música que Deus está presente de alguma forma.

Bach também expressa seu desafio em peças como a *Paixão segundo são Mateus,* um oratório sagrado. Para mim isso é o desafio de alguém que tem pouco ou nenhum controle sobre as cartas dadas pelo destino. Eu também conheci esse sentimento. Bach nos diz que há algo acima de nós, ou perto de nós, o que faz todo sentido. Ele nos diz: não se desesperem. Existe um sentido nesta vida. Existe um sentido neste mundo. Só que nem sempre vemos isso.

Quase que involuntariamente, comecei a pensar em todas as situações da minha vida: "O que Bach faria?". Como teria lidado com a viagem de trem para Auschwitz ou com o trabalho escravo na Alemanha? Qual de suas obras teria complementado melhor a explosão cultural de Terezín? O que ele teria feito na Europa do pós-guerra?

Tocar Bach no cravo me fez pensar nele em termos nada ortodoxos. Em muitos aspectos, eu era uma herege, embora o movimento de música antiga dos anos 1950 e 1960 ainda me comova e signifique muito, porque abriu muitas portas. De início, fiquei fascinada com as ideias dele, mas percebi que Bach estava se tornando uma espécie de ideologia para mim, e eu odeio ideologias. Então, sempre que ouvia sua música em discos ou no rádio eu me perguntava se Bach teria tocado daquela maneira. Então, comecei a questionar por que alguém deveria tocar como ele. Por que não poderíamos nos divertir com isso? Por que não poderíamos brincar com a música como uma forma pura, além de quaisquer regras ou restrições? Já se passaram mais de trezentos anos desde a morte de Bach, e poderia haver algo em sua música que nem ele apreciasse.

Penso naquelas lindas estátuas romanas que os arqueólogos agora nos dizem que eram originalmente pintadas com cores berrantes, enquanto nós sempre as elogiamos pelo seu mármore branco e puro. Quem estava certo? Será que importa? Todos podem ter sua opinião e sua própria interpretação, com base na própria experiência; Viktor me ensinou isso. Excelente pianista e compositor e muito bom maestro, ele sempre foi muito generoso em compartilhar sua música. Tocava de certa maneira, mas nunca se incomodava se alguém tocasse de forma um pouco diferente. "Eu tinha uma ideia diferente, mas adorei o que você está fazendo", preferia dizer.

Da mesma forma, já encontrei na obra de Bach coisas que talvez ele não pretendesse ou nem soubesse, mas que acabaria descobrindo ao ouvir outros interpretando a sua música.

Bach sempre tivera ressonância comigo, mas quanto mais tocava suas composições no cravo depois da guerra, mais profunda essa ressonância se tornava. E não foi só Bach que me fez querer me concentrar apenas no cravo. Em 1955, eu gravei dois concertos de cravo do compositor tcheco Jiří Antonín Benda com a Orquestra de Câmara de Praga e senti-me completamente em casa.

Não que tocar o cravo fosse fácil. Eu não tinha o meu próprio instrumento e se me convidassem para tocar, digamos, em Brno ou Bratislava, eu tinha de pedir um cravo emprestado, localizar um afinador, ir a uma garagem, encontrar um motorista com um caminhão e pedir para transportar o instrumento para mim: "Por favor, você poderia levar meu cravo e meu afinador?", pediria. "Eu não sei se posso pagar o suficiente, mas você faria isso por mim?" Era um trabalho realmente pioneiro.

Em 1955, meus bons amigos do quarteto Smetana — que eu acompanhava muitas vezes, juntos e individualmente — me avisaram sobre um panfleto que tinham encontrado numa de suas turnês anunciando o 5º Concurso Internacional de Música da ARD para jovens músicos.

— É em setembro, e pela primeira vez tem uma categoria para cravo! — disseram entusiasmados. — Nós achamos que você deveria se inscrever. — Também havia categorias para canto, piano, violino, flauta, viola e trompa.

A perspectiva de ouvir outros cravistas do Ocidente tocando música que talvez eu ainda não conhecesse era muito empolgante, mas o concurso seria realizado em Munique, na Alemanha — um país ao qual eu tinha um medo terrível de ir.

Abalada, corri para casa para contar a Viktor sobre o concurso e falar sobre meus temores. Eu o encontrei numa posição familiar — sentado numa poltrona —, acendi um cigarro, sentei-me à sua frente e comecei a discutir a ideia com ele. Além do fato de nunca ter sido muito fã de concursos, por não acreditar que alguém possa julgar arte, eu tinha um estranho pressentimento quanto a ir à Alemanha e nunca imaginei que iria.

Fazia pouco mais de uma década que eu tinha saído dos campos e ainda tinha muito medo de encontrar alguns dos ss ou dos funcionários prisionais que nos trataram com tanta crueldade. Só uma pequena parte deles fora capturada e processada, e muitos continuavam a viver livremente na Europa e a ter uma vida normal. Conheci uma sobrevivente do Holocausto que por acaso se deparou com um ex-guarda de Auschwitz, e a experiência foi extremamente angustiante para ela.

Viktor e eu conversamos muito a respeito por vários dias. Como sempre, ele ouviu atentamente e começou a discutir os prós e contras comigo.

— Bem, Zuzana, você sabe que não é exatamente uma animadora. Você é um artista. Se fosse uma mera animadora eu diria para não ir à Munique. Se você for, no entanto, estará retornando parte da antiga cultura do país para eles. Estará devolvendo Bach para a Alemanha — ele falou afinal. E continuou a insistir nesse ponto: — Quanto mais penso a respeito, mais acho que é seu dever ir até lá... como judia e como ex-prisioneira. Você vai mostrar a eles que alguém que não é alemão e não é ariano pode tocar Bach. Estará provando que Hitler não foi a última palavra.

Onze anos depois da guerra, ainda estávamos em choque com o que uma nação tão culta como a Alemanha havia feito ao permitir que os nazistas cometessem tantas atrocidades. Antes da Segunda Guerra, fomos ensinados que alguém culto e educado sempre continuará a desenvolver uma moralidade mais elevada. A Alemanha foi o epítome desse princípio e fortaleceu nossa fé na ideia de que a humanidade pode melhorar através das artes e das ciências. Regredir a um nível tão bárbaro e fazê-lo de maneira tão eficiente foi algo que nos privou de uma verdadeira fé na humanidade. Isso prejudicou toda a cultura europeia, e não somente por causa da questão judaica.

Musicalmente, ainda sentimos os efeitos posteriores da guerra, porque temos medo de grandes gestos e excessos. Não acreditamos mais na verdade. Acho que muitas vezes há muita frivolidade na música, uma certa depreciação em alguns aspectos, que não lhe concede a reverência que merece.

Quanto mais refletia sobre o que Viktor havia dito, mais eu pensava comigo mesma: se eu me recusasse a ir para a terra de Bach, para onde mais eu deveria me recusar a ir — à França ou à Inglaterra? E quanto a todos os outros países que sabiam sobre o Holocausto e não fizeram nada? Eles também eram culpados. Então, sob essa ótica, eu não poderia ir a lugar nenhum.

Percebi então que era meu dever moral deixar de lado meus temores e — se tivesse chance — tocar Bach em Munique, e tocar bem.

Primeiro, porém, eu tive de obter permissão da Academia de Artes Performativas e do Ministério da Cultura. Precisei tocar diante de uma comissão que também analisaria meu caráter político e depois teria de passar pelo processo de seleção ministerial antes de entrar na fase de qualificação. Acreditava que era boa o suficiente para participar do concurso, mas nem por um momento achei que poderia ter alguma chance de ganhar qualquer prêmio. Tudo o que queria era ouvir outros jovens cravistas, pois não havia nenhum em Praga. Eu só tinha aqueles discos antigos da Wanda Landowska, por isso não sabia nada sobre a interpretação do cravo contemporâneo e ninguém além do meu professor tocava esse instrumento no meu país.

Tive sorte, porque quando pedi permissão para sair do país, minha diretora musical, Magda Reichlová, já era uma admiradora que assistia a todos os meus concertos e disse: "Por que não?".

Magda era uma mulher muito corajosa. Era deficiente e morreu muito jovem, mas foi quem mais me ajudou a chegar a Munique. Também deu permissão a dois flautistas — Jaroslav Josífko e Jan Hecl — e a uma pianista, Mirka Pokorná, para me acompanharem e também tentarem ganhar em suas categorias. Jaroslav era professor de flauta, e foi designado para nos supervisionar e garantir que não tentássemos escapar.

As autoridades fizeram mais do que apenas confiar em nós. Estavam muito bem informadas, principalmente porque nosso vizinho podia ouvir cada palavra que dizíamos. Sabiam que Viktor e eu realmente nos amávamos tanto quanto professávamos, ou ao menos o suficiente para não desertarmos. Havia também um comitê de rua, composto pelos zeladores de cada bloco de apartamentos, que espionavam para o Estado e tinham poder de dar uma referência boa ou ruim a qualquer cidadão como personagem político.

Certa vez, fui ao departamento de passaportes, perto da praça da Cidade Velha, para pegar meus documentos para outra viagem organizada pelo ministério, mas quando cheguei lá eles me disseram: "Você está com um problema. Não tem permissão do seu comitê de rua para sair do país". Foi a primeira vez que ouvi falar sobre esse tipo de comitê.

Procurei meu vizinho e perguntei se ele conhecia alguém do comitê com quem eu pudesse falar. Ele alegou ignorância, mas às nove da noite alguém que não conhecíamos tocou a campainha.

— Olá, eu sou um vizinho — ele disse. — Gostaria de conhecer vocês melhor. Será que eu poderia tomar uma taça de vinho?

Eu sabia exatamente por que ele estava lá, o convidei a entrar e deixei que olhasse nos nossos dois quartos para ver que nossas malas não estavam prontas e que não iríamos fugir do país. No dia seguinte, ouvi dizer que tive a aprovação do comitê e consegui afinal pegar o meu passaporte.

Eu e Viktor aprendemos desde cedo no nosso casamento que tínhamos de ter uma vida dupla — uma vida pública na qual falávamos e nos comportávamos de determinada maneira, e uma vida privada em que poderíamos nos expressar livremente. Foi assim que vivemos por mais de quarenta anos — em um clima permanente de medo e sigilo.

Apesar de estar enfrentando alguns fortes concorrentes de todas as partes do mundo no concurso de Munique, inclusive Karl Richter, um cravista alemão que eu estava convencida de que iria ganhar, fiquei muito impressionada quando passei na primeira rodada de testes e depois na segunda.

Surpreendentemente, cheguei às finais, quando muitos concorrentes seriam julgados — entre outros — pelo compositor alemão e ex-soldado da Primeira Guerra Carl Orff; o maestro judeu húngaro Georg Solti; o compositor alemão antifascista Karl Amadeus Hartmann; o compositor francês e ex-prisioneiro de guerra Olivier Messiaen e pela cravista e compositora suíça Marguerite Roesgen-Champion.

Nos preparativos para a nossa viagem, eu e os flautistas recebemos lições sobre como nos comportarmos no Ocidente e tivemos de prometer entrar em contato com nossa embaixada assim que chegássemos, para podermos ser devidamente monitorados. Era minha primeira visita à Alemanha, mas uma jovem adorável chamada Hannelore, que nos ciceroneou por todos os lugares e se referia a mim em tom de brincadeira como *Zuzana mit dem unaussprachlichen Namen* (Zuzana com o sobrenome impronunciável) nos encontrou na estação de trem e cuidou de nós muito bem. Quando viu que eu tinha uma edição enorme das *Variações Goldberg*, ela me deu sua própria versão, que era mais compacta. Nós nos demos tão bem que nos mantivemos em contato e escrevemos uma para a outra por um longo tempo depois da viagem.

Como não tínhamos dinheiro e só podíamos sair do país com não mais que o equivalente a cerca de dez dólares, só pudemos pagar uma pensão barata na periferia de Munique. Logo depois de chegarmos, fui informada de que tocaria no dia seguinte — 3 de setembro — para uma plateia na Sophiensaal, a menor sala de concertos de um antigo palácio do rei da Baviera. Acompanhada pela melhor orquestra da rádio de Munique, o evento era patrocinado por várias estações alemãs e seria transmitido ao vivo. Eu seria a primeira concorrente no palco, às nove da manhã.

A parte obrigatória do meu programa seria interpretar a ária introdutória e as sete primeiras das *Variações Goldberg*, de Bach, uma peça solo. Para minha livre escolha, selecionei "A arte da fuga", também de Bach, uma peça intelectual que eu adorava desde a infância, e parte do "Concerto para teclado em sol menor", de Benda, que iria tocar com a Sinfônica da Rádio da Baviera, regida pelo maestro e compositor tcheco Rafael Kubelík. Eu era uma entre 21 participantes na categoria cravo, sendo os restantes dos Estados Unidos, Brasil, Itália, Espanha, Alemanha, Áustria, Bélgica, França e Luxemburgo. Além de Marguerite Roesgen-Champion, os juízes exclusivos de cravo incluíam Hans Sittner, presidente da Academia de Música de Viena; Eliza Hansen, professora de piano e cravo, em Hamburgo; Edith Picht-Axenfeld, pianista e cravista alemã, e Philipp Jarnach, nascido na França, compositor e fundador da Academia de Música de Hamburgo, que foi nomeado seu presidente. Eles concederiam pontos por habilidade técnica, produção artística e personalidade.

Eu nunca perdi o meu medo do palco e — como sempre — ele aumentava cada vez mais à medida que a apresentação se aproximava, até eu entrar em um estado deplorável. Meu único consolo era saber que tudo passaria assim que eu me sentasse no banquinho. Não conseguia lutar contra aquilo, e afinal optei por não lutar, considerando uma expressão natural da tensão. Se eu não sentisse essa tensão, teria acreditado que alguma coisa estava errada. De qualquer forma, a véspera de um concerto era sempre muito difícil, e aquela noite em Munique foi a pior.

Para meu horror, e sabendo que deveria tocar na manhã seguinte, disseram-me que a orquestra não me acompanharia nas finais:

— Você vai ter que tocar e preparar suas apresentações sem eles — disseram os responsáveis pelo concurso, sem dar mais explicações.

Bem mais tarde ficamos sabendo que a razão disso era que o chefe da orquestra, o tcheco Rafael Kubelík, que tinha fugido para a Grã-Bretanha depois do *putsch* comunista, se recusava a acompanhar qualquer músico de um país comunista. Como todos os outros finalistas eram do Ocidente, ele se recusava a tocar comigo porque eu era da Tchecoslováquia.

Fiquei furiosa e muito chateada, pois o concerto de Benda que tinha escolhido soaria ridículo sem uma orquestra. Tola que fui, se tivesse ficado com Bach em vez de ser tão patriota e escolhido Benda, não teria tido problemas. Kubelík sabia disso. Outros músicos que tivessem escolhido diferentes obras poderiam tocar o tempo todo, mas eu teria de tocar oito compassos e ficar esperando durante os intervalos que a orquestra deveria preencher. Seria como um aparelho estereofônico com um só locutor, ou um ator dizendo sua parte da peça sem um elenco. O recital seria doloroso e farsesco.

Foi bom ficar com raiva, pois consegui canalizar essa raiva em alguma coisa útil. Determinada a não me fazer de boba na frente do público, corri para o Conservatório Real, onde seria realizado o concurso, e usei meus últimos cinco marcos alemães para convencer um segurança a me deixar entrar com a faxineira às seis da manhã do dia seguinte — como tinha feito no Rudolfinum.

Voltei para a minha pensão com a partitura e fiquei acordada a noite toda, decorando todas as partes da orquestra do concerto de Benda. Não havia tempo suficiente para decorar tudo, mas consegui memorizar os dois primeiros movimentos, era o que dava para fazer.

Depois do meu ensaio de madrugada no mesmo conjunto de edifícios onde o Acordo de Munique tinha sido assinado em setembro de 1938 — um fato que me afetou profundamente —, me perdi ao tentar voltar para a minha pensão. Era uma manhã de domingo e não havia ninguém na rua para pedir informações. Por fim, avistei um padre e me aproximei para pedir ajuda. Ele foi muito simpático e se ofereceu para indicar o caminho, mas em seguida perguntou de onde eu era. Quando eu disse que era de Praga, ele fez o sinal da cruz e saiu correndo.

Afinal acabei encontrando o caminho até os alojamentos e me preparei um pouco mais. Quando chegou minha vez de entrar no palco no dia seguinte, estava nos bastidores, tremendo como sempre — só que desta vez não era por estar nervosa, era por estar furiosa. Nem sequer tive tempo de pensar se poderia haver algum ex-membro da ss na plateia, como eu temia já havia muito tempo.

Totalmente alheia ao público, sentei-me e comecei a tocar os compassos de abertura. Com o canto dos olhos, notei que certos membros do júri tinham largado seus lápis e olhavam para mim, imaginando como eu iria continuar sem uma orquestra.

Invocando todos os poderes da minha memória, toquei o primeiro movimento de cor — incluindo todas as partes da orquestra — e quando estava prestes a começar o segundo, rezando para que fosse suficiente, o chefe do júri me interrompeu e me pediu para parar:

— Obrigado, senhorita Růžičková — falou. — Já ouvimos o suficiente.

Ainda furiosa e determinada a não ficar de fora, disse que gostaria de tocar o segundo movimento. Quando se é jovem é mais fácil apostar e aproveitei minha chance. Se me pedissem para tocar o terceiro movimento, eu não teria conseguido, pois não saberia.

O segundo movimento era mais lento e foi tão bem quanto se poderia esperar da situação, e, quando terminou, eu parei de tocar e saí do palco, aliviada com o fim da experiência, mas entristecida por não ter tido uma chance equânime.

Não houve um vencedor no concurso de cravo daquele ano — e estranhamente a ARD nunca mais incluiu essa categoria —, mas fiquei impressionada quando o júri me outorgou uma *Förderungsprämie*, ou "subvenção para desenvolvimento" de quinhentos marcos que era dada ao concorrente que o júri considerasse mais merecedor. Meu prêmio significava que, como laureada, eu também estava convidada a tocar no prestigiado espetáculo dos premiados no fim do concurso. A decisão dizia:

O júri do concurso internacional de rádio atribuiu o prémio a Růžičková em reconhecimento ao seu desempenho na categoria de cravo. Sua excelente técnica, sua inteligência musical, sua expressão forte e distinta nos deu a impressão de uma personalidade artística com grandes perspectivas. Sua interpretação é ardente e consistente: o cravo [...] corresponde à fantasia e à disciplina que aumenta sua graça.

Quase ainda mais surpreendente que o veredicto foram os comentários adicionais, que eu mal podia esperar para contar a Viktor.

A tradição de tocar cravo é ainda tão nova e pouco conhecida que seria muito benéfico se a senhora Růžičková tivesse oportunidade de ouvir outros cravistas e se estudasse a tradição da arte do órgão para que seu conhecimento de estilo se expandisse e se fortalecesse. Gostaríamos muito que a senhora Růžičková continuasse seus estudos na França ou na Alemanha.

Meus acompanhantes da embaixada tcheca imediatamente confiscaram meu prêmio em dinheiro, deixando-me apenas com cem marcos — mas ainda assim uma quantia enorme para mim. Não me importei nem um pouco. Foi uma das noites mais felizes da minha vida. Depois de passar o dia comemorando, comprando três suéteres de cashmere para Viktor e dois para mim, gastei o resto do meu prêmio em dinheiro em ostras e champanhe para curtir com meus colegas tchecos, os flautistas, que não tinham ganhado em sua categoria.

Tomamos o champanhe, mas tivemos de jogar fora as ostras alemãs, que estavam horríveis e nada frescas. Não me importei. Nada poderia estragar minha felicidade. Eu tinha 29 anos. Tinha sido homenageada num concurso de grande prestígio por tocar cravo, o instrumento que escolhi e ao qual me dedicaria pelo resto da vida. Estava muito apaixonada por Viktor e finalmente era capaz de sentir o tipo de alegria que conheci quando era criança.

Como em tudo na minha vida, porém, houve esperança, mas seguida por um golpe.

Depois de Munique, fui convidada a tocar em vários países socialistas, inclusive na Hungria, Polônia e Bulgária, ainda que, quando um novo diretor do equivalente soviético do Pragokoncert foi nomeado na Bulgária, eu não fui convidada por ele ser antissemita. Uma vez, ele se queixou: "Quando olho para o programa, vejo um judeu atrás do outro aqui". E acrescentou: "Aí eu reservo Zuzana Růžičková de Praga, e ela é mais uma judia!". O que ele não entendia era que sem judeus ficava muito difícil, pois não haveria ninguém além dos soviéticos: David Oistrakh, violinista, e o pianista Emil Gilels.

Com meu novo status, tive permissão para lecionar no exterior — o que foi uma grande ironia, já que não tinha permissão para ensinar piano ou cravo a alunos tchecos por causa da minha recusa em entrar para o Partido

Comunista. Não só eu era proibida de ensinar qualquer coisa além de piano para compositores, como o cravo nem estava no currículo da academia, pois ainda era considerado um instrumento religioso e feudal. Ele só seria incluído em 1984.

As autoridades me perguntavam: "Como você pode ensinar os jovens se não tem nenhuma educação marxista-leninista e precisa explicar a corte de Luís XVI ou Bach, com toda a religião em sua música sacra? Você não está ideologicamente preparada para ensinar este instrumento aos alunos". Era outro ponto negativo contra mim para o qual eu não tinha uma resposta. Felizmente, outros países pensavam de maneira diferente. Os alemães, belgas e suíços me convidaram várias vezes, e consegui apresentar as *Invenções canônicas em duas partes*, de Viktor, no Terceiro Festival Internacional de Cravo, na Suíça.

Quando Stalin morreu, seguido poucos dias depois pela morte do nosso primeiro presidente comunista, Klement Gottwald, parecia que estávamos finalmente livres de todos aqueles terríveis ditadores. Nikita Khrushchev, que chegou ao poder na União Soviética, afirmou que removeria "a mancha do stalinismo" e começou por libertar milhares de presos políticos expondo o pior das crueldades de Stalin. Permitiu mais liberdade nas artes e reprimiu muitas das atividades ilegais das agências de segurança. Realmente, um vento de mudança parecia soprar de Moscou e passamos a viver numa atmosfera muito melhor. Não estávamos mais com tanto medo.

Em 1957, a compositora e cravista Marguerite Roesgen-Champion, admiradora de Wanda Landowska, aderiu à incrível oferta do júri de Munique de que eu continuasse meus estudos no Ocidente, oferecendo-me uma bolsa de estudos de seis meses em Paris. Disse que eu poderia estudar com ela e dar aulas para seus alunos enquanto ouvia outros cravistas e vivenciava um pouco da cultura francesa. Eu tinha medo de que não me permitissem, não tanto por ser no Ocidente, mas por significar que eu não estaria ganhando nada para o Estado.

Ah, mas eu queria tanto ir. Desde o início, eu pretendia estudar com Wanda Landowska em Paris quando adolescente, mas Hitler pôs um fim nisso. A cidade sempre teve uma espécie de fascínio mítico para mim. Nunca vou esquecer o entusiasmo de meu pai ao pensar em me acompanhar à capital da França, conversando animadamente com minha mãe sobre a possibilidade de ela nos acompanhar e como todos nos divertiríamos.

Viktor também ficou empolgado por mim e insistiu para que eu fosse se as autoridades permitissem, mesmo que sentíssemos muita falta um do outro nos seis meses em que ficaríamos separados. Depois de ter sido recusado em seu doutorado e em sua cátedra na academia, ele continuou trabalhando no departamento de música infantil da Rádio de Praga, tentando aproveitar ao máximo o único cargo permitido pelas autoridades. Sabia que oportunidades essa bolsa me daria e como eu desejava conhecer a cidade mais romântica do mundo, mesmo que isso significasse ir sozinha enquanto ele permaneceria como refém.

Minha benfeitora fez tudo o que pôde para convencer as autoridades a me deixarem assumir a bolsa de estudos. Com sessenta anos e nascida em Genebra, Marguerite morava em Paris desde os anos 1920, compondo para orquestra e obras para coral, piano, cravo e música de câmara. Ela organizou tudo perfeitamente. Minha diretora musical também me ajudou muito, conseguindo me garantir a permissão para deixar o país e uma pequena mesada. Eu mal conseguia acreditar na sorte que tive.

Depois de chegar de trem de Praga e de me apresentar à embaixada tcheca para que seus espiões pudessem ficar de olho em mim, fui imediatamente a uma das aulas de Madame Roesgen-Champion e comecei a tocar para seus alunos. Foi uma grande revelação trabalhar com outros jovens tão apaixonados pelo cravo quanto eu. Eu me sentia muito isolada na Tchecoslováquia, onde às vezes achava que eu era a única pessoa no mundo que se importava profundamente com Bach e com esse instrumento. Ninguém mais compunha para cravo, e mesmo aqueles que o conheciam não gostavam de tocá-lo.

Em Paris, porém, me vi cercada por músicos entusiasmados, ansiosos para ouvir minhas interpretações de obras barrocas, assim como eu as deles. Descobri que, na maioria dos casos, minha maneira de pensar era diferente da deles. Eu tendia a encarar a música como um som puro que abria visualizações vívidas na minha mente, e não apenas símbolos numa página. Sempre que tocava Bach, evocava histórias dos clássicos gregos e quase podia ouvir a voz do meu pai recitando no salão quando era mais nova. Conseguia lembrar de um poema de Rilke, ou de um trecho favorito de Mann. A função harmônica de cada frase me inspirava e era fundamental para me transportar para a seguinte. Como romântica e herege, não achava que houvesse uma maneira histórica ou "correta" de interpretar Bach, mas sim que deveríamos, como indivíduos, empregar toda nossa arte e paixão para atingir a essência da peça.

Eu continuava admirando muito o trabalho de Wanda Landowska, especialmente sua musicalidade, sua consciência de formulação e sua personalidade. Adorava o jeito como lidava com o cravo, a maneira como pensava sobre o instrumento. Ela instigou o seu renascimento. Mas vim saber que havia duas linhas de abordagem ao cravo. A linha de Landowska era combinar tecnicamente todas as coisas boas que o cravo adquirira durante sua evolução até o fim do século XVIII. Ela via o cravo como um instrumento moderno que continuava se desenvolvendo. A outra linha era a do músico francês Arnold Dolmetsch, com as chamadas interpretações "autênticas" e instrumentos "autênticos". Eu ainda acho que o cravo vai evoluir, pois no momento é um tipo de instrumento usado em quase toda parte, o que não é muito histórico, é claro. É muito agradável de ouvir e também não é tão difícil de construir, mas se olharmos para a época de Bach, a construção dos instrumentos era muito eclética.

Meu alojamento em Paris ficava num quartinho na embaixada perto da Torre Eiffel e minha agenda era sempre lotada, mas eu mandava cartas para Viktor toda semana contando sobre as minhas experiências, tomando cuidado para não dizer nada que pudesse fazer qualquer um de nós ter problemas. Algumas semanas depois da minha chegada, pediram-me para dar meu primeiro recital, um concerto com a cantora Germaine Fougier, no qual interpretei várias peças solo de Couperin, que receberam boas críticas. No meu segundo concerto, toquei mais Couperin, mas também Byrd, o "Concerto italiano", de Bach, e "Sonata em lá maior", de Josef Mysliveček, um programa que repeti mais tarde naquele ano na Bulgária. Seguiram-se críticas mais favoráveis, e minha reputação aumentou de uma forma que me deu esperanças de futuras propostas internacionais. Os estudantes franceses eram todos muito simpáticos e organizavam festas para mim nos seus apartamentos, onde bebíamos vinho e fumávamos cigarros franceses, dançávamos, cantávamos e falávamos de política, arte e livros com uma liberdade que eu não conhecia.

O cônsul era um homem chamado Vladimír, que também foi bom comigo e continuamos amigos por muitos anos. Ele me dizia onde ir e onde os espiões tchecos me procurariam — principalmente no café Les Deux Magots, um popular destino turístico que de qualquer forma era caro demais para o meu orçamento. Houve uma importante comemoração envolvendo Lênin enquanto eu estava lá, e Vladimír deveria produzir algo sobre a época de Lênin em Paris. Ele me levou ao Café de la Rotonde, em Montparnasse, onde Lênin costumava ir, e perguntou se havia alguém lá que se lembrasse dele. Fomos informados de que um velho garçom ainda estava vivo, nos deram seu endereço, fomos até seu minúsculo apartamento e lhe perguntamos sobre Lênin.

O velho meneou a cabeça e disse que não se lembrava de ninguém com esse nome. Foi aí que Vladimír teve uma inspiração.

— E o sr. Ulyanov? — perguntou, imaginando se Lênin teria usado seu nome verdadeiro e não o nome de guerra revolucionário que adotou em homenagem ao seu exílio na Sibéria, em um lugar perto do rio Lena.

Assim que o cônsul mencionou o nome Ulyanov, o rosto do velho se iluminou.

— Ah, sim! O que aconteceu com ele? Ele era muito bom comigo.

Eu tinha tantos planos para o meu meio ano naquela cidade adorável. Havia tantos lugares e museus que queria conhecer. Queria visitar especialmente o Louvre, que fora esvaziado de todos os seus tesouros durante a guerra para mantê-los longe dos nazistas e depois reabastecido gradualmente. Passava todo o meu tempo livre no museu, vagando de sala em sala, admirada, quando, na verdade, deveria estar estudando música francesa. Também queria assistir a tantos espetáculos quanto pudesse e melhorar minha fluência em francês com Madame Roesgen-Champion e seus alunos.

Minha mesada era muito limitada, o equivalente a cerca de dez libras por semana, além do que minha mãe conseguia me dar, e eu estava o tempo todo com fome. Embrulhava salame e sardinhas para comer durante meus intervalos, sentada em algum lugar ao longo das margens do rio Sena. Comprava baguetes e manteiga — ah, que manteiga! Nunca experimentei nada tão celestial. De vez em quando, um colega com dinheiro me convidava para jantar e eu devorava tudo num piscar de olhos. Sempre fazia questão que sobrassem alguns francos por semana para um vinho ou um café e um cigarro em um dos famosos cafés das calçadas.

Eu adorava esses cafés e adorava a cultura. Amava o jazz, a música pop, as roupas e as estações de metrô art nouveau. As mulheres eram lindas e tão bem vestidas, e os homens muito bonitos. Tudo era uma surpresa para mim. Havia tantos automóveis, automóveis inacreditáveis, e tantos lugares bonitos para ver. Não pude deixar de comparar Paris a Praga, onde havia poucos veículos e os prédios, embora grandiosos, pareciam uniformemente cinzentos e sem graça.

Andando pelas ruas da capital francesa, fiquei totalmente apaixonada por Paris. Eu era extremamente realista sobre o Ocidente, e nunca imaginei que fosse o Paraíso. Longe disso. Mas me deliciei com a liberdade psicológica de Paris e invejava a liberdade dos parisienses de fazer e dizer o que quisessem. O tempo que passei lá foi, sem dúvida, um dos mais felizes da minha vida.

Porém, meu sonho maravilhoso foi inesperadamente interrompido. Na minha ausência, um famoso maestro e compositor francês chamado Manuel Rosenthal foi convidado pela Liga dos Compositores de Praga para conhecer a música contemporânea tcheca. Rosenthal tinha sido o primeiro-maestro da Orquestra Nacional de Paris e já havia se apresentado no mundo todo. Filho de uma judia russa, lutou contra os alemães, foi capturado e mandado a um campo de trabalhos forçados, depois fugiu e trabalhou para a resistência francesa até o fim da guerra.

Viktor foi apresentado a monsieur Rosenthal como compositor e também por seu trabalho na Rádio de Praga. Quando ouviu o "Quinteto de sopros", de Viktor, ele imediatamente ficou interessado: "O que mais você compôs?" perguntou. Viktor falou sobre seu "Concerto para violoncelo, opus 8". Quando ouviu o concerto na academia, o maestro imediatamente se propôs a apresentá-lo com a Orquestra de Paris e o renomado violoncelista Jacques Neilz no Théâtre des Champs-Elysées, estilo art déco, em Paris. Era uma oportunidade maravilhosa para Viktor e a primeira chance para se firmar como compositor internacional. Ele aceitou de imediato. "Mas você precisa ir ao concerto, é claro", insistiu Rosenthal.

Se vivêssemos em qualquer outro país europeu naquela época, nós poderíamos ter comemorado juntos a maior conquista do meu marido quando ele se encontrasse comigo em Paris, onde também iríamos juntos à sua estreia. Mas no momento em que ele me contou sobre a proposta de Rosenthal, nós sabíamos que, se Viktor conseguisse sair da Tchecoslováquia, nós dois teríamos que trocar de lugar.

Não havia nada a fazer. As autoridades jamais nos permitiriam estar ao mesmo tempo em um lugar "perigoso" como Paris. Abandonei minha bolsa de estudos e todos os meus sonhos parisienses depois de apenas três meses, embalei meus poucos pertences e me despedi dos meus colegas.

Com lágrimas nos olhos e me perguntando se algum dia eu voltaria a ver aquela linda cidade, tomei um trem para voltar para casa e conceder a Viktor seu momento de glória, que foi — naturalmente — um maravilhoso sucesso.

Zuzana no dia de seu casamento.

Viktor, Leopoldina e Zuzana depois da guerra.

Zuzana com o vestido de veludo que ficou preso no banquinho.

Zuzana e Viktor no interior da Tchecoslováquia.

Descendo do palco depois de mais um recital.

Zuzana com a mãe, Leopoldina, já perto do fim da vida.

Zuzana em turnê pela França.

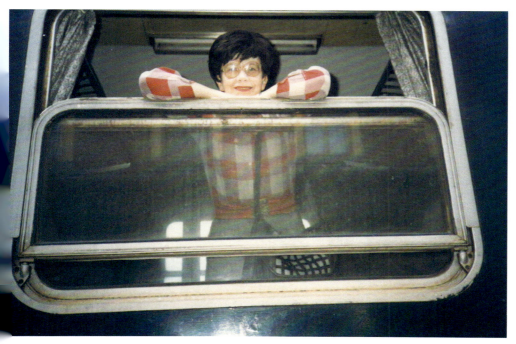

Partindo de trem para mais uma turnê.

Colhendo cogumelos no interior da Boêmia.

Em turnê na China.

uzana em Londres.

Zuzana com sua biógrafa, Wendy Holden, em setembro de 2017, cinco dias antes de sua morte

8. Auschwitz ii-Birkenau, 1943

O inferno começou instantaneamente. Quando partimos do gueto de Terezín, em 19 de dezembro de 1943, centenas de nós — homens, mulheres e crianças, jovens e velhos — fomos amontoados em vagões como gado humano. Só dava para ficarmos de pé, ninguém podia se sentar. Fazia muito frio. Estava escuro. Tínhamos um balde para cinquenta de nós e não podíamos fazer a higiene necessária. A viagem demorou três dias, e quase só viajamos à noite. Não havia dignidade.

Tínhamos apenas uma janela, no alto, e só alguns podiam ver o lado de fora enquanto atravessávamos as planícies estrangeiras em direção ao Leste. Não recebemos qualquer alimento e não bebemos nada. Estávamos com muita fome, mas a sede era pior. Nossas línguas incharam de sede.

Finalmente chegamos a algum lugar tarde da noite e as portas foram abertas, só para avistarmos uma luz branca horrível brilhando nos nossos olhos. Fomos arrancados daqueles vagões para a neve num estado lastimável. Logo ouvimos gritos: *"Raus! Raus! Schnell! Schnell!"*. Cães latiam. Os oficiais da ss ladravam. Guardas chutavam, empurravam e xingavam. E o tempo todo havia aquela luz ofuscante nos nossos olhos.

Eu nunca senti tanto medo na minha vida.

Minha mãe e eu nos separamos momentaneamente em meio a todo aquele barulho e confusão, enquanto os homens se separavam de suas mulheres e crianças, mães choravam e bebês gritavam. Desorientada e aterrorizada, não tive chance de pegar a mão firme da minha mãe enquanto avançava com todos os outros, com nuvens de vapor subindo de nossos corpos fétidos no ar cruel da noite. Tudo foi muito rápido, eficiente e aterrorizante enquanto éramos empurrados, cutucados e enfileirados aos gritos pelos ss e homens com uniformes listrados com cassetetes.

Finalmente, eu e mamãe nos encontramos de novo numa longa fila até alguns caminhões com carroceria aberta que esperavam para nos levar mais adentro no imenso acampamento. Fustigadas pelo vento gelado, abrançando a nós mesmas e de cabeça baixa, ficamos coladas uma na outra emanando vapor e evitando contato visual com qualquer um dos guardas, como minha mãe me ensinara a fazer.

Na minha mão direita, entorpecida pelo frio, eu ainda segurava a linda sarabanda de Bach da "Suíte inglesa". Olhei para baixo e a li para mim mesma, pois de certa forma me era essencial naquele momento manter aquilo na minha cabeça.

O primeiro caminhão estava quase lotado no momento em que eu era a próxima da fila a ser empurrada para o veículo. Mãos me agarraram e fui puxada para junto de outras cinquenta ou mais almas de olhos lacrimejantes. Assim que recuperei meu equilíbrio, virei-me para minha mãe.

Para o meu horror, subitamente os guardas barraram o caminho com fuzis e um deles bateu na traseira do caminhão para avisar que o motorista podia partir. Os soldados empurraram minha mãe e o restante dos prisioneiros para trás, derrubando vários como dominós, enquanto um segundo veículo estacionava ao lado.

Esqueci completamente as estritas instruções de minha mãe de jamais fazer qualquer coisa que atraísse atenção, bem como toda minha racionalidade. Nós estivéramos juntas no gueto durante dois anos terríveis. Eu tinha me oferecido para ir com ela para aquele lugar acreditando que seria melhor morrermos juntas. Parte de mim esperava poder salvá-la, mas só poderia fazer isso se continuássemos juntas. Histérica, comecei a gritar e chamar seu nome acima do ruído do vento enquanto ela lutava com os guardas. Estendi as mãos para ela num gesto desesperado, enquanto minhas companheiras de prisão se agarravam a mim para me impedir de pular do caminhão.

Enquanto o nosso veículo avançava, soltei um gemido tão angustiado que minha mãe olhou para cima e viu minha boca e minhas mãos abertas quando meu precioso fragmento de música voou dos meus dedos e se afastou de mim na sufocante fumaça dos canos de escapamento.

Libertando-se dos guardas, ela correu para salvar meu fiapo de esperança enquanto vozes estridentes soavam atrás dela. Ela era o único ser humano no mundo que sabia o que aquela música significava para mim. Correndo como uma mulher com metade de sua idade, de alguma forma ela conseguiu pegar a partitura no ar e correu em direção ao nosso caminhão, entregando-a para mim a centímetros da porta da carroceria. Seu único pensamento foi devolver o meu talismã, que ela pensava ser seu último presente de despedida.

Desesperada, tentei segurar minha mãe, mas fui empurrada para o lado enquanto outros atrás de mim se esticavam e a seguravam pelo casaco. Puxada para cima pelos ombros, pelos braços e pela lapela — qualquer coisa que pudessem agarrar —, minha querida e meiga mãe foi erguida sem cerimônia para a traseira do caminhão para junto de mim, com as mãos estendidas e uma expressão tão atônita quanto a minha.

Atordoada, olhei para confusão que ela criara, com os guardas a perseguindo, gritando e brandindo os fuzis. Entorpecida, vi o fragmento da doce sarabanda de Bach que quase certamente salvara sua vida subir girando e dançando triunfalmente na escuridão.

No nosso segundo dia, nos tornamos meros números em Auschwitz II-Birkenau. O meu era 73289, minuciosamente tatuado no meu braço esquerdo por uma polonesa pálida com o rosto emaciado que se recusou a fazer contato visual. Qualquer identidade que eu tivesse até aquele momento foi erradicada pela ponta daquela agulha, que arranhou minha pele e tirou mais que o meu sangue.

Na noite anterior, eu, minha mãe e o resto do nosso infeliz grupo descemos do caminhão dentro do acampamento e nos afunilamos por longos corredores de arame farpado. Não havia lua e a única luz vinha dos holofotes e das labaredas vermelhas que flamejavam e subiam em direção ao céu a três metros, saindo de duas infernais chaminés à distância. O cheiro de cabelo chamuscado e carne queimada pairava no ar da noite.

Empurrados por prisioneiros-funcionários silenciosos de uniformes listrados, supervisionados por um punhado de guardas da ss, fomos levados em formação cerrada em grupos de cinco. Tínhamos de atravessar uma planície desolada e coberta de neve, pontuada apenas por centenas de pavilhões de madeira longos e baixos, cada um com sua chaminé, até onde a vista alcançava.

Mais uma vez de cabeça baixa e um gosto amargo e seco na boca, via os pés da minha mãe à frente e tentava seguir seus passos, enquanto ela, por sua vez, tentava manter o ritmo da mulher à frente. Só levantei um pouco a cabeça quando ouvi o barulho rítmico de outros pés passando por perto.

Olhei para cima, cautelosamente, e achei que estava alucinando quando vi Fredy Hirsch num grupo de dez homens sendo conduzidos em dois grupos de cinco na direção oposta. Ele me viu no mesmo instante.

— Ah, você já está aqui — falou com tristeza, o rosto meio escondido pela boina. Abaixou-se um pouco como se tivesse deixado cair uma luva. — Diga a eles que você tem quinze anos! — sussurrou, e continuou andando.

Sem fôlego, quase perdendo o ritmo, meio que tropecei na minha mãe, que gesticulou com urgência para eu voltar à fila. O momento se passou em um segundo, mas o querido Fredy, que deve ter lembrado que eu tinha quase dezessete anos, tinha mais uma vez arriscado a vida para me alertar a dizer que eu era mais jovem, e assim evitar que me mandassem para o trabalho escravo.

Mais para o interior do campo — nossa seção era conhecida como BIIb —, fomos empurrados para um imenso bloco no que mais tarde descobrimos ser conhecido como *Familienlager*, ou "acampamento familiar", uma reserva especial para os *Häftlinge* ou "detentos recém-chegados de Terezín". Esse privilégio nos foi concedido somente por causa do crescente interesse internacional pelo destino de proeminentes judeus da Tchecoslováquia. Membros da Cruz Vermelha suíça estavam ameaçando visitar Auschwitz e Terezín.

Mas aquele acampamento familiar era mais uma farsa — que só valia pela aparência. O suposto privilégio de estar lá não ia muito além de não

164 *Zuzana Růžičková com Wendy Holden*

ser levado imediatamente para a câmara de gás. Os galpões de madeira que nos abrigavam não foram projetados para soldados, mas para cavalos. Suas chaminés foram construídas para liberar a fumaça de fogueiras raramente acesas que deveriam aquecer todo o ambiente através de uma chaminé horizontal que passava pelo meio da construção. Para nos acomodar, as cocheiras foram equipadas com beliches de pinho, três fileiras de altura, e o único espaço privado era um quarto em separado no outro extremo do prédio, reservado ao prisioneiro encarregado do bloco. Assim as seis centenas de pessoas foram obrigadas a entrar, todos começaram a lutar por um lugar, empurrando uns aos outros. Eu e minha mãe acabamos encontrando um beliche de fundo, o menos disputado. Não havia espaço para sentar, era apertado para deitarmos lado a lado e implacável, sem colchão, só palha. Mas pelo menos estávamos juntas e podíamos aquecer uma à outra naquele espaço pequeno.

Ainda não havia nada de água ou comida e todos nós sentíamos muita sede, principalmente as crianças, que choravam muito. Quando estávamos todos lá dentro, ainda cheirando à fumaça do trem, o ar se tornou infame — piorando ainda mais nossa sede. Pessoas começaram a quebrar algumas janelas na parte superior para chupar a neve das bordas.

Olhando por uma janela quebrada para o bloco dos homens, elas viram um prisioneiro se aventurar para recolher a neve de fora para o mesmo propósito. Ele deveria ter imaginado que os guardas já tivessem ido embora, mas só deu alguns passos antes que um holofote o localizasse e ouvíssemos o som de um tiro. Com um suspiro coletivo, percebemos que homem estava morto.

O próximo horror foi a visita do *Lager älteste,* o ancião encarregado da nossa parte do campo, que entrou no nosso galpão com meia dúzia de guardas, nos enfileirou a todos e iluminou com um archote nossos rostos assustados antes de escolher as jovens mais bonitas. Tratava-se de uma criatura horrenda, cujo nome depois descobrimos ser Arno Böhm, o cafetão alemão que se ofereceu para enforcar os jovens em Terezín. Soluçando baixinho, as meninas desafortunadas foram obrigadas a segui-lo até seu barracão ali perto.

Poucos minutos depois, ouvimos o som de uma música mal tocada em instrumentos desafinados pelo que, mais tarde, descobri ser a orquestra do acampamento. Vinha do bloco de *älteste,* e conforme a noite avançava a cacofonia dissonante já não conseguia abafar as vozes dos ss se elevando com a bebida e os gritos ocasionais de suas vítimas. Reconheci a música "Marinarella", do compositor tcheco Julius Fučík, uma marcha empolgante e popular composta para banda militar.

Essa se tornou minha peça mais odiada.

Rumores sombrios voaram pelo nosso bloco como morcegos naquela primeira e terrível noite. Os prisioneiros-funcionários encarregados de nós eram veteranos do campo e nos informaram que estávamos em Auschwitz II-Birkenau, na Polônia, e que os guardas poderiam fazer o que quisessem conosco. Afinal confirmaram que havia câmaras de gás, que as chamas dos fornos que iluminavam os céus e o cheiro penetrante de carne assada era o resíduo horrendo de corpos sendo queimados.

Eu ainda era muito jovem, e o choque e o horror do que fiquei sabendo naquela noite me paralisaram emocional e fisicamente. Não era mais possível acreditar que os nazistas nos deixariam viver, e o mais provável é que seríamos tratados com muita crueldade antes de sermos assassinados. As dúvidas que surgiam em nossas mentes foram todas confirmadas. Ver os fogos das fornalhas, sentir o cheiro de carne queimada no ar, ver como um homem podia liquidar outro de maneira tão desumana, tudo isso levava ao colapso de qualquer fé na humanidade e nos homens. Foi uma perda de todas as esperanças, e eu perdi o controle de mim mesma.

Só o que consegui fazer foi me aninhar nos braços de minha mãe e chorar: "Eu não quero morrer, mamãe... eu quero viver... eu quero tanto viver". Nunca vou me perdoar pela maneira como me comportei naquela noite e na maioria das noites seguintes, o que deve ter sido insuportável para minha mãe. Em menos de um ano, a mãe dela tinha se suicidado e ela perdera os sogros. Viu o marido morrer em agonia. Temia que o resto da família de Dobris também tivesse morrido, pois eles não estavam em lugar nenhum no acampamento da família. Devia estar em seu inferno particular sem nada que pudesse fazer ou dizer para consolar ou proteger sua única filha — a última sobrevivente de sua família.

O que mais nos desesperou foi o quanto tudo aquilo era bem pensado. Uma coisa é as pessoas matarem em tempos de guerra ou por uma emoção ou paixão impulsivas, mesmo que erradas. Mas aquilo era um genocídio intencional, organizado até o último detalhe e planejado com tanta precisão pelos representantes de um país pelo qual sempre tivemos a mais alta consideração. Era algo tão hediondo que nenhum de nós era capaz de expressar como nos sentíamos a respeito, e somos assombrados por isso até hoje.

Eu e minha mãe mal dormimos e logo ao amanhecer fomos brutalmente acordadas por gritos e batidas para sermos levadas para a manhã enevoada. Era a chamada, conhecida como *Appell,* realizada no chão lamacento entre os barracões. A contagem metódica dos mil ou mais novos prisioneiros demorou pelo menos duas horas e foi acompanhada pela orquestra do acampamento, tocando de novo aquela horripilante "Marinarella". Havia um acordeonista chamado Otto Fröhlich e dois instrumentos de corda e era praticamente só isso que eles tocavam.

Quando finalmente a *Appell* acabou e fomos dispensadas, nos viramos para voltar ao barracão para tentar nos aquecer, mas eles nos mandaram formar uma nova fila e seguir os guardas. Temendo o pior, ficamos juntas enquanto cambaleamos e tropeçamos na neve funda até o prédio que se chamava Sauna, construído na floresta, o ponto mais distante do acampamento.

Uma vez lá dentro, fomos despidas de todas as nossas roupas por colegas prisioneiras sem expressão e nossos preciosos pertences foram imediatamente levados, sem dúvida, para serem apropriados. Despidas, fomos espiolhadas, empurradas para baixo de pingos de água fria que passavam por chuveiros e tatuadas, mas não rasparam nossa cabeça nem nos mandaram para a câmara de gás — um fato que nos surpreendeu, apesar do estado de choque. Nem nos incomodamos com a dolorosa tatuagem, realizada de forma perfeita pelas mulheres polonesas, enquanto rezávamos para sermos designadas para trabalhar e não para sermos executadas.

De pé, nuas e envergonhadas, nos sentíamos subumanas. Pegaram algumas peças de uma enorme pilha de roupas velhas e mandaram que as vestíssemos. As roupas que as prisioneiras nos jogavam eram ridículas e aleatórias. Na verdade, eram pedaços de trapos — itens velhos e surrados demais para os alemães aproveitarem. Recebi umas roupas de baixo estranhas, um par de botas masculinas de grandes dimensões, um gorro de lã com um bico de viúva esquisito e um roupão verde-esmeralda que me engoliu. Fiquei

Cem milagres 167

parecendo um espantalho. Felizmente me deixaram ficar com meus óculos. Minha mãe recebeu um vestido, um casaco preto grosso e sapatos, mas só um cachecol fino para a cabeça. Mal sabíamos que não teríamos uma muda de roupa por meses.

Por razões que nunca me foram explicadas, fomos levadas para mesas com os oficiais nazistas que perguntaram nossos nomes e idades. Em resposta às perguntas feitas a mim, falei que tinha nascido em 1928 e não em 1927 — como Fredy me recomendara —, uma mentira que permaneceu em alguns de meus documentos de identidade pelo resto dos meus dias. Fomos então forçadas a aguentar uma espécie de julgamento simulado em que cada uma de nós lia a nossa "confissão" em alemão afirmando que havíamos sido presas e julgadas por crimes contra o Terceiro Reich e que todas as nossas posses foram confiscadas. Nunca houve um julgamento adequado nem ficou claro quais eram os nossos assim chamados "crimes".

Nossa sentença foi inexplicavelmente caracterizada como "6sb".

Tivemos que assinar e datar os documentos para provar que aceitamos o que era efetivamente nossa sentença de morte. Era tudo tão metódico e racional — como se houvesse alguma legalidade no que os nazistas estavam fazendo. Quando não houver mais ninguém que tenha passado por esse processo para explicar esses detalhes, será fácil acreditar que isso não foi possível. Porque é inacreditável, parece impossível. E, no entanto, aconteceu, e nossos documentos tinham de ser carimbados e estar em perfeita ordem antes de podermos ser transferidas para qual fosse o próximo horror.

Todos os 5 mil prisioneiros vindos de Terezín continuaram separados por gênero e foram realojados nas nossas fileiras de barracões paralelos para ficarem em quarentena por uma semana. Finalmente nos trouxeram alguma comida. Todos os dias recebíamos um pouco de café, trinta gramas de pão de má qualidade e uma sopa repugnante feita de um tubérculo, mas que era basicamente água. Eles esperavam que nós sobrevivêssemos só com isso.

Para nossa surpresa, uma das mulheres que trazia os enormes caldeirões de sopa equilibrados num jugo de madeira era minha tia Jiřina, irmã do meu pai, vinda de Terezín algumas semanas antes. Foi um grande alívio vê-la viva, mas dava para ver que ela já estava perturbada pelas experiências que vivenciara. Enquanto servia nossa sopa, nervosa, cochichou que tentaria nos visitar mais tarde naquela noite. Foi o que ela fez, apesar de ser proibido, trazendo-nos um pouco de sopa extra.

— Feliz Natal — disse com ironia, dando-nos uma agulha e uma linha, uma verdadeira preciosidade em Auschwitz. Ser capaz de remendar e costurar era algo extremamente valioso num campo onde tínhamos de nos contentar com as roupas que vestíamos e com qualquer tecido ou juta que pudéssemos encontrar.

Aceitamos com gratidão, meneando a cabeça, tristes e confusas por termos nos esquecido que era quase Natal. Eu não aguentava pensar em todos os Natais felizes em Pilsen com mamãe e o querido Tata, com Dagmar, Milošek, minha tia e meu tio. Quando uma carpa era mantida na banheira, pronta para ser morta e frita antes de ser servida com salada de batata. Emily, nossa cozinheira, fazia deliciosos *vánoční cukroví,* os tradicionais doces de Natal decorados com glacê. Eram memórias dolorosas demais para serem relembradas.

Tia Jiřina vinha nos visitar com frequência e sempre ficávamos felizes em vê-la, até porque tínhamos muita fome e sentíamo-nos gratas pela sopa extra. As rações em Auschwitz eram ainda piores que em Terezín e havia poucas chances de roubar algo, a menos que fosse de seus vizinhos — o que muitos faziam, pois um pedaço de pão podia significar a diferença entre a vida e a morte. Continuei a me criticar severamente por ter sido tão enjoada para comer quando criança.

Para meu espanto e de muitas outras, várias mulheres do nosso barracão, que deviam estar tão famintas quanto o resto de nós, falavam sobre receitas todas as noites — sonhando com banquetes luxuosos com bolos e carnes, pães e sobremesas gostosas até a boca salivar. Eu não aguentava ouvir aquilo; tapava os ouvidos com as mãos para não evocar imagens de coisas que só me deixavam ainda mais faminta.

Era o pão que eu mais desejava — pão quente saído do forno como a chalá macia e trançada que minha avó costumava fazer no Shabat em Dobris, os pãezinhos quentes de papoula ou os deliciosos pães de Natal que Emily preparava para nós em Praga.

Eu não tinha nada a fazer para distrair meu estômago vazio e dolorido, como em Terezín. Só podia passar os dias semiescondida no fundo da cama, seguindo as instruções da minha mãe, mantendo-me fora da vista para não atrair atenção, para não ser chamada por Arno Böhm ou por um dos guardas. Ouvíamos histórias horríveis de garotas que eram levadas à barraca do cafetão todas as noites e obrigadas a fazer sexo com oficiais da ss e a recepcionar "dignitários" no local. Em troca, elas recebiam comida, roupas e outros privilégios, e algumas até estabeleciam ligações emocionais com alguns guardas. Nós nunca as julgamos, mas tínhamos medo de nos tornarmos uma delas.

A solidão e o medo muitas vezes eram opressivos, por isso fiquei aliviada ao descobrir que minhas amigas de Terezín, Dana e Zuzana Heller, estavam no mesmo bloco que nós com a mãe, o que significava que, pelo menos, podíamos passar algum tempo juntas nas horas em que os guardas raramente apareciam. Era maravilhoso que ainda estivessem vivas, embora o pai de Zuzana tivesse sido convocado para ser um dos prisioneiros-médicos do dr. Josef Mengele, uma posição difícil e perigosa de sustentar.

Sendo uma das mulheres mais velhas do bloco, minha mãe foi designada para o trabalho de *Entlausung,* ou limpeza, para verificar e remover os piolhos sempre presentes nos cabelos, no vestuário e nas roupas de cama. Se encontrasse algum, ela teria que imediatamente raspar a cabeça da infestada e passar gasolina no corpo e nas roupas das pessoas afetadas. Como nunca faltavam piolhos, ela fazia isso o dia todo e era um trabalho emocionalmente exaustivo, pois as mulheres de cabeça raspada choravam amargamente por mais essa perda. Um dos privilégios de estar no acampamento da família era o de nunca termos de raspar a cabeça como as outras, e éramos gratos pelo calor extra e a dignidade de continuar com cabelos. Perder os cabelos só aumentava a sensação de identidade perdida, já que as que eram raspadas de repente pareciam todas iguais.

Todas as manhãs e as noites tínhamos que atender à chamada, feita às cinco da manhã, no escuro, aos gritos de uma jovem encarregada do nosso bloco. Como *älteste,* ela tinha direitos e privilégios especiais, inclusive mais comida, um fogareiro a carvão e um quartinho no extremo do prédio. Seu trabalho era nos acordar e nos levar até as latrinas e lavatórios comunitários antes de fazermos fila para sermos contadas pelos guardas às seis da manhã.

Fazia isso gritando o mais alto que podia e percorrendo o bloco com um chicote e um porrete, batendo em quem demorasse para se levantar. Às vezes ela quase matava alguém de tanto bater. Eu e minha mãe sempre estávamos prontas e nunca tivemos problemas com ela, mas a mulher com o chicote era odiada por todas por sua crueldade desnecessária.

Ao som da infernal e incessante "Marinarella", éramos obrigadas a nos expor com nossas roupas finas na lama fria e úmida, tão pisoteada que nunca congelava e que podia até arrancar nossos sapatos dos pés. Tremendo, infelizes, sempre mantendo a cabeça baixa para não nos sobressairmos de forma alguma.

Às vezes a *Appell* demorava uma hora. Às vezes duas.

Na lama, na neve e no gelo.

Quem estivesse doente, as mais velhas ou mais exaustas muitas vezes desmaiavam e eram imediatamente levadas embora. Tinham o que era conhecido como "a doença de Auschwitz", que afetava muito mais os homens que as mulheres, quando toda a expressão, especialmente a dos olhos, se extinguia. Acontecia uma espécie de resignação final ao próprio destino, uma espécie de depressão filosófica que os deixava incapazes de se regenerar mentalmente. Em tais casos, a luz na pessoa morria e seguia-se um colapso da percepção do sentido da vida. Quando isso acontecia, sabíamos que a pessoa não queria viver mais, e que não viveria. Não precisava se suicidar nem se jogar na frente de um trem. Havia uma parada física total — a origem de um colapso. Esses prisioneiros, homens e mulheres, eram chamados de *Muselmann* na gíria do acampamento, que pensávamos que se referia à posição de bruços dos muçulmanos em oração.

O resto de nós que ainda tinha esperança de continuar vivo esperava para ser contado e às vezes examinado pelo dr. Josef Mengele e pelo *Lager älteste,* um homem que deduzi ser o *Obersturmführer* Johann Schwarzhuber, sempre acompanhado por outros oficiais da ss. Sob o comando deles, as *Appells* se tornaram cada vez piores, principalmente para os homens alinhados nos blocos um pouco mais distantes no acampamento. Vários guardas da ss, quase todos bêbados de vodca, começaram a praticar esportes com os prisioneiros mais exaustos, doentes e emaciados, obrigando-os a fazer exercícios naquela lama infame e pegajosa. Os guardas chutavam as pernas daqueles desgraçados, empurrando-os até o chão e obrigando-os a fazer dezenas de flexões ou correr e saltar no mesmo lugar e fazer agachamentos até desmoronarem. Éramos obrigadas a ver homens fracos e cardíacos, famintos e com outros problemas lutarem até não aguentarem mais ou até mesmo morrerem.

A chamada era uma experiência muito humilhante e assustadora, que tínhamos de aguentar duas vezes por dia. Sempre que eu ouvia a banda atacar os primeiros acordes daquela marcha horrível, voltava o meu desespero de mais um dia de fome e medo de morrer naquele inferno em vida. As coisas que vimos eram inimagináveis em seu horror e crueldade. Cada uma de nós sabia que poderia ser a próxima. Todas nós éramos incapazes de impedir o que estava acontecendo ou de salvar qualquer outra pessoa.

No entanto, o espírito humano é incrivelmente resiliente. Assim como alguns daqueles homens conseguiam continuar e sobreviver mais um dia, nós bloqueávamos o horror do que presenciávamos nos concentrando na própria sobrevivência. Dessa forma, nos acostumamos até mesmo às mais terríveis circunstâncias e, de alguma forma, conseguimos aguentar um pouco mais a cada dia.

Depois de alguns dias naquele lugar, comecei a levantar o queixo e olhar um pouco ao redor para me orientar. Assim como Terezín, Auschwitz I e Auschwitz II-Birkenau faziam parte de um grande ex-acampamento militar não muito longe da cidade polonesa de Oswiecim, a setenta quilômetros da medieval Cracóvia. Os quase duzentos acres que se estendiam desde a guarnição de tijolos vermelhos de Auschwitz era uma terra de ninguém, estéril, cercada por pradarias e bétulas. *Birken* é a palavra alemã para bétulas. Não havia uma única flor, uma folha de grama naquele acampamento miserável. Não se via nada além de lama.

Havia 36 blocos em nossa área, todos numerados, dos dois lados da estrada de terra principal, ou *Lagerstrasse*. O execrável *Lager älteste* Arno Böhm morava no Bloco nº 1. Pouco depois, ficavam as latrinas fétidas para onde éramos levadas uma vez por dia e obrigadas a nos aliviar sob o olhar dos guardas. Havia o chamado bloco de saúde supervisionado pela equipe médica, que incluía o dr. Mengele e seu colega, o dr. Fritz Klein. Não sabíamos até então, mas foi lá que foram feitos experimentos cruéis com crianças, especialmente gêmeos, e com mulheres grávidas. Lá perto ficava o Bloco 31, que Jiřina explicou ser o novo galpão das crianças, onde os que tinham entre oito e quatorze anos podiam passar seus dias — uma concessão obtida por Fredy Hirsch, cujo objetivo aparente era "melhorar a moral e a disciplina".

Alguém como eu estava proibida de ir até lá — ou a qualquer outro lugar do campo —, mas eu estava determinada a chegar até Fredy de alguma forma. Porém, antes que tivesse uma chance de memorizar o caminho e tra-çar algum plano, a chamada de presença terminava e a mulher com o chicote entrava em ação para nos mandar de volta ao barracão.

Demorou vários dias até eu finalmente conseguir dar uma boa olhada no rosto dela, e quase desmaiei quando o fiz. Mal consegui acreditar que era Tilla Fischlová, nossa adorada jovem líder do Maccabi de Pilsen, que tanto se dedicou a nos ensinar com o namorado Karel Schleissner. Ela me viu no exato momento em que a vi, e nos reconhecemos instantaneamente, apesar de eu quase não acreditar no quanto ela havia mudado nos três meses desde que eu a vi pela última vez em Terezín. A menina bonita que sempre foi tão bondosa conosco se transformou numa mulher de rosto duro que colaborava com a ss para nos manter na linha.

Abaixando-se para não ser ouvida, Tilla cochichou no meu ouvido:

— Venha até o meu quarto hoje à noite. — Meu sangue gelou. Eu e minha mãe nos entreolhamos e nos viramos para Tilla, mas ela já tinha ido embora, brandindo seu porrete contra os fracos e doentes.

Aproximei-me do quarto dela naquela noite com a maior apreensão. A última coisa que desejava era chamar a atenção de qualquer um em Birke-nau, muito menos de alguém que trabalhasse para os nazistas. O quartinho de Tilla era aquecido e notei que tinha uma boa cama com um colchão ade-quado, não só palha. Fechou a porta depois que entrei e fez um gesto para eu ficar na frente dela.

— O que aconteceu com você, Tilla? — eu falei, antes de conseguir me conter.

Logo ficou claro que ela não era mais a pessoa que eu tinha conhecido e que estava tendo algum tipo de colapso nervoso. Começou a divagar, quase incoerentemente, sobre Karel e como não aguentava pensar nele e no que ele estava fazendo. De início, não fez muito sentido para mim. Disse que todos iríamos morrer de qualquer maneira, por isso, tinha todo o direito de seguir uma carreira e conseguir um tratamento melhor até esse dia.

— Cante para mim — ela me pediu de repente. Ela deve ter me ouvido cantar centenas de vezes no lago judaico com os nossos amigos, com nossa pele bronzeada e molhada enquanto nós ríamos, cantávamos e contávamos histórias, alheios ao que estava por vir.

Meus olhos se encheram de lágrimas ao me lembrar, minha garganta ficou tão apertada que não conseguia emitir um som.

— Então me recite um poema — ela gritou, frustrada.

Eu estava tensa e assustada demais para me recordar de qualquer poema, então ela pegou um livro de poesias tchecas e o entregou para mim. Com as mãos e a voz trêmulas, fiquei diante dela lendo poemas líricos de Jaroslav Vrchlický e Vítězslav Hálek, com ela deitada na cama de olhos fechados. Quando eu li o suficiente, ela me dispensou e voltei correndo para minha mãe para tentar aquecer seu corpo com o meu.

Desde então, ler e cantar para Tilla tornou-se minha tarefa noturna, e com o tempo fiquei sabendo mais sobre por que ela ficou tão perturbada. Karel, seu único amor verdadeiro, tinha sido designado para o *Sonderkommando*, um composto de judeus cuja convocação era obrigatória — sob ameaça de execução —, responsável por descartar os corpos de todos os que eram mortos nas câmaras de gás. Às vezes, eles se deparavam com os corpos de seus familiares, e a única maneira de evitar essa horrenda tarefa era o suicídio. Eles eram mantidos em isolamento, mas o trabalho implicava em privilégios excepcionais, que incluíam terem seu próprio bloco, comida, bebida e tabaco o quanto quisessem e serem dispensados de comparecer às *Appells*. Cada nova unidade do *Sonderkommando* era substituída entre cada seis meses a um ano, e o grupo seguinte era encarregado de eliminar os corpos de seus predecessores.

Pensar no que Karel fazia todos os dias e a perspectiva de ele poder morrer asfixiado a qualquer momento causava tanto sofrimento em Tilla e tanta dor que ela descontava isso em nós, nos acordando, todas as manhãs, cheia de pensamentos violentos e raivosos. Ela ficou completamente louca, e seu humanismo se inverteu de forma a torná-la totalmente maligna.

— Por que você é tão má? — eu perguntava às vezes.

E ela respondia que não conseguia evitar.

— É uma reação. Eu me sinto extremamente furiosa com o mundo.

De vez em quando ela dava um jeito de ver seu amado Karel, mas isso só a deixava mais irritada, pois Tilla me disse que ele estava enlouquecendo. Como eu conhecia Karel desde antes do campo e podia conversar com Tilla sobre dias mais felizes, ela se tornou muito dependente de mim. Eu era a única que sabia de seu tormento interior, mas todas as manhãs ela voltava a ser diferente — cheia de ódio e sendo odiada em troca —, apesar de nunca ter sido cruel comigo ou com minha mãe.

Meus encontros diários com Tilla, as intermináveis *Appells* e aquela música medonha me deixaram ainda mais determinada a encontrar Fredy. Para horror da minha mãe, quando minha tia Jiřina veio nos ver uma noite, eu pedi seu casaco emprestado. O número costurado no casaco que usava a identificava como tendo vindo em um transporte anterior, o que a permitia se mover com mais liberdade pelo acampamento. Todos nós tínhamos números costurados nas nossas roupas, além de triângulos de pano em cores diferentes para identificar a qual grupo de "inimigos do Reich" nós pertencíamos. Ficamos surpresos ao descobrir que havia tantas categorias e que os judeus não eram os únicos internos do campo. Também tivemos que memorizar essas cores muito rapidamente. Se casualmente nos aproximássemos de alguém que usasse um triângulo de um grupo que poderia não ser solidário isso poderia nos causar problemas. Os judeus usavam triângulos amarelos, comunistas e presos políticos usavam vermelhos, prostitutas, assassinos e prisioneiros antissociais usavam triângulos negros, criminosos e sabotadores usavam verdes, ciganos usavam marrons, Testemunhas de Jeová usavam triângulos roxos e homossexuais, estupradores e pedófilos usavam triângulos cor-de-rosa.

Rezando para que o casaco da minha tia me protegesse, eu a deixei com a minha mãe e saí correndo para o bloco das crianças. Nunca vou esquecer o choque de entrar naquele prédio pela primeira vez. Foi como entrar em outro mundo.

Nosso bloco era sujo e frio. Fedia e as detentas estavam cheias de doenças e desespero. As mulheres estavam sempre brigando por tudo, desde comida a espaço pessoal. As pessoas tinham diarreia e erupções cutâneas por causa dos piolhos e tossiam tanto que ninguém conseguia dormir. Todos os pertences precisavam ser ferozmente protegidos e a violência e a desordem eram ocorrências diárias. Mas Fredy tinha feito algo absolutamente milagroso para as mais de setecentas crianças no acampamento da família, persuadindo os nazistas a deixá-las livres de tudo isso. Argumentou com sucesso que jovens indisciplinados causariam apenas mais caos e disseminariam doenças. Em seu novo bloco, onde vários adolescentes que reconheci em Terezín estavam ajudando a supervisionar os mais jovens, as paredes verde-escuro foram pintadas com flores, pássaros e cenas de *Branca de Neve e os sete anões* por uma talentosa adolescente chamada Dina Gottliebová. A transformação foi surpreendente. Sendo muito habilidoso, Fredy também tinha construído mesas e bancos de madeira para as crianças poderem sentar e terem aulas, como em Terezín. Vi tudo isso em um momento e nunca vou esquecer a cena, embora no começo eu tenha pensado estar alucinando.

Fredy saiu de seu alojamento *Jugend älteste* — um quartinho isolado pintado como se fosse um biscoito de gengibre em forma de casinha. Assim como antes, ele parecia mais limpo do que o resto de nós e mais bem-vestido. Usava botas de montaria, calça e um casaco azul com o triângulo rosa que o definia como homossexual, algo que eu já desconfiava em Terezín, mas nunca tinha pensado muito sobre isso. O que mais me chocou foi que, no período de apenas alguns meses, seu cabelo ficou totalmente grisalho. Eu quase não o reconheci.

Ele se sentou com algumas crianças e olhou para mim com um sorriso triste.

— Olá, Zuzi. E agora, o que vamos fazer com você? — disse, quase casualmente.

— Você não poderia dar um jeito para eu voltar a trabalhar com você? — pedi, resistindo ao desejo de correr até ele.

— Você não devia estar aqui — ele respondeu, de repente ficando mais sério. — O seu bloco ainda está em quarentena. Venha falar comigo quando isso acabar e vou ver o que posso fazer.

Naquele momento, um oficial de alta patente da ss entrou no recinto. Fiquei imóvel, achando que tinha chegado o momento em que seria descoberta e executada. Na esperança de não ser notada, caí de joelhos e fingi pegar alguma coisa no chão.

Para minha surpresa, Fredy se levantou.

— E aí, quem você matou e roubou hoje? — disse ao nazista, indiferente. Olhou fixamente nos olhos do oficial, como um domador de circo olhando nos olhos de um tigre. Eu estava pálida de medo, convencida de que o oficial da ss ia sacar a pistola e atirar em nós dois.

Mas o nazista achou engraçado, enfiou a mão no bolso, tirou uma cigarreira e ofereceu um cigarro a Fredy, que meneou a cabeça. Foi realmente inacreditável, principalmente num lugar onde o tabaco era uma moeda que valia mais do que ouro. E me fez lembrar de meu pai, teimosamente recusando um cigarro do *Treuhänder* que assumiu nossa loja em Pilsen.

— Só vim saber como você está — o oficial falou, rindo ainda.

Depois fiquei sabendo que o oficial trabalhava com o dr. Mengele e era um dos vários nazistas que visitavam o bloco das crianças por ser o único lugar em que era possível respirar.

Quando ele finalmente saiu, Fredy fez um sinal para eu ir embora. Voltei correndo para minha mãe — que se encontrava num estado de alta ansiedade desde que eu tinha saído. Apesar de ver o medo em seus olhos por estar longe dela, falei sobre a boa notícia e comecei a contar os dias até voltar a ver Fredy e a me lembrar que ainda havia algo de bom no mundo.

Como sempre, Fredy manteve sua promessa. Assim que a quarentena acabou, corri para me encontrar com ele usando o casaco da minha tia e fiquei encantada quando me conseguiu um passe para trabalhar com ele de novo. Eu era muito jovem e inexperiente para ser classificada como uma das professoras que ele selecionou entre os intelectuais do campo, por isso ele me designou como uma das assistentes de ensino da *Hilfsbeträuerinnen*. Isso significava que eu poderia ajudar com as crianças mais novas e passar algum tempo com minhas amigas Dana e Zuzana.

Trabalhando sob a orientação de Fredy, conseguimos manter uma espécie de vida normal em Birkenau. Fui encarregada de um grupo de crianças de quatro a sete anos, mas as crianças de sete a doze anos também ficavam conosco às vezes. Tenho certeza que algumas crianças mais velhas pressentiam que estávamos em um lugar extremamente perigoso, mas a maioria estava mentalmente saudável. Acreditavam que estavam todos à espera para serem mandados para um campo de trabalho em algum lugar no Leste. Queriam brincar do lado de fora, mas isso era impossível, por isso fazíamos o que podíamos para distraí-los, contando histórias de fadas e cantando músicas e cantilenas de ninar. Ensinei a eles cânones como "London's Burning", que meu pai tinha me ensinado. Também aprenderam algumas canções alemãs e a francesa "Alouette". Dançávamos, tirávamos fotos, supervisionávamos e educávamos as crianças, como fizéramos antes.

Havia poucos livros, mas cada um de nós tinha um poema ou trecho em prosa favoritos de que nos lembrávamos de cor para recitar, e sempre que Fredy conseguia lápis e papel nós escrevíamos. Ele era incrivelmente criativo. Dávamos lições de história e geografia e recitávamos peças satíricas de dramaturgos e atores populares tchecos como Jiří Voskovec e Jan Werich. Conseguimos até apresentar um recital da ópera *Manon Lescaut,* adaptado pelo poeta tcheco Vítězslav Nezval do romance de Abbé Prévost quando alguém conseguiu contrabandear o roteiro.

Fredy chegava ao bloco todas as tardes por volta das quatro horas, depois de um dia inteiro de trabalho em outro local do acampamento. Embora devesse estar exausto, sempre gostava de nos ver e parecia se lembrar dos nomes de todas as crianças, apesar de serem tantas. Muitas vezes pegava uma flauta e começava a tocar uma música. Cada dia ensinava às crianças uma nova música em tcheco, hebraico ou inglês — todas diferentes, muitas das quais eu decorei. Essa era a nossa festa do dia, algo que aguardávamos ansiosamente.

Uma das melhores coisas que Fredy fez foi criar o musical *Branca de Neve* usando algumas músicas populares que nos ensinou. Ele tinha escrito em alemão e era o príncipe, é claro, e uma bela e talentosa jovem soprano assumiu o papel da Branca de Neve. As criancinhas interpretaram os muitos anões e os malvados da história foram retratados como os oficiais da ss. Todos nós sabíamos disso. A estreia foi bastante espetacular, um grande evento, e vários guardas vieram assistir com o dr. Mengele, que aplaudiu com o maior entusiasmo. Imagino que até para os ss o bloco das crianças propiciava um vislumbre de um outro mundo.

Parte das negociações de Fredy para fazer os nazistas concordarem com suas demandas era que as crianças deveriam aprender alemão para entender melhor as ordens. Por isso, ensinou a elas algumas frases essenciais que aprenderam de forma mecânica, junto com poemas e canções, caso algum oficial mais importante entrasse e quisesse saber o quanto elas entendiam.

Estar naquele bloco salvou minha vida e minha sanidade. Todos os dias eu conseguia fugir para outro mundo, embora ainda precisasse enfrentar as *Appells* de manhã e à noite e viver com a mesma comida repugnante que todos os outros. Minha pele logo ficou áspera de tão encardida e ardida de tanto me coçar. Nossas instalações de higiene eram muito limitadas e a água era fria ou morna, o que significava que nossas roupas sempre cheiravam mal e nós também. Sentia inveja das saias e blusas limpas e farfalhantes das mulheres da ss. Eu queria muito me sentir limpa.

Uma vez por mês éramos levados para a Sauna, o prédio onde fomos contadas e tatuadas, e diziam que iríamos tomar um banho. Ninguém sabia ao certo o que iria sair dos chuveiros — água ou gás —, por isso era outra experiência horrível.

— Nós vamos mesmo tomar um banho? — perguntávamos aos atendentes que haviam lá dentro.

Eles davam risada:

— Vocês vão ver! — respondiam.

Recebíamos uma toalha, uma pequena barra de sabão e éramos levadas nuas para chuveiro, de onde realmente saía água, embora nunca em muita quantidade nem por tempo suficiente. E o suspense era terrível.

Trabalhar com as crianças entre aquelas paredes pintadas de tanta alegria me dava a estranha impressão de viver uma vida dupla. Naquele pequeno pedaço de Paraíso onde ensinávamos às crianças sobre tudo, desde os dinossauros até os romanos, eu podia tocar, cantar, rir e ter uma vida normal, apesar de todas as dificuldades.

Fredy também providenciava uma comida melhor para as crianças — um pouco de margarina ou geleia, além de pão e sopa —, desviando alguns pacotes enviados pela Cruz Vermelha ou por parentes dos prisioneiros já asfixiados. Isso significava que, em geral, havia pão extra, salame ou peixe enlatado para complementar nossa dieta.

É claro que ainda vivíamos à sombra da morte, nossas narinas impregnadas pelo fedor e nossas gargantas sufocadas pelas cinzas dos matadouros.

As chamas dos crematórios queimavam noite e dia e testemunhávamos diariamente as crueldades. Conversávamos sobre isso o tempo todo, principalmente entre pessoas da mesma idade. Alguns até brincavam a respeito. Falávamos sempre dos fogos acesos, em especial nos dias em que não chegavam os novos suprimentos de gás. Isso era a situação de que tínhamos mais medo, pois era quando jogavam os corpos em valas e despejavam gasolina para queimá-los. Tornou-se uma esperança perversa no campo que o gás não acabasse.

Todas as noites eu voltava para minha mãe, estressada pelo dia, da mesma maneira que ela também estava depois de horas raspando cabeças e retirando piolhos. Nós duas ficávamos exaustas, mas assim que entrávamos no nosso beliche e adormecíamos lado a lado eu tinha pesadelos terríveis com as câmaras de gás e acordava gritando e chorando de novo.

— Eu não quero morrer, mamãe! — choramingava, enquanto ela me embalava e me deixava chorar. Minha mãe ficou forte por mim. Tinha uma grande personalidade. Eu não tinha inteligência para saber que meu comportamento só aumentava sua dor, mas não conseguia evitar e sentia medo o tempo todo.

De uma forma alarmante, os homens impecavelmente vestidos responsáveis por esse genocídio continuavam entrando no bloco das crianças com frequência, sorrindo e procurando suas próximas vítimas. Como sempre, Fredy mantinha sua dignidade e comportava-se como se fosse igual em todos os sentidos à classe, criação e inteligência dos nazistas.

A primeira experiência que tive quanto a isso foi quando alguns médicos chegaram para medir as cabeças das crianças. Portavam pinças e ferramentas especiais e começaram a fazer medições precisas dos pequenos organizados em fila, aterrorizados diante deles, escrevendo os dados com um fascínio forense. Estavam testando a teoria racial de que as cabeças judias tinham uma forma diferente das dos gentios — o que representaria algum tipo de inferioridade — e que isso podia ser fisicamente provado em face de qualquer negação verbal.

Quando Fredy entrou e viu o que estavam fazendo enquanto nós adolescentes olhávamos impotentes, ele repreendeu severamente os médicos:

— Parem com isso! — exigiu. — Vocês não têm vergonha de acreditar em tal absurdo? — Logo depois mandou todos embora.

O dr. Mengele era outro visitante diário, sorrindo enquanto conversava com as crianças, sentando-as em seus joelhos e incentivando-as a chamá-lo de "tio". Contei a Viktor anos depois que se ele conhecesse Mengele em qualquer outra circunstância, provavelmente teria tomado uma taça de vinho com aquele médico educado e de boa aparência, conversado sobre música, medicina ou livros. Era o mesmo com o assistente de Mengele, Fritz Klein, que tinha quase sessenta anos e uma cabeça maravilhosa com cabelos bastos. Parecia o tipo de homem que ouvia Bach ou discutiria Goethe, mas era um antissemita ferrenho. Essa era uma das piores coisas. Poderia se esperar esse tipo de crueldade de uma pessoa ignorante, mas não de um intelectual. É por isso que não consigo considerá-los humanos.

Dr. Kelin costumava chegar trazendo chocolates — um grande luxo na época da guerra e algo que as crianças mais novas nunca haviam provado. Eu não tinha visto um chocolate nos últimos cinco anos e teria adorado comer um também. Nós sempre recusávamos, no entanto, e avisávamos aos outros para não aceitarem também, porque toda criança que pegava aquelas guloseimas do doutor estava condenada e normalmente desaparecia em 24 horas.

— Está vendo o que aconteceu? — dizíamos às crianças. — Andrej pegou um chocolate e agora está na prisão.

Não dizíamos o que ou onde era a "prisão" porque não sabíamos se a criança estava viva ou morta, servindo como cobaia em experiências ou à mercê de quaisquer outras figuras sinistras. Infelizmente, algumas crianças sentiam tanta falta das guloseimas açucaradas que sucumbiam e pegavam os doces de qualquer maneira.

Fredy fazia o melhor que podia para ajudar a superarmos a nossa fome constante. Foi uma das primeiras pessoas que conheci que falou a respeito do poder da mente sobre a matéria, e ensinou a nos concentrarmos em respirar profundamente e usar a auto-hipnose para imaginar que estávamos de estômago cheio.

— Mesmo estando com fome, podemos dizer a nós mesmos que estamos satisfeitos — insistia, antes de nos fazer fechar os olhos e repetir: — *Eu não estou com fome. Eu não estou com fome. Eu estou satisfeito.*

Às vezes funcionava.

Nem sempre os oficiais da SS cooperavam com Fredy, e às vezes ele voltava muito ferido quando tentava exigir alguma coisa. Deixando de lado nossas preocupações, ele mancava até seu quarto para se recuperar e depois nos dizia que talvez tivesse sido muito atrevido com seus pedidos. Desnecessário dizer que ele estava determinado a fazer o máximo para aproveitar o tempo que tínhamos e tornar a vida das crianças o mais agradável possível, dadas as circunstâncias.

Um dia ele me pegou sentada na chaminé, lendo um livro velho e esfarrapado sobre Freud que fora contrabandeado para o acampamento, provavelmente do bloco do hospital. Eu sentia muita falta da bela biblioteca da minha juventude, de onde devorei tudo o que pude, até mesmo a *Introdução à psicanálise*, de Freud. Nem tinha terminado de ler o primeiro capítulo quando a mão de Fredy chegou por trás e arrebatou o livro de mim.

— O que você está lendo? — Ele examinou o livro, franziu a testa.— Isso não é literatura para uma menina da sua idade! Você precisa aproveitar sua infância — me repreendeu.

Fredy confiscou o exemplar, e de início fiquei zangada com ele, mas depois percebi que era libertador estar sem o livro. De repente, me senti como se estivesse em casa com meu pai, cuidando do que eu lia e decidindo se era apropriado. Depois disso, deixei de ser uma das preferidas de Fredy por alguns dias, e me dediquei a escrever músicas e poemas para as crianças, o que foi muito mais divertido que Freud.

Apesar dos esforços de Fredy, cada dia trazia um novo temor — mesmo naquele pequeno pedaço de Céu. Outro de nossos visitantes frequentes era o temido Arno Böhm. Era um homem capaz de matar alguém de pancada por não estar na fila da *Appell,* mas, perversamente, parecia adorar crianças e também se apaixonou por uma das garotas do nosso bloco. Era muito bonita, e ele dava tudo para ela — joias de ouro, belos vestidos, tudo.

Por outro lado, Böhm era excepcionalmente feio. Além do triângulo preto que o marcava como assassino, ele tinha o tipo de olhar aterrorizante — extremamente bruto, com cicatrizes terríveis no rosto e as costas deformadas que o faziam parecer o Quasímodo. Com seu sorriso torto, entrava e começava a brincar com as crianças mais novas como se as conhecesse a vida toda. Não gostávamos quando ele estava lá e nós, adolescentes, sempre ficávamos afastados, mas não havia nada que pudéssemos fazer ou dizer para impedi-lo.

Além de ter medo de homens como Böhm, todos nós tínhamos um pavor mórbido de adoecer, pois isso poderia apressar nossa entrada nas câmaras de gás. Nas condições anti-higiênicas de Birkenau, porém, era impossível não sofrer de disenteria ou tifo, que nos afligiam em algum momento ou em outro. Um dia eu acordei com a língua muito inchada. Minha amiga Zuzana providenciou para que o pai dela, que era médico, me examinasse e ele me deu um remédio que, aos poucos, diminuiu o inchaço. Outra vez eu fiquei gravemente doente com disenteria e fui mandada para o médico do acampamento, um prisioneiro que pediu meu histórico médico. Corei.

— Eu não vou contar porque você vai achar que sou louca — disse.

No fim, eu admiti tudo, de pneumonia e pleurisia a encefalite e tifo, e ele entendeu o que eu queria dizer.

É um mistério como consegui sobreviver a tantas doenças depois de uma infância tão enfermiça, mas minha teoria é que foi a forma como minha mãe me mimou intensamente em Pilsen que me deu forças para adiar a hora da minha morte mais uma vez.

No começo de fevereiro, o transporte de setembro que chegou a Auschwitz antes de nós — que incluía Fredy, a maioria das crianças e tia Jiřina — recebeu ordens para escrever cartões postais para suas famílias que continuavam em Terezín. Eles estavam no acampamento havia quase seis meses.

Eles tinham de escrever em alemão, mantendo as mensagens com menos de trinta palavras e mandar garantias de que estavam trabalhando e com boa saúde. Tinham que datar os cartões para o fim do mês, pois precisavam ser censurados em Berlim antes de serem enviados. Não percebemos o significado daquilo até muito tempo depois, e rezamos para que os cartões fossem uma indicação de algo de bom.

Assim que escreveram suas mensagens, todos foram informados de que logo seriam mandados para um campo de trabalho nazista em um lugar chamado Heydebreck. Os alemães foram inteligentes em sua mentira, pois havia um subcampo genuíno na Polônia com esse nome, uma cidade com uma fábrica de produtos químicos. A partida desse transporte significaria, mais uma vez, se separar de Fredy, de Jiřina, da minha amiga Zuzana e de tantas outras pessoas queridas, talvez para nunca mais nos encontrarmos. Era uma perspectiva horrível, mas éramos impotentes para protestar e ainda sentíamos muito medo.

O aniversário de Fredy era no dia 11 de fevereiro, e organizamos uma festa surpresa para ele no bloco infantil com algumas guloseimas e uns presentinhos. Surpreendentemente, ele chegou atrasado e quando entrou estava coberto de sangue. Tinha sido espancado de novo pelos alemães, mas não disse por quê. Algo o incomodava terrivelmente e nos dias seguintes dava para ver que ele estava ficando cada vez mais deprimido. Todos nós percebemos isso, mas acreditamos que estava preocupado com sua partida iminente e com os que ficariam para trás. Ele já havia indicado seu sucessor, um homem chamado Hugo Lenk, que seria ajudado por outros, mas Fredy ainda se sentia preocupado sobre como nós ficaríamos sem ele.

O dia 7 de março é um dia de festa nacional para os tchecos, pois é o aniversário do nosso primeiro presidente, Tomáš Garrigue Masaryk. Não que estivéssemos cientes das datas, mas foi no dia seguinte, coincidência ou não, que oficiais da ss chegaram em massa em um comboio de caminhões. Eles nos acordaram gritando no meio da noite, espancando pessoas com porretes e mandando todo mundo do transporte de setembro sair. Uma delas era nossa vizinha de beliche e ela fez o que foi dito, embora tenhamos ouvido mais tarde que algumas pessoas preferiram se suicidar a ir com eles.

Sempre era aterrorizante quando os guardas chegavam inesperadamente, em especial depois de escurecer, então ficamos esperando, assistindo e ouvindo em silêncio enquanto reuniram todo mundo e partiram com os caminhões.

Chorando por nossos companheiros tchecos, que temíamos que fossem morrer nas câmaras de gás e cuja partida indicava o nosso próprio destino quando nossos seis meses terminassem, paramos para ouvir o som que saía dos caminhões — era nosso hino nacional, "Kde domov můj", sendo cantado por aqueles prestes a morrer. Os versos de abertura são: "Onde está minha casa?/ Onde fica a minha terra natal?".

Ouvimos mais tarde que nas câmaras de gás, alguns dos 3.792 homens, mulheres e crianças que estavam prestes a ser assassinados cantaram corajosamente o hino judaico "Hatikvah" (A esperança), até que, uma por uma, suas vozes esvaneceram, inclusive a da minha amável e valente tia Jiřina. Depois que eles saíram do acampamento da família, todos os blocos ficaram em silêncio. Tenho vergonha de admitir que quando não conseguimos mais ouvir os caminhões, nós voltamos a dormir, mais do que exaustas.

A próxima coisa que senti foi estar sendo sacudida brutalmente para acordar. Era minha amiga Zuzana chorando.

— Eu voltei! Eu voltei!

— O quê? Como assim? — perguntei, ainda zonza de sono.

— O dr. Mengele insistiu que não poderia ficar sem os seus médicos, então eles mandaram toda a equipe médica e seus parentes imediatos, incluindo nós, de volta para o acampamento da família — explicou. — O resto foi para o gás — ela acrescentou depois de uma pausa.

Sentei-me imediatamente, e minha mãe também. Ainda que meio que esperássemos aquilo, nós duas ficamos em choque.

— E quanto ao Fredy? — perguntei. — Você viu o Fredy?

Ela fez que não com a cabeça.

— Acho que não estava entre eles.

Todos nós tivemos que responder à *Appell*, como de costume, mas depois corri direto para o Bloco 31 para ver se Fredy estava seguro. Mas encontrei o bloco cheio de homens estranhos, todos falando ao mesmo tempo e um clima pesado. Nervosa, me encolhi num canto com outros adolescentes também ansiosos por notícias até que finalmente nos disseram que Fredy tinha tomado um veneno. Estavam tentando ajudar e alguém sugeriu que um copo de leite poderia salvá-lo, então as pessoas estavam correndo tentando encontrar um pouco de leite, mas depois soubemos que era tarde demais.

Passaram-se vários dias antes de descobrirmos a terrível verdade. Assim que o transporte de setembro foi instruído a escrever seus cartões-postais, os membros da resistência clandestina no campo sabiam que isso significava que iriam logo para a câmara de gás. Seu tempo tinha acabado, já que depois de seis meses em Auschwitz eles eram considerados muito fracos para trabalhar. A ideia dos cartões era que, se alguém mais tarde acusasse os nazistas do massacre de judeus, eles poderiam protestar dizendo: "Mas, olhem, eles escreveram isso no fim de março. Ainda estavam vivos quando escreveram".

No entanto, o sistema funcionava como um relógio, e os seis meses desde a chegada do grupo de setembro tinham expirado, o que significava que sua sentença 6SB poderia ser executada de acordo com as confissões que todos nós éramos obrigados a assinar ao chegarmos. As letras SB eram a sigla para a palavra alemã *Sonderbehandlung*, ou "tratamento especial" — o código nazista para extermínio sem julgamento. O "6" significava seis meses.

Os espiões do acampamento enviaram a Fredy um respeitado prisioneiro eslovaco chamado Rudolf Vrba para avisar sobre o que estava prestes a acontecer. Mas Fredy não acreditou neles. Argumentou que os nazistas nunca os teriam mantido vivos e que não o teriam deixado administrando o bloco das crianças por tanto tempo se tivessem intenção de matá-los. Vrba rebateu que, mesmo se estivesse certo, ele deveria ter um plano de contingência. Explicou que tinham contrabandeado algumas armas e que se algumas pessoas se revoltassem pouco antes de entrarem na câmara de gás elas ao menos poderiam matar alguns soldados da SS. Alguns poderiam até conseguir fugir e informar ao mundo o que estava acontecendo. Por Fredy ser tão respeitado, os membros da resistência insistiram que ele era o único com autoridade para liderar o que quase certamente seria uma missão suicida. O plano era que ele soasse um apito para sinalizar aos outros que abrissem fogo.

De acordo com os relatos de Vrba depois da guerra, Fredy ficou chocado. "Mas e as crianças?", perguntou. "Como posso deixar que sejam massacradas? Elas precisam de mim ... Elas confiam em mim!"

Ele não tinha medo de agir, mas não queria fazer parte de nada que assustasse as crianças e estava determinado a morrer junto com elas, se necessário. Além disso, ainda mantinha sua esperança, pois tinha a promessa dos oficiais com quem negociava regularmente de que todas as quinhentas crianças de seu bloco seriam poupadas. Ponderou que, mesmo que conseguisse orquestrar tal plano, todos deixados para trás no campo da família — incluindo o restante das crianças — com certeza seriam exterminados por vingança.

Embora tenha recusado várias vezes o pedido, Vrba e outros continuavam pressionando. Eu nunca perdoarei aqueles homens mais velhos por terem posto um jovem tão sensível nessa posição impossível.

Na agonia daquela indecisão, desesperado e temeroso pelos que estavam sob seus cuidados, Fredy acabou pedindo uma hora para pensar a respeito. Era manhã de 8 de março de 1944. Vrba voltou uma hora depois e encontrou Fredy inconsciente em seu quartinho. Tinha ingerido uma overdose do barbitúrico Luminal, uma droga para cessar convulsões em epilépticos. Pessoalmente, eu acho que ele não se matou, porque não acredito que Fredy Hirsch fosse o tipo de homem que escolhesse o caminho mais fácil. Um dos boatos foi que o assassinaram, outro que foi ao médico e pediu algo para seus nervos e lhe deram o Luminal. Por algum motivo, ele tomou todas as pílulas e entrou em coma.

De qualquer forma, Fredy morreu porque estava sendo forçado a fazer algo que não podia fazer. Acho que estava no limite de suas forças e que se não tivesse sido pressionado, teria vivido, pois a ss o teria mandado de volta para os blocos com os médicos. Mesmo se eles não tivessem feito isso e Fredy tivesse soado o apito, todo o transporte de setembro teria perecido — inclusive os médicos e suas famílias que foram salvos por Mengele. E é inteiramente possível que as pessoas que estavam em nosso transporte também tivessem sido mortas imediatamente depois dessa rebelião.

Eu devi minha vida a Fredy Hirsch naquele dia — mais uma vez.

Fredy morreu em sua cama enquanto aqueles a quem ele se esforçara tanto para ajudar durante anos eram espancados e empurrados para as câmaras de gás em meio a gritos e choros angustiantes.

Pobre Fredy. Ainda sofro por ele. Era um farol de luz. Depois da morte de meu pai, ele se tornou um segundo pai para mim e o único homem que teve uma grande influência sobre mim em meu tempo nos campos.

Todos nós aprendemos com a esperança de Fredy — que, mesmo nas situações mais desesperadoras, é possível ressuscitar dos mortos. Enquanto alguém tiver uma centelha de esperança dentro de si, ainda é possível viver. Fredy era um jovem tão digno, alguém com uma ética forte que foi rejeitado pela própria família de judeus ortodoxos, que não aprovava sua sexualidade. Aqueles que o conheciam disseram que ele continuava lutando contra seus sentimentos e que seus amigos tentaram ajudá-lo. Chegou a tentar namorar algumas garotas que eles sugeriram, mas não se sentia feliz com isso e nunca deu certo. No fim, teve um namorado que esteve com ele em Terezín até conhecer uma garota e se casar. Depois teve outro namorado fixo em Auschwitz até sua morte.

Todos nos acampamentos sabiam e eu ouvira rumores em Terezín. Realmente não entendia o que era ser homossexual, e lembro de perguntar a meu pai sobre Fredy e ele me dizer: "Não se preocupe com isso. Pode confiar nele. Ele é um bom homem".

A família dele deveria se orgulhar de Fredy Hirsch, pois ele era o espírito da moralidade naqueles campos. Foi Fredy quem nos ensinou a não mentir, não enganar nem roubar num lugar onde as pessoas poderiam ser mortas por um pedaço de pão ou uma concha de sopa. Ele nos mostrou como cultivar amizades e tolerância. Era uma figura ideológica que nos mantinha em outro mundo, separado do horror, um lugar onde a humanidade e a decência ainda eram importantes.

Lembro-me quando um pão extra entrou no bloco das crianças e sobrou um pedaço. Mesmo com muita fome, eu não o comi. Preferi levar para Fredy e perguntei o que deveria fazer com aquilo.

— Você guardou isso, Zuzana, porque você é uma pessoa decente — ele respondeu.

Vindo de Fredy, foi o maior elogio.

Quando participei de um documentário sobre Fredy, um ex-prisioneiro que agora mora nos Estados Unidos me escreveu dizendo que era encarregado de distribuir a sopa no bloco das crianças e sentia tanta fome que de vez em quando lambia a colher. Certa vez Fredy foi até ele e disse: "Você sabe que não deve fazer isso, então vamos deixar outra pessoa lamber a colher agora". Ele tinha maneiras lindas de sugerir que algo não estava certo. Mais ou menos 30% das pessoas que estavam naquele bloco sobreviveram, um número alto em comparação aos presos comuns em Auschwitz, porque seguíamos regras diferentes.

Anos após sua morte, os comunistas tentaram acabar com a lenda de Fredy Hirsch e divulgaram alguns artigos desagradáveis sobre ele na imprensa estatal. Declararam que ele era gay e que tinha colaborado com os nazistas. Citaram o fato de ele ter ensinado às crianças letras e canções alemãs — mas eu sei que ele só fez isso para manter o bloco infantil operacional. Não foi um colaboracionista. Ele era alemão — falava um alemão impecável — e sempre teve modos tão refinados que os nazistas confiavam nele e o respeitavam. Sua atitude com eles era de desprezo ostensivo, mas era capaz de persuadi-los a permitir coisas com as quais jamais teriam concordado se viessem de qualquer outra pessoa. Fredy era um negociador, não um colaborador.

Outrora ardente sionista, Fredy mudou completamente sua visão em Auschwitz. Aquele jovem bonito, grande orador — alguém que podia convencer as massas — foi gradualmente mudando suas antigas convicções naquele campo. E me levou, e muitos outros, com ele.

Certo dia, ele reuniu todos os adolescentes sobreviventes dos grupos Maccabi.

— Olhem para todas essas pessoas no campo, de cabeças raspadas e uniformes de prisioneiros. Vocês conseguem distinguir um homem rico de um pobre, um sionista de um comunista? Vocês conhecem seus pontos de vista políticos? Não. São todos apenas homens e mulheres, cada um tão miserável quanto o outro. — Ele deu um suspiro. — Eu não sou mais sionista. Não sou mais político e nunca vou ingressar em nenhum partido. Eu sou humanista. A única filosofia verdadeira é o humanismo, como defendia o nosso primeiro presidente Tomáš Garrigue Masaryk. Se eu voltar ao mundo, irei a Praga para estudar Masaryk. Recomendo que vocês façam o mesmo.

Aquele discurso me impressionou muito — o conceito de que não podemos dizer de qual raça ou classe alguém é e que, de qualquer forma, isso não importa.

As sábias palavras de Fredy permaneceram comigo durante toda a minha vida e foram fundamentais na minha decisão de nunca ingressar em um partido político — uma decisão que teria sérias consequências mais tarde.

9. PARIS, 1965

CHOREI AMARGAMENTE QUANDO FUI OBRIGADA a deixar Paris em 1956, depois de Munique, para que Viktor pudesse ter seu momento como o centro das atenções. Depois disso, em várias ocasiões, eu acordava com lágrimas nos olhos quando sonhava com aquela cidade dourada e dizia a Viktor: "Eu gostaria de voltar a Paris algum dia".

Isso não parecia provável, embora naquela época tenhamos considerado a possibilidade de emigrar, pois a mãe de Viktor havia morrido e seu pai estava bem estabelecido com parentes no país. Teria sido difícil tirar meu marido e minha mãe da Tchecoslováquia enquanto eu estava no exterior, mas não tão impossível naquela época. Poderia talvez ter dado um dos meus recitais do Bloco Oriental e escapar para o Oeste de trem em vez de voltar para casa. Ao mesmo tempo, Viktor poderia ir ao país escolhido com minha mãe, onde amigos poderiam ajudá-los a atravessar a fronteira. A possibilidade de morar e trabalhar em Londres ou Paris era muito tentadora, e Viktor também tinha recebido propostas para ficar quando estava na França.

Logo depois da guerra, também pensamos em nos mudar para os Estados Unidos. Um amigo médico de Dobris, que era próximo do presidente Beneš, nos advertiu: "Saiam daqui. Os comunistas vão chegar e não vão desistir até transformar todos nós em *mujiques* (camponeses russos)". Ele estava certo.

Minha mãe escreveu para sua irmã Elsa em Nova York para ver se poderíamos ficar com eles lá e ela imediatamente respondeu que sim e sugeriu que eu concluísse meus estudos na Juilliard, o que foi muita gentileza da parte dela, mas naquele momento eu não estava em condições de passar nos exames de uma escola de artes tão renomada. De qualquer maneira, eles mandaram os documentos de inscrição para a Juilliard, junto com os questionários do governo dos Estados Unidos — eram muitos formulários. Comecei a preencher todos eles, mas parei quando deparei com a coluna que perguntava a minha "raça". Fiquei tão revoltada e com raiva que rasguei todos os papéis na mesma hora. Vivendo na Cortina de Ferro, não entendia os graves problemas de racismo dos Estados Unidos, ou como isso levaria à formação do movimento pelos direitos civis. Tudo o que conseguia pensar era nos nazistas e em sua obsessão com a "pureza racial".

— Eu nunca vou morar num país onde vão me perguntar sobre a minha raça! — disse à minha mãe.

— Bem, se você realmente se sente assim... — ela respondeu, um tanto insegura, pois também tinha dúvidas e estava preocupada com o que a irmã e o cunhado poderiam nos oferecer, pois não eram ricos e ainda se esforçavam como imigrantes. Temia que sempre fôssemos considerados os parentes pobres, um fardo para seus recursos, e ambas sabíamos que eu teria de ter um salário e que, de qualquer forma, não poderia pagar as mensalidades da Juilliard.

Foram minhas preocupações com minha mãe que nos impediram de fugir na década de 1950. Ela estava com quase sessenta anos e eu não conseguia imaginá-la se adaptando à vida no Ocidente ou sendo feliz em qualquer outro lugar que não o país pelo qual nosso Tata era tão apaixonado. De qualquer forma, a vida sob o regime comunista ficou menos opressiva depois da morte de Stalin, e a sensação de viver com medo constante tinha se dissipado.

Minha carreira profissional também estava começando a decolar, com várias portas se abrindo. Tinha subestimado a importância de ter ganhado o concurso da ARD, porque não muito tempo depois de voltar para casa com aqueles suéteres de cashmere eu fui inundada por convites para recitais, gravações de obras maravilhosas e muitas viagens. Em 1958, eu e Viktor fomos autorizados a ir à Exposição Universal de Bruxelas, não juntos, é claro, mas separadamente. Esse tipo de liberdade era mais do que eu ousaria esperar.

Apesar de o tempo do meu relógio biológico estar se esgotando, nunca havia uma época em que achasse que deveria fazer uma pausa na música para ter filhos. Não só por saber que na verdade Viktor não queria ter filhos, mas porque eu também não tinha certeza. Era muito cedo e eu ainda sentia que estava recuperando os seis anos que havia perdido.

Minha saúde nunca foi muito boa e os legados médicos que me restaram depois da guerra conspiraram para me prejudicar com frequência. Tinha contraído pneumonia e pleurisia, encefalite e tifo, assim como sofrera vários colapsos do meu sistema imunológico. Em algum lugar ao longo do caminho, também peguei malária, o que afetou meus rins e o fígado; fui acometida por todas as infecções. Sempre fui pequena para a minha idade e não podia imaginar ter um filho ou dar à luz.

Eu e Viktor éramos muito felizes juntos e eu não queria fazer nada para arriscar essa felicidade. Vi muitos de meus jovens amigos músicos se casarem e terem filhos e o efeito que isso teve em suas carreiras e relacionamentos. Sabia que se segurasse um filho em meus braços eu não conseguiria deixá-lo e estaria sempre dividida entre ele e a minha música. E não queria viver em eterno conflito.

Minha mãe também deixou claro desde o início que, se alguma vez tivéssemos filhos, ela não poderia cuidar deles. "Seria muito trabalho e muita preocupação", explicou com sua franqueza habitual.

Nunca me arrependi de não ter filhos. Afinal, acabei tendo tantos filhos, netos e bisnetos nas figuras dos meus alunos ao longo dos anos, assim como no contato com as crianças das escolas que visitei para conversar sobre o Holocausto. Muitos dos jovens músicos que ensinei cresceram, tiveram filhos e também os mandaram para ter aulas comigo.

Isso tem sido uma espécie de maternidade.

Em 1957, a gravadora francesa Véga Gramofon me convidou para gravar alguns dos *Concertos de Brandemburgo*, de Bach — uma grande honra. Eu nunca tinha estudado essas peças complicadas, e eles queriam a gravação completa em três semanas, e eu já estava com a agenda lotada; relutei, mas disse que isso seria impossível.

No ano seguinte, eles me convidaram novamente, dessa vez oferecendo uma quantia substancial, e consegui realizar o trabalho e gravar o "Concerto de Brandenburgo nº 5 em ré maior" com a Ensemble Instrumental Sinfonia, regida por Jean Witold, o que foi uma experiência maravilhosa e muito importante para uma solista. Witold era uma pessoa interessante, polonês de nascimento e um incrível especialista em Bach, autor de um livro sobre o compositor. Eu o tratei muito mal, porque ele simplesmente não conseguia acompanhar o ritmo; então, antes de subirmos ao palco, eu tamborilei o tempo no braço dele. Ele nem ficou chateado comigo.

O concerto foi bem recebido e ainda tenho uma das resenhas, que diz: *Grande sucesso de uma artista tcheca em Paris. Regida por Jean Witold, ela tocou o concerto para cravo de Jiří Benda. Todos os críticos de Paris apreciaram muito seu desempenho. Como a matéria do especialista francês confirmou, ela é uma das grandes esperanças da nação tcheca e certamente será classificada entre os principais virtuosos do mundo.*

Logo depois, Witold me convidou para gravar o "Quinto concerto de Brandemburgo" para o selo Véga — num período de três semanas. Eu não o conhecia; não estava no meu repertório, e disse que não seria capaz de aprender em três semanas. Fui dormir e acordei na manhã seguinte com travesseiro molhado de lágrimas. Tinha sonhado com Paris e como sentia saudade da cidade. Liguei para Witold e disse que estava a caminho.

Aconteceu uma coisa estranha enquanto eu me preparava para a gravação. Eu estava com Viktor no nosso apartamento e tinha acabado de começar a tocar a peça que iria gravar quando, antes de saber o que estava acontecendo, Bach estava na minha cabeça e eu não precisava mais de Viktor para virar as páginas da partitura. Tive a sensação de que já sabia de cor e, mais uma vez, me perguntei: "O que Bach faria?".

Viktor ficou surpreso e eu também, mas continuei e toquei toda a obra até o fim.

* * *

Os anos seguintes foram de viagens e gravações, aulas e apresentações em um ritmo que eu nunca poderia ter imaginado. Consegui até apresentar em Praga meu presente de casamento, o belo concerto para piano de Viktor, — uma das poucas ocasiões em que concordei em abrir mão do cravo e voltar ao meu antigo instrumento. Em 1959, no 150º aniversário da morte de Haydn, fui convidada para o Festival de Música de Haydn de Budapeste, no qual não apenas toquei Haydn, mas também Bartók e Benda. Também tive minha primeira experiência na televisão lá. No verão de 1960, Viktor e eu fomos descansar no campo, onde me preparei para um curso de quatro semanas sobre a interpretação de música antiga para professores em Sofia, na Bulgária. Em 1961 fui convidada para ir à Escócia pela primeira vez, como parte de um programa de intercâmbio cultural internacional, onde executei Purcell e Handel na cidade de Cumnock, no condado de Ayrshire. Dois anos depois, fiz minha estreia no Wigmore Hall, em Londres, um lugar para onde voltei seis anos mais tarde para tocar as *Variações Goldberg*, sobre as quais os críticos disseram que eu mostrava "enorme força e vitalidade", bem como "um toque de luxúria". Todos esses recitais foram organizados pela Pragokoncert, que se tornou a agência oficial do Estado para excursões musicais internacionais e ainda me enviava em visitas culturais a lugares como Kiev e a Romênia.

Para onde eu fosse, a reação da plateia era gratificante. Os soviéticos eram os ouvintes mais talentosos, e em Dubrovnik eles me jogaram tantas rosas que tive de parar de tocar para tirar as pétalas do meio das cordas. Os ingleses faziam discursos calorosos e entusiasmados — em nada frios e reprimidos, indo contra a sua reputação — e em lugares como Paris e a Áustria o público ouvia com tanta atenção que às vezes me perguntavam por que eu tinha tocado uma peça num tempo diferente daquele da vez anterior ou diferente da gravação. Mas, talvez acima de tudo, eu gostava das reações das plateias de Praga, que me tratavam como uma conterrânea. Era especialmente gratificante tocar para os que estavam conhecendo o cravo pela primeira vez comigo.

Apesar de me sentir muito feliz por estar trabalhando e em demanda, nos anos entre 1959 e 1962 — depois de uma década de terror político — foi anunciado um novo período ainda mais sombrio para nós. Era o auge da

Guerra Fria e houve a crise de Cuba, quando outra guerra parecia iminente. Viktor ainda trabalhava na estação de rádio, onde se faziam os preparativos para quando a guerra começasse. Estava terrivelmente deprimido, e em 1961 começou a compor sua "Sinfonia n º 2, opus 18" — a "Sinfonia Pacis" (Sinfonia da Paz) — como um apelo pela paz. Ele não queria que se chamasse assim porque "paz" era uma palavra usada de forma profana pelos comunistas quando se queixavam do Ocidente como "traficantes de guerra" enquanto organizavam "conferências de paz". No fim, ele declarou especificamente que sua sinfonia não era sobre paz para um grupo ou outro. Era a paz para todas as pessoas, independentemente de raça, nacionalidade ou classe social. O primeiro movimento abre com o tilintar do sinal de rádio do satélite soviético Sputnik, cujo lançamento, em 1957, precipitou a Corrida Espacial.

A mensagem era que a humanidade estava pronta para entrar no cosmo, mas ainda era tão primitiva que estávamos à beira de uma guerra. Depois de um *scherzo* muito vigoroso havia um terceiro movimento lento, que na verdade era uma elegia para um mundo incinerado. Isso levava a uma marcha fúnebre e que se repetia várias vezes, e o quarto movimento começava com uma canção infantil simples que nos levava ao tema de uma fuga e terminava otimista com sinos, antes de voltar ao tema da fuga. Essa sinfonia é a reação musical profunda e emocionante de Viktor à ameaça de guerra e refletia perfeitamente o nosso estado de espírito naquela época.

Os comunistas, é claro, se opuseram fortemente à sua nova sinfonia, o que assinalou outro ponto negativo para ele, mas se tornou um trabalho muito importante em sua carreira, pois foi tocada em quase todo o mundo. Em Durban, na África do Sul, a apresentação teve que ser repetida por ter sido muito bem recebida. Houve reações semelhantes na Austrália e em toda a Europa, onde foi apresentada com alguns dos mais renomados maestros. Sergiu Celibidache, principal regente da Filarmônica de Berlim, definiu-a como "uma das maiores sinfonias do século xx".

Depois disso, ele compôs o "Quarteto de cordas nº 2" para seu pai, que estava morrendo — uma peça poderosa e expressiva. Ironicamente, esse foi um momento muito feliz para mim musicalmente, pois em 1962 houve uma nova onda de música antiga na Tchecoslováquia, um movimento que havia surgido no exterior. Muitas orquestras de câmara novas estavam sendo formadas, incluindo os Solistas de Câmara de Praga, com a qual eu me apresentava com frequência, e a Orquestra de Câmara Eslovaca, com o violinista e maestro Bohdan Warchal, sempre uma grande experiência. Estar em tais grupos era lindo e eu gostava de tocar com conjuntos de câmara tanto quanto gostava de tocar sozinha. Em ambos os aspectos eu estava me tornando bem conhecida como artista de concertos, com ligações em dois grupos de câmaras distintos com os quais viajei pela Inglaterra, Alemanha e Áustria.

Na verdade, eu não era uma intérprete de música antiga muito rigorosa. Tinha minhas próprias ideias sobre como tocar e utilizava um instrumento moderno. Gostava do que nós cravistas chamamos de "cores". Não me sentia muito à vontade com aqueles pequenos instrumentos franceses e ansiava por um cravo de dezesseis pés, como os que Handel e Wanda Landowska tocavam. Dezesseis pés, assim como oito, quatro e dois pés, são relações entre as oitavas, não de medida de comprimento. (Quase todos os cravos construídos antes de 1958 eram equipados com um conjunto de cordas de dezesseis pés que soava uma oitava abaixo do conjunto de oito pés, que agora é a norma.) Eu nunca fui ortodoxa. Tampouco me opus, quando me foi dada a oportunidade, de tocar em algo histórico. O tecladista e regente holandês Gustav Leonhardt me criticou por isso. Eu não reagi, mas ele escreveu a um dos meus alunos dizendo que apenas um "primitivo" pensaria em usar um registro de dezesseis pés em Bach. Ele era um puritano em suas ideias sobre o que era histórico, mas agora sabemos que afinal os de dezesseis pés eram autênticos. Karl Richter costumava dizer que qualquer um que tivesse ouvido os *Qui Tollis* da *Missa em si menor* jamais diria que Bach não tinha experimentado um cravo de dezesseis pés.

Eu me divertia ao ser apresentada como uma romântica, uma espécie de eslava do interior que não sabia nada de música antiga. Era exatamente o contrário. Eu sabia que quando fosse para o Ocidente eu e meus alunos seríamos vistos dessa maneira, por isso deixava bem claro que eles tinham que conhecer todos os movimentos musicais mais antigos. Talvez fosse meticulosa demais. Uma vez gravei algumas coisas de Purcell, inclusive uma pequena marcha que terminava com um acorde dominante. Não sabia se deveria tocar desde o início ou não, então escrevi para o professor e musicólogo

Thurston Dart, da King's College, de Londres, para perguntar. Recebi uma resposta engraçada. Ele disse que daria no mesmo para Purcell desde que fosse eu que tocasse. Fiquei muito emocionada com esse comentário.

A essa altura eu tinha um agente em Munique que cuidava de todas as minhas reservas e mantinha contato com o Estado tcheco. Ele me conseguiu uma apresentação num castelo na Alemanha chamado Schloss Langenburg, que pertencia à família Hohenlohe, parentes por casamento do príncipe Philip, marido da rainha Elizabeth II. O ex-príncipe Gottfried era um grande amante da música, tinha um piano Steinway e um antigo cravo e convidava músicos do mundo todo para tocar os dois instrumentos. Quando ele morreu, seu filho mais velho, Kraft, assumiu a propriedade e quis manter a tradição, embora ele não fosse especialmente musical. O castelo ficava no alto de uma colina em uma bela região de Baden-Württemberg, e fiquei feliz quando meu agente reservou uma estada de três dias para apresentar um recital de música antiga.

Gostei do jovem conde. Ele foi muito simpático. Quando cheguei, veio me receber pessoalmente.

— Por favor, como devo me dirigir ao senhor? Sua alteza? — perguntei. Ele sorriu.

— Como você me chamaria em Praga?

— Camarada — respondi dando de ombros.

Ele riu muito e nos demos bem depois disso.

O conde era médico, e sua esposa era bibliotecária, acredito, e os dois levavam uma vida relativamente normal até que tiveram de se mudar para o castelo ao herdarem o título. Não pareciam ser especialmente ricos, o castelo era muito frio e ele acendeu várias grandes lareiras. O conde não era nada afetado e me acolheu em sua família. Até o ajudei a dar banho em seus bebês.

O jantar foi adorável, ele me sentou à sua esquerda e nós conversamos muito. No meio da refeição, ele notou o número no meu braço e perguntou sobre aquilo, e também falamos sobre esse assunto. Não tentou esconder que sabia tudo sobre os campos e se mostrou aberto sobre o tema. Muitos alemães se sentiram chocados e disseram que não sabiam nada sobre o ocorrido. Um dos convidados do jantar era a princesa Alexandra da Grécia e Dinamarca, a mãe idosa do príncipe Philip, surda e quase cega, mas também muito simpática, e me mostrou uma linda casa de boneca com a qual brincava quando criança.

Depois do meu recital de cravo no salão principal do castelo houve uma recepção em que fui cercada por pessoas que se aproximaram para me agradecer e pedir autógrafos. Um homem chegou perto e me entregou uma caixinha embrulhada em papel.

— Isso vai lhe trazer sorte — falou, enigmaticamente. — Pense nisso como o presente de um alemão que se sente muito envergonhado pelo que aconteceu.

Não tive tempo para responder, só consegui agradecer antes de ele se misturar na multidão.

Mais tarde, quando fui para o meu quarto e abri o embrulho, descobri que a caixa continha um pesado anel de ouro com um sinete e um emblema heráldico nobre gravado, como se fosse um selo. Meu pensamento imediato foi que eu não poderia aceitá-lo, por isso voltei correndo até a recepção para tentar encontrar o homem, mas ninguém soube me dizer quem era ou onde encontrá-lo. Aquilo permaneceu um mistério até alguns anos depois, quando Viktor me mostrou um artigo que dizia que o pai do príncipe Gottfried havia servido no exército alemão durante a guerra, mas foi dispensado por ter participado de uma conspiração para assassinar Hitler, em 1944.

Isso me fez pensar que talvez o jovem conde tenha encarregado o homem de me dar o anel. Eu uso essa joia desde então, e a considero meu talismã de sorte.

Parece que o talismã funcionou, pois não muito tempo depois conheci um violinista chamado Josef Suk, com um notável pedigree musical. Dois anos mais novo que eu, era bisneto do compositor Antonín Dvořák e neto do aluno favorito de Dvořák, o compositor Josef Suk. Nós dois fomos abordados pela televisão tcheca para participar de um programa que estavam produzindo sobre jovens artistas promissores. Estranhamente, eles me fizeram usar um vestido de baile e nos levaram a um castelo onde equilibraram o cravo em ângulo numa encosta com vista para um rio e nos pediram para tocar. Nós rimos tanto que logo criamos uma ligação.

Depois começamos a tocar Bach juntos e a química foi imediata. Nem precisávamos ensaiar. Funcionou tão maravilhosamente bem que tive a ideia de trabalhar com ele e um flautista, mas o flautista escolhido se recusou, pois na época era solista da Filarmônica Tcheca. No fim, resolvemos formar uma dupla de música de câmara, que foi o começo de uma parceria de 35 anos que nos fez viajar ao redor do mundo.

Josef era um colega muito agradável e nos entendíamos muito bem. Era galante, sociável e bem-humorado. Ele tinha sido suspenso da Academia de Praga nos anos 1950 por se recusar a cavar trincheiras por medo de estragar as mãos, tendo sido punido com dois anos de serviço militar tocando violino. Nós não estávamos na mesma classe, mas gostamos um do outro de imediato, e sua esposa Marienka e Viktor sentiram o mesmo, e, por isso, nos tornamos um quarteto bem próximo. Viktor compôs um concerto para Josef e uma sonata para nós dois. Meu marido nunca teve ciúme e sempre entendeu que éramos apenas parceiros musicais.

No mesmo ano em que conheci Josef Suk, fui convidada a voltar ao Reino Unido, dessa vez para a luxuosa casa de campo de um homem chamado Robin Bagot, um grande amante da música barroca, especialmente do cravo. Ele projetava, construía e tocava vários de seus instrumentos. Sua casa era uma linda mansão chamada Levens Hall, em Lake District. Robin herdou a casa quando menino e passou grande parte da vida reformando-a e restaurando-a. Fui recebida calorosamente por ele e sua família e meu recital foi um grande sucesso.

Mais tarde naquela noite, quando já havia me retirado para meu quarto com uma cama grande o suficiente para abrigar quatro pessoas, fui despertada durante a noite por um cachorrinho preto correndo alegremente pelo quarto. Sonolenta, perguntei-me como ele tinha entrado, pois a porta estava fechada, mas voltei a dormir.

Quando desci para o café da manhã, fui recebida pela família Bagot e seus muitos cães.

— Onde está o pretinho? — perguntei inocentemente, e todos pararam de falar e olharam para mim.

— Você o viu? — perguntou Robin.

— Sim — respondi com um sorriso. — Ele ficou brincando no meu quarto a noite toda.

Depois soube que o cachorro era um dos muitos fantasmas de Levens Hall, que incluía uma "senhora cinzenta" e uma figura fantasmagórica que tocava cravo — um detalhe que me agradou muito.

Na maioria das vezes eu tinha uma vida normal e não jantando em castelos com grandes corredores, mas sim pegando algo para comer num quiosque de rua entre ensaios ou apresentações. Estava sempre tão ocupada que quase não tinha tempo para mais nada.

Certo dia de 1964 fui chamada ao Ministério da Cultura e informada de que iria ensinar alguns alunos ingleses de Oxford e Cambridge que estavam chegando para uma bolsa de estudos cultural de um ano, organizada pelo Consulado Britânico. Um deles era um jovem chamado Christopher Hogwood.

Minha primeira impressão de Christopher foi de que era um sujeito bastante estranho. De imediato me contou que estava em Praga por minha causa e disse que não queria ver nem saber nada de uma cidade comunista. "Estou vindo ao departamento de musicologia para ter aulas, só isso", afirmou. Claro que não demorou muito para ele se apaixonar por Praga e nos tornarmos bons amigos. Na segunda vez que veio, ele confessou que não aguentaria ficar longe por muito tempo.

O querido Christopher poderia ter sido um grande solista, mas ele sabia que era um homem da Renascença e quis se concentrar em regência, edição e na bolsa de estudos. Tornou-se um eminente maestro, cravista e musicólogo, fundou a Academia de Música Antiga e se tornou um dos líderes do movimento de renascimento da música antiga. Nós nos tornamos próximos e ele veio me visitar muitas vezes. Morreu aos 73 anos, em 2014, e seu irmão me escreveu e disse que ele sempre falava sobre mim.

No mesmo ano em que comecei a dar aulas a Christopher, fui convidada pelo violinista Henryk Szeryng para tocar no Festival de Dubrovnik. Também fui convidada pelo maestro Helmut Koch a voltar a Berlim, que me selecionou junto com os cravistas Hans Pischner, Hannes Kästner e Linda Köbler para realizar os concertos de Bach para quatro cravos e orquestra, uma grande emoção. Em seguida, a gravadora tcheca Artier procurou as autoridades para perguntar se eu poderia gravar as *Variações Goldberg* para exportação.

Passado um ano de seu lançamento e subsequente recepção, Michel Garcin, produtor da gravadora Erato, de Paris, veio a Praga para me fazer uma proposta extraordinária: um contrato de dez anos para gravar toda a obra para teclado de Bach em cravo, um total de quarenta peças em 21 discos. Surpreendentemente, esse vasto corpo de trabalho nunca havia sido registrado em sua totalidade, que incluía obras periféricas como os quatro movimentos da "Sonata em ré maior", algumas pequenas fugas e prelúdios, as sonatas para violino e cravo e para viola da gamba e cravo, além de transcrições de concertos de Vivaldi, e o "Concerto triplo em lá menor" e o "Concerto de Brandemburgo nº 5". Michel era um jovem entusiasta com especialização em música francesa que fora encarregado de elaborar um catálogo original de obras barrocas para o selo, que já estava em atividade havia dez anos. E, o melhor de tudo, as gravações seriam em estúdios, salas de concerto e igrejas por toda a Paris.

Eu mal podia acreditar na minha sorte.

A glória de ser uma musicista tcheca a primeira pessoa a fazer isso na história deve ter sido grande demais para o Estado resistir. Tenho certeza de que a proposta financeira também era atraente. Mas não foi uma negociação fácil. Eles pediram que o contrato cedesse à gravadora tcheca Supraphon os direitos para o Bloco Oriental, enquanto a Erato ficaria com o mundo ocidental. Foi um período tenso enquanto eles consideravam a proposta, mas, no fim, chegaram a um acordo.

A Erato fez tudo o que pôde para me ajudar a realizar minha gigantesca tarefa. Pagaram para eu ter aulas de francês e conseguiram permissão para eu tocar uma variedade de instrumentos em Paris, inclusive alguns cravos antigos, mais pesados, fabricados por empresas alemãs como Ammer, Sperrhake e Neupert. Esses modernos instrumentos incorporam algumas novas tecnologias utilizadas em pianos, como cordas de aço para atualizar o som, o que os puristas acreditam prejudicar o pretendido pelos compositores, mas que eu tento explorar da melhor maneira possível.

Também tive a sorte de tocar cravos históricos e cravos originais manuais duplos construídos por Henri Hemsch em 1754 e 1761 — dois dos cinco últimos que restam no mundo. Esses haviam sido restaurados pelo fabricante de cravos francês Claude Mercier-Ythier, que recentemente abrira uma loja em Paris — *À la corde Pincée* —, especializada exclusivamente em cravos. Nunca poderia imaginar um tamanho ressurgimento no interesse geral pelo meu adorado cravo, capaz de dar origem a uma loja exclusiva em plenos *Swinging Sixties*.

Eu nunca tinha tocado em um instrumento tão venerável como o de Hemsch e logo percebi a diferença. O som era melhor e as teclas mais baixas que o cravo do século XX, construído pelo alemão Jürgen Ammer, que costumava tocar nas minhas gravações da Supraphon.

A gravadora escolheu alguns solistas notáveis para tocar comigo, como Josef Suk e Pierre Fournier, além do flautista francês Jean-Pierre Rampal, e alguns lugares históricos para eu gravar — geralmente à noite, quando havia menos barulho. Entre os locais mais memoráveis estavam as lindas igrejas Notre-Dame du Liban e a Igreja Evangélica Alemã, bem como o minúsculo teatro Salle Adyar, à sombra da torre Eiffel. É muito inspirador trabalhar em um lugar como uma antiga capela. Eu sempre me concentro em alguns detalhes dentro desses lugares, como um anjo ou uma pintura, e crio um teatro visual ao redor deles na minha cabeça enquanto me abstraio na música.

Michel Garcin foi um produtor maravilhoso e extremamente paciente comigo. Estavam presentes também um vice-diretor da empresa e sua esposa, bem como um técnico muito capaz. Nossa colaboração funcionou muito bem e nossos esforços produziram um volume de trabalho do qual sempre me orgulharei.

Não que não houvesse algumas frustrações, a principal delas a de ser vigiada em todos os lugares a que ia, e as autoridades tchecas só me permitiam ficar em Paris por três ou quatro dias de cada vez. Isso significava que não tinha tempo para ouvir o que havia sido gravado com os engenheiros e dizer o que manter ou ter tempo para corrigir erros técnicos. A edição foi feita em outro lugar, mais tarde e sem a minha presença.

Com tamanha pressão para realizar o trabalho dentro do prazo estabelecido, as coisas muitas vezes pareciam corridas e eu não tinha tempo nenhum para mim — somente algumas horas pela manhã e uma pequena pausa à tarde. Também tive que aprender a respeitar a relação entre o cravo e o microfone, e subordinar meus conhecimentos técnicos para ajustar a dinâmica e mudar o ritmo — diminuindo os intervalos entre as sentenças e assim por diante. O ponto alto era ser levada a alguns restaurantes franceses maravilhosos depois do trabalho, onde mais uma vez fiquei maravilhada com a manteiga celestial e o pão, que às vezes comia tanto que quase não sobrava espaço para qualquer outra coisa.

Sentia muita falta de Viktor, é claro, e mal tinha contato com ele quando estava fora porque ainda não tínhamos um telefone em casa — já estávamos inscritos para a instalação, mas demorou mais de dez anos até nos permitirem ter uma linha. Esse enorme projeto de registrar as gravações completas de Bach começou em 1965 e terminou em 1974, um momento crucial para o nosso país, cuja turbulência política se refletiu em quantas vezes fui autorizada a viajar para a França ou às vezes à Suíça, e quando a equipe da Erato teve de ir a Praga em vez disso. Sentia-me mais em casa em Praga, mas ficava mais feliz em Paris.

Foi enquanto me preparava para uma dessas viagens à Suíça que me comportei de uma maneira muito covarde. Eu queria que minha mãe fosse comigo, e teria sido possível se Viktor tivesse ficado em Praga como refém. Consegui um passaporte e ela estava quase recebendo uma autorização de saída quando percebi que seria um choque para ela descobrir que o mundo que conhecera durante a Primeira República ainda existia lá fora, além de nossas fronteiras. Ela havia se reconciliado com o mundo do jeito que era e eu temia o que aconteceria se conhecesse as liberdades da vida em outro lugar. Na pior das hipóteses, imaginei-a tão deprimida e pouco comunicativa quanto estivera durante a guerra, e me dei conta, então, que não tinha forças nem energia para lidar com isso. Quando percebi como ela reagiria, desisti de levá-la comigo a qualquer lugar, por respeito aos seus sentimentos — e por mim mesma.

Durante os anos mais brandos, eu tinha um visto permanente para a França, então, toda vez que estava pronta para gravar, eu contatava a Erato e eles organizavam tudo. O período de ensaio ideal para mim antes de gravar qualquer trabalho era de cerca de dezoito meses. Eu praticava muito no meu tempo livre entre apresentações e feriados e depois testava minhas interpretações e conceitos na frente de uma plateia, prestando uma atenção detalhada à minha própria avaliação e às reações. Voltava para a peça seis semanas antes do prazo final, reensaiando e pensando um pouco mais sobre o conceito. Depois disso, estava pronta.

Esses foram alguns dos anos mais felizes da minha vida musical, porque estudava Bach o tempo todo. E toda vez que me sentava ao cravo descobria cada vez mais sobre o instrumento e a profundidade das composições. Bach realmente se tornou o filósofo da minha vida. Em sua música, ele criava imagens completas do mundo. Procurou o significado da vida e o encontrou. Sua mensagem era tão clara para mim como o dia ou como uma noite estrelada.

Foi ainda melhor quando algumas das gravações aconteceram em Praga, porque tinha Viktor para me ajudar e trabalhar comigo. Fiquei muito ocupada por causa de todos os meus outros compromissos também, e não podia gravar sem fazer apresentações, porque isso era parte integrante do meu contrato de gravação.

A série foi lançada em 1975 em vinil com 21 discos, ganhou o prestigiado Grand Prix de L'Académie Charles Cros e realmente me lançou para o mundo. Os admiradores do cravo ao redor do planeta puderam comprar as gravações e ouvir minhas interpretações, e assim me tornei cada vez mais requisitada. Depois de Bach, eles me pediram para gravar toda a obra de Scarlatti, mas teria sido a mesma quantidade de trabalho e eu já tinha muitas apresentações agendadas, que precisava fazer para vender os CDs e manter o Estado feliz. Então, a Erato assinou um contrato para lançar os CDs no Japão, e foi aí que me tornei famosa do outro lado do mundo, o que me levou a gravar tudo de Purcell.

A essa altura, eu estava livre para tocar como gostava. Podia usar meu próprio repertório. Sempre mudava meu repertório para absorver coisas novas, inclusive músicas do século XX. Durante esse período, eu desfrutava de uma liberdade que jamais havia conhecido.

Infelizmente, ainda não tinha permissão para ensinar alunos tchecos, só estrangeiros. Isso me doía bastante, porque sempre foi muito importante para mim e para Viktor transmitir qualquer experiência ou conhecimento que tivéssemos. De muitas maneiras, perdi os melhores anos da minha vida para ser pedagoga, porque na casa dos trinta você realmente começa a descobrir coisas que deseja compartilhar com seus alunos. Ainda havia muito antissemitismo estatal, do qual só tomei conhecimento quando tentei fazer algo incomum.

Sob o regime mais relaxado, foi suspensa a proibição ao compositor tcheco Martinů, por isso fiz planos para fazer uma primeira audição do seu concerto para cravo, que nunca havia sido tocado na Tchecoslováquia. Viktor, minha mãe e eu éramos amigos de Karel Ančerl, que era o diretor da Filarmônica daTchecoslováquia. Ele esteve em Terezín conosco e sobreviveu. Era Karel quem chamava os adolescentes magros de seus "coelhinhos" e nos dava sopa extra. Não se lembrava de mim entre os milhares que ajudou a alimentar, mas sempre foi muito simpático comigo depois da guerra, especialmente quando soube pelo que passávamos. Também gostava de Viktor e de seu trabalho. Ele o chamava de meu "homem modesto" porque, apesar de seu domínio da música, Viktor continuava humilde em relação ao seu trabalho.

Eu estava animada por finalmente poder trabalhar com Ančerl e por aquela estreia importante, mas não avaliei o quanto o Estado seria contra. Todos já estavam preparados quando, do nada, fui informada: "Você não vai poder tocar no concerto. Um oficial de alto escalão disse que um judeu na Filarmônica daTchecoslováquia é mais que suficiente". Fiquei arrasada. Um cravista vienense foi chamado para o espetáculo, o que foi doloroso para mim. Depois disso, nunca tive permissão para tocar com a Filarmônica sob o comando de Karel Ančerl durante todo o seu mandato. Só vim a tocar com seu sucessor, Václav Neumann, e tudo porque "dois judeus na Filarmônica da Tchecoslováquia eram demais".

Felizmente, quando participei do meu primeiro concerto com Václav Neumann, nós percebemos que a química estava lá e começamos nossa própria orquestra de câmara. É comum maestro e solistas se reunirem antes do concerto para saber o que cada um quer do outro. Neumann não sentia necessidade disso. "Não, não, não. Você sabe que eu sou uma pessoa muito inteligente e, além disso, ouço os seus pensamentos", dizia. Era como jogar tênis. Ele pegava uma bola vinda de mim e me devolvia de outra maneira. Era realmente extraordinário e formamos uma dupla estável, como com Josef Suk. Adorei a maneira como colaboramos um com o outro.

Neumann e eu tivemos uma experiência muito divertida em um concerto de Handel e Benda, em Praga, em 1960. A apresentação foi um grande sucesso e, depois de cumprir minha parte, me inclinei para reverenciar o público e percebi que tinha prendido o vestido de seda verde quando me sentei no banquinho. Perante muitas risadas, Václav Neumann e meus colegas solistas vieram em meu socorro e me libertaram.

Outra coisa maravilhosa foi que a música de Viktor também começou a ser tocada pelas orquestras da Tchecoslováquia. Ele foi convidado por Ančerl e Neumann para compor obras para a Filarmônica da Tchecoslováquia e estava ficando cada vez mais conhecido. O problema era que Viktor era muito assediado pela imprensa estatal. Todas as críticas que recebia eram um perigo, pois isso realmente poderia tê-lo enviado para as minas, mas Viktor sempre se mostrou muito calmo a esse respeito.

Certa noite, depois de uma apresentação de seu concerto para piano, todos os compositores e críticos foram convidados a discutir seu trabalho e descobrir se havia "falhas ideológicas". Um crítico rigoroso e muito temido declarou que não gostava de sua obra. Alegou que era idealista demais. Viktor respondeu que o nosso vizinho gostava e acrescentou que isso significava que havia duas opiniões e ele preferiria a do nosso vizinho. Foi claramente uma resposta insolente, e também bastante arriscada.

Apesar de sua insubordinação, como eu estava me tornando muito lucrativa para as autoridades, eles preferiram ignorar meu casamento, minha raça e meu caráter político duvidoso e começaram a me dar o tipo de status VIP que me permitia viajar cada vez mais. Finalmente consegui um telefone para poder receber novos convites e verificar minha agenda antes de passar por todas as formalidades com o Estado. Era uma linha comum, dividida com outras pessoas no prédio, e sabíamos que todas as conversas eram ouvidas.

Sempre que me ofereciam um contrato particularmente bom, eu era encorajada, ou melhor, instruída, a tocar porque o Estado estava ansioso por meus ganhos e pelo prestígio em sua reputação. As autoridades baseavam sua decisão sobre se eu poderia ou não ir nos termos da proposta e no alinhamento político do país conosco. Eu não ficava sabendo das solicitações até que fossem aprovadas. Nada nunca me era dito, mas muitas vezes eu ficava sabendo no exterior que um convite havia sido negado. Que não poderia ir para os Estados Unidos, para a China ou África do Sul, e por algum motivo nunca fui à Grécia. Mas tinha reservas para tantos espetáculos que alguns eram agendados com anos de antecedência. Minha mãe se desesperava:

— Você é louca. Nenhum de nós sabe o que vai acontecer amanhã, e ainda assim você tem compromissos marcados para dez anos à frente!

Isso se deveu em parte à revolução da música barroca dos anos 1960, desencadeada por bandas populares que incorporaram instrumentos clássicos em suas músicas para criar um som orquestral. De repente eu estava com uma demanda tão grande que acho que devo ter visitado quase todos os países europeus, mesmo que muitas vezes não soubesse para onde estava indo até o último minuto. Às vezes as autoridades me entregavam o passaporte e só me diziam na noite anterior que eu deveria estar na estação ferroviária ou no aeroporto às nove da manhã seguinte. Quando chegava, era recebida por um funcionário, que só então me passava o itinerário para a Holanda ou Alemanha, União Soviética ou Iugoslávia.

Eles acreditavam que, ao me avisar de última hora, eu não teria tempo para fazer contato com alguém politicamente subversivo ou organizar as coisas para desertar. E claro que eu nunca fui autorizada a ir aos Estados Unidos até 1985, quando fui convidada para tocar na Organização das Nações Unidas, em Nova York, por ocasião do centésimo aniversário de Bach, um convite que o governo tcheco não pôde recusar. A preocupação era por eu ter família em Nova York e poder facilmente ficar, mas também sabiam da minha lealdade a Viktor e à minha mãe, e por isso decidiram arriscar.

A cada nova reserva, muitas vezes eu tinha de adivinhar para onde iria e se precisaria colocar na mala roupas quentes para, digamos, a Sibéria, ou roupas mais leves para a Armênia. A única pista que tinha era saber que os cravos com que trabalho só existiam em certos países, e que se tivesse visitado uma cidade recentemente seria improvável ser convidada a voltar tão cedo. Ainda havia todos os lugares que me pediam para ir, mas eu não queria, como Riga, na Letônia, onde havia muita fome e pobreza. Realizei um seminário em Riga uma vez e depois alguns dos estudantes levantaram a mão e disseram que queriam me fazer uma pergunta particular.

— Tudo bem — respondi. — Mas toda a turma vai ter que ouvir.

Eles olharam uns para os outros.

— Não, nós queremos fazer uma pergunta especial — insistiram.

De forma acanhada, vieram para frente da classe e me mostraram um prato coberto com um pano. Levantei o pano vi uns vinte sanduíches de patê de cenoura abertos, cinco deles com fatias finas de salame em cima. Queriam que eu ficasse com os cinco sanduíches especiais enquanto eles comiam os sem carne. Fiquei comovida e isso me fez entender o quanto o salame era um artigo raro para eles terem escolhido para me agradar.

Em comparação, havia partes da Sibéria que eram luxuosas — especialmente Novosibirsk, uma cidade famosa que abriga muitos dos melhores cientistas russos e uma importante estação na Ferrovia Transiberiana. Tinha alguns edifícios maravilhosos e meu alojamento sempre foi da melhor qualidade. Quando fui para lá nos anos 1960, viajei com meu próprio instrumento, porque ninguém sabia o que era um cravo. A plateia respondeu com tanto entusiasmo que a orquestra da cidade logo adquiriu seu próprio instrumento e também treinou alguns excelentes afinadores.

Sempre que viajava com meu cravo, que tinha de ser transportado no mesmo trem que eu, muitas vezes levava horas e horas de viagem. Na União Soviética, isso significava atravessar milhares de quilômetros de território onde não havia nada além de bétulas. Às vezes era possível ver algumas casas, quase sempre de madeira, mas sem pastagens, sem vacas, sem cavalos, sem nada. Só bétulas e mais bétulas. Um dia, a caminho da Sibéria, de repente eu vi — no meio da floresta de bétulas — um enorme cartaz em que estava escrito com letras enormes: "JOGUE BADMINTON". Comecei a rir e meu intérprete, que ia a todos os lugares comigo e me vigiava politicamente, me perguntou: "Por que você está rindo?". Eu realmente não soube explicar. Simplesmente parecia tão absurdo. No meio do nada, alguém no Partido Comunista teve essa ideia de promover os esportes, então eles encomendaram aquele enorme outdoor.

Os absurdos da vida sob o comunismo continuaram em Praga também. De alguma forma, nós prevalecemos, e até conseguimos manter nosso senso de humor. A cada três meses passávamos por uma chamada avaliação, quando éramos interrogados por alguém do Partido.

— É bom que esteja recebendo elogios da crítica do exterior, camarada, mas você está trabalhando com música sacra como as Paixões, com Cristo, com religião. E quanto ao seu trabalho político? — perguntou-me um membro da cúpula um dia.

Sorri antes de dar a minha resposta.

— Bem, camarada, eu penso em política com frequência. Por exemplo, Johann Sebastian Bach era funcionário da cidade de Leipzig, e como tal teve que escrever suas cantatas para a Igreja. Talvez, se vivesse em Praga hoje, Bach seria um empregado da cidade. Você acha que ele teria composto suas cantatas sobre Lênin?

Não sei se ele chegou a entender o meu raciocínio, mas não soube o que dizer. Não podia dizer que sim e não podia dizer que não, então ele me deixou em paz. Acho que meu olhar foi o suficiente para ele seguir seu caminho.

10. Hamburgo, 1944

Com a morte de Fredy e a eliminação de quase todas as pessoas que chegaram no transporte de setembro em Auschwitz-II Birkenau, em março de 1944, nós que ficamos de luto no acampamento da família não tínhamos mais ilusões e sabíamos que a próxima seria a nossa vez.

Uma contagem de seis meses a partir do dia em que chegamos significaria que, em junho de 1944, os nazistas nos executariam exatamente da mesma maneira que fizeram com nossos amigos e parentes antes de nós. Uma sensação de inevitabilidade e desespero permeou tudo depois disso. Não importava se continuávamos vivendo, respirando ou trabalhando com as crianças, nossos corações estavam pesados e nossas mentes, entorpecidas.

Agarrando-nos ao que pudéssemos e desesperadas por qualquer fio de esperança, nos voltamos para uma companheira de prisão chamada Klara, que sabia ler cartas de tarô. Não faço ideia de como manteve seu baralho naquele lugar e ela começou a ler as cartas só por diversão, mas com o tempo procuramos respostas para algumas das perguntas que consumiam nossos pensamentos. Por exemplo, uma das mulheres estava escondendo sua gravidez e perguntou se seu bebê sobreviveria. Klara colocou as cartas e olhou para a jovem emaciada:

— Seu bebê vai ser sadio e saudável — falou.

Não faço ideia se esse acabou sendo o caso — duvido muito —, porém, cada vez mais algumas das profecias de Klara se tornaram realidade.

Assustada pela própria precisão, ela anunciou que não iria mais ler as cartas. Nada que pudéssemos fazer ou dizer iria convencê-la. Não até muito mais tarde, quando outra de suas previsões se tornou realidade.

Os sucessores escolhidos por Fredy assumiram o bloco das crianças e fizeram o melhor possível para manter o moral, especialmente Hugo Lenk, que era um bom homem. Mas era difícil tocar e cantar com os pequenos quando sabíamos o que estava reservado para eles — e para nós. Havia ainda outras razões para estar ansiosa. Tilla Fischlová, a torturadora do bloco e minha ex-tutora do Maccabi, estava entre as executadas do transporte de setembro. Não pude deixar de me perguntar se Karel tinha sido obrigado a se desfazer de seu corpo, mas logo depois soube que ele também foi morto logo em seguida. A maior parte do nosso bloco ficou contente com a ausência de Tilla, mas tínhamos uma nova *älteste* no comando, que poderia ser igualmente má, e a morte de Tilla implicava em eu não poder mais passar uma hora no calor de seu quartinho todas as noites.

Houve também outras baixas — nem todas eram indesejáveis. O temido cafetão Arno Böhm, apaixonado pela garota que ajudava no bloco das crianças, tinha negociado com os oficiais da ss que visitavam seu bordel para que sua namorada fosse mandada de volta das câmaras de gás com os médicos. Mas na manhã seguinte descobriu que eles não cumpriram a promessa.

À noite, houve uma cena digna de Shakespeare no bordel. Eu não fui uma testemunha ocular, mas soubemos disso depois. Böhm convidou seus amigos da ss para sua orgia habitual, inclusive com os músicos, mas quando a festa estava no auge, ele pegou uma faca e os atacou. Matou um dos oficiais superiores e esfaqueou um segundo antes de ser preso e enviado para a câmara de gás. Essas tragédias gregas aconteciam ao nosso redor o tempo todo. Como costumava acontecer no acampamento, a morte dele não implicou no fechamento do bordel. Alguém acabou assumindo seu lugar e a música medonha continuou soando.

Böhm foi substituído por um *Lager älteste* muito simpático, um capitão de navio alemão chamado Willi, que tentou tornar nossa vida o mais suportável possível e que nos chamava de "minhas garotas". Usava um triângulo verde de sabotador, mas não sei se ele realmente cometeu alguma sabotagem ou se simplesmente ficou bêbado e negligenciou seu navio. Cumpria sua sentença em Auschwitz e estava quase no fim, o que o deixava feliz. Costumava nos cantar velhas canções de marinheiro em alemão e até nos deu algumas mudas para plantar, mas é claro que nenhuma flor jamais brotava naquele vil barro polonês.

Havia uma jovem que trabalhava no nosso bloco que estava namorando alguém de fora do campo. Renée Neumannová era mais velha que nós, alta, loira e muito bonita. Um sargento da ss chamado Viktor Pestek se apaixonou loucamente por ela. Pestek, que tinha vinte e poucos anos, era o mais bondoso de todos os nossos guardas e um homem belíssimo. Esteve ao lado de Fredy desde o começo e era evidente que o acampamento e tudo o que acontecia lá o horrorizavam. Ajudava Fredy o quanto podia com comida e combustível para o fogo. Todos o chamavam de Miláček, que significa "querido".

Ironicamente, o irmão mais velho de Miláček era um oficial da ss que todos odiavam. Era um homem terrível e nós o chamamos de Mickey Mouse. A história era que, depois de Miláček ter sido ferido na frente russa, o irmão mais velho arranjou para que ele fosse alocado em Auschwitz a fim de mantê-lo seguro.

De acordo com relatos do pós-guerra, Miláček ficou enojado com o "fedor do acampamento" e elaborou um plano para ajudar na fuga de algumas pessoas, incluindo sua amada Renée. Em abril de 1944, Miláček conseguiu libertar um ex-soldado tcheco chamado Lederer, vestido com o uniforme de um tenente-coronel da ss, que saiu marchando ao seu lado no seu dia de folga. A dupla chegou à Tchecoslováquia, e Lederer correu a Terezín para informar sobre os horrores de Auschwitz e enviar provas para o Vaticano. Infelizmente, ninguém acreditou nele ou, se acreditaram, ninguém fez nada a respeito. Depois de tentar mandar mensagens semelhantes para a Cruz Vermelha suíça, Lederer fugiu para as montanhas e se juntou ao movimento de resistência até o fim da guerra.

Enquanto isso, Miláček passou sua licença arranjando documentos falsos, roupas e tudo o que precisava para resgatar seu amor — e a mãe dela — do campo, pois Renée se recusava a sair sem ela. Quando voltou a Auschwitz com tudo o que precisava, a ss o esperava na estação ferroviária e ele foi preso. Eles haviam levantado toda a história de como Lederer tinha escapado. Acusado de deserção e de ter ajudado um prisioneiro, Miláček foi brutalmente interrogado e espancado antes de ser executado. Renée não estava implicada de forma alguma, por isso continuou em segurança, apesar de ter ficado com o coração partido. Foi uma trágica história de amor.

Em maio, chegou o transporte de Terezín e soubemos que nosso tempo estava se esgotando. Eu e minha mãe procuramos por Dagmar e por meu tio e minha tia, Karel e Kamila, entre a multidão de novos rostos, mas sem resultado.

Pouco depois, também fomos instruídos a escrever cartões-postais para nossos entes queridos, o que significava que nosso extermínio se aproximava cada vez mais. Mamãe escreveu para a família e eu escrevi para Hanuš, em Terezín, assinando com a palavra hebraica para "morto" — *Mavet* — a fim de avisá-lo sobre o que os esperava em Auschwitz. Passaram-se anos até eu descobrir que ele recebeu meu cartão e logo supôs que eu tinha sido morta, razão pela qual nunca tentou me encontrar depois da guerra.

Com o que parecia ser o fim iminente, alguns dos que tinham tentado organizar uma revolta com Fredy — inclusive Hugo Lenk — decidiram tentar algo de novo. Armaram alguns dos professores do bloco das crianças com pistolas e se prepararam. Não tínhamos ideia do que iria acontecer ou quando, mas a perspectiva só nos deixava mais frenéticas. Lembro-me de uma noite em que estávamos com tanto medo de sermos levados a qualquer momento à câmara de gás que pedimos a Hugo que nos deixasse ficar no bloco das crianças para não termos de voltar para nosso barracão fétido e apertado.

— Nós só queremos dançar uma vez mais na nossa vida — explicamos, mas ele não permitiu.

— Vocês dançariam até morrer — respondeu. — E a ss levaria vocês. Não se preocupem; vocês vão ter outras chances de dançar na vida. Alguma coisa vai acontecer!

E algo realmente aconteceu, porque na madrugada de 6 de junho de 1944 — o dia em que acreditávamos que todos seríamos asfixiados — os Aliados deslancharam o Dia D com os desembarques na Normandia. Descobrimos mais tarde que a bbc anunciou o ataque em Londres às dez horas da manhã, para que os alemães percebessem que a guerra estava finalmente se voltando contra eles. A reação foi de terror e pânico naquela manhã em Auschwitz. A ss recebeu novas ordens e Mengele voltou correndo para o campo, onde ele e o *Lager älteste* conversaram por um longo tempo.

Disseram-nos que no dia seguinte haveria uma seleção, a primeira por que iríamos passar, pois os nazistas tinham recebido ordens de mobilizar todos os homens para a frente e mandar mulheres e homens saudáveis para trabalhar na Alemanha. Dos 5 mil no acampamento da família destinados a morrerem por gás iminentemente, mil homens e mil mulheres saudáveis seriam escolhidos para uma morte mais lenta pela guerra ou pelo trabalho escravo.

Durante toda aquela noite, o bloco ficou tumultuado, e na manhã seguinte fomos convocados para fazer fila na porta do bloco das crianças, onde tivemos de esperar horas sob o sol quente. Os que estavam à nossa frente saíram e nos disseram que os enfermos e os inaptos tinham sido mandados para o gás, enquanto os aptos para o trabalho foram mandados para outro lugar. Eu e minha mãe conversamos muito sobre o que deveríamos dizer, pois a ss estava perguntando sobre as profissões dos prisioneiros na *Selektion*. Sabíamos que nossa resposta poderia ser crucial na decisão se seríamos escolhidas ou não. Era uma situação terrível e grotesca. Depois de muita discussão, decidimos que a mamãe diria que era uma fabricante de luvas, como o pai dela, e eu diria que era professora de ginástica, para provar que estava em forma. Minha mãe nunca tinha feito uma luva na vida, apesar de ter tentado fazer gravatas em Pilsen, e meu pai teria achado engraçado eu me apresentar como professora de educação física.

Quando entramos no bloco, encontramos o homem que eu conhecia como encarregado Obersturmführ Schwarzhuber, mas completamente bêbado, sentado ao lado da chaminé de tijolos, rodeado por garrafas vazias e meio vazias de vodca e *schnapps*. Fomos todos mandados nos despir para sermos examinados um a um. Cada um de nós teve que declarar a idade e a profissão. Ficamos vendo em agonia quando ele selecionou alguns para *links*, para a esquerda da chaminé, e outros para *rechts*, para a direita. Todos no acampamento sabiam que *links* eram as câmaras de gás, o que significava que *rechts* eram os destacados para trabalhar.

Cem milagres 215

Olhei para minha mãe, que era a próxima da fila, e abri um pequeno sorriso de encorajamento. Mas meu coração ficou apertado com a visão que tive dela ali parada. Nua, cobrindo os seios com o braço, estava tão magra que parecia ainda mais velha que seus 48 anos.

— Tenho 46 anos e sou fabricante de luvas — ela disse, quando chegou sua vez de ser interrogada.

Schwarzhuber fez um gesto de mão com desdém.

— *Links*.

Em pânico, imediatamente considerei saltar sobre o tubo da chaminé e me juntar a ela e às mulheres mais velhas amontoadas num grupo infeliz, mas era minha vez e alguém me empurrou para frente. Fiquei diante de Schwarzhuber totalmente nua e disse que tinha dezoito anos (na verdade tinha dezessete) e era professora de ginástica.

— Muito bem, mostre-me alguma coisa! — ele declarou em alemão.

Hesitei por um instante, mas consegui dar uma cambalhota aceitável.

— *Rechts*.

Só que eu dei um passo para a esquerda. Schwarzhuber olhou para cima.

— *Dumme Gans, wo gehst du hin, du gehst falsch, du gehst in den Tod!* (Sua estúpida idiota, aonde você vai? Esse é o lado errado. Você vai morrer!) — gritou.

Olhei para ele bem nos olhos do alto do meu um metro e meio.

— Você já matou o meu pai. E vai matar minha mãe. Não quero mais viver — falei com toda frieza.

Era como eu me sentia realmente, e não tinha nada a perder.

Ele meneou a cabeça, olhou para mim e para a minha mãe e suspirou.

— *Aufstehen, geh, du alte Ziege!* — falou, chamando-a de "cabra velha" e apontando com a mão para indicar que ela deveria ficar comigo à direita.

Nós duas nos sentimos tão aliviadas por estar saindo de Auschwitz que nem importava para onde estávamos sendo mandadas. Os que ficaram do lado esquerdo foram levados a um bloco onde foram informados de que ficariam em quarentena. Tínhamos sérias dúvidas sobre se os veríamos novamente. Apesar de nos sentirmos liberadas, não podíamos estar muito felizes pelas coisas horríveis que tínhamos visto durante a *Selektion* — mães com filhos pequenos tendo que decidir se iriam com eles para as câmaras de gás ou se iriam para a direita para sobreviver. A maioria ficou com os filhos, mas algumas não, e nunca nos esqueceríamos da expressão delas. Não consigo imaginar que tenham superado aquilo.

Depois de selecionados, cada um de nós recebeu documentos explicando que iríamos trabalhar na Alemanha. Estava desesperada para saber quais dos meus amigos também tinham sido salvos e para onde estavam sendo mandados, por isso corri para o nosso bloco para saber. Fiquei feliz em descobrir que a maioria tinha sido escolhida.

Então, uma coisa terrível aconteceu. Mais tarde naquele dia, enquanto a *Selektion* continuava, o dr. Josef Mengele chegou ao acampamento. Estava muito furioso e criticou Schwarzhuber publicamente. Houve uma briga horrível. Mengele disse ao soldado claramente embriagado que não era seu trabalho examinar os prisioneiros e que só ele, como médico e chefe do acampamento das mulheres, poderia decidir quem estava apto para o trabalho. Imediatamente cancelou a *Selektion* e pediu que fosse reiniciada. Fiquei terrivelmente preocupada, pois sabia que o milagre que havia acontecido com minha mãe, graças a um bêbado de olhos lacrimejantes, não poderia acontecer de novo.

Em meio a toda essa confusão, de alguma forma, eu perdi minha mãe de vista. Todos nós recebemos ordens de ficar na fila, mas não consegui vê-la em lugar nenhum. O dia foi ficando cada vez mais quente e nossa fila dava voltas na porta do bloco com Mengele lá dentro, decidindo quem iria viver e quem iria morrer. De repente, quando quase chegava a minha vez, começou uma tempestade e caiu uma chuva torrencial. Os oficiais da ss que estavam nos vigiando saíram correndo, e nós também. Eu e meus amigos corremos para as latrinas e nos escondemos.

A chuva nos salvou naquele dia, pois depois disso Mengele desistiu de sua seleção macabra, por ser muito difícil encontrar todos e colocá-los de novo na fila. Acho que ele só queria fazer um gesto de autoridade para o seu subordinado. Alguém veio até as latrinas e disse: "Mengele foi embora. A *Selektion* acabou!". E eu fiquei feliz — a primeira vez que me senti feliz em Auschwitz. O sol apareceu e saí em busca da minha mãe para dar a boa notícia.

Cem milagres 217

Quando a vi andando na minha direção pela *Lagerstrasse*, corri até ela.

— Que sorte nós tivemos quando a segunda *Selektion* foi cancelada, mamãe! — gritei.

— Cancelada? — ela replicou. — Mas eu estive lá.

Olhei para ela, horrorizada.

— Não! E o que aconteceu? — perguntei.

Ela sorriu.

— Eu passei.

Minha querida mãe sempre foi tão disciplinada nos campos que fez exatamente como lhe foi dito. Quando não conseguiu me encontrar, ela ficou me esperando na fila do bloco e, por alguma razão que nunca consegui entender, o dr. Mengele a mandou para a direita.

Foi o destino ou outro milagre? Nunca saberemos.

Antes de sermos libertadas do pesadelo de Auschwitz, primeiro tivemos que passar por outra provação — um período de quarentena no *Frauenlager*, ou acampamento das mulheres. Pensávamos que tinha sido ruim no *Familienlager*, mas logo percebemos que estávamos melhor do que a maioria.

O principal acampamento das mulheres estava tão lotado que nem sequer tinham barracões de reposição, por isso fomos jogadas em porões cheios de ratos. Aquela noite foi um verdadeiro pesadelo, porque tínhamos muito medo dos roedores, que eram perigosos. Não nos deram comida e a água logo acabou. Era escuro, úmido e imundo, e rezamos para podermos sair dali o mais rápido possível.

Felizmente, fomos soltas depois de três dias e conduzidas até a plataforma da ferrovia, onde os guardas da ss nos entregaram aos soldados da *Wehrmacht* encarregados de nos escoltar até a Alemanha. Estávamos tão ansiosas para sair de Auschwitz que mal prestamos atenção aos soldados, de tão acostumadas que estávamos a manter a cabeça baixa e evitar contato visual. Mas não pudemos deixar de notar seu choque com a nossa aparência. Nunca vi ninguém tão chocado como aqueles soldados alemães ao nos verem pela primeira vez. Alguns vomitaram e muitos tiveram que se afastar da visão e do cheiro. Eles devem ter tido um vislumbre do acampamento, sentido o cheiro dos corpos sendo cremados, mas acho que até aquele momento realmente não faziam ideia do que acontecia lá ou de como nós éramos tratados.

Isso despertou nossa consciência do que era sermos vistos pelos olhos dos outros. Nenhum de nós olhava para um espelho havia anos. Estávamos tão acostumados a ver todos ao nosso redor sujos, esqueléticos e esfarrapados, se arrastando doentes e cheios de piolhos, que mal percebíamos isso. Aqueles soldados mais velhos, muitos dos quais devem lutado por seu país na Primeira Guerra Mundial e vivido o inferno das trincheiras, ficaram completamente estupefatos.

A atmosfera mudou instantaneamente quando eles começaram a nos tratar com mais consideração. Isso também foi um choque. Havia anos ninguém nos mostrava qualquer compaixão, a ponto de muitos de nós ficarmos emocionados com a menor gentileza — a oferta de um pedaço de pão ou um copo de água. Embora soubéssemos que ainda éramos prisioneiras dos nazistas, de repente tivemos a sensação de que tínhamos entrado em outro mundo. Até recebemos roupas novas — uniformes adequados para prisioneiras — túnicas finas e camisetas com listras amarelas escuras, tamancos de madeira, mas sem boina — e conseguimos nos livrar dos farrapos fedorentos e surrados que nos foram dados seis meses antes. Então, quinhentas de nós foram embarcadas em trens comuns, não nos vagões de gado que temíamos. Ficamos tão felizes quando o trem saiu de Auschwitz. Não conseguíamos acreditar que, de alguma forma, tínhamos escapado daquele inferno.

A viagem percorreu os 850 quilômetros até Hamburgo em dois ou três dias, parando várias vezes por causa de ataques aéreos aliados e para permitir a passagem de comboios mais importantes, que transportavam soldados ou armamentos. Em várias ocasiões nosso trem chegou a dar marcha à ré, o que foi uma sensação horrível, pois temíamos que isso significasse que estávamos sendo mandadas de volta a Auschwitz. De maneira geral, porém, nos sentimos muito mais relaxadas que da última vez em que estivemos num trem, pois começamos a ter uma vida de prisioneiros normais, não de animais.

Quando finalmente chegamos às docas de Hamburgo, tarde da noite, nós as encontramos em ruínas e ainda queimando de bombardeios recentes. Fomos levadas para armazéns conhecidos como *Lagerhauses*, ao longo do rio Elba, no porto de Dessauer, que faziam parte do sistema de campos de concentração de Neuengamme. Inacreditavelmente, encontramos camas limpas e arrumadas. Eles nos deram um pouco de peixe defumado para comer — nosso primeiro peixe em quatro anos; o sabor foi absolutamente maravilhoso. Mais tarde soubemos que foi um engano; o peixe era para os trabalhadores alemães, não para nós, mas desconfiamos que os soldados que nos trouxeram tenham tido algo a ver com a confusão. Um tanto relutantes, eles nos entregaram a um capitão da ss, e de repente estávamos de volta ao controle dos homens — e das mulheres — que mais temíamos. Felizmente, eram em sua maioria oficiais da alfândega destacados para a ss, mais velhos e muito menos ameaçadores que os de Auschwitz.

Desde o momento em que chegamos, o porto estratégico de Hamburgo era regularmente bombardeado — quase se podia acertar os relógios pelos bombardeios. Ao meio-dia chegavam os ingleses, à meia-noite os americanos. Grande parte da cidade já fora destruída por bombas incendiárias que haviam matado milhares no ano anterior. Metade dos sobreviventes fugiu, mas os bombardeiros continuavam atacando para destruir o que restou, lançando bombas de fósforo e outras até que toda a cidade estivesse em chamas.

Apesar de muitas vezes termos visto e ouvido ondas de aviões voando em Auschwitz, aquela foi a primeira vez que tivemos a sensação real de que os alemães estavam sendo atacados. Só isso já nos dava esperança. Parávamos de trabalhar para assistir aos combates no céu e torcer pelos pilotos aliados. Sabíamos que havia a possibilidade de sermos bombardeados, mas ninguém sentia medo. Para nós, havia uma grande diferença entre ser executado pelos nazistas e morrer vítima dos Aliados. O fato de morrermos não era o problema.

Nós morreríamos com dignidade.

Poderíamos estar mortos, mas estaríamos livres.

Nossos quartos de dormir ficavam nos andares superiores dos armazéns, e durante os ataques noturnos, víamos os holofotes e ouvíamos o ronco dos aviões. Olhando para fora, embora não devêssemos, ficávamos esperando pelas chamas coloridas que indicavam que uma bomba logo se seguiria. Muitas vezes ficávamos nos andares de cima enquanto os guardas desciam para os abrigos, para que morrêssemos primeiro se os prédios fossem atingidos. Se desse tempo, éramos empurrados para os porões que se abriam para o rio e ficávamos na água de joelhos. Sempre que as bombas caíam no Elba ou nos navios — como costumava acontecer — as águas subiam radicalmente e tínhamos medo de nos afogarmos. Era normal os ratos nos fazerem companhia.

Nossos uniformes eram feitos de um tecido muito fino e não tínhamos casacos; mesmo no verão nós sentíamos frio, principalmente quando molhadas. Uma das mulheres teve a ideia de que — quando estávamos nos porões — todas devíamos nos despir e nos amontoar com nossos uniformes entre nós, para tentar mantê-los secos e quentes. É um milagre não termos morrido de pneumonia. O problema era que eu estava tão cansada o tempo todo que caía no sono, mesmo em pé na água gelada; as outras garotas ficavam bravas comigo e me cutucavam para ficar acordada e não cair no chão, fazendo com que todas nos molhássemos. Algumas das mulheres morreram ao serem atingidas por estilhaços ou quando ondas as afastaram do resto de nós.

Estar naqueles porões medonhos tornou-se uma provação noturna, mas pelo menos não estávamos mais em Auschwitz e éramos muito mais bem alimentadas. Cada uma tinha sua própria tigela de metal e uma colher e todos os dias havia pão e sopa de verdade — não a água suja que recebíamos antes. Às vezes nos davam um pouco de peixe. Todas as manhãs, os trinta ou cinquenta gramas de pão preto que tínhamos direito pelo racionamento eram distribuídos e cortados em fatias para guardarmos nos bolsos e nos mantermos durante o dia. Muitas vezes eu ficava tão faminta que comia tudo de uma vez, e minha mãe me repreendia e me dizia para esperar. Eu não conseguia evitar, mesmo que o pão não me satisfizesse. Houve momentos em que quase enlouqueci de fome e de frio com o vento cruel do norte, e o inverno ainda nem tinha chegado.

A prioridade dos alemães era manter o oleoduto e salvar tijolos e outros materiais dos escombros da cidade para construir abrigos de emergência. Todas as manhãs nós precisávamos levantar cedo e nos reunir no rio para sermos inspecionadas por supervisores alemães de diferentes empresas locais e internacionais. Um supervisor poderia requisitar cinco mulheres para trabalhos de construção; outro poderia precisar de dez para recuperar material de demolição e assim por diante. Eles procuravam prisioneiras mais velhas ou mais novas, dependendo das diferentes necessidades e do capricho dos oficiais da ss. Era uma questão de sorte para qual grupo você seria escolhido. Eu e minha mãe sempre tentávamos nos manter juntas por medo de nos separarmos, e porque às vezes um grupo inteiro de mulheres não voltava. O pior ataque, em outubro de 1944, matou 150 prisioneiros.

Nosso primeiro trabalho foi ajudar no conserto dos oleodutos subterrâneos, escavando a terra para os especialistas consertá-los antes de enterrá-los novamente. Isso era chamado de *Geilenbergprogramm,* um trabalho extremamente árduo, e os guardas da ss encarregados de nos vigiar durante a execução dessa tarefa em geral eram mulheres que antes haviam trabalhado no campo de concentração de Ravensbrück, as mais cruéis de todas. Elas favoreciam as mais jovens ou eram mais solidárias com as mais velhas, então eu e mamãe estávamos sempre do lado errado. Elas a chamavam de "velha bruxa" aos gritos, e a mim de "a que nunca faz nada direito". Não tínhamos chance de vencer.

Mamãe se sentia ainda mais cansada que eu, e cada vez mais desanimada. Estávamos sob ocupação havia cinco anos, e éramos prisioneiras havia quase três. Quando o nosso sofrimento terminaria? O clima não ajudava, pois os dias eram escaldantes e as noites, geladas. Depois de um tempo, os guardas da ss deram à minha mãe o apelido de Oma, ou vovó, e muitas vezes a deixavam para limpar o bloco por gentileza e respeito ao fato de ela ser vinte ou trinta anos mais velha que o restante de nós.

Era difícil sair sem ela, mas ao menos eu esperava que ela fosse poupada do trabalho árduo, que muitas vezes era brutal. Os navios chegavam às docas e tínhamos que formar uma fila para cada embarcação e passar tijolos e escombros recuperados de uma prisioneira para outra para que fossem carregados no porão. Foi isso que acabou por arruinar minhas mãos, pois os tijolos eram ásperos e pesados e não nos davam luvas. Naquela atmosfera fria e úmida, nossa pele ficava esfolada e marcada pelo atrito implacável com os tijolos molhados até os dedos esfolarem, racharem e sangrarem, o que doía demais. Era um trabalho muito entediante e deprimente. Os guardas apostavam entre eles qual fila de prisioneiras encheria o navio primeiro; éramos encorajadas a trabalhar o mais rápido possível com a promessa de uma sopa extra. Lembro-me do dia em que nossa fila ganhou e nos deram uma deliciosa sopa de ervilha com pão de verdade.

Inacreditavelmente, nunca perdemos o senso de humor e todas nós entendíamos a necessidade de não pensarmos muito naquela situação. Um dia, um alto oficial da ss ouviu um estranho murmúrio vindo da nossa fila e mandou alguém para investigar. O soldado voltou e informou que estávamos recitando *"Danke, Herr Doktor. Bitte, Herr Doktor"* — dizendo "obrigada" e "por favor" enquanto passávamos os tijolos num movimento rítmico pela fila. Era algo para concentrar nossas mentes, pois nossas mãos sangravam e doíam.

Eu costumava ficar com um grupo de garotas para as quais recitava poesia, cantava árias ou contava histórias de óperas e de libretos, como fazia com as crianças no acampamento. Era algo necessário para minha saúde física e mental — caso contrário, eu teria enlouquecido.

O pior trabalho para o qual fui selecionada foi o *Himmelfahrt*, conhecido como o "comando do céu", num lugar chamado Neugraben. *Himmelfahrt* significa ascensão no sentido religioso do termo, e nossa tarefa era subir os 120 metros até o alto dos imensos gasômetros e remover todos os estilhaços do topo. Nunca na minha vida eu tinha subido tão alto. Pondo um pé à frente do outro enquanto subia as escadas estreitas e frágeis, logo descobri que sofria de vertigem, o que me causou uma náusea crônica. Tínhamos um medo terrível de perder o equilíbrio e cair, como aconteceu com algumas garotas. Elas nunca sobreviviam.

Algumas vezes, eu tinha tanta certeza que também ia cair que parava na metade e não conseguia mais subir nem descer. Os guardas da ss ficavam lá embaixo apontando armas para mim e me mandando continuar. Às vezes eu achava que seria preferível ser baleada, mas depois pensava na minha mãe, e isso sempre salvou minha vida.

Eu sempre preferi ficar no nível do solo, mas um dia, quando estava com uma equipe de trabalho encarregada de escavar oleodutos, peguei uma pá do galpão de ferramentas sem perceber que estava embebida em gasolina. Depois de uma hora de trabalho eu estava transpirando muito e enxuguei os olhos com as mãos. A dor me queimou de imediato e perdi quase toda a minha visão, mas os guardas não me deixaram sair para limpar a gasolina. Tive que continuar sob o sol o dia todo trabalhando da melhor maneira que pude.

Quando voltei para a *Lagerhaus*, meus olhos e a pele ao redor estavam cobertos de bolhas. Perguntei pela única médica que tínhamos na esperança de um dia de folga para me recuperar e fui levada até ela, meio cega e muito abaixo do peso. Ela deu uma olhada:

— Não faz diferença, de qualquer forma ela vai morrer logo — disse ao guarda, e me dispensou com um gesto.

Minha mãe me ajudou a lavar os olhos naquela noite, mas eles continuaram doendo muito e tive que voltar para debaixo do sol no dia seguinte, tão cega que tive medo de perder a visão para sempre.

Ainda sem enxergar direito, mesmo depois de uma semana, eu estava na primeira fila da *Appell* da manhã, mas não muito bem alinhada por causa da minha visão alterada. O *Lagerführer* era um homem desagradável chamado Spiess, que ficou tão furioso por eu não estar na fila que pegou uma pá e bateu na minha têmpora. O que salvou minha vida foram os meus óculos, que amorteceram a força do golpe e se quebraram, mas evitaram que eu ficasse permanentemente cega. Fiquei numa situação terrível, porque me tornei a *Muselmann* do campo — aquela que estava destinada à morte eminente, pois me encontrava muito magra, quase cega. Minha mãe estava longe de estar bem, mas a saúde dela estava melhor do que a minha naquele momento.

Demos um pouco de sorte quando alguém que conhecemos em Auschwitz chegou ao nosso acampamento. Era Willi, o capitão de navio alemão que fora preso por sabotagem. Ele tinha cumprido sua sentença, mas foi logo convocado para supervisionar os prisioneiros. Vendo meus ferimentos e sabendo que eu tinha perdido meus óculos, ele me arranjou outro par e nos trouxe algumas roupas velhas e um pouco de pão. Não o vimos por muito tempo antes de nos mudarmos para outro lugar, mas ficamos muito agradecidas pelos seus presentes.

A tragédia era que eu e mamãe recebíamos menos comida que todo mundo, pois éramos aquelas pessoas estúpidas, estranhas e desajeitadas que não conseguiam roubar nada. É da natureza humana tentar melhorar seu destino de alguma forma, e muitos nos campos roubavam coisas ou imploravam por comida aos alemães. Às vezes eles deixavam algo para nós — algumas cascas de batata ou legumes estragados. Nós devorávamos tudo com gratidão, ignorando o quanto estavam podres, assim como comíamos grama sempre que conseguíamos encontrar — qualquer coisa para encher nossos estômagos que não paravam de roncar.

Minha mãe era corajosa e às vezes tentava conseguir alguma coisa, mas não era muito boa nisso. Em uma tarefa específica, nos mandaram entregar carvão no apartamento de um gerente em uma área residencial, onde pessoas comuns cuidavam de suas vidas. Parecia tão estranho ver aquela normalidade. Não víamos nada assim havia anos. Nenhum dos cidadãos de Hamburgo olhou para nós. Para eles, nós já estávamos mortas. Éramos invisíveis.

Entregamos o carvão e, quando estava no porão, minha mãe pegou um pedaço grande para esconder na roupa, mas escorregou e quebrou uma costela. Sentiu muita dor e não ficou muito bem, mas conseguiu manter o carvão, o que significava que poderíamos ficar mais perto do fogo enquanto queimava.

Todas nós vivíamos em função dos breves intervalos das refeições, quando podíamos pôr alguma coisa no estômago e descansar nossos membros doloridos. O estranho era que o nosso trabalho para a ss era "contratado" por empresas internacionais que eram donas dos armazéns e oleodutos, que oficialmente eram responsáveis por nossa alimentação e hospedagem. Dependendo para qual empresa estávamos trabalhando e quando, às vezes tínhamos refeições melhores e — de vez em quando — nos era permitido entrar em suas cantinas para comer. Toda vez que isso acontecia, ficava evidente a repulsa da força de trabalho civil ao nos ver. As pessoas se mostravam tão ostensivamente enojadas que muitas vezes eu me perguntava quem elas achavam que éramos.

Um dia, fomos levadas a uma adorável cantina para tomar uma sopa quente. Com frio e faminta, eu estava louca para comer, mas parei de repente assim que entrei, detendo a fila de mulheres igualmente cansadas atrás de mim. Chopin estava tocando num alto-falante. Era um dos seus "Noturnos". Era a primeira vez que eu ouvia música clássica desde Terezín, e não aguentei. Minha felicidade dependia de tocar um instrumento, mas desde os acampamentos eu tinha apagado isso da minha cabeça para salvar minha sanidade. Ouvir música novamente foi uma coisa muito cruel. A ideia de que alguém estava tocando Chopin no mundo lá fora, e que eu estava absolutamente isolada me abalou. Pensar que eu não podia tocar, e que talvez nunca mais conseguisse ouvir música de novo foi demais para mim.

Perdi a consciência e desabei no chão.

CEM MILAGRES 225

O civil *Vorarbeiter*, ou capataz, ajudou minha mãe a me levantar e me levou ao seu escritório para tentar me reanimar. Foi bondoso e tentou me dar um pouco de água. Enquanto olhava para o meu rosto esperando que eu despertasse, expressou sua surpresa para minha mãe:

— *Das sieht wie ein Mensch aus!* — lamentou. — Isso parece um ser humano! — Continuou dizendo que eu era parecida com a filha dele e até com uma pequena Nossa Senhora. — Ela é realmente uma criança humana!

A doutrinação nazista era tal que os alemães não pensavam em judeus ou nos inimigos do Reich como nada além de gado. Eles nos consideraram algo abaixo do humano. Era exatamente como Freud havia dito — todo indivíduo age de maneira diferente quando está na multidão. A psicologia das massas induz uma espécie de estado hipnótico em que as pessoas fazem tudo o que lhes é dito. Lá estava um homem normal com uma família normal vindo de um lar normal, que todos os dias ia trabalhar com criaturas que não via como pessoas.

Estávamos sempre sendo levadas de um subcampo para outro, todos sob o controle do campo principal de Neuengamme, que ficava numa antiga fábrica de tijolos. No total, mais de 50 mil prisioneiros morreram sob o regime de Neuengamme, muitos deles executados ou transportados por navios no Báltico e acidentalmente afundados pelos Aliados. Por volta de 2 mil prisioneiros morreram por mês de fome e de frio durante o último inverno da guerra.

Em um dos acampamentos onde ficamos alojadas, havia blocos de homens adjacentes aos nossos, na maioria repletos de prisioneiros de guerra, alguns deles tchecos; nós conversávamos com eles pela cerca de arame farpado. Uma das minhas amigas acabou se casando com um homem que conheceu dessa maneira.

Algumas mulheres organizavam encontros secretos com prisioneiros franceses e italianos para ganhar um pouco de pão extra — e conseguiam um pão inteiro por alguns minutos de sexo. E minhas amigas viram o quanto eu estava com fome:

— Por que você não vai lá? — disseram, oferecendo-se para organizar um encontro.

Eu ainda era virgem e levei uma eternidade para decidir, mas depois a fome se tornou demais e acabei concordando. Esgueirando-me para que minha mãe não soubesse, fui levada a uma salinha onde um prisioneiro de guerra italiano esperava por mim, mas dei uma olhada em seu rosto sorridente, entrei em pânico e voltei correndo. Simplesmente não consegui fazer aquilo. Nem nunca contei à minha mãe.

Com a chegada do inverno o clima foi ficando cada vez mais frio e o trabalho, muito mais difícil de enfrentar. Nosso bloco era aquecido, pelo menos, o que não era tão ruim quanto Auschwitz, mas o vento do Norte ainda era muito cruel. Meus dedos das mãos empolaram e ficaram pretos; depois foi a vez dos dedos dos pés. Éramos pele e osso depois de tantos anos de fome, e estávamos seriamente castigadas pelos efeitos do trabalho árduo com pouco alimento.

Eu e minha mãe não éramos apenas inúteis em roubar comida, mas também nunca recebemos nenhum pacote da Cruz Vermelha, de amigos ou familiares. O mesmo aconteceu em Auschwitz, mas isso foi por causa do nosso nome. Depois da guerra as pessoas disseram que mandaram encomendas, mas que por Růžička ser um nome cigano, todas foram para o acampamento cigano. Em Hamburgo, muitos dos prisioneiros recebiam pacotes com salame, queijo ou bolinhos, e por isso desprezavam o pão seco e quase impossível de ser comido do acampamento e faziam uma festa para comemorar. Na esperança de obter a comida rejeitada, encontrei uma maneira fácil de conquistá-la.

Graças à minha gloriosa infância, tinha muitas músicas no meu repertório e também uma voz passável. É algo que eu disse aos jovens durante toda a minha vida. Quando você vai a um concerto ou ao teatro, se aprende um poema ou lê um livro, pode achar que é só por diversão, mas na verdade é como ter um dinheiro no banco que ninguém pode tirar de você. É um capital. Todo poema, toda ópera que você conseguir representar para si mesmo ou para os outros representa um meio de fuga quando o mundo lá fora se torna insuportável. Se você não tiver nenhuma experiência como essa para usar, então você será realmente o mais pobre dos pobres.

As canções mais populares nos acampamentos de Hamburgo eram as dos atores tchecos Voskovec e Werich, donos de um famoso cabaré político.

Sempre que chegavam os pacotes da Cruz Vermelha ou de qualquer outra origem, eu ia logo ver quem eram os felizardos destinatários para conseguir alguma coisa e cantar para eles em troca do pão ou da sopa indesejados. Essa foi a maior lição da minha vida, porque foi assim que aprendi política. Descobri algo que muitas pessoas não sabem até hoje — que não importa o quanto você seja pobre, se a sociedade em que você vive for rica, sempre é possível encontrar uma maneira de melhorar: eles vão descartar algumas coisas de que não precisam e que podem ser suas. São políticas sociais primitivas, que só funcionam se a comunidade for rica, pois se a comunidade for pobre — independentemente do tipo de comunismo que se tenha criado —, todos são pobres e os mais pobres são ainda mais pobres. Eu e mamãe éramos realmente o proletariado dos campos, por isso não só aprendi o básico da economia, mas também sobre humildade e sabedoria.

As canções de Voskovec e Werich salvaram nossas vidas naquele inverno, mas também me causaram problemas na véspera do Natal de 1944. Esse era outro aspecto da perversidade dos alemães. Eles nos espancavam, nos matavam de fome e nos faziam trabalhar como cães, mas na véspera de Natal eles montavam uma pequena árvore de Natal e nos davam um pouco mais de comida. Talvez tenham feito isso por saber que os Aliados estavam chegando. Talvez isso os fizesse se sentir como boas almas cristãs. Nós mal sabíamos que dia era, mas sempre sabíamos quando era Natal porque os alemães comemoravam a data.

Naquele dia, nós estávamos sob supervisão de duas guardas da ss de Ravensbrück. Terminamos o trabalho um pouco mais cedo e estávamos sendo levadas de volta aos nossos barracões quando comecei a cantar uma música de Voskovec e Werich chamada "Zalezí na nás". O título significa "Tudo depende de nós", e o sentido da letra era que não nos importávamos que fosse Natal, que não nos importávamos com nossos grilhões, porque ainda tínhamos nossas cabeças e nossa liberdade estava em nossas mentes. Infelizmente para mim, uma das mulheres da ss era polonesa e entendia tcheco. Quando chegamos ao barracão, ela me segurou e me deixou roxa de tanto me socar. Foi o pior Natal da minha vida e levei vários dias para me recuperar. O nome dela era Eva Maria Goretzka, e foi a nazista que mais tive medo de encontrar depois da guerra. Nunca esqueci seu nome.

Os ataques aéreos aumentaram em intensidade e era comum sermos pegas do lado de fora. Algumas meninas foram mortas enquanto trabalhavam nas áreas industriais, que eram alvos dos Aliados. Comecei a temer ser separada da minha mãe em algum trabalho específico, com medo de que algo pudesse acontecer a ela. Ter passado por todas essas experiências difíceis ao seu lado foi a única coisa que me fez continuar, e ela sentia o mesmo. Com certeza minha mãe só sobreviveu por causa de mim, e eu só sobrevivi por causa dela — e porque eu queria muito viver. Tinha muito amor pela vida. Mais mulheres do que homens sobreviveram aos campos, e acho que isso aconteceu porque os homens eram mais fracos em certos aspectos — o princípio mais essencial de suas vidas era o orgulho, sentimento que foi muito prejudicado pela prisão. Na minha opinião, a mulher é mais prática e sobrevive melhor porque pensa de minuto a minuto, de hora a hora, e não está tão envolvida em princípios.

Como se fazia nos campos, nós aprendemos a esperar pelas coisas mais simples, aproveitando cada fatia extra de pão, uma sopa diferente ou um local mais abrigado do vento. Passar um dia sem ser espancada pelos guardas, talvez contrabandear um pedaço de pão, conseguir uma porção melhor de sopa com um pedaço de batata proporcionava a mesma sensação de contentamento que uma pessoa normal sente quando se envolve num caso de amor bem-sucedido, tem sorte ou ganha na loteria. Esse sentimento da libido — para usar o termo freudiano — é muito relativo. Você não consegue sobreviver sem obter certa satisfação, até mesmo de uma situação das mais anormais.

Dessa forma, as pequenas satisfações começam a tornar a vida quase normal — você se apaixona e arranja um namorado, ainda que qualquer um dos dois possa partir a qualquer momento em um transporte. Você recita poemas. Você canta. Você vive. Caso contrário, cai no desespero e pega a doença de Auschwitz — aqueles olhos mortos. É quando você deixa de ter qualquer satisfação com a vida, e esse é um aspecto que só quem esteve lá é capaz de compreender.

Minha maior satisfação era ver minha mãe todas as noites e saber que ela também havia sobrevivido a outro dia. Fora uma grande bênção ela ter sido escolhida para o trabalho e não para as câmaras de gás, e que, de alguma

CEM MILAGRES 229

forma, tivéssemos continuado juntas desde o começo. Tudo isso mudou durante um dia e uma noite terríveis no dia do meu aniversário de dezoito anos — 14 de janeiro de 1945.

As regras do acampamento diziam que no dia do seu aniversário o prisioneiro receberia uma porção extra de pão. Era realmente algo para se esperar e eu estava literalmente contando os dias. Essa regra era anulada, no entanto, se a data caísse num dia em que fôssemos transferidas de um acampamento para outro. Foi o que aconteceu naquela manhã, quando, de repente, fomos levadas para a fábrica de cimento Tiefstack, onde teríamos que mover enormes blocos de concreto de um lugar para outro.

Minha mãe e eu fomos postas em caminhões separados e, apesar de descontentes com nossa separação temporária, tolamente presumi que a veria em nosso destino. Quando cheguei, no entanto, ela não estava em parte alguma. Fiquei desesperada e arrisquei tomar uma surra perguntando aos guardas onde ela estava, mas um deles me disse que minha mãe tinha sido desviada para outro acampamento, Ochsenzoll, para limpar e fazer café. Não me disseram onde ficava e eu não fazia ideia se ela poderia ser mandada de lá para algum outro lugar. Chorei a noite toda e não consegui dormir. Senti medo de talvez nunca mais voltar a vê-la e fui dominada pelo desespero.

Na manhã seguinte, na *Appell,* fiquei com as outras meninas, tremendo e chorando, e só olhei para cima quando um caminhão apareceu trazendo um grupo de dez mulheres. Minha mãe estava entre elas e correu para se juntar a mim.

Olhei e olhei para ela, mas não conseguia falar nem me mexer. Mal conseguia acreditar que ela estava diante de mim. Nós nos abraçamos. Choramos e ficamos muito felizes. Foi o melhor presente de aniversário de dezoito anos que eu poderia ter. Agarrando-me a ela, me senti dolorosamente ciente de que poderíamos facilmente termos perdido uma à outra para sempre.

Tiefstack não era bom para os meus brônquios. Contraí uma tosse horrível por causa do pó de cimento. Com medo de isso se transformar em algo que pudesse acabar comigo, tentei trabalhar com grupos destacados para outros lugares, sempre tomando o cuidado de levar minha mãe comigo. Um dia, eu e ela fomos mandadas para trabalhar numa casa que estava sendo construída num subúrbio de Hamburgo. Quando chegamos lá, os supervisores civis logo perceberam que nenhuma de nós tinha qualquer conhecimento em construção e então nos mandaram carregar tijolos.

No meio da manhã, de repente as sirenes antiaéreas começaram a soar e aviões começaram a cruzar o céu. Muitas garotas e os homens que nos supervisionavam correram para a casa semiconstruída em busca de abrigo. Quando as bombas começaram a cair, olhei para a direita e para a esquerda, vi uma pequena cabana no meio do canteiro de obras, e eu e minha mãe corremos para lá. Quando entramos, fiquei olhando pela janelinha para ver o que estava acontecendo. Ofegante, vi quando um pequeno clarão vermelho flutuou no chão perto da nossa cabana, indicando onde cairia a próxima bomba. As chamas vieram na sequência — primeiro uma verde, depois uma vermelha, depois uma bomba. Eram como pequenas árvores de Natal, todas iluminadas.

Agarrei minha mãe, joguei-a no chão e deitei em cima dela. Em seguida, uma grande explosão nos cobriu de pó e nos deixou temporariamente surdas. Quando nos levantamos e saímos cambaleando ao som dos zumbidos, o dia tinha virado noite e o ar estava cheio de fumaça. A casa que quase tínhamos terminado estava totalmente destruída. A maioria das pessoas lá dentro tinha sido esmagada e morta.

Em janeiro e fevereiro eles nos mandaram para a floresta, a um lugar chamado Hittfeld, para cavar trincheiras para esconder tanques alemães, que depois tínhamos de cobrir com grama e galhos de árvores. Os tanques deveriam esperar os soldados britânicos que eles sabiam estarem chegando. Foi um trabalho terrivelmente difícil, pois o solo estava congelado naquele que foi um dos invernos mais rigorosos da história da Europa. Naquela época, nós já tínhamos começado a ouvir os canhões da artilharia ao sul, na direção de Hanover, o que era assustador, mas nos fez ter esperança de que a guerra acabasse em breve.

Exausta e entorpecida pelo frio, sentei-me na neve por um momento para recuperar o fôlego. Olhando para baixo, notei pela primeira vez que a neve estava derretendo. Observando as árvores, pude ouvir o canto dos pássaros e senti que a primavera estava chegando com vida nova — e talvez com uma nova esperança.

A esperança foi o que nos manteve por tanto tempo.

Cem milagres 231

Em Pilsen tínhamos esperança de que os alemães não invadissem nosso território, e, caso isso acontecesse, esperávamos que nossos aliados internacionais viessem em nosso socorro.

Depois tivemos esperança de não precisarmos sair da nossa casa e ser transportados para um gueto ou um acampamento, como muitos.

Ainda em Terezín, nós tínhamos esperança de não sermos mandados a um lugar como Auschwitz.

Em Auschwitz, tínhamos esperança de não sermos enviados para as câmaras de gás.

Quando ouvíamos os canhões e víamos os aviões em Hamburgo, tínhamos esperança de que a guerra terminasse logo.

Como sempre, porém, a esperança foi desfeita.

Cerca de uma semana depois de eu ter sentado na neve e sentido aquele lampejo de esperança, eu e mamãe fomos brutalmente acordadas com as demais prisioneiras e postas em caminhões. Assim como nós, os alemães sabiam que a guerra estava chegando ao fim, e a última coisa que queriam era deixar qualquer evidência de seus crimes.

Na terceira semana de fevereiro de 1945, fomos novamente jogadas em vagões de gado para nossa "marcha da morte" e transportadas 120 quilômetros para o sul, para o que seria o pior campo de concentração da nossa guerra.

Se Auschwitz era o Inferno, aquele era o Inferno Profundo, a parte mais baixa do Inferno. Seu nome era Bergen-Belsen.

11. Jindřichův Hradec, Tchecoslováquia, 1968

A NOITE EM QUE O EXÉRCITO soviético invadiu a Tchecoslováquia está gravada para sempre em minha mente. Era 20 de agosto de 1968.

Tinha sido um verão glorioso e, no dia anterior, eu havia me instalado
num quarto que aluguei de uma família que conhecia numa cidadezinha
no sul da Boêmia, onde daria um concerto em um festival de música no dia
seguinte. Viktor estava trabalhando numa nova composição na casa de sua
família na cidade vizinha de Jindřichův Hradec, mas foi me fazer companhia.

Naquela manhã, entretanto, ele estava com uma dor de dente tão forte
que resolveu ir a Praga para se consultar com seu dentista. Eu me ofereci
para ir junto, mas mudei de ideia um quilômetro depois que partimos.

— Me desculpe, mas eu preciso trabalhar, Viktor — falei. — Acho melhor voltar e ensaiar para a apresentação de amanhã.

Ele voltou para me deixar em meu quarto alugado e viajou para Praga
sozinho. Como planejado, pratiquei o dia todo e depois fui dar uma volta. Fazia um dia lindo e encontrei uma mulher que conheci através de Viktor, que
trabalhava como moderadora na Rádio Tcheca. Ela me disse que só agora
tinha conseguido tirar suas férias de verão por causa da importante conferên-
cia política realizada recentemente perto da fronteira entre a Eslováquia e a
URSS, entre o líder soviético Leonid Brezhnev e nosso novo primeiro-ministro, Alexander Dubcek. As conversações tinham como objetivo resolver suas

diferenças em relação aos controversos planos de liberalização de Dubcek, que ficaram conhecidos como a Primavera de Praga.

— Parece que as conversações foram bem — comentou a moderadora —, e agora que tudo se resolveu eu vou tirar uma folga.

Ela estava de bom humor, assim como eu. Havia uma mudança na atmosfera desde a eleição de Dubcek em janeiro. Suas reformas políticas, surpreendentemente radicais — apelidadas de "socialismo com rosto humano" — trouxeram mudanças que nunca sonháramos ser possíveis. Decretou a abolição da censura, o relaxamento das restrições a viagens, à mídia e à liberdade de expressão. Em teoria, isso significava que podíamos viajar para o exterior e falar abertamente sobre o governo, ainda que — depois de tantos anos de repressão política — poucos realmente se atrevessem.

Eu me sentia muito mais eufórica sobre as mudanças que Viktor, que se mostrou cético desde o primeiro momento. Senti que isso era uma evolução natural, e realmente acreditava em um socialismo com rosto humano. Ele tinha suas dúvidas.

Minhas esperanças foram reforçadas pelo Festival da Primavera de Praga daquele ano, que foi especialmente memorável com a chegada à cidade do mundialmente famoso pianista Arthur Rubinstein. Ele tocou o "Concerto para piano em si maior", de Brahms, com a Filarmônica da Tchecoslováquia e gostou tanto da experiência que no dia seguinte deu um recital inesperado de Chopin. Eu o conheci depois e o achei cheio de energia e muito sociável, um articulado refugiado judeu da Polônia que falava pelo menos cinco línguas.

Foi um período muito estranho da história, logo após a Crise dos Mísseis de Cuba, quando Khrushchev e Kennedy se enfrentaram diretamente. O mundo encontrava-se no auge da Guerra Fria e a situação estava ficando cada vez mais tensa. A ditadura comunista de Moscou de repente parecia menos suportável, e esse sentimento se espraiou pelo nosso país. A revolta começou com pessoas do meio cultural e artístico, mais, principalmente, o Congresso dos Escritores, que exigiu menos censura e mais liberdade. Isso continuou até 1967, quando eles pressionaram nosso então presidente Nowotny a renunciar. Dubcek entrou em cena como alguém "digno de confiança", mas era um enigma. Comunista desde a infância, a certa altura ele e a família emigraram para a União Soviética, mas ele acabou se mostrando um homem bom e justo que se tornou o ídolo do movimento revolucionário de 1968. O que ele tentou fazer na Tchecoslováquia foi extraordinário, mas também ingênuo. Em alguns aspectos foi longe demais. Eu era uma otimista, disposta a acreditar que poderia haver uma terceira via, mas Viktor sempre foi realista e nunca acreditou que isso pudesse se tornar realidade.

A liderança soviética achava que Dubcek era um deles e ficou chocada com as reformas propostas. Observavam atentamente de Moscou, temendo que suas ações fossem antissocialistas. Depois de expressar suas preocupações e tentar diminuir o ritmo das mudanças, insistiram na reunião na fronteira, que durou vários dias. Quando Dubcek retornou sorrindo e as conversas pareciam ter sido um sucesso, esperávamos que o Kremlin o deixasse em paz para prosseguir com seus planos. Eu já tinha aceitado um convite para fazer uma turnê pela Austrália com Josef Suk, bem como apresentações em Bruxelas, em Viena e em Berlim Ocidental, e Viktor e eu estávamos discutindo para onde poderíamos ir juntos — se tivéssemos permissão.

Na noite de 20 de agosto de 1968, fui me deitar cedo e pretendia dormir até tarde, algo que raramente acontecia e só quando Viktor não estava em casa. Bem cedo na manhã seguinte, a senhoria da minha casa, a sra. Krausová, me acordou, batendo forte na minha porta.

— Senhora Růžičková, acorde! Venha ouvir o rádio. Não sabemos se é uma representação ou se é realidade. Senhora Růžičková, os russos nos invadiram!

Enfiei algumas roupas e corri escada abaixo para ouvir o rádio anunciar que os soviéticos — auxiliados por milhares de soldados dos países do Pacto de Varsóvia — tinham invadido a Tchecoslováquia durante a noite. Minhas pernas bambearam e tive que me sentar.

Quando o locutor acrescentou que os tanques soviéticos estavam nas ruas de Praga, tudo em que consegui pensar foi em Viktor e em minha mãe, que se encontravam na cidade. Meus pensamentos se voltaram para um episódio ocorrido no começo do ano, quando fui convidada a participar de um documentário alemão sobre a Primavera de Praga. Eles queriam que eu tocasse uma das composições para cravo de Viktor na frente do Grand Hotel

CEM MILAGRES 235

Praha, na praça da Cidade Velha, mas chovia muito forte. Todos os dias nós aparecíamos por lá, mas continuava chovendo. Afinal a equipe de filmagem fez as malas.

— Vamos voltar em setembro, quando o tempo melhorar — disseram.

— Sim, o tempo vai estar melhor — concordou Viktor. — Só que nós vamos estar cercados por tanques soviéticos.

A equipe foi pega de surpresa.

— Do que você está falando? Que coisa terrível!

— Você vai ver — Viktor replicou.

A equipe de filmagem alemã nunca mais voltou.

Desesperada por notícias de Viktor e da minha mãe, saí do meu alojamento e fui até a casa do meu sogro em Jindřichův Hradec. Ele também não tinha telefone, mas toda a família estava reunida e ficamos esperando que Viktor mandasse alguma notícia.

Tomamos um café forte e fumamos, sentados ao redor do rádio e assistimos à televisão, chorando. Sabíamos muito pouco e temíamos pelo pior. Eu lamentava profundamente, porque tinha ingenuamente achado que a vida iria melhorar e nunca esperei uma coisa como aquela. Logo depois da invasão, o Kremlin emitiu uma declaração dizendo que as tropas do Pacto de Varsóvia haviam sido "mobilizadas para ajudar o fraternal povo tchecoslovaco". O governo tcheco pediu para a população manter a calma e ordenou que nossos soldados permanecessem nos quartéis.

A equipe da emissora continuou a transmitir até pouco antes de a estação de rádio ser tomada pelas forças invasoras, com a perda de 22 vidas. Emocionados, anunciaram que milhares de manifestantes encontravam-se nas ruas, usando carros e ônibus como barricadas, alguns deles incendiados. Alternamos entre a Voz da América e a Rádio Europa Livre, que havia muito tempo nos mantinham informados sobre os acontecimentos em nosso próprio país. Eles disseram que as forças de ocupação estavam se aproximando de Dubcek e seus ministros e que a polícia secreta estava prendendo pessoas acusadas de serem "contrarrevolucionárias".

Estremeci. O que isso significava? Eu e Viktor não éramos partidários e éramos membros dos comitês artísticos de nossos sindicatos. Isso contava? Onde estava Viktor? Estaria em segurança?

É difícil descrever o sentimento de opressão que sentimos nos primeiros dias após a ocupação. Dubcek e seus partidários foram levados de avião para Moscou, e tememos que nunca mais voltassem. Mais uma vez, vivenciamos aquele sentimento de que a verdade nunca poderia vencer, apenas a força bruta. Não conseguia acreditar que houvesse outro regime como o dos nazistas — tão cruel, tão estúpido, tão antissemita. Pensei que isso não podia ser verdade.

Depois de dois dias ainda não tínhamos notícias de nossos entes queridos, e saí da casa para tomar um ar fresco e comprar algumas provisões enquanto ainda podíamos. Quem diria que encontraria minha mãe na cidade? Ela havia acabado de voltar de Praga com Viktor, que de alguma forma conseguiu gasolina para reabastecer o carro e voltar para o sul da Boêmia.

— Viemos assim que pudemos — explicou minha mãe. — Tivemos que abrir caminho em meio a centenas de tanques. Por um tempo, uma lebre correu ao lado do nosso carro como se também estivesse tentando fugir.

Foi um alívio encontrar os dois. Com 72 anos, minha mãe contou que quando os tanques chegaram ela foi às ruas discutir com os soldados.

— O que vocês estão fazendo aqui? Vocês sabem mesmo onde estão? — ela perguntou.

Vários jovens confusos reconheceram que nem haviam sido informados de que estavam na Tchecoslováquia. Achavam que tinham invadido a Áustria ou a Alemanha e que os soviéticos estavam em guerra. Minha mãe explicou:

— Nós estamos desarmados. Nós somos seus irmãos e irmãs. Não somos o inimigo. Voltem para casa.

Milhares de tchecos tomaram as ruas para protestar, proferir insultos e atirar objetos contra os soldados. Muitos borraram os nomes de ruas para confundi-los, ou pintaram suásticas nas laterais dos tanques de ocupação. As pessoas eram aconselhadas a usar camadas extras de roupas para o caso de serem agredidas pelos soldados ou pela polícia do Estado, para que não doesse tanto. Viktor foi para a estação de rádio onde trabalhava para saber se poderia ajudar. Encontrou todos em estado de pânico e, enquanto estava em seu escritório, os soviéticos arrombaram a porta e entraram. Teve sorte de não ter sido preso, ou pior. Só quando os soldados russos vasculharam todo o prédio que perceberam que as transmissões ao vivo que pretendiam interromper estavam vindo de outro lugar — um local secreto. Além disso, várias estações de rádio ilegais surgiram de imediato para continuar relatando o que acontecia.

Viktor e minha mãe ficaram muito abalados com os acontecimentos e sabiam que tinham de sair de Praga. Mamãe ficava dizendo que saiu do nosso apartamento tão depressa que nem sabia ao certo se tinha desligado o gás.

Estávamos todos tão confusos e assustados que tivemos um sobressalto quando bateram na porta do nosso esconderijo no campo. Não eram os soviéticos nem a polícia secreta, no entanto. Era o prefeito de nossa pequena cidade pedindo para entrar:

— Acho que vocês estão em perigo. Não você especialmente, Viktor, mas Zuzana, por estar viajando para o Ocidente o tempo todo. Gostaríamos de esconder vocês. A cidade tem uma casamata da Segunda Guerra. Vocês podem ficar lá e nós vamos levar comida até o perigo acabar — ele nos disse.

As pessoas foram muito solidárias umas com as outras durante esse período terrível. Estávamos todos unidos pela nossa raiva dos soviéticos, bem como da Hungria, Polônia, Bulgária e Alemanha Oriental, que juntaram forças para reunir pelo menos 250 mil soldados para invadir nossas fronteiras. Nós agradecemos ao prefeito por sua oferta e ficamos torcendo para que não precisássemos aceitá-la.

Depois de mais dois dias sem nenhum grande acontecimento no sul da Boêmia, decidimos que era hora de fazer alguma coisa. Tendo perdido suas casas anteriores, minha mãe estava preocupada em perder o nosso apartamento. Assim, quatro dias depois da invasão e quando soubemos que o primeiro ônibus iria partir para Praga, ficou combinado que eu iria verificar se tudo estava em ordem.

Saí com uma lista de instruções sobre o que fazer e o que trazer de volta. Viktor me disse para usar nosso telefone recém-instalado para ligar para nossos amigos e tentar descobrir o que estava acontecendo:

— Veja se eles estão em casa, se foram levados pela polícia secreta ou se fugiram.

Minha mãe queria que eu trouxesse nossas preciosas fotografias, comida e roupas.

Quando cheguei a Praga, havia tanques e soldados soviéticos em todas as esquinas, além de carros e bondes queimados. A atmosfera era horrível.

Tudo estava bem em nosso apartamento, o gás estava desligado e em segurança. Imediatamente acendi todas as luzes para que qualquer pessoa que passasse soubesse que eu estava lá. Peguei o telefone e passei o dia ligando para todo mundo, de Josef Suk a Karel Ančerl, mas não encontrei ninguém em casa — ou ao menos ninguém atendeu.

Consegui encontrar alguns amigos do outro lado da cidade. Quando ficaram sabendo onde eu estava, eles desafiaram o toque de recolher das dezenove horas.

— Você não pode ficar sozinha. Nós ficaremos aí com você — disseram.

Quando o telefone tocou na manhã seguinte, fiquei surpresa e atendi com desconfiança. Era uma produtora da ABC, a estação de rádio da Australian Broadcasting Corporation, ligando para confirmar se eu ainda poderia ir a Berlim Ocidental em dois dias para gravar uma entrevista na rádio sobre minha próxima turnê pela Austrália.

— Você não leu o jornal, senhora? — perguntei, incrédula.

— Não. Por quê?

— Então sugiro que você faça isso — falei, desligando o telefone, pois sabia que os russos estariam ouvindo tudo que eu dizia.

O telefone tocou de novo logo em seguida e era Margot Vogl, mulher de meu primo em segundo grau, ligando da Inglaterra. Ela tentou ser discreta.

— Você vem para Londres para a turnê que planejou? — perguntou enigmaticamente. — Traga Viktor com você. É claro que nós podemos oferecer casa e comida para vocês.

Sabia que ela estava empenhada em nos abrigar se resolvêssemos fugir.

— Não, a turnê foi cancelada e eu não vou mais, Margot, e Viktor também não — disse, depois de agradecer a oferta.

Depois que desliguei, Margot ligou de novo, meia hora depois:

— Tentei ligar de volta — explicou —, mas fui encaminhada para uma garota do correio que falou que você não estava em casa. Eu disse que ela estava enganada, pois tinha acabado de falar com você. A menina respondeu: "Sim, a senhora Růžičková está em casa e pretende ficar lá".

* * *

O que eu mais temia durante todo o tempo que passei em Praga sozinha era que as pessoas continuavam protestando e pintando slogans nas paredes que diziam: "Vá para casa, Ivan!". A União Soviética poderia resolver separar as regiões para mitigar o descontentamento, o que resultaria em as pessoas não poderem viajar de uma cidade para a outra.

Se isso acontecesse, eu ficaria presa sozinha em Praga enquanto Viktor e minha mãe estivessem presos no interior. Ansiosa para voltar e ainda com medo de ser pega em uma contrarrevolução, retornei o mais rápido que pude. Assim como fez durante a guerra, minha mãe garantiu que ficaríamos seguros, aquecidos e alimentados no que poderia ser outro conflito em grande escala. Ela e a família de Viktor armazenaram tudo o que poderíamos precisar durante meses de estado de sítio, para estarmos tão preparados quanto possível para o que acontecesse a seguir.

Nossa vida ficou suspensa em um limbo. Minha apresentação em Bruxelas já estava agendada, e eu e Josef Suk deveríamos nos apresentar primeiro em Viena e depois na turnê da Austrália, mas não tínhamos ideia se ainda poderíamos ir. Todos os concertistas tchecos mais importantes estiveram em turnês durante o verão de 1968, e muitos decidiram não voltar.

Aqueles de nós que continuavam presos na Cortina de Ferro se sentiam completamente desamparados. Lembro-me de Josef Suk vindo nos visitar, muito deprimido. Ele nunca ia a lugar nenhum sem seu maravilhoso violino Stradivarius, emprestado pelo Estado, e lembro que depois do nosso primeiro ensaio após a invasão soviética, ele guardou o instrumento no estojo com um suspiro:

— Não vejo mais sentido nisso.

Estávamos todos com medo de recomeçar e desesperados por não saber de nada. As estações de rádio ilegais informaram que artistas e políticos famosos estavam sendo presos. Soubemos depois que vizinhos deles removeram todos os nomes das casas para os soldados não saberem onde moravam. A impressão era de que estavam prendendo somente ativistas políticos, por isso esperávamos estar seguros.

Não havia uma grande contrarrevolução em Praga como imaginávamos, apesar da indignação e da condenação internacional. Depois da primeira onda de protestos, em que bandeiras soviéticas foram queimadas e várias pessoas se suicidaram publicamente, a população se resignou e ficou apática. Esperavam que Dubcek e Brezhnev chegassem a um acordo, mas não houve negociação. Os soviéticos insistiram em que não tinham escolha a não ser implantar o que eles chamavam de "linha-dura". Os líderes tchecos foram ameaçados de prisão se não assinassem um protocolo concordando com a reversão de todas as reformas. Dubcek concordou, acompanhado pela maioria de seus ministros. Quando voltou para o país, implorou que não houvesse mais violência, o que afirmou que seria um desastre.

A Primavera de Praga tinha chegado ao fim.

Apesar da piada de Viktor com a equipe de filmagem alemã, na verdade a situação não era o que esperávamos e ainda estávamos em choque. Só podíamos aguardar que Dubcek continuasse no cargo e encontrasse alguma solução, mas isso também não aconteceu. Em um ano ele renunciaria, seria expulso do Partido e iria trabalhar no serviço florestal. Seu substituto seria Gustáv Husák, designado para implantar a chamada "normalização".

Seguiram-se inúmeros expurgos e expulsões do Partido, e todos tiveram de assinar uma proclamação de que nos enganamos acerca da Primavera de Praga e que estávamos sob a influência da propaganda ocidental. Também tivemos que declarar o que aprendemos com a crise de 1968.

O que aprendemos? Sim, nós aprendemos alguma coisa. Aprendemos a não ter esperanças.

Em setembro de 1968 ainda era possível atravessar as fronteiras, e cerca de 30 mil tchecos fugiram. Passamos muito tempo pensando em emigrar, e discutimos sobre isso com Josef Suk durante uma noite inteira, até o amanhecer.

Nós tínhamos algumas opções. A turnê da Austrália foi cancelada, mas fui autorizada a tocar em Viena e em Bruxelas. Na época, eu contava com outro parceiro musical estável, um brilhante violoncelista chamado János Starker, com quem já havia me apresentado muitas vezes. Foi como com Suk — nós tocamos e descobrimos que a química era perfeita. Mais uma vez, dissemos: "Nós somos uma dupla. Ninguém vai tocar com você e ninguém vai tocar comigo". E saímos tocando pelo mundo todo. Ficamos muito amigos, e Starker também pediu a Viktor para compor algo para ele.

Starker ocupava uma posição de destaque na Escola de Música Jacobs, da Universidade de Bloomington, em Indiana, nos Estados Unidos, mas foi para Praga em 1968 e me ofereceu um cargo lá se resolvêssemos desertar. Também fez convites para que eu me apresentasse na universidade e no Metropolitan Museum, em Nova York, que era outra maneira pela qual poderíamos ter fugido. Eu teria levado minha mãe para morar com sua irmã Elsa, em Nova York, e depois ocupado meu lugar como professora, em Indiana. Viktor tinha um amigo que lhe arranjaria um emprego na Vassar College, no norte do estado de Nova York. Nosso futuro nos Estados Unidos estava assegurado.

Josef e eu concordamos que deveríamos ao menos seguir em frente com o nosso recital de Viena e tocar a "Sonata para violino e cravo", de Viktor, que ele havia composto especialmente para nós. Já havíamos estreado no Rudolfinum naquele ano e foi um grande sucesso em todo o mundo, especialmente em Nova York. Josef viajou primeiro para Viena com a esposa e concordamos que se alguma coisa ruim acontecesse — se nossos amigos fossem presos ou se a situação piorasse —, ele mandaria um telegrama dizendo que a apresentação estava cancelada. Esse seria nosso sinal para também ir a Viena. Esperávamos que as autoridades fossem tolerantes e nos deixassem sair, pois assim poderíamos ficar em Viena por um tempo até decidirmos o que fazer.

Nunca perdi contato com Hugo Lenk, o homem que tinha substituído Fredy Hirsch em Auschwitz. Desde então, ele mudara de nome para Pavel Ledek e — depois de algum tempo como diretor da Pragokoncert — emigrou para Viena, de onde também se ofereceu para nos ajudar, mas afinal nós não precisamos. Eu e Suk tocamos a sonata para quase nenhum público e voltamos.

O problema era que nós estávamos diante do mesmo dilema que meu pai enfrentou depois de 1939. Assim como ele, achávamos que deveríamos ficar com nosso povo na Tchecoslováquia. Sair do nosso país não teria sido uma coisa muito corajosa, mesmo que fosse para escapar daquela situação sufocante. Outra coisa que percebi foi que provavelmente eu poderia ter emigrado, mas não Viktor, que teria murchado sem sua região campestre e sua língua. Sempre se sentiria um estranho entre estranhos. Talvez conseguisse resistir por um ano, mas não poder voltar mais, nunca mais ver seu país teria sido demais. A natureza no sul da Boêmia era uma grande fonte de inspiração para Viktor, e muito disso pode ser ouvido em suas composições. Ele teria sentido muita saudade de casa e, provavelmente, não teria aguentado. O mesmo acontecia com Suk, que era um grande patriota.

O maestro Karel Ančerl emigrou quase de imediato. Ele já tinha perdido a primeira esposa e o filho em Auschwitz, e nem imaginava arriscar sua nova família, especialmente quando ressurgiam os sinais de antissemitismo, desde o início. Lembro-me de ter encontrado o maestro, que estava no Comitê Central do Partido Comunista, e ele ficou chocado ao me ver depois da ocupação.

— O que você ainda está fazendo aqui, Zuzana? — perguntou. — Como judia, é muito perigoso você ficar!

Karel Ančerl tinha muito medo de passar por tudo aquilo de novo. Nós dois tínhamos uma casa de verão não muito longe uma da outra, no sul da Boêmia; eu e Viktor fomos visitá-lo, conversamos várias vezes e ele nos disse o que estava pensando. Logo depois, levou sua nova esposa e os dois filhos para o Canadá, onde se tornou o principal regente da Sinfônica de Toronto e de onde se correspondia secretamente conosco. Retornou apenas uma vez, em 1969, para o Festival de Música da Primavera de Praga, quando ainda era possível para ele voltar. A Filarmônica da Tchecoslováquia lhe deu uma recepção calorosa, mas mesmo assim ele não ficou.

No fim, decidimos permanecer em nosso país, apesar de a atmosfera se tornar cada vez mais opressiva e do nosso desejo de liberdade. Muita gente proeminente ainda estava sendo presa ou expulsa. Todos nós estávamos sendo vigiados. Nossos telefonemas eram ouvidos. Nossas conversas eram monitoradas. As autoridades sabiam de quem éramos amigos e se estávamos de acordo com as novas leis que, cada vez mais, nos restringiam.

Viktor caiu em depressão profunda, mas ele era tão bom em se expressar que poderia ter sido um escritor. Nunca parou de compor e foi ainda mais prolífico nesse período, compondo para muitos instrumentos diferentes. Expressou seus sentimentos especialmente em algumas de suas sonatas e na sua comovente "Sinfonia nº 3, opus 33", criada em 1970 para refletir os tempos. Não demorou muito para sair da Rádio de Praga para se dedicar integralmente à sua música.

Mais uma vez, estávamos iludidos, pois ainda nos restava alguma esperança. Os que se lembravam da Primeira República tinham esperança de que aquele tempo voltasse.

Estávamos vivendo uma nova era — não stalinista — mas igualmente cruel. Era uma forma muito mais sofisticada de tortura. Nossos entes queridos eram fisicamente mantidos como reféns ou usados como moeda de troca emocional das formas mais indelicadas. A mensagem era: se fizerem isso, seus filhos não terão permissão para estudar, seu marido ou esposa perderá o emprego de professor, médico ou na universidade, e sua mãe ou pai não receberão o tratamento hospitalar necessário. Estavam sempre ameaçando seu ente mais próximo e mais querido.

Quando você estava em um restaurante — que passaram a ser classificados da primeira à quarta classes — não podia falar abertamente sobre nenhum assunto. Havia dispositivos de escuta ocultos em todos os lugares. Se um grupo de mais de três estudantes se encontrasse no corredor da universidade ou se reunisse em um bonde, sempre havia alguém para interromper a reunião, no caso de ser considerada subversiva. As pessoas eram incentivadas a espionar umas às outras e relatarem as informações. Cidadãos eram assediados e, muitas vezes, impiedosamente perseguidos pelo menor delito. Dezenas de escritores e músicos tiveram suas propriedades confiscadas. Quase nenhum novo livro foi publicado durante esse período.

Nós todos vivemos sob constante ameaça durante esse processo de "normalização". A menos que você fosse pago em moeda estrangeira como eu, só conseguia atingir certo limite em sua carreira. Se não estivesse no Partido Comunista, nunca teria permissão para chegar a uma posição acima de certo nível de importância. Sua carreira era bloqueada. Viktor tinha um bom amigo, Karel Matoušek, que se interessava por política local, mas não lhe foi permitido desenvolver esse talento durante o regime comunista. Poderia ter sido prefeito ou talvez senador e ter uma carreira política maravilhosa. Depois da revolução, ele logo foi nomeado prefeito de sua cidade e depois reeleito três vezes. O mesmo aconteceu com Ivana, uma professora que conhecíamos, que lecionava na escola primária local. Ela fazia um trabalho maravilhoso, mas acho que poderia ter ensinado alunos mais velhos do curso médio, não só crianças pequenas. Assim como Viktor não podia ser diretor da estação de rádio e eu não tinha permissão para dar aulas de cravo, todos nós perdemos não somente os melhores anos que poderíamos ter usado para a nossa carreira, mas também o melhor que a sociedade poderia ter obtido de nós.

Essa opressão durou anos, junto com a ameaça de guerra, que era iminente naquela época. Depois da ocupação, circulou uma piada em Praga que resumiu perfeitamente a situação: "Não bata a cabeça na parede, você pode soltar uma pedra e matar o prisioneiro da cela ao lado". A mensagem era que cada ação correspondia uma reação, e que se você fizesse algo ilegal, isso afetaria adversamente as pessoas mais próximas.

O sentimento de opressão me impressionava ainda mais quando me deixavam sair do país — e eles continuavam deixando, pois as autoridades estavam mais ansiosas que nunca pela moeda estrangeira que eu poderia trazer. Eles me mandaram para ser jurada de literalmente centenas de concursos e para muitos concertos, famintos pelos meus rendimentos. Só que eu passara a ter que preencher um longo questionário dizendo onde tinha ido, quem tinha conhecido e com quem me correspondia. No fim dos anos 1960, fui convidada para a Academia Real de Londres para fazer uma palestra sobre as cantatas de Bach, e depois alguns alunos se aproximaram e me convidaram para tomar um vinho. Eu quase chorei ao pensar que nossos estudantes jamais poderiam se reunir daquela maneira e convidar um professor estrangeiro para discutir suas ideias.

Em outra ocasião, fui convocada pelo secretário da Faculdade de Praga, o principal comunista de lá, que me pediu para passar um recado a um professor de quem eu era amiga:

— Por favor, diga que sabemos que ele anda contando piadas políticas — disse o secretário, ameaçadoramente. — Diga para ele parar.

A vida seguiu em frente, como sempre acontece, e eu e Viktor continuamos trabalhando, ensinando e tocando. Em agosto de 1969, organizei um curso de interpretação internacional de música barroca na academia com o professor Jiří Reinberger. O primeiro ano abordou harpas e órgãos e contou com a presença de músicos de nove países. No ano seguinte abrimos o curso para clarinetes e fagotes.

Pouco depois, encontrei-me na academia com Karel Sádlo, ou KPS, meu ex-professor de música de câmara, que disse que eu iria receber um prêmio estatal de Artista de Mérito por minha contribuição musical ao país. Viktor já tinha recebido esse mesmo prêmio naquele ano. O professor Sádlo estava com um estranho sorriso nos lábios quando me perguntou que música eu gostaria de tocar na cerimônia.

— Você sabe, eu preferiria não receber nenhum prêmio no momento, se não houver problema — retruquei, perplexa.

Ele entendeu de imediato, mas uma semana depois conheci uma cantora famosa — talvez por acaso, talvez não tão por acaso assim. Essa soprano era membro do novo "comitê de normalização" e me lançou um olhar ameaçador.

— Ouvi dizer que você recusou o prêmio do Estado. Por que fez uma coisa dessas? Não se recusa um prêmio do Estado — disse.

Não muito tempo depois, eu estava gripada e de cama quando alguém tocou a campainha e me entregou uma carta oficial. Eu deveria comparecer ao Castelo de Praga na manhã seguinte às onze da manhã para receber o meu prêmio. Não houve aviso, não me disseram nada nem me deram a opção de recusar. Normalmente, quando alguém recebe esse prêmio, a impressa fotografa e um anúncio público é feito. Dessa vez não houve nada e eu não podia dizer não, pois a cerimônia seria no dia seguinte. Foi curioso.

Fiquei muito envergonhada por ter de aceitar um prêmio numa época em que o governo estava denunciando tudo e todos com reportagens terríveis na imprensa diária. Pensei em meu pai, tão orgulhoso e corajoso, e me perguntei o que ele pensaria de mim indo para aquele castelo, mas eu não tinha escolha. Não queria perder minha música.

Eu tinha lutado muito tempo para ter de passar por aquela indignidade.

Uma das razões pelas quais eles me obrigaram a aceitar aquele prêmio e outros tantos mais tarde era a propaganda favorável no Ocidente de que a "cravista mundialmente famosa" Zuzana Růžičková tinha aceitado os prêmios do Estado. Se eu não tivesse aceitado, o mais provável é que me impedissem de viajar e até mesmo de tocar. Tenho certeza que algumas pessoas podem ter visto minhas aparições nessas cerimônias e na televisão como uma espécie de conivência com os comunistas, mas estava longe de ser verdade. Em vez disso, continuei a viajar, a tocar e a mostrar ao mundo que a Tchecoslováquia era um país de grande cultura, música e talento.

Os comunistas não tiveram a palavra final.

Era deprimente, mas parecia improvável que algo mudasse. Brezhnev tinha pleno domínio da União Soviética e de todos os países-satélites e continuaria no poder por mais quatorze anos. Dubcek já era passado. Achou que Brezhnev e seu governo entenderiam que o que ele estava tentando fazer na Tchecoslováquia era um progresso. Mas, sem querer, nos fez regredir anos. O período imediatamente após a ocupação foi cinzento, sem alegria, nada era permitido. Estávamos muito desanimados.

Só em 1985 com a ascensão de Mikhail Gorbachev ao Kremlin que alguém afinal entenderia o que Dubcek havia tentado fazer. Até então, ainda éramos escravos de ditadores e tiranos — como acontecia desde 1939. Havia uma terrível simetria em tudo isso. Só que, como todos os escravos — mesmo os que são aterrorizados pelo regime —, ainda sonhávamos com a liberdade e às vezes nos comportávamos de maneira insolente.

Como Viktor me disse: "Não se pode ser escravo para sempre".

Nos anos que se seguiram à invasão soviética, eu e Viktor recebemos muitas cartas do Ocidente nos parabenizando por termos ficado. "Seu povo precisa de vocês", nossos amigos escreviam. "Vocês não sabem o quanto sua música será importante para eles."

Havia apenas duas emissoras de televisão naquela época, uma que transmitia propaganda comunista o dia todo e outra que transmitia basicamente música clássica. Então, qualquer pessoa que não fosse simpática ao Partido ou que não compartilhasse da retórica mudava para o canal de música.

Eu já tinha aparecido na televisão tcheca algumas vezes, mas agora que ganhava a reputação como musicista internacional, era convidada com muito mais frequência. Eu mesma propus uma série para discutir a importância de Bach, pesquisando sua vida e convidando pessoas de todas as classes que fossem admiradoras de sua música para irem ao programa. Adorei a experiência, porque aquelas pessoas comuns me contavam quando tinham ouvido Bach pela primeira vez, ao passarem por uma igreja ou numa sala de concertos, e como isso havia mudado suas vidas. Um homem relatou: "Eu senti como se tivesse ouvido uma voz de cima que me disse que Bach sempre deveria ser tocado na igreja".

Cem milagres 247

Com meu novo prestígio, comecei a ser paga com um cupom conhecido como Tuzex. Podia ser usado em lojas especiais da Tuzex, onde se comprava roupas, álcool e cigarros não disponíveis em outros lugares. Nós o usávamos principalmente para economizar nosso dinheiro para comprar um carro. Isso demorou muitos anos.

Durante um curto período houve certa tendência de não me deixarem sair do país, mas em uma ou duas ocasiões recebi permissão para viajar, quase sempre com Josef Suk, e nenhum de nós sabia por que às vezes nos negavam o visto e outras vezes não. Depois de algum tempo, encontrei um amigo que era um comunista proeminente.

— Felizmente, o seu problema foi resolvido — ele me falou.

— Que problema? — perguntei.

Ele ficou surpreso:

— Você não sabe? Houve uma reunião do Comitê Central e alguém sugeriu que você não deveria mais sair do país porque não é membro do Partido, os capitalistas financiam suas apresentações e toda sua fama é um produto artificial da propaganda ocidental. Eles sugeriram que o comitê promovesse outro duo, um violinista e um pianista. Aí alguém perguntou: "Vale a pena o escândalo?". E todos concordaram que não valia.

O comitê sabia que muitas perguntas seriam feitas no Ocidente se, de repente, fôssemos impedidos de viajar. Além do mais, eles precisavam de nosso dinheiro e prestígio, por isso continuaram nos deixando sair do país, mas acharam que teriam de nos "punir" de alguma forma por nossas conexões subversivas com o Ocidente. Depois de pensar um pouco, decretaram que não poderíamos tocar em resorts. Foi o único castigo em que conseguiram pensar.

As chamadas "normalizações" demoravam a ser implantadas, e o novo diretor da Pragokoncert administrou bem o departamento de música clássica, aceitando convites em meu nome. Eu ainda estava dando cursos em Zurique para alguns músicos famosos, e de lá conseguia viajar para outros países do Ocidente, como para o festival de verão Schwetzingen, na Alemanha, em 1971, onde me apresentei com o violoncelista húngaro János Starker. Foi uma viagem despreocupada para mim, porque János era um grande piadista e me lembro que, depois do festival, eu me troquei para o jantar e percebi que ainda estava com meus sapatos dourados de concerto — e um vestido de verão. Meus sapatos casuais tinham ficado trancados no castelo. No dia seguinte, estava de volta às minhas aulas quando János apareceu de repente na porta, com os meus sapatos na mão.

— Zuzana, você esqueceu isso ontem à noite — disse com uma piscadela.

Claro que todos acharam graça.

O diretor da Pragokoncert era meu titereiro, quem me telefonava e dizia: "Você vai para a Armênia por três semanas de tal data a tal data". Normalmente eu não tinha escolha e ainda havia muitos lugares aos quais eu não queria ir. Em 1970, quando me disseram que eu estava indo para a Turquia, Viktor teve a atitude incomum de intervir:

— Está havendo uma epidemia de cólera na Turquia — falou. — Vou ligar para a agência e dizer que você não pode ir.

Foi exatamente o que fez, mas a resposta deles não foi bem a que esperava.

— Muito bem — responderam. — Nesse caso, ela vai para o Irã.

Cheguei a Teerã quando o xá ainda estava no poder, antes do aiatolá Khomeini. A cidade era linda — meio parecida com Paris, com mulheres elegantemente vestidas e belos automóveis. A embaixada tcheca me presenteou com um enorme buquê de flores e fui muito bem tratada. Lamentei nunca mais ter voltado.

A academia de Praga me ofereceu uma livre-docência, mas sem campo para estudo, porque o cravo ainda não era ensinado como disciplina independente. Então, quando a Academia de Música de Bratislava me ofereceu um posto de professora, eu aceitei. Viajava no trem noturno e dava um dia de aulas a cada poucas semanas. Fiz isso por cinco anos, até minha assistente assumir, e os eslovacos gentilmente me disseram: "Sempre haverá um lugar para você em Bratislava".

Afinal me ofereceram uma residência na Ansbach Bachwoche, ou Semana de Bach, um festival relativamente novo dirigido pelo cravista e maestro Karl Richter, onde toquei de tudo, desde as *Variações Goldberg* e os *Concertos de Brandemburgo*, a *O cravo bem temperado* e "Invenção nº 1 em dó maior". Isso acarretou convites de vários países diferentes, e a outros festivais de Bach em Leipzig, Stuttgart, Heidelberg, Frankfurt, Bath, Oregon, e na União Soviética, que pagaram muito bem.

Apesar de o Estado confiscar 80% da moeda estrangeira que eu recebia, eles não conseguiram me furtar o prazer de me apresentar. Pagavam-me algum dinheiro tcheco pelo meu trabalho e isso era o suficiente. Viktor também começou a ganhar uns bons direitos autorais por suas composições. Supostamente nós não deveríamos estar bem de vida — e as autoridades sabiam de todos os detalhes de nossos assuntos financeiros —, mas eu e Josef Suk talvez ainda fôssemos os artistas mais bem pagos da música clássica tcheca. Nossa situação econômica melhorou e a vida ficou mais fácil. E, o melhor de tudo, eu finalmente pude comprar um cravo. Vendemos o piano de cauda e compramos um Ammer que encontrei na Alemanha Oriental, o que significava que poderia tocar em casa a meu bel-prazer. Era o meu cravo de ensaio, o que levava nas minhas turnês e com o qual mais me identifiquei até os anos 1980, quando comprei um instrumento do artesão alemão Georg Zahl.

Um dia, fui chamada ao Ministério da Cultura e me disseram que uma professora russa estava vindo para "ouvir" minhas aulas por seis meses. Eu ainda não tinha permissão para ensinar estudantes tchecos ou pessoas influentes de países socialistas, mas tinha um colega que ensinava órgão na União Soviética e mandou seus alunos russos para estudarem cravo comigo. A professora veio, examinou minhas lições e fez anotações. Era acompanhada por uma tradutora loira e linda, com um maravilhoso cabelo trançado. Eu a chamei de Baboushka.

Duas horas depois da minha aula, eu estava explicando em detalhes o que fazia quando a professora disse baixinho, em inglês:

— Você não precisa ser formidável. Ela só quer ter uma vida fácil. Isso nem é o cabelo dela... é uma peruca, para parecer mais russa.

Nós ficamos amigas e nos mantivemos em contato, e quando estive em Minsk ela me levou a alguns museus e a concertos ilegais. Tivemos que esperar meu tradutor ir dormir, aí ela me ligou e eu saí sorrateiramente. Era simpática e tinha uma filha que também se chamava Zuzana, que morreu em 1986 no desastre nuclear de Chernobyl.

E assim, minhas viagens e apresentações continuaram, embora eu raramente soubesse o que acontecia nos bastidores. Tinha um amigo na

Pragokoncert que trabalhava no Ministério das Relações Exteriores, mas também era violoncelista e, felizmente, havia solidariedade mesmo de pessoas em altos cargos, ao menos entre os que me conheciam. Certo dia, nos anos 1970, ele me chamou ao seu escritório e falou:

— Veja o que eu tenho aqui. — E me mostrou uma carta da embaixada tcheca na Alemanha Ocidental reclamando que eu ia lá com muita frequência e fazia muitos concertos. A carta pedia a meu amigo que eu não fosse mais lá. Rindo, ele rasgou a carta na minha frente e varreu os pedaços para a lata de lixo.

Viktor também tinha permissão para trabalhar e, ocasionalmente, para viajar. Nos anos 1960, ele foi indicado como júri de um concurso de compositores em Paris e pediram que selecionasse algumas das melhores músicas do nosso país.

Estávamos na mesa da cozinha, rodeados de partituras e anotações, quando ele me disse que tinha selecionado três composições para a competição. Uma delas era do colega que o havia denunciado anos antes e o fez perder o emprego como professor na academia.

— Você vai mesmo fazer isso? — perguntei, atônita.

— Sim, claro — ele respondeu. — É uma bela música.

O colega não venceu o concurso, mas ganhou um prêmio. Acho que nunca soube que foi Viktor quem o indicou.

Além de suas notáveis composições dos anos 1960 e 1970, Viktor formou um excelente coral infantil. Talvez sua maior conquista, o Concertino de Praga, surgiu de uma reunião na hora do almoço com colegas da Rádio Tcheca, em 1966. Ele não gostou do barulho na cantina e sugeriu que todos de equipe almoçassem no escritório.

— Mas quem vai lavar a louça? — alguém perguntou.

— Eu lavo — ele respondeu. — Eu sou a máquina de lavar louça lá em casa.

Todos no escritório o adoravam, e um de seus biógrafos mais tarde o descreveu como a cola que mantinha todos juntos. Ideias diferentes surgiam durante os almoços e eram discutidas, e uma delas foi a de que a emissora de rádio organizasse um concurso internacional de música para crianças.

— Mas como vamos trazer as crianças para cá? — alguém perguntou.

Viktor disse que ia pensar sobre o assunto. Mais tarde naquela noite, ele teve a ideia de recrutar estações de rádio internacionais para ouvirem as fitas enviadas, julgá-las e mandar apenas a vencedora a Praga. Foi uma ideia brilhante e original. Havia categorias diferentes para metais, sopro, violoncelo, violino, grupo de câmara e piano. Até 25 vencedores chegavam a Praga todos os anos, onde faziam um concerto com orquestra e ganhavam um CD da apresentação.

Eu odiava participar de júris, mas adorei participar daquele, porque quando você ouvia não sabia se o músico era menino ou menina, quantos anos tinha, ou de onde era. Podia ouvir um violinista maravilhoso e imaginar um menino da Rússia, mas ele se transformava numa menina da Bélgica. Foi incrível, porque de repente descobrimos crianças desconhecidas, de quatorze anos, tocando como mestres. A música é muito mais importante do que imaginamos, e quando descobríamos esses jovens músicos incrivelmente talentosos, muitas vezes a vida deles mudava — e a nossa também.

Nunca me esqueci de uma bela história decorrente dessa competição. Naquele ano o apresentador foi Lukáš Hurník, e, quando os vencedores chegaram para se apresentar, ele fez uma pergunta a todos:

— O que você faria se o seu governo proibisse a música clássica?.

Duas das garotas do Ocidente convidadas deram respostas diferentes. Uma, de Berlim, disse que o pai dela era dono de uma fábrica, e que ela iria trabalhar lá. A outra disse que gostava de tirar fotografias. Assim, as duas responderam que escolheriam uma carreira diferente. Quando ele fez a mesma pergunta para o quarteto tcheco, eles responderam:

— Faríamos alguma coisa para o governo cair.

Eles foram nossos vencedores naquele ano.

O Concertino de Praga existe até hoje e é reconhecido como um dos maiores concursos de música do mundo para menores de dezoito anos. Além de sua música, é um dos maiores legados de Viktor.

* * *

Se eu tinha medo de que minhas viagens fossem reduzidas com a chegada dos soviéticos, estava enganada. Aliás, em 1968 eu fui ao Japão pela primeira vez a convite do sr. Yoshita, um homem interessante. Era filho de uma família rica e a música era seu passatempo. Só convidou pessoas de que gostava — alguns cantores famosos e eu tocando cravo.

Em 1970, me reencontrei com Rafael Kubelík, o maestro tcheco que se recusara a tocar comigo em Munique quatorze anos antes, me deixando sozinha na luta. Fiz um recital de cravo solo das obras completas de Purcell na famosa sala de concertos Bunka Kaikan, em Tóquio, tocando em um instrumento com bicos de penas de condor criado por Michael Thomas. Em seguida, Kubelík e sua Sinfônica da Rádio Bavária tocaram *Má Vlast*, de Bedřich Smetana. Depois das apresentações, alguns músicos que conhecia da orquestra visitante vieram falar comigo:

— O maestro quer falar com você. Vá vê-lo depois do espetáculo.

— Eu não tenho tempo — eu disse, pois sabia que estava proibida de me encontrar em particular com pessoas do Ocidente.

— Se você não for ele vai ficar furioso conosco — explicaram, e eu concordei só para evitar que se metessem em confusão.

Fui ao seu quarto e o encontrei de roupão de banho. Ele sabia tudo sobre mim e pediu desculpas pelo que acontecera em Munique:

— Se tivesse ouvido você tocar, nunca teria feito aquilo — explicou delicadamente.

O Japão se tornou um dos países que melhor conheci, pois meu promotor de lá sempre insistiu para que eu ficasse dois dias a mais do que minha agenda permitia, mentindo para as autoridades e alegando que eu tinha outra apresentação, o que não era verdade. Em vez disso, ele me levava a todos os lugares para ver as cerejeiras em flor e outras paisagens memoráveis. Ele era muito gentil.

Tive muitos admiradores e alunos japoneses e fiz muitas gravações para a gravadora Nippon, inclusive um álbum de bis famosos e meu favorito, que é atribuído a Purcell, mas pode ter sido composto por um homem chamado Croft sobre quem ninguém conhece muito. O temperamento japonês parecia bastante adequado à dedicação que um músico precisa ter. Não basta ser talentoso ou diligente. É preciso ser um pouco louco. É preciso haver a sensação de que não se pode viver sem música. É preciso sacrificar muitas coisas — inclusive feriados e fins de semana. É preciso praticar horas e horas e gostar de música mais do que de feriados, que fins de semana e às vezes mais que de relacionamentos. A dedicação e a disciplina são secundárias. Você tem que amar a música e amar a maneira como pode se expressar através dela.

Eu sempre gostei muito de trabalhar com jovens. Ficava ansiosa para ver o desenvolvimento da relação deles com a música antiga. Os que queriam estudar cravo pareciam não apenas buscar estímulos mentais leves e relaxantes, mas também a meticulosa cooperação intelectual exigida por Johann Sebastian. Eu costumava perguntar aos meus alunos japoneses:

— Por que você gosta tanto de música europeia?

E eles explicavam que o modo de vida no Japão era tão rígido que eles não podiam expressar seus sentimentos.

— Quando descobrimos a música europeia, ela nos deu uma maneira rara de nos expressar... há tanta liberdade nela. Liberdade psicológica.

Isso eu entendia. Bach tinha penetrado em todas as facetas da minha vida, e às vezes me dava liberdade espiritual quando eu não tinha mais nada.

Alguns dos meus alunos formaram um fã-clube e queriam fazer algo para mim, então organizaram uma festa e convidaram alguns patrocinadores. Um deles me pediu para tocar com os Beatles em um show de luzes e cores, mas eu recusei. Meus fãs ficaram surpresos.

— Mas você pode ganhar milhões! — disseram.

Respondi que não me importava com isso.

— Mas aqui você é uma pessoa livre — argumentaram.

— Eu estou longe de ser livre, e não estou à venda — expliquei.

Foi uma novidade ter fãs tão interessados em mim e na minha música. Uma vez toquei na casa de algumas pessoas muito ricas que organizaram um concerto onde cada ingresso custava o equivalente a quinhentas libras. Um dos patrocinadores me contou que havia um jovem na porta implorando para entrar, mas que não tinha dinheiro para o ingresso.

— Por favor, deixe-o entrar — pedi.

Depois eu o conheci, ele estava muito animado:

— Eu liguei para meus amigos da faculdade e disse: "Adivinha quem eu estou vendo hoje? Zuzana Růžičková!". Eles ficaram surpresos e perguntaram: "Ela existe mesmo?".

Eles tinham todas as minhas gravações, mas ninguém nunca tinha me visto tocar.

Viktor continuou não apenas me apoiando, mas também sempre foi meu maior crítico. Eu costumava dizer a ele: "Por favor, não me diga como eu toquei logo depois do concerto. Espere até amanhã". Isso porque depois de uma apresentação eu sempre me sinto um pouco infeliz. Primeiro, nunca tenho certeza de que tive a ideia certa, e depois sempre lamento um pouco o fato de ter terminado. É por isso que não gosto de ficar sozinha depois de uma apresentação e preciso da companhia de amigos.

Eu ficava acordada depois das minhas apresentações para poder analisar todas as minhas falhas e erros. De manhã, em geral, Viktor me dizia o que eu já sabia. Às vezes ele me surpreendia. Eu podia estar muito satisfeita por não ter cometido erros e ele dizia: "Sim, mas você não teve presença de palco". Em outras ocasiões, meu desempenho podia ter sido cheio de erros e ele me elogiava por ter brilhado no palco e comentava que tinha sido excelente. Eu precisava de alguém objetivo.

Viktor ficou muito tempo sem compor para cravo. Para isso, ele necessitava tocar e ouvir bastante o instrumento, mas nunca tinha tempo. Há um provérbio tcheco que diz que a mulher de um sapateiro não tem sapatos, e foi assim que me senti. Eu costumava dizer: "Vou ser a última para quem você vai compor". Então, ele começou a escrever para cravo, e sua primeira peça para o meu instrumento foi o seu "Concerto para cravo e cordas, opus 24", composto em 1974, no qual ele deu ao cravo uma parte virtuosa importante. Também compôs a "Sonata para violino", para Josef e eu, que tocamos em Viena, mas que durava apenas quinze minutos. Viktor sempre disse que gostava de compor para algum intérprete especial. Ele me conhecia, conhecia Suk, então foi fácil para ele.

Certa vez ele estava trabalhando numa nova peça.

— Quão difícil eu posso ser? — perguntou.

— Componha o que você quiser — respondi. — Então ele concluiu suas *Invenções canônicas em duas partes, opus 20*, uma obra-prima de harmonia e contraponto inspirada em Bach e Scarlatti. São tremendamente difíceis de tocar, porque uma das mãos toca o tema, e depois a mão esquerda toca o tema, e ambas têm de tocar o mesmo, só que um pouquinho depois. É uma peça engraçada, com uma mão zombando da outra, mas é preciso trabalhar muito duro todos os dias para fazer tudo certo, e quando eu estava em turnê não podia fazer isso. Então eu pedi a *Aquarelles, opus* 53, que ele compôs especialmente para mim em 1979, e que era muito mais fácil de tocar.

Aquarelles era uma peça cerebral, com um comentário sarcástico subjacente à melodia que dizia: agora você está apaixonado e está cantando, mas a melodia esvanece e a morte ainda continua esperando. Ainda está lá. No fim, a harmonia sai vitoriosa e ganha o jogo. Termina em um lindo acorde harmônico. Era composta de três partes para cravo, sobre as quais Viktor escreveu: "Adoro esse instrumento pela beleza do som, por sua monumentalidade silenciosa e, por último, mas não menos importante, pelas exigências que faz ao compositor". A estreia aconteceu no Círculo de Amigos da Música de Duchcov, nas montanhas Ore, em maio de 1980.

Há outra história engraçada sobre Viktor e o cravo, que aconteceu quando fui à Suíça e toquei Martinů com a Orquestra de Câmara do país durante alguns dos piores dias do regime. Após a apresentação, um deles me perguntou:

— Você é de Praga, por acaso conhece um compositor chamado Viktor Kalabis? Nós tocamos sua música de câmara para cordas e gostamos muito. Você o conhece?.

Respondi que sim, que o conhecia muito bem.

— Ele é meu marido.

Nós rimos da coincidência.

— Você não poderia fazê-lo compor um concerto de cravo para nós? — perguntaram.

Voltei para casa, contei a história a Viktor e ele ficou tão feliz que imediatamente começou a compor esse concerto. Ficou muito bonito, mas eu disse que queria algo realmente brilhante no fim, para deixar o público feliz. Mas, conforme Viktor se aproximava do final, o tema ia ficando mais triste e deprimente. Ele terminou com um violino e o cravo tocando sozinhos sem orquestra e desaparecendo. Comentei:

— Mas, Viktor, você me fez morrer!.

Ele pediu desculpas, mas disse que estava deprimido com a situação política e sentiu que não poderia terminar com uma nota otimista naqueles tempos terríveis. Sempre foi muito sincero em sua música. Não conseguia fingir. Anos mais tarde, ele se ofereceu para mudar o fim, mas nós já gostávamos tanto da música, e o público adorou, e ficou daquele jeito mesmo. Várias vezes ele orquestrou essa peça pessoalmente. Era um bom regente, mas se recusava a reger qualquer outra coisa além de suas próprias peças.

Foi um período extremamente produtivo para Viktor, pois não muito tempo depois ele foi convidado para compor para meu colega e amigo, o maestro e organista alemão Helmuth Rilling, cuja companhia, a Bach-Collegium Stuttgart, tocava em Praga. O *Cântico de Salomão* inspirou sua subsequente *Canticum Canticorum*, uma cantata para orquestra de contralto, tenor, coral e orquestra de câmara.

O que Viktor entendeu perfeitamente era que o cravo é uma máquina monumental, com muitas cores e ressonâncias. Seu renascimento no século xx foi único e nunca aconteceu com qualquer outro instrumento. Com a ajuda de Viktor e de outros compositores como Jan Rychlík e Luboš Fišer, que também compuseram para mim, eu esperava devolvê-lo à sociedade como um instrumento atual.

Mais do que isso, porém, eu não pude deixar de pensar, mais uma vez: "O que Bach faria?". Sua música nunca caiu em desgraça, mas ainda queria trazê-la de volta à vida, bem como os meios que usou para criá-la, tocando o instrumento que ele tanto amava.

12. BERGEN-BELSEN, 1945

DEPOIS DE DEIXAR AS RUÍNAS DE HAMBURGO muito atrás de nós no trem, chegamos a uma estação ferroviária remota e marchamos seis quilômetros até o campo de concentração de Bergen-Belsen, situado em uma charneca estéril a uma hora ao norte de Hanover.

Logo ficou claro para nós que Belsen, como o campo ficou conhecido, era o lugar onde deveríamos morrer. Havia pouca ou nenhuma organização. Não tínhamos recebido comida no trem e estávamos com uma fome tão terrível que, ao caminharmos por plantações de beterraba congeladas, muitos arriscaram a vida para se abaixar e pegar uma hortaliça ou duas. Quando chegamos ao acampamento na charneca, conhecida como Lüneburger Heide, passamos por pilhas de cadáveres espalhados pelo chão e vimos piras funerárias queimando. Ninguém registrou nossa chegada e os guardas nos colocaram em galpões de madeira — entre quinhentas e setecentas mulheres em cada um —, todas em pé ou em beliches com esteiras de palha. Havia tão pouco espaço que nem sequer era possível deitar sozinha. Se quiséssemos dormir, tínhamos de nos deitar como sardinhas, com a cabeça no colo de outra, e quando precisávamos levantar para usar o banheiro todas as mulheres começavam a reclamar por causa da agitação. Ainda não havia nada para comer — nem mesmo a sopa horrível que teríamos tomado com prazer. E quando uma pequena porção do prato foi distribuída várias horas depois da nossa chegada, as que chegaram primeiro acabaram com tudo e não sobrou nada para nós.

No acampamento das mulheres não havia trabalho a fazer, e os dias pareciam extremamente longos. Até a chegada dos caldeirões de sopa — cheios de um líquido nojento feito do tipo de beterraba com que o gado se alimenta —, tudo o que tínhamos para comer ou beber era água retirada de uma única bomba. Uma terrível epidemia de febre maculosa estava matando pessoas ao nosso redor. Os doentes estavam cobertos de manchas e tinham inchaços feios nas axilas e na virilha. Exaustas, famintas e mentalmente tão arrasadas quanto jamais estivemos, nem eu nem minha mãe esperávamos sobreviver mais do que alguns dias naquele lugar. Fiquei tão preocupada quando ela adoeceu com febre que a alimentei com a última beterraba crua que roubamos do campo, pedacinho por pedacinho. Quando acabou, não restou mais nada. Percebi que tinha de fazer alguma coisa para conseguir comida ou minha mãe morreria diante dos meus olhos.

Além da presença nas *Appell* e em algumas outras tarefas, havia poucos guardas alemães por perto, enquanto os aviões aliados giravam no alto e o som dos canhões se aproximava cada vez mais. Os cerca de novecentos guardas da ss viviam num acampamento do exército separado e tentavam evitar o contato com qualquer prisioneiro infectado pela febre, mas um pequeno grupo chegou um dia e anunciou que qualquer um de nós que estivesse preparada para lidar com os mortos e levá-los para as piras receberia um pouco de sopa extra.

Minha mãe estava muito fraca para fazer qualquer coisa, mas eu me ofereci de imediato.

Não consigo descrever completamente o horror dessa tarefa. Tínhamos que arrastar os cadáveres pelos braços e pernas e empilhá-los na floresta às margens do acampamento para serem queimados. Um ser humano não era mais humano. As pessoas deixaram de ser indivíduos. Não havia tempo para princípios ou ideologias. Os corpos estavam apodrecidos e cheios de doenças e as florestas estavam cheias de ratos. Era um trabalho pesado e macabro, tocando naqueles cadáveres todos os dias. Com dezoito anos de idade, senti uma estranha familiaridade com a morte.

Considerando o quanto estava fraca, fico surpresa por ter conseguido, mas fiz aquele trabalho sujo na esperança de receber uma ou talvez duas sopas extras para mim e minha mãe. Todos os dias trazia alguma coisa na volta, a alimentava primeiro e depois comia um pouco.

Às vezes eu conseguia fazer o trabalho, outras não. Era angustiante, mas sempre que ficávamos com muita fome eu me forçava a fazer aquilo de novo, mas logo os guardas pararam até mesmo com aquele "privilégio".

Todos nós fizemos coisas para sobreviver.

Assim como em Auschwitz, torres de vigia com holofotes e cercas de arame farpado cercavam Belsen. Mas, diferentemente de Auschwitz, a cerca não era eletrificada. Do outro lado do arame havia hectares de tentadores campos de beterraba, e quando estávamos quase morrendo de fome eu resolvi tentar pegar algumas.

Foi a ideia mais louca que tive. Agora não consigo acreditar que fiz isso. Mas planejei toda a operação, indo à cerca alguns dias antes para observar onde e quando os guardas patrulhavam, tentando decidir onde seria melhor cavar meu caminho até a plantação sem ser vista.

Não me considero uma pessoa corajosa, mas o medo pode tornar alguém valente.

Muito cedo numa madrugada, por volta das três horas, quando ainda estava escuro, saí do barracão e fui até a cerca. Com as mãos nuas — minhas outrora preciosas mãos de pianista —, comecei a cavar a terra. Minha mãe estava terrivelmente ansiosa por mim. Ela foi contra a ideia, mas quando viu o quanto eu estava determinada, ficou de guarda do lado de fora do barracão, vigiando, tremendo o tempo todo.

O chão era duro com gelo na superfície, porém mais úmido e um pouco mais macio logo abaixo. Minhas mãos e minhas unhas logo se encheram de lama. Precisava deitar e ficar imóvel cada vez que o facho do holofote girava na minha direção, ou quando o guarda passava pelo meu lado na torre de vigia. Cada vez que ele começava a voltar na minha direção, minha mãe me fazia um sinal ou dizia em voz baixa:

— O guarda está indo! Depressa, antes que ele atire em você! Volte, Zuzana, por favor!

Levei pelo menos duas horas para abrir uma brecha grande o suficiente para passar a metade superior do meu corpo, e quando consegui já quase começava a amanhecer. Afinal o guarda me viu e começou a gritar, mas ainda assim consegui arrancar duas grandes beterrabas da terra e voltar correndo para o barracão sem ser baleada.

Infelizmente para mim, um grupo de ciganas estava observando meu progresso da porta e, no minuto em que voltei, elas se juntaram ao meu redor, aos empurrões, e pegaram uma das minhas beterrabas. Fiquei com a outra e eu e mamãe nos alimentamos dela pelos dias seguintes, mordiscando-a como ratos. Estava meio podre, mas estava boa para nós, e sem dúvida salvou nossas vidas. Resolvemos esconder o que restou embaixo da nossa esteira de palha para quando estivéssemos realmente desesperadas. Depois disso, minha mãe teve de ficar no nosso beliche o tempo todo para proteger a nossa beterraba — literalmente deitada sobre ela para que ninguém a roubasse. Ela protegeu aquela beterraba com a própria vida.

Infelizmente, aquela beterraba só nos manteve por uma semana e depois acabou. Minha mãe e eu sabíamos que seria muito arriscado tentar outra saída e ficamos desesperadas por alguma outra coisa para comer. Ela ainda estava com febre alta e sentia um frio terrível, e eu ficava junto dela tentando aquecê-la.

Bergen-Belsen não é um lugar fácil de lembrar. Embora estivéssemos com mulheres que conhecíamos desde Terezín, não havia espaço para solidariedade, humor ou amizade. Estávamos todas apenas lutando para sobreviver.

As únicas pessoas boas para nós foram um grupo de prisioneiras tchecas recém-chegadas de Buchenwald. Estavam mais saudáveis que nós, pois não tiveram de aguentar Terezín, Auschwitz ou o trabalho escravo como fizemos; por isso elas cumpriam muitas das tarefas físicas que não conseguíamos fazer, como carregar os caldeirões, remover os corpos ou buscar água. No fim de março, uma delas conseguiu juntar um baralho de tarô, depois de terem ouvido falar de Klara, a nossa "profetisa" — que tinha vindo para Belsen conosco —, e todas nós imploramos para ela ler as cartas e prever o nosso futuro. No começo ela estava com muito medo e alegou que tinha jurado nunca mais usar o tarô, mas as coisas ficaram tão ruins que, depois de um pouco mais de persuasão, ela relutantemente colocou as cartas à sua frente.

— Quando vai chegar o fim, Klara? — perguntamos. Usamos a palavra hebraica *Sof* para "fim".

Surpresa, ela ergueu os olhos das cartas:

— No dia 15 de abril os alemães irão embora — disse.

É claro que não acreditamos, mas algumas de nós queriam muito acreditar.

Corri para contar a boa notícia para minha mãe:

— O dia 15 de abril é daqui a poucas semanas — falei. — Nós só precisamos continuar vivas até lá.

Fraca e ainda febril, ela olhou para mim como se eu estivesse louca.

Nos dias que se seguiram, minha mãe chegou tão perto da morte como nunca tinha visto. Eu estava fraca demais para carregar mais corpos, e àquela altura eram tantos que as pessoas apenas os empilhavam do lado de fora dos barracões. Sem comida extra, ficamos juntas, semiconscientes, tentando não pensar em comida e perdendo a noção do tempo. Não havia banheiros, por isso tínhamos de ir aonde pudéssemos.

Numa noite de meados de abril, as guardas ss voltaram ao acampamento para recrutar qualquer uma que ainda conseguisse andar. Presumivelmente como parte de seus planos de fuga, tinham feito uma trouxa com seus uniformes e itens pessoais e precisavam de prisioneiras para levá-las na cabeça para a estação de trem. Eu não achava que estivesse forte o suficiente, mas na esperança de alguma coisa extra para comer, me ofereci para ajudar no trabalho. Como de costume, marchamos em formação cerrada em grupos de cinco, de cabeça baixa, concentrando-nos apenas na pessoa à nossa frente. Sempre que as guardas diziam *"Marschieren!"*, nós marchávamos. Era assim que nos deslocávamos para todos os lugares desde Terezín. Depois de mais de três anos, eu havia me acostumado com a sensação de nunca olhar para cima e ver para onde estava indo.

Já era quase noite quando voltamos da estação e eu estava distraída olhando para as pernas da mulher à minha frente. Era a última na fila e não me lembro de ter ouvido um veículo se aproximando, mas o que presumo é que um carro da ss tenha de repente passado muito rápido e atingido minha perna. Não senti nada e não me atrevi a diminuir o passo, mas quando voltei para o barracão e deitei ao lado da minha mãe, alguém no beliche abaixo do

CEM MILAGRES 263

nosso começou a gritar que eu tinha me molhado. Todas as mulheres ao meu redor começaram a xingar, mas eu não tinha perdido o controle da minha bexiga, o que pingava da minha perna era sangue. Na minha panturrilha havia um corte de vários centímetros que resultaria em uma cicatriz que permaneceu ali durante toda a minha vida. Alguém me deu um pano sujo para pressionar meu ferimento, mas na manhã seguinte minha perna estava inchada e eu mal conseguia ficar em pé.

Havia um médico-prisioneiro no acampamento e alguns amigos pediram que examinasse minha perna, mas ele só podia tratar uma ou duas pessoas por dia, e só os que conseguiriam sobreviver. Deu uma olhada em mim, uma *Muselmann,* e se recusou a me ajudar. A *Appell* começava às seis horas todas as manhãs e sempre demorava para acabar, e tive medo de não conseguir ficar em pé todo esse tempo. Algumas mulheres me ajudaram e me levaram para fora. Ficamos esperando. Passou-se uma hora, e depois mais uma, mas os alemães não vieram. Esperamos um pouco mais, ouvindo os canhões à distância, mas ainda assim ninguém chegou para contar as prisioneiras e fazer a contagem diária dos mortos.

As pessoas começaram a ficar animadas:

— Que dia é hoje? — alguém gritou.

As prisioneiras mais fortes, de Buchenwald, saíram da nossa área e procuraram os guardas. Quando voltaram, disseram que as torres de vigia estavam vazias e parecia que todos os nazistas tinham abandonado a nossa parte do campo. Todas enlouquecemos, rindo e chorando, cantando e dançando. Algumas organizaram expedições para procurar comida, mas eu e minha mãe só conseguimos nos arrastar para dentro, muito fracas e doloridas para fazer qualquer coisa.

Deitadas juntas, mal conseguíamos acreditar que finalmente estaríamos livres. Vivenciamos um desses raros momentos de alegria não adulterada — o tipo que a gente só sente nas ocasiões mais funestas. Ficamos ainda mais felizes quando uma amiga veio nos dizer que as tchecas de Buchenwald estavam invadindo os depósitos alemães e logo nos trariam comida. Aí vieram as más notícias — eles não tinham deixado nada para comer e o fornecimento de água estava interrompido. Tudo o que restava era um pouco de farinha, e as prisioneiras estavam tentando fazer um pouco de pão com água estagnada, mas não era suficiente. Não havia mais beterrabas na plantação e nada para comer ou beber. Estávamos abandonadas.

Então chegou a notícia de que um grupo de jovens soldados húngaros com braçadeiras brancas tinha chegado ao acampamento afirmando que eram "neutros" e com instruções para assumir o controle. Deduzimos que os nazistas os tinham posto no comando. Foram imediatamente cercados por algumas das prisioneiras mais fortes e soubemos que começaram a atirar cegamente nos barracões para se salvarem e não serem linchados. Parecia que não eram neutros, mas que podiam ter sido mandados para acabar conosco. Temíamos que fosse apenas uma questão de tempo para aparecerem armados à nossa porta.

Todos se esconderam nos barracões, tentando ouvir o que acontecia e esperando pelo fim. Os exércitos aliados não estavam mais tão perto, pois o som dos canhões tinha se afastado, o que foi a mais terrível constatação de todas. Ninguém estava vindo nos salvar. Minha mãe perdeu toda a fé. Já estava com os inchaços causados pelo tifo, e apesar de minhas promessas de que os britânicos ou americanos chegariam em breve, ela apenas dizia: "Não, não, os alemães vão voltar. Eles vão voltar". Mamãe estava muito perto do fim, mas eu implorei para ela aguentar um pouco mais.

Os últimos três dias foram os mais desesperadores, pois tínhamos esperança e depois a perdíamos de novo. Eu realmente acreditava que minha mãe iria morrer antes de sermos libertadas, e a perspectiva de isso acontecer tão perto da libertação era insuportável. Tinha quase certeza de que também morreria, mas acho que não me importava.

Um dia depois, de repente ouvimos o barulho de tanques e caminhões. De início tememos o pior. Minha mãe ainda estava semiconsciente.

— São os alemães! São os alemães! — ela continuou murmurando.

Fiquei muito brava com ela e a repreendi:

— Por que você tem que ser tão pessimista? Podem ser os ingleses ou os americanos.

Quando as pessoas correram para ver os caminhões, não conseguiam acreditar nos próprios olhos.

Estavam cheios de soldados britânicos.

Finalmente eles vieram nos libertar.

A data era 15 de abril de 1945, exatamente como previsto por Klara.

* * *

Beijei minha mãe, delirante de felicidade. Não tive forças para comemorar, mas de alguma forma arranjei energia para me levantar e sair do barracão. A imagem daqueles britânicos saudáveis e de uniformes limpos foi como uma espécie de visão.

Era um maravilhoso dia de sol e realmente me senti como se estivesse alucinando.

Mais tarde soube por um piloto da RAF e oficiais do alto escalão como os britânicos tinham entrado em Belsen. Os alemães encarregados do campo sabiam que a guerra estava acabando e tentaram negociar com os britânicos. Falaram sobre a epidemia de tifo e sugeriram que os exércitos aliados evitassem o acampamento ou que passassem ao largo para não espalhar a doença entre seus homens ou para a região ao redor. Em troca, os nazistas concordaram em que uma força neutra fosse enviada para cuidar dos prisioneiros restantes.

Quando os britânicos souberam que alguns prisioneiros haviam sido fuzilados e examinaram fotografias aéreas feitas por um avião de reconhecimento mostrando pilhas de cadáveres no acampamento, oficiais superiores decidiram mandar uma unidade para Bergen-Belsen para descobrir o que estava acontecendo. Se não tivessem feito isso, nós teríamos morrido lá.

Todos se aglomeraram em torno dos nossos atordoados libertadores, chorando, rindo e implorando por comida. O mais terrível foi que, compreensivelmente, os soldados nos deram tudo o que tinham — todas as suas rações. Isso foi mortal. Jogaram-me uma lata de carne gordurosa, que devorei instantaneamente e, de alguma forma, sobrevivi. Infelizmente, muitos outros não sobreviveram, e um número incontável morreu dessa forma porque, não tendo nada para comer por tanto tempo, seus sistemas digestivos não conseguiram aguentar. A comida foi fatal. Depois de comer aquela carne eu me senti terrivelmente enjoada e vomitei. Foi o que provavelmente me salvou.

Lembrando o inglês que meu pai tinha me ensinado, implorei ajuda aos soldados. Ao ouvirem alguém falando sua língua, eles imediatamente me levaram num dos veículos até os oficiais superiores para contar o que acontecia no campo. Relatei tudo o que sabia do meu canto remoto do acampamento. Depois pedi que mandassem um médico para minha mãe:

— Por favor, nos ajude — implorei. — Minha mãe está morrendo.

Um oficial médico me perguntou qual era o problema e eu disse que ela estava com tifo. Ele me prescreveu uma receita, disse que um ambulatório móvel tinha sido montado dentro do campo e indicou o caminho. Fiquei surpresa que pudessem ter organizado algo assim tão rapidamente. Foi maravilhoso como os britânicos lidaram com a crise.

Comecei a andar até lá, mas eu também tinha febre e úlceras na pele e ainda me sentia muito fraca. Exausta depois de algumas centenas de passos, resolvi descansar à sombra de uma bétula, sentei no chão e logo perdi a consciência. Quando cheguei, várias horas já haviam se passado. Ninguém tinha me visto. Eu era apenas mais uma prisioneira doente num acampamento com 50 a 60 mil pessoas, com cerca de 10 mil corpos espalhados. Arrastando-me até o ambulatório, peguei os remédios receitados e voltei correndo para cuidar da minha mãe.

Ao entrar no nosso barracão, fiquei horrorizada ao ver nosso beliche vazio.

— Onde ela está? Onde está minha mãe? — gritei, histérica. As outras garotas me disseram que uma ambulância a havia levado junto com outras pessoas. Achando que deveria estar morta ou moribunda, e perturbada por não estar com ela nos momentos finais, eu desmaiei.

Quando acordei, estava numa cama com lençóis limpos e um colchão adequado — luxos que eu não tinha desde Pilsen. Por alguns instantes, pensei que estava no Céu. Não fazia ideia de onde me encontrava nem por quanto tempo tinha ficado inconsciente. Estava muito doente de tifo para fazer qualquer coisa, mas fiquei maravilhada com a maneira como tudo estava sendo feito. Meu corpo imundo tinha sido lavado e eu usava uma espécie de bata branca. Só esperava que minha mãe estivesse em algum lugar próximo sendo igualmente tão bem cuidada.

Os britânicos foram tão maravilhosos — que organização! Foi incrível como eles lidaram com o acampamento, com tantos mortos e tantos milhares de infectados. Nunca vou me esquecer disso e eles sempre serão dignos da minha admiração. Eram um exército de combate, a guerra não tinha acabado e ainda tinham de lutar, mas eles não nos abandonaram. Só contavam com um número limitado de pessoal médico, por isso todos ajudaram, inclusive soldados que se ofereceram como enfermeiros quando viram a dimensão da tarefa. De forma rápida e eficiente, o exército assumiu o quartel alemão lá perto, bem como as escolas e todos os maiores prédios da localidade.

No acampamento do exército, a apenas dois quilômetros de onde estávamos morrendo de fome, encontraram armazéns repletos de alimentos, incluindo pacotes da Cruz Vermelha que não foram entregues, um hospital totalmente equipado e uma fábrica de laticínios que fornecia leite e queijo às tropas da ss. Os atendentes britânicos levaram o maior número possível de doentes para longe dos barracões e transformaram os prédios requisitados pelo exército em um grande hospital-geral britânico com 15 mil leitos, que pulverizaram com um inseticida recém-inventado chamado DDT.

O corpo médico do Exército Britânico resolveu o problema da escassez de pessoal convidando estudantes de Medicina do último ano no Reino Unido e de países libertados para colaborar como voluntários. Foi prometido que, se atendessem ao chamado, eles não teriam de passar pelos exames finais. Centenas de homens e mulheres jovens chegaram da Grã-Bretanha, Bélgica, Holanda e França, e foi um ato muito corajoso, pois eles não faziam ideia do que enfrentariam e todos nós estávamos infectados com tifo, disenteria e outras doenças desagradáveis.

Depois de dez dias sob seus cuidados, os médicos garantiram que a pior fase do meu tifo tinha passado. Quando minha febre baixou e as úlceras desapareceram, eles vieram falar comigo e disseram para "melhorar logo" porque precisavam da minha ajuda. Um dos maiores problemas era a comunicação com os pacientes e eles precisavam desesperadamente de intérpretes que informassem onde as pessoas sentiam dor para elaborar seus históricos médicos. Sabiam que eu falava inglês, alemão e tcheco e entendia polonês e russo.

— Você vai nos ajudar a traduzir? — perguntaram.

Claro, eu disse que sim. Sentia-me tão grata a eles por me salvar que faria qualquer coisa para ajudar, mas minha principal preocupação era encontrar minha mãe entre os milhares sob seus cuidados. Imaginei que trabalhar com os médicos e visitar os muitos hospitais com eles me desse uma chance melhor.

Todos foram incrivelmente bondosos comigo, especialmente as enfermeiras militares, que limparam o sótão do prédio principal da administração e prepararam um quartinho com uma cama para mim. Eu não tinha roupa nenhuma, mas elas saquearam a casa de uma família alemã local e separaram algumas roupas das quais acharam que eu gostaria. E eu gostei — eram adoráveis —, mas elas me trouxeram um vestido de noite preto com um generoso decote. Eu estava pesando por volta de 27 quilos, e vestido ficava folgado e precisava ser preso com um cinto.

Os britânicos queriam que eu começasse a curtir a vida de novo, e me levaram a um cinema improvisado que montaram numa tenda enorme. A primeira e última vez que tinha ido ao cinema fora com minha mãe em Pilsen, em 1939, para ver *Branca de Neve e os sete anões*. A lembrança daquela tarde feliz, com Tata esperando em casa para saber toda a história, quase me arrasou. Quando tocaram na tenda "God Save the King", o hino nacional britânico, eu quase caí em lágrimas. Nunca vou esquecer todos aqueles homens e mulheres em posição de sentido saudando seu rei em silêncio. O filme exibido naquela noite foi *O último gângster,* um policial com James Stewart e Edward G. Robinson, e enquanto olhava maravilhada para aquela tela, sem nem prestar atenção ao enredo, eu me dei conta do quanto tivera sorte.

Eu estava viva.

Eu tinha sobrevivido.

A vida continuava.

Depois do filme, eles me levaram para o refeitório dos oficiais e me serviram minha primeira refeição decente em anos. Numa mesa com uma toalha de linho, fui servida em um prato apropriado — acho que era carne de carneiro com legumes —, com talheres de verdade. Foi maravilhoso comer como uma pessoa normal de novo. Eles me deram um pouco de uísque para tomar num copo próprio para aquela bebida e meu primeiro cigarro — dando início a um vício que duraria minha vida toda. Depois disso eu consumia cigarros o tempo todo, pois na opinião dos médicos da época, fumar poderia evitar infecções e proteger contra a tuberculose.

Foi uma loucura ter comido toda aquela comida requintada no jantar, porque quando voltei ao meu quarto mais tarde naquela noite eu me sentia terrivelmente doente. Realmente achei que poderia morrer sozinha no meu quarto no sótão, mas ao menos tinha feito uma refeição de verdade e estava usando roupas adequadas. Nem mesmo estar tão doente poderia estragar aquela maravilhosa noite para mim.

Estava tão feliz que me lembro de dizer a mim mesma: "Tudo bem que eu morra, mas eu estou livre".

Procurei minha mãe durante semanas, e fiquei frenética quando não consegui encontrá-la em lugar algum. Havia muitos prédios para procurar, além de tendas e até alguns dos barracões menos infectados no campo de concentração que tinham sido reformados.

Meu novo chefe era um major do exército britânico chamado Spicer e ele fez todo possível para me ajudar a encontrá-la, mas quanto mais nós procurávamos sem resultado, mais parecia que ela havia morrido.

Os que tinham perecido depois da libertação foram enterrados em dez ou mais valas comuns em Belsen, junto com os milhares já mortos. Entre eles a adolescente Anne Frank, cujo diário secreto mais tarde se tornaria um dos livros mais representativos do Holocausto. Anos depois, conheci o pai dela, Otto, que perguntou se eu a havia encontrado lá, mas não me recordo de tê-la conhecido.

Enquanto um punhado de sobreviventes e soldados observava, os barracões mais infestados de piolhos foram finalmente incendiados e incinerados. Os sobreviventes foram gradualmente evacuados e, quando recuperaram as forças, começaram a voltar às suas casas. Se a minha mãe não estivesse em uma das camas restantes, eu só poderia temer o pior.

O major Spicer me designou para trabalhar junto com Clement Morgan, um dos jovens estudantes de Medicina que se ofereceu para ajudar os sobreviventes, e nós ficamos bons amigos. Ele foi muito amável comigo e sabia o quanto eu estava triste pela minha mãe. Também sabia que o meu trabalho como intérprete me dava um senso de propósito e me mantinha sã. Eu realmente queria trabalhar, me sentia ansiosa para ajudar. De certa forma era algo libertador. Em meu coração, acreditava que minha mãe estava morta, mas conversar com outros pacientes tão doentes quanto ela me dava um pouco de esperança, e eu continuava rezando para encontrar alguém que pudesse ao menos me dizer o que tinha acontecido com ela.

Também fiquei amiga de um enfermeiro britânico — acho que ele estava um pouco apaixonado por mim — e quando ele voltou para Londres eu pedi que levasse uma mensagem aos nossos parentes de lá, inclusive para Walter Vogl, primo da minha mãe. A família imediatamente entrou em contato e me mandou uma carta, com fotografias e um cravo vermelho. Senti-me grata por ter alguém no mundo, embora ainda esperasse me reunir com meu tio Karel, minha tia Kamila e minha prima Dagmar, que eu tinha visto pela última vez em Terezín, dois anos antes.

Também fiz amizade com um cardiologista holandês chamado André Van Loo e com duas enfermeiras inglesas, a irmã Mary Wilson e a enfermeira Mills (conhecida por todos como Grenade Mills, em referência a um tipo de granada inglesa), que foram maravilhosas comigo. A enfermeira Mills me ensinou a aplicar injeções e arrumar as camas como se fazia nos hospitais. Fiz ainda alguns trabalhos de escritório e até de plantões noturnos nas enfermarias, efetivamente me tornando uma assistente de enfermagem, apesar de não ter as qualificações nem usar uniforme. Fiquei fascinada com a disciplina absoluta dos britânicos. Se houvesse uma crise, uma enfermeira poderia falar com uma freira, mas não com um médico, por causa da hierarquia. Como uma de suas poucas intérpretes, eu podia ir direto ao médico e ignorar tudo aquilo.

Certo dia, um dos enfermeiros que conheci me contou que havia uma paciente gravemente doente, com o mesmo sobrenome que eu, que não parava de chorar por uma "Zuzana". Achando que tinha de ser a minha mãe, corri para vê-la e fiquei chocada ao encontrar Dagmar, que estava morrendo. Mesmo no péssimo estado em que se encontrava, ela me reconheceu de imediato e seu rosto se iluminou. Conseguiu me contar o que tinha acontecido com ela e de que maneira ela, os pais e o irmão Milos foram mandados para Auschwitz em um dos transportes que partiram de Terezín depois do nosso. Quando chegaram à estação ferroviária, minha tia Kamila e o pequeno Milošek, de nove anos, foram mandados diretamente para as câmaras de gás. Dagmar e o pai sobreviveram, mas ele fora mandado a um subcampo para trabalhar.

CEM MILAGRES 271

Dagmar ficou sozinha em Auschwitz por algum tempo antes de ser mandada para Bergen-Belsen, onde já estava havia alguns meses. A tuberculose, que sem dúvida contraiu ainda criança — mas que sua mãe preferiu ignorar — voltou, e ela estava tão fraca pela fome e a falta de cuidados que não conseguiu se recuperar. Meus amigos médicos me disseram que ela não sobreviveria, então eu passei seus últimos três dias ao seu lado, lembrando-a de nossos dias felizes em Dobris, quando brincávamos nos jardins do castelo e passávamos o Shabat com nossos avós. Prometi que nós duas voltaríamos a Pilsen e nos reuniríamos com o pai dela, que cuidaria de nós para sempre.

Querida Dagmar, minha meiga e bondosa prima e "irmã", que queria passar a vida trabalhando com animais, morreu nos meus braços. Com dezoito anos de idade.

Lembrar dela ainda me faz chorar.

Perder Dagmar me deixou fisicamente doente; tão doente que não me lembro se organizaram um funeral para ela, nem sei o que aconteceu com seu corpo. Suponho que tenha sido posto numa vala comum com os outros que foram enterrados em um pequeno cemitério no acampamento do exército.

Fiquei de cama, com o coração dilacerado e uma febre terrível. Acho que ainda não estava curada do tifo. Fiquei no sótão, um lugar tranquilo onde ninguém me perturbava, mas isso quase me custou a vida. Mais ou menos um dia depois, eu acordei com uma febre alta e incapaz de me mexer. Fiquei ali deitada, delirando, esperando alguém me encontrar. Meus amigos lá embaixo pensaram que eu devia ter tirado uma folga depois da morte de Dagmar, por isso ninguém veio me procurar até o quarto dia, quando uma enfermeira se lembrou de dar uma olhada em mim e me encontrou num estado lamentável. Fui imediatamente levada para o andar de baixo e posta numa enfermaria, mas a essa altura eu já estava gravemente doente.

Clement Morgan estava saindo de licença para visitar a noiva na Inglaterra, e quando partiu eu estava inconsciente na enfermaria, com poucas chances de sobreviver. Corretamente, ele tinha diagnosticado meu caso como de malária, mas ninguém acreditou, pois a doença era pouco conhecida no norte da Europa. Anos depois, os médicos me disseram que ele estava certo. Fosse qual fosse a minha doença, ele não tinha mais esperança, e se despediu, convencido de que eu morreria. Não me lembro de muita coisa sobre isso, mas devo ter tido uma enorme vontade de viver porque, no momento em que acordei, sabia que conseguiria viver, e que precisava comer alguma coisa. Os médicos me puseram na "Dieta nº 1", que consistia de leite com açúcar, mas eu instintivamente sabia que estava sofrendo de inanição, e mudei minha prescrição médica para a "Dieta n° 4", com alimentos sólidos, incluindo carne, o que realmente me ajudou. Eu vomitava instantaneamente tudo o que ingeria, mas alguma coisa deve ter ficado no estômago para me fortalecer e me recuperei rapidamente.

Quando Clement Morgan voltou, eu ainda estava fraca, mas já na minha mesa no escritório do major Spicer. No dia em que chegou, ele abriu a porta e começou a entrar na sala. Fiquei tão feliz em vê-lo que olhei para cima e sorri. Ele parou na hora, olhou para mim sem expressão e saiu sem dizer uma palavra. Eu fiquei chocada. Esperava que ele me abraçasse, fiquei preocupada de ter feito alguma coisa que o tivesse ofendido. Quando finalmente voltou, depois de falar com algumas enfermeiras que garantiram que eu estava viva, ele entrou e me abraçou calorosamente.

— Nunca pensei que você fosse sobreviver. Quando a vi, achei que era um fantasma! — disse quase chorando.

Logo voltei ao meu trabalho de intérprete, visitando pacientes poloneses, tchecos e russos de todas as idades e sexos. Vendo que alguns continuavam dolorosamente magros, aconselhei os médicos a tentar alimentá-los com comida de verdade, não só com leite e açúcar, pois tinha certeza que era do que precisavam. Na maioria dos casos, ajudou.

Indo de cama em cama, eu trabalhava automaticamente, tentando não pensar no dia seguinte ou no dia após o seguinte. Ainda estava muito magra e muito fraca. Não tinha ideia do que aconteceria comigo ou de como iria viver quando tudo aquilo acabasse. Só esperava que meu tio tivesse sobrevivido, ou que alguém mais pudesse me acolher. Felizmente havia muitas distrações — inclusive a bondade da equipe, além de bailes e eventos sociais, o que me ajudou me sentir normal novamente.

Em um desses bailes, eu e o dr. Van Loo ganhamos o primeiro prêmio de melhores valsistas. Foi um prazer ter ganhado, e agradeci pelas aulas de dança que tive em Pilsen, quando dividíamos um apartamento com aqueles bondosos judeus alemães — até pensar que provavelmente eles também estavam mortos.

Parte do meu trabalho me levou ao acampamento cigano, que ficava depois do hospital principal, num terreno repleto de tendas. Havia uma criança que eu precisava ver e cheguei lá no dia do casamento de uma família tcheca, que foi um acontecimento muito feliz. Os ciganos foram gentis comigo e me convidaram para ficar e comer alguma coisa. Uma senhora de idade me perguntou se eu gostaria que ela lesse minha mão.

— Por que não? — concordei.

Ela pegou minha mão, examinou as linhas com atenção e ergueu os olhos com um sorriso.

— Você vai ser rica e famosa — falou. — Vai se casar com um homem que vai te amar e você vai amá-lo, mas ele vai morrer antes de você. — Eu acreditei totalmente nela.

No caminho de volta para o acampamento do Exército, passei pela "Praça da Liberdade" e pelo que era conhecido localmente como a "Esquina dos Oradores", onde as pessoas podiam subir no palanque e dizer o que quisessem. Vi um homem se dirigindo a uma multidão com os dois braços erguidos. Ele apontou os braços para um lado:

— Daquele lado estão os nazistas. — Depois apontou na direção oposta e falou: — Daquele lado estão os comunistas. — Ao perceber que eu estava olhando, virou-se para mim e gritou: — Tome cuidado!

Certa manhã logo cedo, o major Spicer me pediu para acompanhá-lo a uma dependência médica que eu nem conhecia. Era um enorme pavilhão chamado Rotunda, ou Casa Redonda, cheio de alguns dos casos mais graves.

— Acho que encontrei sua mãe, Zuzana. Ela está muito doente e receio que haja pouca esperança de recuperação — ele me disse, com uma expressão séria. Quando comecei a chorar, ele me abraçou e logo se ofereceu para me adotar e me levar à Inglaterra para morar com ele e a esposa.

Agradeci, enxuguei as lágrimas e entrei, vi uma enorme quantidade de leitos antes de meus olhos finalmente encontrarem a figura dolorosamente magra de Leopoldina Růžičková. Corri até ela e percebi que estava inconsciente e emaciada, a pele coberta de úlceras. Havia poucos medicamentos disponíveis para os que a tratavam, e a penicilina era uma nova droga revolucionária, usada somente pelos militares. Tudo o que podíamos fazer era observar e esperar. Minha mãe estava sendo muito bem tratada por um ordenança húngaro chamado Lajoš, que cuidava dela como se fosse sua própria mãe. Soube por ele que ela estava na Rotunda o tempo todo em que a estive procurando.

Depois disso, eu a visitava todos os dias e, embora tenha recuperado a consciência, não melhorou. Estava extremamente apática e parecia não querer se recuperar, ou não ter força para isso. Também era incapaz ou não desejava se comunicar. Acho que não podia encarar a ideia de ir para casa sem meu pai, e percebi que minha corajosa mãe só tinha medo de uma coisa: voltar a Pilsen e descobrir que não restava ninguém da nossa família. Ela ficava dizendo: "Eu nunca vou voltar para casa... Nunca vou melhorar... Vou ficar aqui mesmo". A situação parecia sem esperança.

Por um tempo não havia nada que eu pudesse fazer, mesmo que quisesse. Todos os que estavam com tifo e outras doenças tiveram que ficar em quarentena por três meses, até julho. Meus amigos e a maioria dos pacientes não falavam de mais nada a não ser sobre para onde iriam e o que fariam quando a quarentena terminasse. Muitos não queriam voltar a lugares onde sabiam que tinham inimigos que os denunciaram ou onde não havia mais ninguém da família os esperando. Para milhares, o conceito de "lar" não existia mais, pois os bombardeios tinham destruído tudo o que conheciam. Alguns ficaram tão chocados que se recusavam a deixar os cuidados dos britânicos, e muitos consideraram permanecer no que se tornaria um dos maiores ADs, ou Acampamento de Desalojados, onde os Aliados continuariam a cuidar deles. Outros estavam à espera de vistos para a Palestina, para os Estados Unidos, o Canadá, a Suécia ou Inglaterra — se conseguissem entrar —, mas muitas portas estavam fechadas ou se fechando, o que provocou furiosas manifestações. Os prisioneiros russos estavam comunicando que as partes da Europa libertadas pelos soviéticos se tornariam comunistas, o que também influenciou as decisões.

Eu sabia que minha tia em Nova York nos receberia, e me sentia grata à bondosa proposta do major Spicer de me adotar na Inglaterra. Havia ainda outras propostas da equipe médica também, mas de repente ficou claro que eu queria mesmo voltar para o meu país. Como dissera Fredy Hirsch, percebi que a ideia do sionismo era uma coisa teórica. Não havia outro lugar onde eu quisesse viver.

Havia um rádio no escritório do major Spicer que estava quase sempre ligado. Todos os dias eles transmitiam as últimas notícias e mensagens de famílias que procuravam parentes. Em junho, num glorioso dia de verão, eu estava na minha mesa com o sol brilhando pela janela quando, de repente, ouvi chamarem meu nome. O locutor do rádio estava transmitindo um pedido de qualquer informação sobre a família Růžička, de Pilsen, e sua filha Zuzana. O anúncio era de Madame, minha querida professora de piano, que estava procurando por mim.

Saltitando, ouvi atentamente e anotei os detalhes de quem contatar para ela saber que ainda estávamos vivas. Com os olhos cheios de lágrimas, fiquei tão satisfeita e aliviada ao saber de Madame que tive vontade de voltar a Pilsen o mais rápido possível. Soube naquele momento que se não conseguisse tirar logo minha mãe do hospital, nós nunca poderíamos ir embora e ela nunca se recuperaria.

Era hora de levá-la para casa.

13. Pilsen, 1945

Não seria fácil tirar minha mãe de Bergen-Belsen. Ela ainda estava muito doente e teimosamente se recusava a sair. Sabia que, se fosse para salvá-la, teria de fazer algo extraordinário.

Assim que a quarentena foi suspensa nas várias seções do campo — dependendo da saúde das pessoas —, todos os que estavam prontos para sair começaram a procurar maneiras de chegar ao destino escolhido, mas não foi tão simples quanto esperávamos. Havia escassez de combustível em toda a Europa, e apenas alguns trens disponíveis para os sobreviventes — o resto havia sido requisitado pelos militares — e com milhares de pessoas querendo ir a tantos lugares diferentes a organização da evacuação foi caótica.

Alguns veículos particulares chegavam da Tchecoslováquia para transportar sobreviventes, mas estavam sempre cheios, sem espaço para passageiros extras, apesar dos meus pedidos. A certa altura, um carro entrou no acampamento, mas o motorista não encontrou os que ele tinha ido buscar, então perguntei se ele levaria eu e minha mãe para Pilsen.

— Tudo bem — ele respondeu, dando de ombros. — Mas antes você precisa me arrumar um pouco de gasolina.

Um dos meus amigos médicos me disse que eu poderia tentar arranjar algum combustível no quartel-general britânico e me deu documentos que me permitiram o acesso. A essa altura, eu usava uma espécie de avental que me fazia parecer uma enfermeira. Assim, quando entrei no ambulatório do prédio e pedi para falar com alguém, eu fui muito bem recebida. Falei com três oficiais diferentes — que pareceram muito altos para mim — e o último chamou um general. Quando o general chegou, eu disse que precisava de gasolina, mas esqueci de dizer para quê. Ele saiu e voltou com um pequeno frasco, achando que eu precisava de gasolina para limpar roupas infestadas de insetos, como era comum no acampamento.

— Desculpe, mas isso não basta. Eu preciso do suficiente para uma viagem de seiscentos quilômetros até Pilsen — expliquei, depois de agradecer.

O general riu, abanou a cabeça e disse que era impossível.

De volta ao acampamento, fiquei sabendo que havia tantos tchecos querendo voltar para casa que as autoridades estavam tentando arranjar um trem especial para nós. Levaria semanas e provavelmente não estaria disponível até pelo menos meados de agosto, mas isso me daria tempo suficiente para preparar a parte seguinte do meu plano.

Os médicos continuavam insistindo que mamãe não poderia sair, pois não sobreviveria à viagem, mas isso não me impediria. Quando somos jovens, temos tanta coragem e intuição, que tive a sensação de que ela estava resistindo a melhorar pelo simples fato de não conseguir encarar a ideia de voltar para casa. Sempre fui guiada pela minha intuição na música, e apliquei essa mesma intuição na vida. Hoje eu não teria coragem de fazer aquilo, mas meu plano básico era sequestrá-la, o que era outra ideia maluca. Meus amigos ficaram preocupados com que eu fosse apanhada, mas não me importei. Só sabia que precisava levar minha mãe para casa.

Meu amigo, o dr. Van Loo, concordou comigo e escreveu alguns documentos falsos que me permitiriam tirá-la da enfermaria para alguns exames. Alguns amigos encontraram um vestido para mamãe e, com tudo pronto, disse adeus a todos em quem podia confiar para manter meu segredo e entrei em ação. Bem cedo numa manhã, no fim de agosto de 1945, no dia em que o trem partiria para Praga, corri até a Rotunda, entreguei os documentos falsos à enfermeira da noite, que me conhecia bem, e disse que ia levar minha mãe para tirar uma radiografia.

Pus rapidamente o vestido em minha mãe, que resistiu muito a ser manipulada e movida.

— O que você está fazendo? Por que está me vestindo? Você sabe que o médico disse que eu não posso ser transportada. Eu não vou conseguir, Zuzana! — ela dizia.

Fui muito cruel com ela, mas sabia que esse era o único caminho.

— Mamãe, eu não quero ficar mais aqui — falei. — Quero voltar para Pilsen e não vou sem você, então você *precisa* vir comigo.

Acho que deve ter sido isso que a fez tentar. Sentiu que precisava fazer aquele último sacrifício por mim, mesmo que não tenha parado de dizer o tempo todo que estava sendo levada para a morte certa.

De alguma forma, mesmo com ela mal conseguindo ficar de pé, consegui sair com minha mãe numa hora em que não havia vigia e a ajudei a subir no trem. Localizamos nosso lugar num vagão de gado — número treze. Minha mãe, que era supersticiosa, disse:

— Olha só! Número treze! Vai ser o meu leito de morte. Eu não vou viver para ver Pilsen — gritou.

A viagem de seiscentos quilômetros demorou três dias e foi extremamente difícil, pois os trilhos estavam danificados pelas bombas e não havia um cronograma regular. Outros trens tinham mais prioridade que o nosso, e muitas vezes tínhamos de esperar nos desvios até que passassem. Os ingleses nos deram refeições, mas não foram suficientes por causa de todos os atrasos, por isso — mais uma vez — ficamos com muita fome. Cada vez que o trem parava, os passageiros abriam as portas, desciam e roubavam frutas e legumes dos quintais das pequenas casas que ladeavam os trilhos enquanto passávamos por cidades como Magdeburgo, Leipzig e Dresden.

Minha compulsão por ser uma pessoa honesta era uma coisa estranha — instilada em mim por Fredy Hirsch. Isso me prejudicou de várias maneiras. As outras garotas nunca tiveram dúvidas sobre furtar naquelas circunstâncias, mas eu nunca consegui roubar um estranho. Preferi implorar aos meus amigos que tinham mais que o suficiente e eles nos ajudaram com prazer.

Durante a maior parte da viagem minha mãe ficou indiferente ao meu lado, dizendo: "Este é meu último dia. Eu nunca vou chegar em casa". Até o trem chegar à Boêmia e começarmos a notar tchecos esperando em todas as estações. Estávamos atrasados se comparados àqueles que chegaram dos acampamentos nos meses anteriores e não erámos mais uma grande atração, mas ainda assim alguns ficavam olhando quando o trem parava e as pessoas começavam a desembarcar. Acenavam e choravam em busca de entes queridos, e boquiabertos com a nossa aparência, todos pele e osso com roupas folgadas.

Eu ainda não tinha recuperado totalmente a saúde e não tinha passado muito dos 27 quilos que pesava na ocasião da liberação, por isso era um espetáculo cada vez que saía do trem em busca de algum alimento. As pessoas gentilmente me davam coisas para comer e as autoridades me garantiram que quando chegássemos a Pilsen a equipe do departamento de repatriação nos serviria uma refeição grátis e nos diria onde poderíamos ficar.

O trem seguia em frente e eu continuava dizendo à minha mãe:

— Olhe pela janela! Aquela é a aldeia onde o seu amigo nasceu, e a próxima cidade é Litoměřice.

Chegamos ao vilarejo de Nová Hut, onde às vezes passávamos férias em família e eu disse:

— Olha, mamãe! Nová Hut! Lembra como Tata adorava esse lugar?.

Foi nesse momento que ela começou a voltar a si. Foi como se um interruptor se acendesse em sua mente. Levantou-se com as pernas trêmulas, olhou pela janelinha e — incrível — viu algumas pessoas que se lembravam dela da loja, onde era relativamente famosa.

— Senhora Růžičková! Senhora Růžičková! É a senhora? A senhora sobreviveu! — chamaram logo que a viram. Esse foi o ponto crucial, quando minha mãe reviveu e começou a se interessar pela vida. Ficou comovida e começou a acenar para elas, de repente apreciando estar de volta a um país onde as pessoas a conheciam e a amavam.

Nós fomos as únicas que desceram em Pilsen. Assim, quando o trem parou, desembarcamos sozinhas. Era um dia quente e adorável.

— Sente-se nesse banco ao sol e descanse. Eu vou procurar o departamento de repatriação. Na volta vou trazer algo para comermos — eu disse à minha mãe.

Não era uma longa caminhada até lá, apesar de eu ainda estar muito fraca e meio zonza, mas encontrei logo o departamento e recebi uma carteira de identidade e outros documentos que nos autorizavam a passar aquela noite num dormitório municipal, se não tivéssemos outro lugar para ir. As autoridades prometeram que, no dia seguinte, tentariam encontrar um apartamento para nós duas. O nosso havia sido ocupado pelos tchecos anos antes e as autoridades estavam dando aos sobreviventes dos campos os apartamentos dos alemães que tinham sido repatriados à força após a guerra. Uma mulher me disse que foi uma pena termos chegado tão tarde, porque a maioria dos melhores lugares já estava ocupada.

Os funcionários me perguntaram se eu queria comer alguma coisa. De repente com fome, encontrei a sala de jantar, onde estava sendo servido o almoço. O cardápio oferecia *svíčková* e *knedliky* — lombo de carne bovina com molho de creme e bolinhos —, meus primeiros bolinhos tchecos em anos. Peguei quatro, mas só consegui comer dois e embrulhei os outros num guardanapo para minha mãe. Por ter feito tudo aquilo tão rapidamente, não consegui resistir à tentação de visitar Madame, que morava lá perto.

Quando ela abriu a porta e me viu, teve um sobressalto e começou a chorar. Eu também. Abraçamo-nos calorosamente, mas mal conseguíamos falar. Foi um momento tão alegre! Enxugando nossos olhos, andamos de braços dados até a sala do piano, onde eu tivera minhas primeiras e últimas lições, e comecei a contar o que podia. De repente ela começou a chorar de novo. Segurou minhas mãos nas dela e chorou muito. Olhei para os meus dedos — retorcidos e arruinados de tanto cavar dutos e transportar tijolos — e me senti envergonhada.

Madame era uma mulher tão atenciosa. Tentando ser delicada, ela enxugou as lágrimas.

— O principal é que você está de volta. E existem outras carreiras além da música, Zuzana. Você tem uma cabeça maravilhosa para idiomas. Vá falar com os americanos. Eles precisam de tradutores. Mais tarde você pode fazer uma faculdade e se formar — disse.

— Agora eu preciso encontrar minha mãe. Ela está me esperando na estação de trem — falei, sentindo-me subitamente esgotada.

Saí correndo pela rua, tão triste e preocupada com a reação de Madame às minhas mãos que quase esbarrei em minha mãe. Incrivelmente, ela se sentiu bem o suficiente para ir andando até o departamento de repatriação e comer alguns bolinhos (economizando dois para mim). Foi um milagre.

Nem por um momento eu e minha mãe achamos que teríamos que passar aquela noite no dormitório público, já que tínhamos muitos amigos na

Cem milagres 281

cidade e mal podíamos esperar para nos reunirmos com eles. Primeiro fomos ver minha prima Sonja, a filha de dezessete anos da minha querida tia Jiřina. Ela era de um casamento misto, por isso achávamos que tivesse sobrevivido. Ela estava viva, mas quando abriu a porta e nos viu, aquela jovem se comportou de uma maneira muito curiosa e inesperada. Em vez de nos receber de braços abertos, pareceu agitada e falou:

— Sinto muitíssimo, mas eu preciso sair, pois tenho um compromisso. Vocês poderiam voltar às seis horas da tarde?.

Eu e minha mãe nos olhamos chocadas, e imediatamente nos perguntamos por que ela não ofereceu as chaves da casa, mas ela não fez isso. Tivemos a sensação de sermos assombrações; pessoas que já tinham sido pranteadas e enterradas e que, de repente, saíram da sepultura.

Ficamos constrangidas, saímos de lá e fomos falar com a chefe de vendas da loja da família. Aquela senhora era quase um membro da nossa família e nós tínhamos deixado um monte de coisas para ela guardar — tapetes, porcelana, ouro, bandejas e candelabros de prata. Tocamos a campainha e esperávamos uma explosão de alegria quando nos visse, mas ela também ficou envergonhada:

— Eu realmente não posso convidar vocês para entrar... ainda não fiz a faxina. Vocês se importariam em ficar na cozinha?

Nós praticamente fugimos de lá.

Quando batemos na porta de outra pessoa, ela disse que não podíamos entrar porque havia doenças na casa. Ninguém nos convidou para entrar. Ninguém nos serviu um café ou algo para comer. Ninguém perguntou sobre meu pai ou pelo restante da família.

Percebemos então que nenhuma daquelas pessoas acreditava que nós voltaríamos. Imaginamos que elas tinham vendido nossas coisas ou as estavam usando abertamente, com a intenção de se apropriar delas. Não entenderam que não estávamos tentando recuperar nossos pertences, que naquele momento não significavam quase nada para nós. Estávamos em busca de comida, de um abrigo e uma palavra amável. Quando percebemos que todos ficavam constrangidos, nos afastamos e não fomos visitar mais ninguém.

Andando pela rua, atordoadas, nos deparamos com uma ex-empregada nossa, que também saiu correndo. Surpreendentemente, ela estava usando um dos vestidos da minha mãe, confiado a ela por segurança.

Foi então que percebemos como as coisas eram. Havia muito mais horror do que alegria na expressão das pessoas. Para elas, nós estávamos mortas e enterradas. Éramos fantasmas, e fantasmas não deveriam sair do túmulo para assombrar as pessoas.

Minha mãe e eu sentamos num banco do parque e nos olhamos com tristeza. Já era noite; estávamos cansadas e famintas e não sabíamos o que fazer. Depois de algum tempo, o guarda do parque se aproximou para nos perguntar sobre o nosso destino. Ainda estávamos usando aquelas roupas terríveis, por isso com certeza ele percebeu que éramos repatriadas. Foi muito delicado conosco e contamos a ele sobre a nossa situação. Ele pediu para esperarmos ali, afastou-se e voltou com a mulher, trazendo uma jarra de leite e uma grande bandeja de *koláče* — os doces tchecos que tinham feito parte da minha infância. Ficamos tremendamente comovidas com a bondade daqueles dois estranhos, que fizeram mais por nós naquele primeiro dia do que qualquer um de nossos conhecidos.

Um pouco mais animadas, resolvemos voltar ao apartamento de Sonja às seis horas, conforme instruídas, mas ela nem estava lá. Exaustas, sentamos na escadaria. Esperamos bastante tempo, mas ela não apareceu. Ao cair da noite ainda não havia sinal dela. Foi uma experiência muito amarga. Quando nos levantamos, não tínhamos escolha a não ser voltar à cidade e dar entrada no dormitório municipal com nossos cupons oficiais de desabrigados. Eu e minha mãe passamos a primeira noite na nossa cidade dormindo juntas numa cama de solteiro em um lar para os destituídos, chorando sem parar.

Depois de três anos de um afastamento forçado, não era assim que imaginamos a nossa primeira noite em Pilsen.

O incrível foi que, na manhã seguinte, minha mãe estava bem de novo e tinha recuperado o controle. Quando saímos de Belsen, eu era a responsável e ela era a criança. Em Pilsen, ela recuperou as forças e assumiu mais uma vez.

Na manhã seguinte, voltamos ao departamento de repatriação, onde ela insistiu para que nos ajudassem. Eles nos deram um pouco de dinheiro para comprar comida e roupas, mas tudo continuava racionado e não havia muitas opções. Por fim, eles nos providenciaram um apartamento onde podíamos ficar até encontrar outro lugar. Mas nós passamos apenas uma noite lá, rodeadas por pertences de alemães nazistas e fotos de Hitler nas paredes, e mal conseguimos dormir. Era muito claustrofóbico e o lugar tinha um clima muito ruim. Quando acordamos, na manhã seguinte, trocamos um olhar e nos dissemos: "Nós não podemos ficar aqui".

Minha mãe voltou a procurar as autoridades, e — com a ajuda de amigos do meu pai do Sokol, com quem ela conseguiu se reconectar —, nós conseguimos um apartamento moderno, onde a minha mãe moraria até o levante de Pilsen, oito anos mais tarde. Ela providenciou todos os documentos de restituição, inclusive um certificado de óbito para o meu pai, e nós conseguimos requisitar peças de mobiliário do chamado "fundo nacional", de coisas tiradas de alemães banidos. Dessa forma nós conseguimos uma mesa e algumas cadeiras, duas camas e um armário. Também requisitei um piano, e fiquei muito feliz ao receber um Bösendorfer de meia cauda. Quando pude voltar a tocar, senti que estava retomando minha vida interrompida. No dia seguinte saímos em busca de trabalho, preparadas para levar em consideração qualquer possibilidade de ganhar algum dinheiro. Mas o mais importante era que tínhamos nos acostumado à ideia de sermos livres.

Foi imensamente difícil tentar voltar à normalidade. Sentia uma depressão terrível, mas não podia demonstrar, pois devia estar seguindo em frente com a vida. Havia tantas liberdades estranhas com que nos reacostumarmos, principalmente a sensação de que podíamos ir para onde quiséssemos, até mesmo ao banheiro, sem pedir permissão. Nós vivemos por anos em um mundo sem portas e sem privacidade, e parecia incrível poder entrar numa sala, fechar a porta e ter o espaço para nós mesmas.

Dormir numa cama de verdade, com lençóis e travesseiros, era outro grande luxo, bem como o conceito de poder comer quando quiséssemos. Uma das sensações mais peculiares, no entanto, era poder caminhar sozinha, e não em grupos de cinco, com a cabeça baixa, sempre olhando para os pés à nossa frente. No começo eu não conseguia fazer isso a menos que me apoiasse em alguém ou numa parede. O movimento me parecia estranho e me deixava tonta e enjoada.

Quando soubemos que menos de trezentos dos 3 mil ou mais judeus de Pilsen tinham voltado para casa depois da guerra, percebemos que tivemos sorte em termos sobrevivido, mas isso não fez muito para melhorar nossa vida. Na verdade, agora estava muito mais difícil do que antes da guerra. Não tínhamos família. Não tínhamos emprego. Não tínhamos dinheiro. Havia pouca carne e poucos legumes.

A única novidade foi quando pude viajar por duas semanas para um campo de reabilitação em Ostravice, na cordilheira de Beskides. Era um spa que estava sendo usado para receber crianças e adolescentes sobreviventes da guerra. Tínhamos coisas maravilhosas para comer, tratamentos para exaustão e outros problemas de saúde. Foi lá que conheci o escritor Arnošt Lustig, que estava no mesmo grupo que eu, e onde tivemos muitas e intensas discussões sobre a guerra e a respeito dos russos e suas políticas. Lustig estava em êxtase, quase fanatizado naquela época, e acreditava totalmente no comunismo, assim como muitas outras pessoas. Eu não tinha tanta certeza.

Foi naquele campo de reabilitação que eu saí na primeira fotografia em anos. Aos dezoito anos, eu parecia mais uma mulher de trinta. Quando voltei a Pilsen depois de duas semanas fora, fiquei chocada ao me dar conta de que a minha mãe parecia estar mais na casa dos sessenta anos do que na dos quarenta.

Por intermédio dos nossos amigos do Sokol, o prefeito da cidade se esforçou bastante para nos ajudar a acelerar o processo para minha mãe requisitar sua loja de volta — mas nunca teríamos pensado que ela seria confiscada de novo poucos anos depois. Primeiro, nós precisamos obter declarações confirmando as mortes do meu pai e do meu avô, detalhando exatamente onde estavam e como tinham morrido. Ainda rezávamos pela possibilidade de o tio Karel retornar, o que teria sido uma bênção, pois minha mãe teria um sócio nos negócios e eu voltaria a ter uma figura paterna na minha vida.

Algum tempo depois, descobrimos o destino de tio Karel. Ele tinha sobrevivido a Terezín e a Auschwitz, depois a um subcampo e finalmente a uma marcha da morte. Quando foi jogado em um vagão para gado nos últimos dias da guerra, que provavelmente levaria os prisioneiros para o campo de concentração de Mauthausen, na Áustria, ele conseguiu escapar do trem

CEM MILAGRES 285

na Tchecoslováquia. Karel conseguiu chegar à cidade de Sadská, a leste de Praga, onde os tchecos logo perceberam que ele era um prisioneiro foragido e o esconderam na prisão local para protegê-lo. Infelizmente, alguém na cidade o delatou, e no dia 4 de maio de 1945, quatro dias antes do nosso país finalmente ser libertado pelos soviéticos e pelos americanos, os nazistas foram até a prisão e executaram meu tio.

Minha mãe ficou abalada ao receber a notícia, com muita raiva. Estava decidida a ir a Sadská e descobrir quem o havia delatado para os nazistas, para que as pessoas fossem punidas. Mas, logo depois, se lembrou de algo que meu pai havia dito em seu leito de morte: "A vingança pertence a Deus", e, relutante, resolveu não seguir em frente.

O resto da nossa família também tinha sido eliminado, inclusive todos os meus tios e tias e mais de dez primos. Vlasta, a cantora com a voz linda, foi assassinada em 1942 com seu marido Arnošt e os dois filhos, Jiří e Věra. Minha tia Zdenka morreu naquele mesmo ano, assim como minha tia Jiřina, em Auschwitz.

A família da minha mãe, de Dobris, também tinha perecido, de forma que, com exceção dos parentes que moravam nos Estados Unidos e na Inglaterra, nós não tínhamos mais ninguém além da nossa prima Sonja, que no fim acabou nos ajudando. Com o tempo, passamos a considerar compreensível seu comportamento quando batemos pela primeira vez à sua porta. Ela era filha única, e deve ter nos ouvido confirmar que Jiřina, sua mãe, tinha morrido, e pensado: "Por que elas sobreviveram, mas a minha mãe, não?". Afinal nós recuperamos algumas posses da família, inclusive algumas joias e os álbuns de fotos — que valorizamos acima de todo o resto.

Também foi em grande parte graças à Sonja que não passamos fome nos primeiros meses após a guerra. Estávamos famintas o tempo todo e não parávamos de comer. Todos os que sobreviveram ficaram assim. A comida se tornou uma compulsão. Sonja tinha muitas batatas que tinha guardado no porão no ano anterior e nos deixou comer à vontade, o que fizemos. Era como uma obsessão. Ainda adolescente, eu estava fisicamente malnutrida, mas com a barriga cada vez maior de tanto comer batatas, e cheguei a ficar bem gordinha. O meu peso aumentou para 65 quilos, um peso que nunca tivera antes nem jamais tive desde então — e foi o mesmo com minha mãe.

Chegamos a Pilsen com as roupas alemãs que estávamos usando e mais nada. Todas as nossas roupas de boa qualidade tinham ficado sob os cuidados de amigos, mas foram perdidas, e havia poucas opções no centro de repatriação. Eu tinha apenas uma saia e uma blusa, que precisava usar todos os dias.

Minha mãe tinha muitos amigos gentios que continuavam na cidade e eram bondosos com ela, mas eu tinha perdido quase todos os meus contemporâneos de Pilsen, o que me deixou tremendamente solitária. Hanuš, meu namorado de Terezín, tinha lido o cartão-postal que mandei de Auschwitz com a palavra *morte* em hebraico, e naturalmente supôs que eu tivesse morrido. Levou algum tempo até eu descobrir que ele tinha sobrevivido e construído uma nova vida em Brno, com uma jovem com quem se casaria mais tarde. As amigas com quem convivi no decorrer da guerra — especialmente Dana e Zuzana — foram muito importantes para mim, mas elas não eram de Pilsen, e cada uma voltou para sua cidade natal em outras partes do país. Passaram-se alguns anos até conseguirmos voltar a entrar em contato.

Assim que recuperou a loja, minha mãe contratou a antiga equipe e reestabeleceu a reputação da Hračky Růžička na cidade. Sua única condição era que não daria um emprego a ninguém que tivesse roubado dela. No começo foi muito difícil. Havia uma escassez geral — nada para vender e ninguém com dinheiro para comprar, mas com o apoio dos vizinhos e de alguns clientes leais, em meio ano ela pôs a loja em ordem. Conseguiu um empréstimo com o banco Živnostenská, e o diretor aparecia lá de vez em quando para vê-la e acabou se tornando um amigo.

Em uma das seções da loja, minha mãe vendia brinquedos, na outra vendia papel, roupa de cama e toda sorte de itens de primeira necessidade — assim como meu pai tinha ensinado. Sua energia me impressionou, principalmente quando eu me lembrava de como tinha ficado doente e no quanto havia sofrido. Teve a ideia de contratar camponeses pobres dos vilarejos ao redor da cidade para esculpir brinquedos de madeira — lindos itens feitos à mão que ela vendia na loja e as crianças adoravam. Também escreveu para sua irmã Elsa, em Nova York, perguntando o que era popular entre as crianças americanas. Elsa mandou um saco grande cheio de balões de borracha, que na época eram uma novidade, e todas as crianças de Pilsen lotavam a loja para comprá-los. Minha mãe estava no seu ambiente.

O único trabalho que eu consegui foi como tradutora para o exército americano, sob o comando do general Patton, que tinha libertado a nossa parte da Tchecoslováquia. Eles não tinham permissão para seguir adiante, pois foram os soviéticos que libertaram o resto do território, e acabariam reivindicando o país inteiro como espólio de guerra. Os americanos me contrataram para traduzir artigos da imprensa local para seu departamento de inteligência, e me pagavam um pequeno salário. Os soldados eram muito simpáticos, mas de início eu não socializei muito, pois não tinha confiança neles e ainda não me sentia parte da sociedade normal.

Quando alguns soldados me convidaram para ir a um baile, eu declinei por me sentir feia demais, por não ter nada para vestir. Minha mãe insistiu para que eu aceitasse e fez um vestido de mangas curtas para mim com um velho tecido escuro, enfeitado com duas faixas e um cinto de cetim azul. Arranjou até duas luvas de cetim, um colar de pérolas e algumas flores para o meu cabelo. Apesar da vergonha pelos quilos que tinha ganhado, naquela noite eu me senti uma princesa, e ela providenciou para que tirassem uma fotografia minha como lembrança.

Eu me diverti bastante no baile, até um soldado com quem eu estava dançando uma valsa reparar no número em meu antebraço.

— O que isso significa? — ele perguntou.

— Significa que eu estive em Auschwitz.

Ele parou de dançar e riu.

— Você espera que eu acredite nesse conto de fadas?

Dei um tapa forte no rosto dele e saí correndo. Foi a primeira e última vez que bati em alguém.

Daquele dia em diante — e apesar de um pedido formal de desculpas —, passei a recusar todos os convites que recebia e só me concentrei no piano e no meu trabalho como tradutora. Passava horas e horas no meu Bösendorfer. Voltei a visitar Madame e pedi algumas aulas, mas ela se recusou:

— Se você quer mesmo estudar música, antes precisa passar em todos os exames numa escola de música oficial.

A verdadeira razão foi que, naquela época, ela estava com outra pupila promissora, e toda sua atenção estava focada nela. Devo admitir que fiquei com muito ciúme.

Mas Madame me recomendou para o professor Bohdan Gselhofer, diretor da Escola de Música Municipal Bedřich Smetana de Pilsen, e o convenceu a me dar aulas para que eu concluísse meus estudos. Ele concordou apenas como um favor a Madame, pois já era famoso, regia um coral e já tinha ganhado muitos prêmios. Assumir a tutela de alguém com dezoito anos que não tocava havia quatro anos e meio foi uma empreitada difícil.

Em setembro de 1945, quatro meses antes do meu aniversário de dezenove anos, comecei a ter aulas com crianças pequenas da terceira série e voltei para o básico. Tive de reaprender a série completa de Carl Czerny, *Arte da destreza dos dedos*, como tinha feito aos nove anos de idade com Madame, avançando pelos estudos como uma noviça. Devido às mãos arruinadas, eu não conseguia mais tocar com a facilidade de antigamente, e sempre que tentava os meus dedos ficavam trêmulos depois, como se tomados por um tremor nervoso. O professor Gselhofer logo concordou com a opinião de Madame de que eu deveria desistir da música, mas eu não me deixei dissuadir.

Eu sabia que Bach seria difícil demais, e nem queria tentar até ficar boa o suficiente. Em casa, comecei a treinar com a "Sonata para piano nº 8 em lá menor", de Mozart, cujo "Terceiro movimento" é um dos mais desoladores já criados pelo compositor. Com seu clima trágico subjacente, foi composto após a morte da mãe que Mozart tanto amava. Aquela música refletia perfeitamente o meu estado de espírito, e tocá-la com tanta frequência se registrou no meu cérebro como a trilha sonora daquela época sombria logo depois da guerra.

Eu progredi rapidamente, e em três meses o professor mudou de ideia e concordou em me ensinar com mais atenção. Recebi permissão para fazer o exame de admissão para uma série mais alta, no qual passei, e depois disso fui promovida a cada três meses. Minha mãe não acreditava que eu conseguiria ganhar a vida tocando música, e todos concordavam, alertando que ela teria que me sustentar ou que eu acabaria dando aulas de piano em domicílio. Minha mãe dizia que, como meu pai gostaria de ter me visto seguir o meu sonho de estudar música, ela me ajudaria o quanto pudesse. E me ajudou a vida inteira. No fim de 1946, eu já tocava em concertos de

Cem milagres 289

música de câmara, em Pilsen, e até já tocava como solista e recebia críticas bem favoráveis.

O estudo e a prática eram muito cansativos, mas eu era incansável e estava determinada a me manter totalmente focada. Eu tocava até meus dedos ficarem dormentes e ser impossível me concentrar na partitura. No decorrer de dois anos eu completei quatro anos de educação musical, ao mesmo tempo que dava aulas particulares para crianças da região, indo de casa em casa para ganhar um dinheiro extra. Como sempre, a música me ajudou a não ficar presa demais às lembranças e dominada pelos meus temores, apesar de isso acontecer com frequência.

Um dia eu estava caminhando pelo parque quando passei por um coreto em que os músicos estavam começando a tocar a "Marinarella". Senti os joelhos fraquejarem e fui imediatamente transportada para o desespero e a desesperança de Auschwitz, para a música infernal que nos despertava cruelmente todas as manhãs.

A pergunta que me fazia sem parar em Pilsen era: por que a guerra aconteceu, e será que poderia acontecer novamente? Na minha cabeça eu ainda estava nos campos — sempre lá — pensando naqueles guardas da ss e no que eles faziam conosco. Eu me perguntava onde eles estariam agora, se seus familiares tinham alguma ideia do que fizeram. Enquanto andava pelas ruas, olhava para os rostos dos transeuntes e sabia que qualquer um deles poderia ter sido da ss. Pessoas de boas famílias e de boa formação também podiam ter sucumbido ao medo, à superstição e à psicologia de massa e se transformado em feras. Não conseguia deixar de pensar se esse homem ou aquela mulher poderiam ter se comportado daquela forma.

Comecei a me perguntar se alguém seria imune. Acredito que — com poucas exceções — quase qualquer pessoa é potencialmente capaz de ceder à hipnose da psicologia de grupo. Isso remete a Freud e ao livro que Fredy Hirsch tirou de mim na ala infantil de Auschwitz por ser sério demais. Os textos de Freud foram algo que estudei bastante depois da guerra, e aquilo fazia muito sentido para mim.

Graças a Fredy, que nos ensinou que o primeiro requisito de um ser humano é ser decente, eu cheguei à conclusão de que existem duas maneiras de ver a questão da selvageria: você pode dizer que todos são criminosos em potencial, ou então que todos são decentes em potencial. Se aquela pessoa tivesse vivido sob condições diferentes, talvez tivesse sido decente. Se um daqueles guardas tivesse vivido cem anos antes na República de Weimar, e não sob a liderança de Hitler, talvez tivesse sido um bom homem e um orgulhoso pai de família, capaz de manter seus padrões morais frente à sociedade.

Claro que o conceito do que todos somos capazes de fazer continua sendo um pensamento assustador. Sei que devo ter encontrado ex-nazistas nas minhas viagens, mas felizmente nem sempre fiquei sabendo — como na vez em que me convidaram para a casa de Hermann Abs, diretor do Deutsche Bank, e na época eu não sabia que ele tinha sido um dos banqueiros mais poderosos do Terceiro Reich.

Independentemente do que eu soubesse a respeito deles como indivíduos, todas as vezes em que conhecia um alemão depois que fui libertada eu pensava: "O que você fez durante a guerra?". Para mim, era a eterna questão.

Pensando naqueles dias, resolvi tentar entrar em contato com meu amigo Clement Morgan, de Bergen-Belsen. Eu só sabia que ele morava na Inglaterra, perto de um lugar chamado Newcastle, e hoje não consigo lembrar como acabei encontrando o endereço dele.

Assim que consegui descobrir onde Clement vivia, escrevi várias cartas, que hoje estão guardadas nos arquivos do museu de Bergen-Belsen, como cortesia da família Morgan. No primeiro contato, mandei uma foto minha usando o vestido feito pela minha mãe, com a legenda:

A garota que você vê nessa fotografia sempre lhe será grata pela própria vida, que você salvou, pela fé na humanidade que você a ensinou a ter depois de quatro anos de tortura nazista e pelos lindos dias que passamos juntos. Meu desejo é que você seja tão feliz quanto merece. É o que deseja a sua Susanne [sic].

Em uma carta mais longa, escrevi:

Querido Clem,
Eu me pergunto se você ainda se lembra de uma garota chamada Susanne, que você resgatou das paredes brancas de um quarto hospitalar e para quem

mostrou os primeiros belos aspectos de uma verdadeira vida humana. Eu certamente não me esqueci do que você fez por mim e pela minha mãe. Talvez você mesmo não saiba que provavelmente salvou as nossas vidas.

Portanto sinto ser o meu dever avisá-lo que nós estamos ambas sãs e salvas na nossa cidade, Pilsen, na Tchecoslováquia. [...] Acho que você não me reconheceria, pois estou bem mais alta e mais forte, e agora pareço tão normal quanto qualquer outra garota. Espero que você e a sua família e esposa estejam bem, e desejo boa sorte por toda a sua vida.

Saudações, Susanne

Clement respondeu logo em seguida e nós começamos uma correspondência que durou alguns anos, até que circunstâncias políticas impedissem o prosseguimento. Ele me disse que tinha terminado com a noiva e que estava torcendo para eu receber um estipêndio para estudar na Academia Real de Música, esperança que eu também tinha naquela época e que teria possibilitado nos encontrarmos em Londres.

Em outra carta, eu escrevi:

Lembro-me de Belsen com muita frequência, especialmente da primeira semana, quando você foi tão bom comigo e eu me senti uma menina em um daqueles contos de fadas, com uma fada madrinha que sempre ajuda e cuida de tudo. Nunca vou conseguir lhe agradecer o suficiente por isso.

Depois acrescentei:

Tenho a impressão de que faz apenas alguns dias que vi você pela última vez, com o seu jaleco branco. Você lembra quando foi para Londres visitar sua noiva e eu estava muito doente? E como ficou surpreso ao me encontrar na volta, viva e saudável no meu escritório?

Eu o convidei para passar a próxima licença que tivesse comigo na Tchecoslováquia, e alertei para tomar cuidado ao tratar casos de tuberculose, pois não queria que ele fosse infectado. Depois disso as nossas cartas ficaram cada vez mais esporádicas, pois estávamos trabalhando muito e estudando para exames. Em outra carta, eu disse que estava trabalhando até tão tarde da noite, praticamente "sem tempo para comer ou trocar algumas palavras com a minha mãe", e que fazia uma viagem de duas horas de trem até Praga uma vez por semana para ter lições de piano com o professor Rauch.

Há apenas mais uma carta minha para Clem nos arquivos. Não está datada, mas deve ter sido de muitos anos depois, quando eu estava em Zurique e podia escrever com facilidade para o Ocidente. Contei sobre minhas viagens para ele acompanhar o meu progresso, mas nunca cheguei a me encontrar com ele de novo, infelizmente. Sempre vou me lembrar dele com amor e gratidão, por ter salvado a minha mãe e a mim.

Apesar de todo meu árduo trabalho e de ser considerada uma das melhores alunas da escola de música de Pilsen, eu ainda não tinha muita certeza quanto à minha habilidade para ser uma concertista de piano.

Então, em 1946, a Escola Municipal de Música Smetana protocolou um pedido para receber o status de conservatório, que exigia um credenciamento formal. Para isso, eles organizaram um concerto com os melhores alunos e convidaram o professor Vladimír Polívka, pianista e compositor da Academia de Música de Praga, para assistir ao concerto e julgá-lo em conjunto com três outras pessoas, inclusive um membro do Ministério da Educação. Eu fui selecionada para tocar no concerto e escolhi a "Variations brillantes, opus 12", de Chopin. Depois da apresentação, o comitê me perguntou se eu estava disposta a tentar uma vaga na Academia de Artes Performativas de Praga. Era um sonho meu, mas a dificuldade era que eu não tinha concluído a educação secundária necessária para ingressar numa instituição como aquela, algo que me envergonhava muito. Até constava no meu passaporte, para o mundo todo ver, que eu só tinha completado cinco anos de educação elementar, apesar de a maior parte dos meus estudos ter sido em Terezín — mas isso não contava.

Inacreditavelmente, eles disseram que se eu passasse no exame da academia eles fariam um pedido ao Ministério da Educação para dispensar a exigência de estudos prévios. Mal pude acreditar na minha sorte.

Meu professor foi comigo para Praga e me apresentou ao professor Rauch pedindo que ele me preparasse para o exame. Rauch também era admirado como um dos maiores pianistas internacionais de seu tempo, com uma técnica quase perfeita. Quando me ouviu tocar, no entanto, ele foi pessimista logo de cara. Além disso, após a guerra havia muitos concertistas de piano conhecidos tentando entrar na academia, que havia sido criada e recebido status de universidade havia pouco tempo, de forma que a competição pelas vagas era intensa. O professor Rauch não me aceitou.

Voltei para Pilsen com o coração partido e dei a notícia à minha mãe. Apesar de ainda duvidar que algum dia eu tocaria profissionalmente, ela tentou me convencer de que não era o fim do mundo.

— Mas eu não consigo viver sem música! — respondi, surpresa.

Percebendo a minha tristeza, minha mãe, de espírito indomável, viajou sozinha até Praga para falar com o professor Rauch e pedir que reconsiderasse o meu pedido, mas o professor foi muito rude com ela. Explicou como eram cruciais para um músico os quatro anos entre os quatorze e os dezoito, ressaltando que minhas mãos estavam destruídas: "Veja, Zuzana é uma garota bonita. Um dia ela vai poder tocar piano para o marido depois do jantar", acrescentou.

Minha mãe voltou para Pilsen e me contou o veredito, e nós duas ficamos pensando se eu devia seguir em frente com a música. Ela foi maravilhosa e tentou me dar força para prosseguir, porque tinha entendido o quanto a música era importante para mim. Eu não conseguia imaginar uma vida sem música, por isso segui com os meus estudos, e ela continuou me encorajando. Depois de muita persuasão da parte dela e de outras pessoas, Rauch acabou concordando em me dar aulas uma vez por semana.

Mas o professor Rauch nunca acreditou em mim nem mostrou qualquer compaixão. Uma vez eu o chamei de sádico, mas não era verdade. Na verdade ele era um professor maravilhoso, mas acho que era inseguro de si mesmo e rigoroso com as próprias falhas, o que o tornava, por sua vez, rígido com os alunos. Ele sempre nos dizia exatamente o que pensava.

Três professores diferentes gentilmente demonstraram interesse em me ensinar quando cheguei à academia, e o mais velho era Albín Šín — o diretor de todo o departamento de música — e foi naturalmente quem eu escolhi. Ele era bondoso, delicado e conversava comigo sobre a poesia da música. O que eu realmente precisava, no entanto, era do treinamento rigoroso e da técnica que perdi durante os anos da guerra, então fiz algo completamente inaudito. Procurei o reitor e pedi permissão para mudar de professor e frequentar as aulas do professor Rauch. Ele não conseguia acreditar no meu pedido.

Rauch era o professor mais temido da academia, mesmo por alunos muito mais velhos que eu e com carreiras de sucesso — homens que ainda paravam em frente à porta dele para reunir coragem para entrar. Era um bom professor justamente por ser tão duro, mas ele não era o professor certo para mim em termos emocionais. Mestre do sarcasmo, dizia com frequência que eu era uma "imbecil", e "completamente inepta". Quando eu precisava de estímulo e apoio, não tinha nem uma coisa nem outra. Sempre dizia que uma carreira musical não seria possível. "Você é uma jovem simpática", comentava. "Devia se casar. É inteligente. Se quiser uma carreira, devia estudar idiomas. Procure outra carreira, porque você é muito velha para começar e as suas deficiências técnicas são grandes demais." Ele nunca deixou de me ridicularizar.

Tolamente, deixei que Rauch me afetasse — a ponto de sempre sair das aulas dele me sentindo a criatura mais inútil do mundo. Depois de me tornar uma garota bem gordinha com a dieta de pão e batatas depois da guerra, no primeiro ano com o professor Rauch eu perdi treze quilos e nunca mais os recuperei. Eu precisava trabalhar mais arduamente para agradá-lo e estava física e mentalmente exausta. Além das minhas deficiências técnicas, ele também achava que eu era inerentemente inadequada para me apresentar por causa do meu medo do palco.

Não era só comigo que ele implicava; Rauch era assim com todos os seus alunos. E ser criticado é muito difícil para uma pessoa jovem. Lembro um dia em que eu ia me sentar ao piano para fazer um exame e Rauch viu o colar no meu pescoço e perguntou a respeito. Era um pequeno dachshund de madeira, presente de boa sorte de uma mulher que conheci no spa.

— O que é isso no seu pescoço, senhorita Růžičková? — perguntou.

— Algo para me dar sorte — respondi, timidamente.

— Se você não se esforçou o suficiente, sorte não vai ajudar em nada! — ironizou. Felizmente, eu passei, mas isso não o impediu de continuar implicando comigo.

No primeiro ano na academia, eu saí de uma das aulas mais maldosas dele com a pior sensação que tive em anos. Rauch tinha razão. Eu não tinha sido feita para aquilo. Nunca seria boa o bastante. Sempre achei que a música me salvaria, mas agora começava a desconfiar de que seria a minha ruína.

Para piorar as coisas, tive outra briga com o meu primeiro namorado depois da guerra, um jovem musicólogo e violinista chamado Rudolf Stehlík, que conheci na escola municipal de música. Nós até chegamos a nos apresentar juntos — um improviso de uma peça do compositor e violinista russo Nikolai Rakov, num evento pedagógico noturno em 1946. Rudolf era um ariano bonito e inteligente de classe média e nós quase ficamos noivos, mas ele tinha ataques de ciúmes e fazia uma cena toda vez que eu saía para tomar uma bebida com outros colegas. Os altos e baixos emocionais dele me deixavam exausta e assustada, e eu sabia que não poderia passar o resto da vida com uma pessoa assim.

Se eu não podia ser uma musicista nem continuar com Rudolf, não sabia o que me restava. Naquele dia, depois daquela aula, achei que não conseguia me encaixar neste mundo. Senti-me contaminada e doente. Era incapaz de pensar ou de agir como um ser humano normal. Também sentia um fardo imenso por estar viva, quando todas aquelas pessoas dos campos tinham morrido.

Minha única salvação era a música, e eu tinha medo de não conseguir compensar a lacuna de cinco anos na minha formação com as mãos naquele estado. Achava que ninguém entendia realmente como eu me sentia e que isso era culpa minha, não das outras pessoas. Na verdade, eu era uma estudante sem dinheiro, que só podia suplementar minha renda ensinando piano para crianças em domicílio. Mesmo passando em todos os exames, o futuro que eu via envolvia voltar a Pilsen para viver com minha mãe e ir atrás de um emprego como professora na escola de música. Sabia que poderia viver bem, mas temia acabar presa lá e nunca tocar em concertos. Também não haveria muitos amigos meus na cidade, já que tantos contemporâneos haviam perecido e eu ainda não tinha ninguém com quem pudesse falar a respeito dessa perda.

Meus novos amigos em Praga não sabiam o que tinha acontecido comigo, ou não queriam saber. Tentar parecer normal e me adaptar aos meus colegas era particularmente uma tortura. Eu fingia ser engraçada, uma pessoa que sempre dava risadas e contava piadas, para eles gostarem de mim e quererem ser meus amigos. Estava cansada de estar sempre ignorando o meu passado, mas a guerra era uma grande parte de mim — os anos mais horríveis da minha vida.

Um dia, voltando para o apartamento da minha mãe — o único lugar onde eu tinha acesso ilimitado a um piano —, tomei um trem mais cedo partindo de Praga, pois estava me sentindo péssima. Sabia que encontraria o apartamento vazio, pois a minha mãe ainda estaria no trabalho. Nunca me senti tão só em minha vida.

Assim como eu, desde a libertação minha mãe tinha dificuldade para dormir e tomava barbitúricos com certa frequência. O farmacêutico era um amigo da família, e por isso ela não precisava de receita. Sem realmente saber o que estava fazendo, fui direto da estação para a farmácia e peguei mais algumas pílulas, dizendo que eram para minha mãe, e segui para o apartamento. Dei uma olhada no piano que consegui com as autoridades depois da guerra, deitei e engoli todos os comprimidos.

Meu anjo da guarda devia estar de olho em mim naquele dia. No que acabou se revelando como mais um milagre, minha mãe teve uma terrível dor de cabeça naquela tarde e mandou um funcionário da loja até a farmácia. Quando voltou, o funcionário contou a ela que eu tinha pegado as pílulas dela meia hora antes. Ela sabia que não tinha me pedido para fazer aquilo, e que nem era para eu estar na cidade naquela hora, então correu para casa e me encontrou bem a tempo. O médico me fez uma lavagem estomacal e eu sobrevivi.

Quando me recuperei, mamãe insistiu em que eu procurasse um psiquiatra por causa da minha depressão. De início, fiquei relutante, mas a pessoa que ela encontrou acabou se revelando o homem mais sábio do mundo. Ele me induziu a contar tudo o que eu sentia e, eu expliquei, chorando, que vivia em medo constante desde 1938 e não achava que a vida valia a pena.

Após horas ouvindo sobre o que eu tinha passado e como aquilo estava me afetando, ele simplesmente disse: "Eu entendo perfeitamente, Zuzana, e não acho estranho o que você fez. Não posso ajudá-la porque, veja bem, se eu fosse você, provavelmente teria feito a mesma coisa. Você não é um caso psiquiátrico".

As palavras dele me chocaram e me proporcionaram uma imensa sensação de alívio. Eu não estava louca. Eu era normal. O que tinha feito era compreensível. Aquele profissional calmo não me receitou nenhum medicamento. Nem me mandou para outro analista. Ele me deu o melhor remédio — permissão para fazer o que eu fazia e, o mais importante, me deu permissão para seguir em frente depois daquilo.

Soube então que tive sorte de ter sobrevivido, e as palavras dele me ajudaram a apreciar a dádiva que era ter o que comer, um teto sobre a minha cabeça e roupas para vestir. Não que a minha recuperação tenha se dado da noite para o dia, e não houve um momento definitivo em que me senti recuperada.

Mais tarde, Viktor disse que mesmo nos primeiros anos do nosso casamento eu ainda estava longe de estar bem, e que continuava pensando em suicídio. O medo dele era que eu nunca me recuperasse.

A música foi essencial para eu ficar bem, mas Viktor foi muito, muito essencial.

Antes de conhecer Viktor, eu só sabia que persistir com a música era necessário para continuar seguindo em frente fisicamente e para sobreviver emocionalmente.

Para mim a música era um sentimento — sentimento que eu quase perdi — e tive que trabalhar muito para recuperar.

A música era o meu desafio.

Minha mãe era uma mulher incrível. Ela se recuperou da guerra bem rápido e com muita vitalidade, embora nunca mais tenha olhado para outro homem, como seria de se esperar. Nunca conseguia esquecer o meu pai e até mesmo falar sobre ele era muito doloroso. Nós comprávamos flores para o aniversário dele todos os anos, mas isso era o máximo que ela conseguia aguentar. Depois que voltamos para casa, a maioria das viúvas se casou de novo e muitos homens quiseram se casar com a minha mãe, especialmente os que voltaram dos campos sem as mulheres. Mas ela tinha a loja e a mim, isso era tudo de que precisava.

Imaginando que talvez fosse bom que eu falasse com pessoas com quem tivesse algo em comum, ela me apresentou a alguns sobreviventes repatriados da minha idade, que tinham voltado para casa em busca de parentes mortos havia muito tempo. Era muito boa com eles, convidando-os para ir lá até nossa casa e oferecendo petiscos, para trocarmos recordações. Era muito mais fácil me comunicar com eles do que com outros adolescentes.

Assim como muitos deles, eu me sentia culpada por ter sobrevivido, quando tantas pessoas muito mais valiosas que eu pereceram. Havia pessoas tão talentosas entre os mortos, pessoas que talvez fossem gênios, que teriam sido cientistas, artistas, músicos ou poetas incríveis. Por que eu estava aqui e eles não? E não só eles — havia tantas pessoas comuns com direito a uma vida, e elas também tinham morrido.

Passei a vida tentando pagar minha dívida para com aqueles que não voltaram, trabalhando duro e tentando me tornar digna da vida que tinha.

Essa sensação de não ser digna permeou os últimos anos da minha adolescência, e foi uma das razões pelas quais tentei me matar. Foi a bondade do professor Sádlo e do meu grupo de música de câmara que me salvaram depois da minha tentativa de suicídio. Quando ele convenceu Rauch a me pôr no palco, apesar de suas dúvidas, tudo mudou. Fiz meu primeiro concerto completo num salão em Praga e foi um grande sucesso. Em homenagem a Madame, que estava na plateia, toquei o "Prelúdio e fuga nº 1", de Bach, de *O cravo bem temperado*, "Etude, opus 10", de Chopin, um pouco de Debussy, um pouco do outrora proibido Martinů e o "Opus nº 1", de Beethoven, pois sabia que era uma boa intérprete de Beethoven.

A apresentação foi tão bem que a atitude do professor Rauch em relação a mim mudou na hora. Ele finalmente viu que eu era capaz de tocar e ter um bom desempenho. Seu lado mais suave veio à tona, e com isso aprendi que Rauch tinha três outras paixões: pescaria, futebol e automóveis. Cheguei a ir de bicicleta até a casa de campo dele, em Štáhlavy, para ter aulas e assistimos a um jogo de futebol juntos, pela primeira e última vez, pois ele disse que minhas perguntas constantes sobre as regras do jogo eram muito exaustivas. Quando Rauch foi substituído temporariamente na academia pelo virtuoso pianista Josef Paleníček (que se tornou um grande amigo), todos nós entramos em greve até ele ser recontratado.

Foi Rauch que providenciou uma apresentação para mim junto com outros dois pianistas no Rudolfinum, por ocasião do bicentenário da morte de Bach, em 1950. Em parte graças a ele, voltei a sentir que tinha uma vida musical. Consegui meu diploma de bacharel em artes e meu mestrado, em 1951, e logo recebi proposta de um emprego na academia ensinando piano a um grupo de compositores, Viktor entre eles.

Em meados dos anos 1950, eu já estava tocando piano e cravo solo, em quartetos de câmara e com orquestras completas. Infelizmente, Madame morreu antes da minha decisão de me concentrar apenas no instrumento que ela sabia ser perfeito para mim. Além de trabalhar ao lado de Josef Suk e do flautista Václav Žilka, tive a sorte de tocar regularmente com a Orquestra de Câmara de Praga, junto com muitos outros músicos maravilhosos e talentosos.

Houve muitas outras apresentações naquele período, mas uma que se tornou memorável pelas razões erradas se deu em 1954, quando o Sindicato dos Compositores me pediu para apresentar um concerto de música mongol na embaixada da Mongólia de Praga. Eu gostava de todos os trabalhos que apareciam, e o sindicato me mandou a partitura de uma obra composta por Magsaržavyn Dugaržav, o pai da arte musical mongol e comunista fervoroso. Era uma escala pentatônica relativamente simples, que deve ter sido originalmente composta para algum instrumento folclórico e depois adaptada para o piano. Eu me vesti de acordo e fui, pensando que minha apresentação seria um intervalo cultural depois do discurso. Eles me puseram numa mesa grande, entre dois enormes generais soviéticos cheios de medalhas. Eles começaram a distribuir vodca e me serviram um copo, depois houve um grande discurso, seguido pelos brindes — o primeiro deles dedicado a Stalin.

Quando tomei um golinho da vodca, um dos generais olhou para mim de maneira ameaçadora:

— *Što ty, ty nelubíš tavaryše Stalina?* (Qual é o problema? Você não gosta do camarada Stalin?) — ele disse. Tentei dar uma desculpa, mas ele repetiu: — *Ty nelubíš tavaryše Stalina?* — E o outro general também se virou para me encarar.

Tive de responder que sim e tomar a vodca. Naquela época eu estava muito pouco acostumada com álcool, em casa nós só tomávamos um copo de cerveja. Alguém encheu meu copo de novo e propôs outro brinde para o líder mongol, o camarada Yumjaagiin Tsedenbal:

— *Da zdravstvuj tavaryšč Tsedenbal!* (À saúde do camarada Tsedenbal!)

Achando que talvez não tivesse de gostar de Tsedenbal da mesma forma que de Stalin eu não bebi, mas os generais voltaram a me questionar, de forma que fui forçada. Houve mais brindes, e quando chegou a hora de tocar eu mal consegui andar até o piano. Não sei o que toquei, mas tenho certeza que àquela altura eles também não sabiam. No fim, eles acabaram me levando para casa. Foi a primeira vez que fiquei embriagada, e acho que desde então nunca mais fiquei bêbada.

Os meados dos anos 1950 foram uma das minhas fases mais atarefadas, pois eu estava me consolidando como artista, tocando em algumas das melhores casas de Praga e com alguns dos solistas mais talentosos do nosso país, como Ladislav Černý, Karel Šroubek, Ivan Večtomov e Břetislav Novotný. Também foi nessa época que visitei fábricas e locais de trabalho na Tchecoslováquia para levar um pouco de cultura àqueles espaços — junto com levantadores de peso e espetáculos de cães. Cheguei a entrar em contato com a agência estatal sobre a possibilidade de tocar cravo nesses eventos, mas eles acharam graça. Na época, uma carreira como a de cravista era considerada uma piada. Isso foi antes da competição da ARD em Munique, que mudou tudo.

O sonho que eu tinha desde a infância finalmente se tornou realidade. Aconteceu por uma combinação de sorte, perseverança, do encorajamento da minha mãe e dos meus bons professores e, sim, da pressão exercida sobre mim pelo professor Rauch.

Anos depois, quando me tornei colega dele na academia, passei a conhecê-lo e compreendê-lo muito melhor. Até a provocá-lo de vez em quando. Na época, eu já estava casada com Viktor e dizia: "Sabe, František, a sua profecia estava toda errada. Viktor não quer me ouvir tocando piano depois do jantar de jeito nenhum".

Aquilo se tornou a nossa piadinha interna.

14. Praga, 1989

A MUDANÇA PAIROU NO AR SOBRE a Europa nos anos 1970 e 1980 de maneiras que nunca poderíamos ter imaginado. Parte era boa e parte era ruim, mas o pior foi a ascensão do terrorismo — boa parte direcionada contra judeus ou organizações judaicas, especialmente na França e na Alemanha.

Sinagogas e cemitérios eram profanados e escolas sofriam ataques de bombas. Turistas americanos também eram alvos frequentes. Jihadistas muçulmanos, frustrados pelo impasse na relação Palestina-Israel, eram considerados suspeitos de muitos dos ataques.

No verão de 1981, fui convidada novamente para ir a Paris para fazer parte do júri de um concurso de cravo. Meu amigo Christopher Hogwood também era um dos jurados, o que me deixou duplamente satisfeita. Viktor estava um pouco nervoso por conta dos incidentes terroristas em Paris nos anos recentes, a maior parte contra sinagogas. Mas eu disse para ele não se preocupar.

O primeiro dia da competição foi muito longo, e quando acabou eu e Christopher voltamos direto para o hotel, o Intercontinental, com vista para os Jardins de Tulherias. Recebi um recado de uma musicista amiga minha me convidando para jantar. Christopher já tinha ido para o quarto e eu declinei, alegando cansaço.

— Ah, mas pelo menos venha tomar um café comigo no saguão. — ela insistiu. — Você vai ficar tão pouco tempo aqui. Eu detestaria não vê-la.

Por mais tentada que me sentisse para ver minha amiga, eu sabia que precisava descansar. Pouco tempo depois de ter recusado a proposta, uma explosão sacudiu o nosso hotel. Alguém tinha deixado uma maleta embaixo de uma mesa no saguão, perto do café onde eu teria encontrado minha amiga. Dezoito pessoas ficaram feridas, e quando o hotel foi evacuado, desci pelas escadas com os outros hóspedes para descobrir que o café estava em chamas e praticamente destruído. Meu querido Christopher estava lá no 12º andar e tinha passado o tempo todo dormindo. Foi acordado pela equipe do hotel.

Sabia que Viktor ficaria preocupado quando soubesse do ataque, então dei um jeito de ligar e avisar que eu não estava ferida:

— O meu anjo da guarda sempre tem alguma coisa a fazer — falei.

Apesar das nossas preocupações com a ascensão do terrorismo e do antissemitismo, houve boas notícias nos anos 1980, especialmente em relação à política do Bloco Oriental. Até Viktor começou a ter esperanças de que algo de bom pudesse surgir. O primeiro indício veio da União Soviética com a ascensão de Mikhail Gorbachev, o membro mais jovem do Politburo, o comitê central do Partido Comunista Soviético, um homem que mudaria o mundo.

Dois anos após se tornar secretário-geral do Partido Comunista, em 1985, ele estava apertando a mão do presidente americano Ronald Reagan, encerrando de fato a Guerra Fria. Depois de viajar por boa parte do Ocidente, anunciou planos radicais para reavivar a economia soviética e introduzir a democratização por meio da glasnost (abertura) e da perestroika (reestruturação). Reconheceu que Alexander Dubcek e a Primavera de Praga inspiraram muitas de suas políticas. Prisioneiros políticos foram libertados, a imprensa ganhou mais liberdade, foi permitida a propriedade privada para empresas, reduzindo o controle do Partido. Ao discursar perante a assembleia da Organização das Nações Unidas, Gorbachev prometeu retirar as tropas soviéticas da Europa Oriental.

Em seguida, em março de 1989, ele supervisionou a primeira eleição livre na União Soviética desde 1917. O efeito cascata ao redor do mundo, especialmente nos países-satélites, foi extraordinário — ainda mais na Polônia, onde greves lideradas pelo sindicado trabalhista Solidariedade acabaram desencadeando as primeiras eleições livres do país desde 1920.

Quando Gorbachev anunciou que cada país poderia trilhar seu próprio caminho para o socialismo, foi a vez da Hungria — um país que eu tinha visitado muitas vezes e no qual fiz uma apresentação logo depois da ocupação, de forma que pude ver de perto o estado de espírito predominante no local. Em uma transição muito tranquila, a nova República da Hungria foi criada em outubro de 1989 com a promessa de eleições livres. Alemães orientais começaram a entrar aos montes em Praga, dirigindo seus carros Trabant e pedindo ajuda da embaixada alemã. De Praga, eles seguiam para a Hungria e depois para a Áustria. Muitas pessoas iam para o Ocidente.

Por algum tempo nós tivemos um vislumbre de como poderia ter sido viver numa república de poetas e artistas. Tínhamos esperança de chegar a algum tipo de democracia. Nossa vida cultural já estava mais rica graças a escritores dissidentes como Václav Havel e outros, e havia muito mais livros disponíveis para nós. Havel tinha sido preso diversas vezes e vivia sob constante vigilância e assediado pela polícia secreta. Sempre havia petições pedindo sua liberdade. Ele se tornou um homem livre quando o Muro de Berlim foi oficialmente aberto pela primeira vez desde 1961. Assim como o resto do mundo, eu e Viktor assistimos boquiabertos à cobertura das notícias naquele dia momentoso — 9 de novembro de 1989 — conforme os refugiados do Bloco Oriental seguiam em direção à liberdade pelos portões abertos, ou depois de desfazer o muro simbólico em pedaços com martelos e talhadeiras.

Durante vários meses esperamos por pelo menos algumas mudanças econômicas, mas nossa economia encontrava-se relativamente saudável e não achávamos que haveria qualquer mudança real até que entrasse em colapso. A primeira coisa que nos afetou diretamente foi quando Viktor, que estava no comitê da Filarmônica, soube de cartas sendo escritas por proeminentes músicos, escritores e artistas exigindo mais liberdade e uma mudança na política do regime. Aquilo foi bombástico.

Nós dois fomos trabalhar normalmente.

— Tem alguma coisa acontecendo. Os estudantes estão planejando uma marcha e uma manifestação no dia 17 de novembro — Viktor falou quando voltamos para casa.

Sabíamos que era o Dia Internacional dos Estudantes, tendo ganhado esse nome por marcar o quinquagésimo aniversário de uma manifestação estudantil sangrenta contra a ocupação nazista. Já tinham ocorrido outras manifestações no dia 28 de outubro, o aniversário da fundação do nosso país, quando milhares foram às ruas fazendo o sinal do V de vitória com os dedos. Nós tentamos conceber para onde tudo aquilo levaria, mas nunca imaginamos o resultado.

A marcha, que teve aprovação oficial, começou relativamente pequena naquela tarde e atraiu cerca de 15 mil estudantes. Quando terminou, a maior parte se dispersou, mas cerca de 3 mil continuaram nas ruas gritando "Liberdade!" e clamando por Havel. Em vez de ir para casa, eles marcharam na direção da praça Wenceslas, seguidos de perto pela StB. O pelotão de choque foi mobilizado para bloquear o caminho dos estudantes, mas eles se sentaram no chão e ofereceram flores e velas para os seus potenciais agressores, dizendo: "As nossas mãos estão vazias". Só quando a polícia avançou com cassetetes, ferindo centenas e prendendo ainda mais, que a multidão finalmente se dispersou. Nos dias que se seguiram, no entanto, ficou claro que os protestos estavam longe de ter terminado.

Então, uma noite, recebi um telefonema de um dos professores da academia dizendo que todos os nossos alunos tinham declarado greve, e que pretendiam se organizar no espaço art déco do Café Slavia, em frente ao Teatro Nacional. Ele perguntou se eu poderia ajudar a supervisionar os alunos, e é claro que eu aceitei. Funcionários do governo apareceram na televisão pedindo pela restauração da ordem, e o primeiro-ministro garantiu pessoalmente que não haveria violência contra os cidadãos, embora pouca gente tenha acreditado. Ainda era perigoso ser visto apoiando os manifestantes, mas nós não nos importamos e estabelecemos um sistema de rodízio no Café Slavia, mantendo alguém lá dia e noite. Sempre havia dois professores para observar os estudantes e garantir que tivessem o que comer e beber. Os estudantes se comportaram maravilhosamente bem, e sua ação foi apoiada por alunos de outras universidades e por funcionários e atores de teatro de todo o país, que — em vez de fazerem suas apresentações — subiram ao palco e leram uma declaração exigindo uma greve geral no dia 27 de novembro.

O movimento estava ganhando impulso.

Então a Filarmônica nos ligou para dizer que eles estavam organizando dois concertos de protesto na Rádio Praga nos dias 24 e 25 de novembro, pedindo a participação de todos os solistas. Mais uma vez, concordei na hora, junto com meu colega Josef Suk. Não houve nenhuma dúvida. Queríamos fazer tudo que fosse possível para apoiar a mudança democrática. A primeira gravação coincidiu com outra manifestação em massa, e assim que saímos nos deparamos com as multidões de pessoas tomando as ruas e seguindo para a praça Wenceslas, onde Havel e Dubcek falariam para a crescente multidão.

Entrei no prédio em que Viktor trabalhava, na rua Vinohradská, e me preparei para o concerto. O primeiro foi o "Concerto de Brandenburgo nº 5 para cravo, flauta e violino", no qual o cravo tem um papel diferente e importante, pois foi o primeiro concerto de cravo composto por Bach em que o instrumento realmente tem um papel principal. Em geral a orquestra grava a coisa toda e o cravista fica atrás para gravar a cadência, o que eu fiz.

Como sempre, Viktor estava trabalhando com seu coral infantil para uma apresentação na emissora de rádio. De repente, ele apareceu na porta do estúdio onde eu estava, com o rosto pálido.

— Eu recebi ligações dos pais me pedindo para mandar as crianças para casa — falou. — A milícia está nas ruas e armada. Precisamos ir embora imediatamente.

— Mas eu ainda tenho a cadência para gravar! — protestei.

Nunca gravei uma cadência tão rapidamente quanto naquele dia, e dá para perceber isso na gravação da Vanguard. Os críticos, principalmente nos Estados Unidos, disseram que foi a cadência mais rápida já gravada, mas eles não tinham ideia da razão. Um estudante de Berlim estava comigo, e ele ficou muito assustado, queria ir para a estação ferroviária e sair de Praga o mais rápido possível. Falei para ele ir e desejei boa sorte. Acho que foi uma situação bem delicada com a milícia naquela noite, e poderia ter sido o início de um banho de sangue.

Depois de terminar a gravação, eu pretendia sair correndo para outro concerto e estava com uma saia longa preta numa mala para a apresentação. Viktor não queria que eu fosse a lugar nenhum sozinha, por isso tomamos o elevador juntos. O elevador parou no andar de baixo e um jovem entrou com uma bandeja com copinhos de vodca e um imenso sorriso no rosto.

— O que você está comemorando? — perguntei, inocente.

— Você não sabe? — ele proclamou, exaltado. — O governo acabou de renunciar!

Nós não conseguimos acreditar, e Viktor me levou às pressas para um dos escritórios para ver se era verdade. E, de fato, nós assistimos pela televisão quando Havel e seus aliados do Fórum Cívico anunciaram a notícia chocante durante uma entrevista coletiva no teatro de Praga, onde eles tinham estabelecido seu quartel-general. Nós choramos, nos abraçamos e ainda estávamos em choque enquanto os víamos abrindo champanhe e brindando à liberdade, chorando. "Viva a Tchecoslováquia!", diziam. Eu e Viktor resolvemos participar das comemorações na praça Wenceslas.

Foi uma sensação incrível participar daquela multidão de meio milhão de pessoas, ensurdecida pelo som da liberdade. Viktor manteve o braço firme ao meu redor enquanto éramos empurrados para frente junto com os outros, olhando em volta enquanto nossos compatriotas cantavam, batiam palmas, acenavam loucamente a bandeira da Tchecoslováquia e choravam de alegria. Em um balcão distante no fim da praça, Havel e Dubcek absorviam os aplausos enquanto as equipes internacionais de televisão transmitiam a nossa assim chamada Revolução de Veludo para o mundo inteiro. Havel tomou o palanque e conclamou que a revolução seguisse em frente até conquistarmos a democracia. Foi um momento de muita comoção.

Eu e Viktor estávamos eufóricos. Era inacreditável para nós que todos aqueles anos vivendo sob duas ditaduras e a opressão de um regime totalitário tivessem terminado de forma tão indolor e rápida.

A última vez em que me sentira livre tinha sido em 1939, cinquenta anos antes. De várias maneiras, desde então eu fora uma escrava, assim como Viktor e todos os nossos compatriotas da mesma idade. Era impossível imaginar o quanto nossas vidas mudariam e o que aquilo significaria para nós dois. Por enquanto, nós só queríamos saborear o momento e absorver aquela atmosfera especial.

Eu era apenas mais um rosto na multidão, mas ergui os olhos para o céu e disse, com lágrimas nos olhos:

— Papai, se você pudesse ver isso agora. Foi para isso que você sacrificou sua vida. Não foi para nada. Você pode se orgulhar do seu país esta noite.

308 *Zuzana Růžičková com Wendy Holden*

* * *

A única coisa que lamentei foi minha mãe não estar mais viva para testemunhar a revolução conosco. Ela havia morrido seis anos antes, com 87 anos.

No fim dos anos 1970, minha mãe começou a perder gradualmente a visão e a audição. Sofria de degeneração macular, o que tornou sua vida cada vez mais difícil. Continuou a morar conosco no apartamento, mas não podia mais ler, escrever ou assistir à televisão. Só conseguia ouvir o rádio, sentada bem perto e usando um aparelho de audição. Eu e Viktor estávamos trabalhando muito, como sempre, e não podíamos passar muito tempo com ela, por isso ela deve ter se sentido muito sozinha. Teve um pequeno derrame, que gerou alguns problemas neuronais. A recuperação foi muito boa, exceto pelo fato de ela ter começado a cair. Acabei me acostumando a acordar quando ela acendia a luz no quarto ao lado, para ajudá-la. De manhã eu preparava o café da manhã dela antes de sairmos para o trabalho, depois ela saía para almoçar e nós jantávamos juntos à noite. Meu maior medo era que ela caísse enquanto eu estivesse no trabalho ou viajando em alguma turnê.

Ocupada como sempre, eu também dava aulas um dia por semana, das oito da manhã às oito da noite, de forma que chegava em casa completamente acabada. No fim de um desses dias tive uma enxaqueca terrível e mal podia esperar a hora de ir para a cama. Naquela noite eu servi uns bolinhos de morango para ela — seu prato favorito —, mas ela disse que tinha comido a mesma coisa no almoço e queria algo diferente. Como eu e Viktor estávamos comendo peixe, dei o meu peixe para ela e comi os bolinhos. Em seguida fui me deitar e dormi profundamente.

Na manhã seguinte, ela acendeu a luz e levantou para preparar um chá com biscoitos. Quando a encontrei na cozinha mais tarde, ela falou:

— Eu devia ter comido os bolinhos ontem, porque agora fiquei com vontade de comer uma coisa doce.

Eu ainda estava com enxaqueca, por isso não me sentei à mesa com ela como de costume e preferi voltar para a cama. Meia hora depois, quando voltou para a cama, ela caiu e quebrou o braço. Eu devia ter ficado com ela. Tivemos de ir ao hospital, e a recuperação não seria fácil naquela idade. Lá, descobriram que ela era diabética, o que poderia ter sido a causa da queda — pouca glicose no sangue. Depois disso ela praticamente se recusou a andar, pois tinha medo de cair de novo.

Nós precisávamos de uma pessoa para cuidar dela, então pus um anúncio no jornal, pedindo alguém com uma boa formação. Uma mulher bem-vestida logo respondeu ao anúncio e pareceu ideal. Era elegante, bem-educada e maravilhosa com idiomas. Nós providenciamos para que começasse na semana seguinte. Para minha surpresa, ela nunca mais voltou. Pouco tempo depois recebemos uma carta dela, onde explicava: "Peço desculpas, mas não vai ser possível trabalhar para vocês. Adorei você e a sua mãe, mas fui mandada para espionar vocês e não quero fazer isso". Eu fiquei muito chocada, não conseguia acreditar em como tinha sido ingênua ao publicar o anúncio.

No fim das contas, encontramos alguém que morava perto e não era tão intelectual, mas era uma pessoa muito boa e acabou se tornando parte da família. Ela cuidou bem da minha mãe, mas em pouco tempo ficou claro que minha mãe também tinha desenvolvido um quadro de demência e não poderia mais continuar conosco em casa. Ela precisava ir para um hospital geriátrico. Foi uma decisão terrível, visto que instituições desse tipo para não comunistas em Praga eram extremamente precárias, onde os médicos costumavam ser filhos de funcionários importantes do Partido e nem sempre os melhores profissionais. Eu tinha alguns contatos nos altos escalões, então engoli meu orgulho e procurei um funcionário importante do Partido a fim de pedir um leito para a minha mãe numa das melhores instituições. O meu pedido foi, claro, recusado. "Todo mundo tem uma mãe", foi a resposta que recebi. "A sua não está qualificada para ficar lá." Eu usei toda a minha influência, e mesmo assim ela acabou num lugar com dezoito pessoas por quarto, sem receber bons cuidados.

Minha mãe detestava o hospital, mas foi tremendamente paciente. Mal falava com os outros residentes e não dava trabalho para as enfermeiras. Tentava ajudá-la a se levantar e a caminhar um pouco fora do hospital sempre que podia, o que foi possível algumas vezes antes de a demência piorar. Sempre que eu ia visitá-la, ela me abria um sorriso meigo e perguntava onde eu estava tocando. Até mesmo nos últimos dias de vida, quando ela já respirava com auxílio de aparelhos, minha mãe tirava a máscara e perguntava: "Como estava a plateia?".

Minha mãe ficou seis meses no hospital até falecer, em dezembro de 1983. Foi enterrada em um cemitério judeu não muito longe do nosso apartamento. Fiquei sabendo que era possível construir um memorial no cemitério para pessoas desaparecidas durante a guerra, então providenciei alguns para a família Růžička e para todos que eram de Dobris, com lápides onde há um lugar para acender velas. Também há uma placa naquela área para todos os escritores e compositores que pereceram em Terezín.

Minha mãe enfrentou muita coisa na vida, e nunca imaginei que ela viveria até quase noventa anos. Da mesma forma que aconteceu comigo, os legados da guerra continuaram com ela — física e emocionalmente —, mas, em muitos sentidos, para minha mãe, os anos após a guerra foram especialmente cruéis. Se tivesse recebido permissão para manter sua loja e ficar em Pilsen, a cidade que amava, acho que teria tido uma vida muito mais feliz e produtiva. Mas o mundo dela de repente ficou muito pequeno, girando quase exclusivamente em torno de mim e de Viktor no nosso pequeno apartamento. Ela não viajava e não trabalhava. Perdeu o interesse pela maior parte das coisas, tornando-se alguém muito diferente da mulher de negócios linda e vibrante que eu recordava da infância.

A única coisa pela qual eu e minha mãe sempre fomos gratas foi o fato de meu pai ter falecido antes de ser mandado para Auschwitz — experiência à qual ele nunca teria sobrevivido. Era um homem tão orgulhoso, um intelectual, e aquele lugar representava a perda definitiva de toda a dignidade humana. Ter um número marcado na pele e ser destituído de tudo que é humano — roupas, livros, tudo — teria sido demais para ele. Muitas pessoas enlouqueceram lá, e muitas vezes isso acontecia de imediato. Eu e minha mãe tínhamos certeza que Tata não teria durado nem um mês, então pelo menos disso ele foi poupado.

E ela, por sua vez, foi poupada de ver isso acontecer.

Eu também sabia que não teria sobrevivido ali se não fosse por minha mãe. Ela vivia por mim, e eu vivia por ela. Eu estava emocionalmente arrasada em Auschwitz, mas ela me reconfortava todas as noites. E se não tivesse me mimado tanto quando eu era criança e me mantido tão saudável quanto possível, quase certamente eu não teria resistido aos desafios físicos da guerra. E ela voltou a me resgatar depois que tentei me matar, fazendo todo possível para que eu me concentrasse na música. Ia a todos os concertos que eu dava em Praga, sempre atenta na primeira fila. Era a minha maior admiradora.

Não se passa um dia sem que eu pense nela com amor e gratidão.

Nossas vidas mudaram de maneira radical depois da Revolução de Veludo. Todos nós mergulhamos de cabeça na liberdade. Estávamos fartos de ser vigiados, ansiávamos por liberdade. Mas o que é liberdade? Para muitos é uma ideia abstrata.

As fronteiras foram abertas e muitos as atravessaram, sedentos por bens de consumo e um estilo de vida ocidental, indisponíveis em nosso país. Eu já tinha visto os problemas do sistema capitalista e sabia que o Ocidente não era nenhum Paraíso. Muitos de nós do Bloco Oriental levamos algum tempo para nos ajustar à nova situação. Éramos como animais no zoológico, mantidos em jaulas e recebendo comida, mas sem liberdade. Havia aqueles que não sabiam que estavam em cativeiro, pois não conheciam outra coisa. Outros preferiam continuar na jaula, sendo alimentados e cuidados. Não tinham nenhum conceito do que era ser livre ou "não livre", e não queriam que as portas fossem abertas.

Para os que haviam adotado o comunismo de coração, a mudança foi mais chocante. Muitos se voltaram para a religião, desesperados por alguma outra coisa em que acreditar. A democracia era a única mudança para a qual eles não estavam preparados.

A maior mudança para mim e para Viktor foi que, de repente, nós ficamos mais ricos do que era possível descrever. Pela primeira vez eu soube exatamente quanto me pagavam para me apresentar, e — finalmente — eu podia ficar com quase tudo para mim. Então nós tínhamos dinheiro para gastar, apesar de, no começo, eu não fazer ideia de como gastá-lo. As autoridades já tinham nos dado permissão para comprar uma pequena casa com terraço em Jindřichův Hradec, para fazermos música durante o verão, e Viktor comprou um carro melhor. Com as novas liberdades da nossa situação política, pude ter acesso a cópias lindamente decoradas de cravos barrocos feitos pelo artesão František Vyhnálek, de Praga, no estilo do construtor Ruckers e dos Harras de Ammer.

Eu e Viktor também pudemos viajar livremente pela primeira vez, indo a festivais e visitando amigos na Espanha, Suíça, Itália e também nos Estados Unidos. Passamos a visitar regularmente a casa do pianista russo Sviatoslav Richter, na França, com quem eu já tinha tocado muitas vezes. Nunca perdi contato com o bondoso dr. Van Loo de Bergen-Belsen, que morava em Gante. Ele veio assistir aos meus concertos na Bélgica e me apresentou à sua família, com quem mantivemos contato mesmo após sua morte, e também fomos visitá-los.

Compramos algumas lembranças em nossas viagens, mas um dos legados dos campos foi o de eu não gostar de ter posses, e as únicas coisas que tinha de valor eram as joias que Viktor tinha comprado para mim, mas até isso eu acabei perdendo. Aconteceu pouco depois da revolução, quando eu acabava de voltar de outro concerto especial em Zurique — algo que fiz por quase 25 anos. Ao retornar a Praga, descobri que o clima estava atipicamente quente e, como era uma tarde de sexta-feira, falei para Viktor.

— Vamos direto para o interior. Eu posso entregar o dinheiro estrangeiro e devolver meu passaporte na segunda-feira, quando voltar.

Fizemos as malas e partimos, mas quando voltamos o apartamento tinha sido arrombado e todas as minhas joias foram roubadas. O dinheiro ainda lacrado no envelope, recebido na Suíça, também foi levado. Comuniquei o roubo às autoridades, mas tive a incômoda sensação de que eles não acreditaram em mim. Os policiais também me questionaram muito minuciosamente quanto às minhas razões para não ter entregue o pagamento recebido assim que voltei, como era instruída a fazer.

Logo em seguida, aconteceu a revolução e eu esqueci dessa história. Só muito mais tarde, quando arquivos secretos do governo foram abertos, descobri como tive sorte. O meu arquivo, com vários centímetros de grossura, incluía toda a papelada necessária para me colocar sob julgamento por reter moeda estrangeira. Ficou claro que a primeira parte da minha punição tinha sido a roubalheira organizada pelo Estado e a perda dos meus bens pessoais, que infelizmente nunca recuperei.

* * *

Uma das melhores coisas que nos aconteceu depois da mudança no regime político foi a recuperação dos nossos títulos acadêmicos. Finalmente tive direito a ser professora, algo para o que tinha me qualificado anos antes, embora não tenha recebido nenhuma compensação financeira pelo salário reduzido.

Os alunos da minha faculdade se reuniram e fizeram uma votação, decidindo me nomear como a nova diretora, mas eu recusei a oferta imediatamente. No começo eles ficaram muito chateados, me acusaram de me importar mais com a minha carreira do que com a faculdade, mas eu expliquei que não era só isso:

— Perguntem ao Viktor — disse a eles. — Sempre que vejo um pedaço de papel com o qual tenho que lidar eu fico vermelha. Eu seria a pior diretora do mundo, e vocês logo ficariam muito infelizes comigo.

Eles tiveram que concordar.

Viktor finalmente conseguiu concluir o doutorado, embora tenha se recusado a comparecer ante o comitê encarregado da decisão por ser composto por vários ex-comunistas.

— Eu é que deveria julgá-los, não eles a mim! — ele falou.

Apesar dessa atitude, Viktor recebeu seu diploma de doutorado com 38 anos de atraso numa cerimônia muito solene no Karolinum, um dos prédios da Universidade Charles, na Cidade Velha. Foi em fevereiro de 1990 que Viktor e muitas outras pessoas já com certa idade e famosas, que também tiveram seus respectivos títulos em artes e nas ciências recusados pelos comunistas, receberam afinal seus diplomas do Ministério da Cultura. Finalmente eu estava casada com o dr. Kalabis, apesar de ele nunca usar o título — a não ser quando precisava de cuidados médicos.

Viktor recebeu várias propostas para ocupar altos cargos, inclusive o de diretor da Academia de Artes Performativas e diretor da estação de rádio, mas era tarde demais. Ele não tinha mais forças para algo assim. Anos antes ele já tinha decidido se dedicar inteiramente a criar sua própria música, em vez de se contentar com os dois meses de licença não remunerada que tirava todos os verões da estação de rádio. Continuou muito ocupado, criando o que se tornaria um cânone de 92 obras numeradas, incluindo cinco sinfonias e uma série de partituras para cravo e cordas, quase todas compostas no piano vertical que ele comprou para o nosso apartamento.

Em um gesto de reconhecimento à sua admiração vitalícia pelo compositor da Boêmia Bohuslav Martinů, que ele considerava como o grande compositor tcheco do século xx, em 1993 Viktor ajudou a criar a Fundação Bohuslav Martinů. Um ano depois, ele fundou o Instituto Martinů e lançou o Festival Martinů. Ao conhecer Aleš Březina, um jovem musicólogo muito promissor que na época trabalhava na Fundação Paul Sachar, na Suíça, Viktor conseguiu persuadi-lo a comandar o festival. Ele também era um compositor em tempo integral.

Em 1989, a Filarmônica daTchecoslováquia executou uma das obras que Viktor tinha composto para mim — o "Concerto para cravo, opus 42" — em Birmingham, na Inglaterra, que continuou sendo apresentado e bastante aclamado na Europa e na Austrália. E em 1992 eu organizei algo muito especial para o meu talentoso marido em Nova York, depois de ler uma entrevista em que ele dizia que seu maior desejo era fazer uma apresentação no Carnegie Hall. Nunca vou esquecer como Viktor ficou feliz naquela noite.

Quando fui para Nova York, fiz uma visita à minha tia Elsa em um lar de idosos. Eu estava tocando e dando aulas na Vassar College, no norte do estado de Nova York, não muito longe de onde ela morava. A última vez que a vira foi em Dobris, quando eu era criança, antes de ela emigrar para os Estados Unidos com o marido. Ela era dez anos mais velha que minha mãe e, apesar de ter vivido até os 103 anos, também tinha demência. Eu a encontrei numa cadeira de rodas, extremamente magra, mas ainda elegante, com a pele maravilhosa e roupas lindas.

O reencontro comigo foi um gatilho para algo na sua demência, pois Elsa achou que ela era minha mãe, a quem chamava de Poldi. Segurando minha mão, ela ficou emocionada:

— Ah, Zuzana, eu nunca vou me esquecer daqueles tempos horríveis com você nos campos.

Foi comovente ver que tia Elsa havia passado o tempo todo pensando naquilo, a ponto de se identificar tanto com minha mãe. Foi a última vez que a vi.

* * *

Logo depois da revolução, tive a honra de ser nomeada presidente do Concurso Internacional de Música da Primavera de Praga, inaugurado em 1948 por Rafael Kubelík, o regente anticomunista que, sem querer, me obrigou a tocar sem orquestra no concurso de Munique em 1956.

Devido aos eventos recentes em nosso país, o festival de 1990 estava sendo alardeado como um dos mais importantes já realizados, e eu sabia que tinha um trabalho muito importante a fazer. Cobrando um favor, imediatamente entrei em contato com Kubelík, então com 75 anos, em sua casa na Suíça e pedi que viesse a Praga para participar do júri junto com Václav Neumann.

— Desculpe, mas não posso — ele respondeu. — Eu tenho uma artrite tão grave nas costas que provavelmente nunca mais me deixará ver Praga.

Mas alguns meses depois, após passar um tempo na Califórnia, ele voltou a entrar em contato:

— Eu fiz bastante fisioterapia e exercícios e estou me sentindo muito melhor. Gostaria muito de participar.

A primeira coisa que ele fez ao chegar foi organizar um jantar maravilhoso para Viktor e para mim no Palace Hotel, o lugar onde tínhamos passado nossa noite de núpcias. A ocasião ficou ainda mais especial, pois Kubelík estava acompanhado de sua esposa, a soprano australiana Elsie Morison, que eu conhecia e por quem me encantei bem antes de conhecer Kubelík.

O Festival da Primavera de 1990 foi um tremendo sucesso. O concerto de abertura no prédio *art nouveau* do Smetana Hall, apresentado no mesmo dia do aniversário da morte do compositor tcheco Bedřich Smetana, consistiu no conjunto de seus poemas sinfônicos, intitulado *Má Vlast* — algo que aprendi a tocar com Madame quando era criança. O pianista tcheco Rudolf Firkušný, que morava em Nova York, veio para apresentar um concerto de Bohuslav Martinů. Quando me ouviu tocando o compositor, Rudolf me convidou para ir com ele ao Festival de Edimburgo no ano seguinte. Também assistiu a todos os concertos que realizei nos Estados Unidos e foi presidente do júri no concurso de piano do Festival Internacional da Primavera de Praga.

Václav Havel estava no camarote presidencial e todos os membros da Filarmônica ostentavam com orgulho os crachás vermelhos, brancos e azuis de seu movimento de independência chamado Fórum Cívico. Todos estavam inchados de orgulho tcheco.

Havel era uma pessoa incrível, cuja máxima era: "A verdade e o amor irão prevalecer". As pessoas fazem piadas sobre isso nos dias de hoje, chamando os admiradores de Havel de "pessoal da verdade e do amor", mas aquilo foi muito importante para nós na época. Encontrei Havel em diversas ocasiões, antes e depois da revolução, e tinha imenso apreço e respeito por ele. Eu tocava no concerto da matinê no mesmo teatro em que as obras dele eram apresentadas, e também o encontrei em Paris, onde alguns figurões muito importantes da embaixada francesa e da academia de artes comentaram comigo que achavam Havel impressionante "para um camponês". Eu os corrigia imediatamente e explicava que Havel tinha sido criado em Praga, era de uma família rica e intelectual e nunca foi um homem do campo. Foi Havel que me apresentou para a rainha da Inglaterra quando ela visitou Praga, pouco tempo depois da revolução. Fiquei surpresa quando descobri que ela era quase tão baixinha quanto eu.

Viktor foi diagnosticado com câncer nos rins no mesmo ano em que minha mãe morreu. Passou por uma cirurgia e os médicos me disseram que talvez tivessem intercedido a tempo, por isso resolvi não dizer a ele que era câncer. Ele ficou tão feliz depois da cirurgia que qualquer outra coisa teria sido cruel.

Guardei esse terrível segredo de Viktor por quase vinte anos, e ele só soube em 2002, quando começou a se sentir mal e teve um câncer na próstata. Conversamos com os médicos e estávamos discutindo se ele deveria ou não fazer uma cirurgia quando assistimos a um programa na televisão sobre um professor tcheco na UCLA, nos Estados Unidos, que teve bons resultados com uma droga nova. Fomos até a estação de televisão e conseguimos o endereço do professor, que nos mandou o medicamento e funcionou.

Então, Viktor começou a ter uma série de pequenos derrames. Desenvolveu diabetes e teve mais problemas com a visão, algo que o perturbou sua vida inteira. Os médicos acharam que podia ser glaucoma, mas descobriram que se tratava de lesões no cérebro. As lesões às vezes o faziam desmaiar e causavam dormência nas extremidades. Ele começou também a ficar confuso. Nesse tempo todo ele continuou trabalhando, recusando-se teimosamente a admitir que estava doente. Usou suas últimas forças promovendo Martinů e foi presidente da fundação a ele dedicada até completar oitenta anos, em 2003, quando finalmente teve de se afastar por conta da visão prejudicada.

Um dia, pouco depois disso, estávamos almoçando juntos quando de repente ele disse que estava passando muito mal. Liguei para um amigo médico, que me orientou a levá-lo ao hospital para consultar um neurologista. Foi o começo do fim.

Quando Viktor passou a ficar internado em tempo integral, em 2004, eu o visitava todos os dias depois do trabalho e levava uma sopa para ele tomar. Tocava música para ele o tempo todo, mesmo sem ter certeza se conseguia ouvir, até que, de repente, ele dizia:

— Isso está rápido demais.

Às vezes, ele sabia quem eu era, e em outras, não. Viktor sempre foi muito sagaz, e nos bons momentos conversava e parecia ser ele mesmo. Em outros momentos, não sabia a diferença entre os sonhos e a realidade. Era um grande problema, e não havia nenhum conselho quanto a ser ou não melhor contar a verdade a ele.

Um amigo meu muito querido, o violoncelista Bohuslav Pavlas, apareceu para visitá-lo uma vez e eu deixei os dois sozinhos e saí para esquentar a sopa de Viktor. Durante a minha ausência, Viktor perguntou para Bohuslav:

— O que vai acontecer com a minha Zuzana quando eu me for?.

— Eu vou tomar conta dela — garantiu Bohuslav.

Depois disso, Viktor entrou num semicoma, e eu passei os últimos estágios de sua doença com ele. Fiquei ao seu lado e conversei com ele o tempo todo, descrevendo o nosso vilarejo na Boêmia que ele tanto amava, as lindas regiões do interior e todos os lugares adoráveis pelos quais gostávamos de caminhar para colher flores e cogumelos silvestres. Meu Viktor morreu com 83 anos no dia 28 de setembro de 2006, pouco tempo depois de eu tentar ajudá-lo a tomar um pouco de sopa.

* * *

A perda de Viktor, e da minha música, pareceu imensa. Na minha idade, eu já teria parado de tocar de qualquer jeito. Melhor ter as pessoas dizendo "É uma pena que ela não toque mais", do que "É uma pena que ela ainda toque", mas minha música sempre me deu força para seguir em frente quando a vida parecia difícil demais.

Não sou uma pessoa de força extraordinária. Sobrevivi aos campos e às experiências terríveis não por causa de mim mesma, não teve nada a ver comigo. Foram cem milagres.

A música foi uma grande bênção, e ter tido uma vida musical foi a bênção mais maravilhosa de todas. Hoje fico muito triste quando me sento ao cravo ou ao piano e não consigo mais tocar, mas aí digo a mim mesma que já fiz a minha parte. Viver sem tocar, viver sem Viktor é muito, muito difícil, mas eu preciso dizer a mim mesma que já tive a minha cota.

Também tenho tantas lembranças alegres que consegui manter Viktor comigo, no meu coração, todos os dias, e, claro, sempre vou ter a música dele.

Depois que Viktor morreu, meu sonho passou a ser que ele fosse reconhecido como o brilhante compositor que era. Com a ajuda de amigos, parentes e colegas, organizei o Fundo Viktor Kalabis e Zuzana Růžičková, em Praga, e um fundo similar em Washington, para promover o trabalho dele e manter sua memória viva.

Não era só um complexo de viúva; eu realmente acreditava que a obra de Viktor era importante para a música da segunda metade do século xx, e passei anos preparando seus manuscritos para serem publicados pela Schott Music. Sempre que uma música sua é publicada, ele recebe críticas tão boas que fico cada vez mais certa da minha opinião.

A minha última apresentação em público foi em 2004, sete anos antes do falecimento de Josef Suk por câncer na próstata, aos 81 anos, meu parceiro musical por mais de 35 anos. Nós permanecemos leais um ao outro durante todo esse tempo, e tive que recusar alguns violinistas bem famosos durante minha vida, inclusive Henryk Szeryng, por causa de minha lealdade a Suk. Acho que só fui "infiel" com ele uma vez, quando toquei com Gidon Kremer, mas Suk me perdoou.

Mesmo sem me apresentar, continuei me mantendo ocupada como sempre, inclusive recebendo prêmios — muitos prêmios. É comum ter que pegar minhas medalhas para mostrar a jornalistas e entrevistadores, e às vezes me pergunto o que elas realmente representam, especialmente as recebidas durante os anos sob o regime comunista. Lembro que em 1987, quando tinha sessenta anos, eu fui convidada pelo Ministério da Cultura para receber flores e felicitações pelo meu aniversário. O oficial do Partido estava lá, um sujeito bastante teatral, que se ajoelhou à minha frente quando cheguei e disse:

— Sra. Růžičková, se o título de Artista Nacional pudesse ser medido pelo dinheiro estrangeiro que obtém para a Tchecoslováquia, a senhora seria uma Artista Nacional hoje.

Tal honra seria impossível para uma não comunista na época.

Mas, depois da revolução, foi como se todos os prêmios e louvores viessem de uma só vez. Em 1989 fui nomeada Artista Nacional, e em 2002 a Supraphon me presenteou com um Disco Jubileu de Platina pela minha contribuição à gravadora. No ano seguinte, recebi o Prêmio de Mérito para o Estado nas Artes, no Castelo de Praga, entregue pelo presidente Václav Klaus, e dois meses depois me concederam o título de Cavaleira da Ordem da Arte e Literatura na residência da embaixada francesa. Em 2005, um autor tcheco escreveu um livro sobre mim chamado *Queen of the Harpsichord* (Rainha do cravo) e, em 2011, ganhei o Prêmio Charles IV, em Aachen, por uma vida dedicada ao trabalho artístico. No ano seguinte, recebi um doutorado honorário da Academia de Artes Performativas de Praga, e me tornei doutora. E também recebi o Prêmio da Cultura Tcheca quando a Supraphon lançou *Homenagem a Zuzana* — um CD com algumas das minhas gravações mais conhecidas para marcar meu aniversário de 85 anos.

Em novembro de 2013 eu recebi o Prêmio Estrela de Granada do Fundo Heritage da Boêmia no Rudolfinum, pela "contribuição contínua à cultura nacional", entregue pela cantora de ópera Cecilia Bartoli, acompanhada pelo secretário da Federação de Comunidades Judaicas e pelo prefeito de Praga. A citação dizia que eu tinha:

[...] erguido a nação por meio da arte em tempos difíceis do nosso regime anterior, e permitido acesso a Bach e a outros grandes pensadores. Isso nos permitiu compreender valores eternos e espiritualidade, e tornou as nossas vidas mais dignas.

Uma das honras que mais me agradou foi me tornar Dama da Cultura Tcheca, título que recebi em 2017 do Ministro da Cultura, Daniel Herman, no Teatro Vinohrady, durante o 11º festival anual Mene Tekel contra o totalitarismo, o mal e a violência. De acordo com a citação, eu fui reconhecida pela "postura íntegra perante a vida". Afirmaram ainda que por "sempre aderir aos seus valores morais e compartilhar seu testemunho do poder humano diante das situações mais difíceis. Zuzana Růžičková apoiou e compartilhou filosofias humanitárias, assim como os legados de gigantes da música". Eu também tive a honra de me tornar diretora honorária da Nova Sociedade de Bach de Leipzig.

É claro que me senti honrada e lisonjeada por esses e tantos outros prêmios e distinções, mas sempre achei curioso ser tão premiada por fazer algo que eu amava.

Apesar de não mais gravar ou me apresentar em público, eu estava ocupada como sempre ajudando diferentes pessoas, instituições de caridade e organizações. Descobri que era útil ser uma octogenária, pois eu tinha uma grande riqueza de memórias para recordar. As coisas acontecem em ciclos, e aos noventa anos eu já tinha visto inúmeras coisas. Se alguém mais jovem viesse me procurar com uma ideia revolucionária, eu podia dizer que já tinha vivido mudanças daquele tipo pelo menos quatro vezes e nunca acabava bem. Às vezes isso ajudava. Se a pessoa me desse ouvidos, muitas vezes ficava mais fácil formular e expressar seus pensamentos.

Depois da revolução, por exemplo, quando quatro alunos meus foram a Bruxelas para um concurso, eu expliquei como a experiência deles teria sido diferente sob o antigo regime. Eles teriam tido que procurar o ministro, passar por uma entrevista, e apenas um dos quatro seria selecionado para participar. Caso não passassem na primeira etapa da competição, teriam de voltar para casa direto, sem ficar sequer um dia a mais.

— Eu não me importaria. Ficaria até o fim da competição e voltaria depois — disse uma das minhas estudantes, uma moça interessante e vivaz.

Eu sorri.

— Muito bem, mas o que seu pai faz?

— É cirurgião.

— Bem, se você não voltasse imediatamente, ele não seria mais cirurgião. Sua família inteira seria responsabilizada pelo seu comportamento, e seu pai, sua mãe e todos os outros teriam dificuldades.

Ela ficou chocada.

O concurso Concertino de Praga de Viktor permanecia firme, e fiquei feliz por continuar participando do comitê da competição, e também do comitê da Sociedade Filarmônica de Música de Câmara. Ofereci todo o meu apoio para Aleš Březina, o jovem inteligente que Viktor designou para dirigir o Instituto Martinů e que estava compilando, anotando e promovendo com diligência o trabalho do compositor — além de compor trilhas sonoras para filmes e sua primeira ópera, baseada no julgamento da política Milada Horáková, ocorrido durante os julgamentos de fachada dos anos 1950.

Fredy Hirsch nunca se afastou muito de meus pensamentos, e um grupo de sobreviventes de Terezín decidiu fazer algo em homenagem a ele. Retomei contato com minhas amigas Dana — que tinha assumido a liderança da Iniciativa Terezín — e Zuzana, e conversamos sobre o que fazer. Eu tinha um amigo escultor que já havia produzido bustos em bronze meu e de Viktor, e ele se ofereceu para esculpir a cabeça de Fredy com base em uma fotografia, sem cobrar nada. Reunimos um grupo e realizamos uma pequena cerimônia para instalar a plaqueta no jardim memorial do gueto, e até hoje essa é a única estátua que conheço daquele jovem excepcional.

Em 1994, voltei a ser convidada a Hamburgo pelos vereadores da cidade e percorri a zona memorial das fábricas ao longo do rio Elba, onde eu e minha mãe fomos escravizadas junto com muitas outras mulheres, todos aqueles anos atrás. As construções continuam lá, com poucas alterações e ainda são usadas como depósitos de chá e café, mas agora com pequenas plaquetas para homenagear os que foram aprisionados e mortos no local. Como com qualquer viagem que volte a cenas do meu passado, a visita só trouxe memórias tristes. Enquanto estava lá, ganhei a Medalha pela Arte e Ciência da cidade de Hamburgo, e o prêmio evocava as memórias de ter estado dentro daqueles armazéns às marges do Elba sentindo um frio terrível e sendo golpeada pelo vento, com os ataques diários e os estilhaços que caíam no rio, e abrigando-me na água com os ratos. Cada prêmio trazia consigo uma atmosfera e uma memória diferentes. Quando recebi essa medalha, disse que a aceitava não apenas por mim, mas por todos que tinham sido escravizados naquele local.

Eu já tinha praticamente abandonado a docência, mas fiquei orgulhosa de ter três gerações de cravistas entre meus ex-alunos, alguns já famosos. Entre meus alunos mais notáveis, eu relacionaria Christopher Hogwood, claro, mas também Ketil Haugsand, Monika Knoblochová, Anikó Horváth, Borbála Dobozy, Giedrê Lukšaitė-Mrázková, János Sebestyén, Vojtěch Spurný, Václav Luks e Jaroslav Tůma. Às vezes professores de piano me pediam para orientar alunos em Bach, o que eu faria com prazer se tivesse tempo. Sei como é difícil começar a ser um artista, por isso tentei trabalhar tanto quanto possível com pessoas jovens, que são o futuro da música, e — como Viktor sempre dizia — o futuro deste país. Eu ensinava aos jovens que quando você se apaixona pela música, nunca mais vai se desapaixonar.

Um estudante iraniano-americano chamado Mahan Esfahani me procurou várias vezes após a morte de Viktor pedindo para ser meu aluno, mas eu recusei. Naquela época eu já estava com câncer e a quimioterapia afetava as minhas mãos e pés, que já não funcionavam direito. Eu não podia mais tocar, e disse a Mahan que estava muito velha e doente e não podia aceitar novos alunos. Então, um dia, ele veio a Praga fazer um recital de pianoforte. Mahan perguntou se poderíamos nos encontrar, mas eu estava muito ocupada. Uma hora antes do recital ele me ligou:

— Professora Růžičková, haverá um táxi esperando na frente do seu prédio em dez minutos. Além da cantata de Haydn e algumas canções, eu vou tocar uma fantasia solo, de Mozart, e as grandes variações em fá menor, de Haydn. Deixei um ingresso para a senhora na recepção. Nos vemos depois!

Admirei a ousadia dele, que me persuadiu a ir. Fui, assisti e Mahan me convenceu, especialmente depois que o ouvi interpretar as variações de Haydn.

Pouco tempo depois, eu disse a ele:

— Então está bem. Vamos tentar uma aula para ver como trabalhamos juntos.

Lembro-me de uma coisa que me conquistou de vez. Ele estava tocando uma fuga dos *48 Prelúdios e Fugas*, de Bach e eu disse que normalmente gostava de ver aquilo sendo tocado no instrumento inteiro, pois era como um drama grego no qual o herói surge no palco como um si bemol menor. De repente, Mahan perguntou:

— E quanto a Édipo?

Naquele momento, ele se tornou meu aluno. Aquilo me mostrou que ele estava pensando sobre as coisas e que tinha cultura, além de se contrapor a mim de uma maneira gentil. Gosto quando os alunos me questionam, expondo suas próprias ideias. Aquilo me fez pensar que ele seria uma boa pessoa com quem trabalhar.

Mahan é extraordinário. Faz imediatamente tudo o que eu sugiro. A coisa ressoa no mesmo instante. Um aluno não é só um aluno, é um colega, e Mahan entende como eu me sinto, especialmente quando se trata de Bach. Pode-se dizer que todos deveriam ouvir como as pessoas ouviam nos tempos de Bach, mas isso não seria realista. Eu sou uma síntese que permanece dentro do estilo de um determinado período, mas que não evita os meios modernos. Segui o caminho de Wanda Landowska, e Mahan também o segue. Quero que as pessoas compreendam Bach. Mahan mudou-se para Praga para ficar mais perto de mim, e já estamos trabalhando juntos há cinco anos. Depois de pensar que não ensinaria mais na minha idade, passei a prelibar as lições dele com muito prazer.

Foi em grande parte graças a Mahan que para comemorar o meu aniversário de noventa anos, em 2017, a Erato e a Warner Classics lançaram um conjunto de vinte CDs com minhas gravações completas de Bach para teclado. Fiquei um pouco assustada com isso, imaginando como seria a audiência depois de cinquenta anos. Se fosse fazer de novo, eu faria uma abordagem totalmente diferente, pois a gente nunca toca da mesma maneira. A gente muda como pessoa. E quando se está no palco é preciso ser rigorosamente honesto. Não é possível ser quem você era dois anos atrás, é preciso ser você hoje. Agora ouço essas gravações e penso que seria mais frívola. Acho que eu era muito pesada. É engraçado, pois quanto mais velho a gente fica, em geral vai ficando mais pesado, mas eu fui ficando mais leve.

O que mais me chama atenção ao ouvir aquelas gravações é que aqueles foram os dias mais felizes da minha vida. E mesmo hoje, quando ouço as obras completas de Bach, continuo sendo surpreendida pela grandeza de sua música, especialmente para cravo. Ainda vejo pontos que me fazem pensar: "Meu Deus, como isso é grandioso".

Felizmente, a coleção criou um entusiasmo global, auxiliada pelo lançamento de *Zuzana: Music Is Life* (Zuzana: música é vida), um documentário sobre a minha vida e obra dirigido pelo casal norte-americano Harriet e Peter Getzels e exibido no mundo todo, pelo que fico muito grata e lisonjeada. Para assinalar minha última realização, recebi uma linda carta do príncipe Charles da Inglaterra, que tinha minhas gravações de Bach e assistiu ao documentário, expressando sua admiração. E, talvez, o melhor de tudo, fui homenageada com um concerto por alguns dos meus alunos mais eminentes na Academia de Praga, que me propiciou a maior alegria, especialmente visto que alguns deles têm estado muito ocupados com suas apresentações. Eles até tocaram "Feliz aniversário" no estilo de Bach.

Apesar de minha idade e da saúde cada vez pior, continuei concordando com quase todos os pedidos de entrevistas feitos por pesquisadores, musicólogos e historiadores, alguns dos quais transmitidos pela televisão e o rádio. Também nunca deixei de conseguir um tempo para escrever cartas e cartões-postais à mão para qualquer pessoa que escrevesse a respeito da minha música. Ajudei uma jovem estudante de cravo tcheca com sua tese sobre mim, e participei de vários programas e documentários, inclusive de um filme sobre Fredy Hirsch chamado *Heaven in Auschwitz* (Paraíso em Auschwitz).

Em diversas ocasiões, fui levada à famosa sinagoga de Pinkas em Praga, onde as paredes estão inscritas com os nomes dos 78 mil judeus da Boêmia e da Morávia que pereceram na Segunda Guerra. É um lugar que me comove terrivelmente. É um lugar onde você pode ver pessoalmente como os judeus contribuíram em todos os sentidos para a cultura tcheca. O memorial foi criado e inaugurado em 1960, mas passou quase trinta anos fechado após a ocupação soviética de 1968. Foi restaurado e reinaugurado três anos depois da Revolução de Veludo, e a batalha contra inundações e umidade é contínua. No primeiro andar há uma exibição maravilhosa de imagens desenhadas pelas crianças de Terezín, muitas das quais estiveram sob meus cuidados.

A mistura de cultura judaica, tcheca e alemã com que cresci produziu tantas pessoas notáveis antes da guerra, incluindo Franz Kafka, Gustav

Mahler, Bedřich Smetana e o poeta Rilke, entre tantos outros. É claro que eu, como sobrevivente do Holocausto, sinto um profundo pesar por esse período ter sido interrompido de forma tão violenta pelos nazistas, e penso bastante em como teria sido, ou poderia ter sido, se muitos dos homens, mulheres e crianças que foram chacinados tivessem sobrevivido e continuado a contribuir para a cultura tcheca e mundial.

Existe muito sofrimento nas paredes de Pinkas. Os nomes parecem uma decoração bonita, mas cada pedaço dessa decoração é uma vida, uma perda para a humanidade que nunca mais será refeita. Todos os anos, na celebração do aniversário da libertação de Auschwitz, o Kaddish do luto é recitado para cada um dos nomes na parede. As pessoas se voluntariam para fazer isso, mesmo não sendo judias. Atores famosos aparecem para recitar todos os nomes, incluindo os de quase toda a minha família e de tantos dos meus amigos de Pilsen e Dobris — meu pai Jaroslav, meu tio Karel e sua esposa Kamila, Milošek (de nove anos), meus primos Dagmar e Hanuš, minhas tias Jiřina, Vlasta, Zdena, Hermine e Růže, meus avós Jindřich e Paula, e muitos, muitos outros.

Com muita frequência penso sobre o milagre do meu nome também não constar nessa parede.

Esses memoriais são muito importantes — primeiro para nos alertar contra quaisquer ditadores ou terroristas que possam fazer a mesma coisa de novo — ou que estejam fazendo isso agora. Em segundo lugar, para nos alertar contra coisas como a "mentira de Auschwitz" — a negação de que o Holocausto aconteceu. Quanto mais sobreviventes morrem, mais a mentira de Auschwitz vai se disseminar, pois essa é uma coisa terrível para a humanidade se recordar. Então, para mim, esses memoriais carregam grande significado.

Uma vez a TV Tcheca me levou a uma demonstração neonazista em frente à grande sinagoga de Pilsen, onde eu tive aulas quando era criança com o bondoso rabino contador de histórias, e fiquei chocada com a cena com que me deparei. Tantos jovens raivosos nas ruas, gritando e protestando contra os judeus, de uma forma que me lembrou dos nazistas. Eu fiquei furiosa. Não os confrontei porque os antifascistas o fizeram, mas saí de lá muito abalada e me questionei quando é que eles iriam aprender.

A primeira vez que me deparei com esse alarmante ressurgimento do fascismo foi em 1993, quando me pediram para participar de uma série para a televisão tcheca chamada *O espírito de uma nação*. Uma equipe de filmagem me seguiu por sete dias, registrando como eu vivia e acompanhando a minha preparação para um concerto com a obra de Viktor executada pela Orquestra de Câmara de Suk no claustro do maravilhoso Convento de Santa Agnes, em Praga. Cheguei cedo naquela noite, para me trocar em um camarim preparado especialmente para mim na igreja, mas quando entrei vi um bilhete fixado na porta. A mensagem dizia: "Você não precisa tocar hoje à noite, pois não haverá ninguém presente. Nós compramos todos os ingressos" e era assinada pela Sociedade contra os Judeus na Cultura Tcheca.

Eu fiquei pasma e perturbada, assim como todos os membros da orquestra. Não sabíamos o que fazer, nem o que aconteceria a seguir. Será que devíamos entrar, ou haveria algum tipo de manifestação? No fim, tocamos do mesmo jeito, apesar de nos sentirmos muito tensos, e acabou havendo uma boa plateia, pois várias pessoas vieram mesmo sem ter conseguido um ingresso. Toquei mal por causa do bilhete, e foi uma noite terrível para todos nós, pois não sabíamos se os manifestantes tentariam nos interromper ou fazer algo ainda pior.

No fim, o programa de televisão nem chegou a exibir o concerto, pois decidiram que isso só daria aos manifestantes a publicidade que eles desejavam. Até onde eu sei, aquela organização não perseguiu outros judeus, e fui só eu que tive esse azar.

Aprendi muito sobre antissemitismo quando os nazistas chegaram à Tchecoslováquia e li tudo o que pude sobre as suas origens. Mesmo adolescente, compreendi que o nazismo se origina da necessidade de um inimigo de outro país ou de outra raça. Na minha opinião, o antissemitismo assume três formas na República Tcheca: a religiosa — na qual os judeus são culpados por terem matado Jesus Cristo; a folclórica — na qual duendes e espíritos malignos ainda são retratados como figuras gananciosas barbudas e de nariz adunco, evocadas nos cartazes de propaganda nazista dos anos 1930; e a última e pior delas — jovens de boa família cheios de testosterona que querem ser anarquistas para ganhar importância junto a seus pares. Eles são os mais perigosos, pois costumam ser carismáticos e intelectuais e são bons em apresentar sua ideologia e infectar o grupo. Sempre me pareceu estranho que pessoas paranoicas, esquizofrênicas ou megalomaníacas exerçam uma espécie de magnetismo sobre os mais fracos. Quando surge uma pessoa com boa retórica e fala sobre como os judeus são culpados por tudo, aí começam os problemas. Essa pessoa pode nem ter sido antissemita originalmente, mas os judeus são um alvo fácil.

Se eu tenho um sonho é o de livrar o mundo do ódio e da inveja. Ódio e inveja me enchem de desespero e me dão a deprimente sensação de estar dando voltas e mais voltas para acabar no mesmo lugar, com a agressão nunca chegando a um fim. É uma visão muito pessimista e foi tema de diversas discussões que tive com o Viktor, que não acreditava que a natureza humana fosse inerentemente agressiva. Ele achava que dependia do indivíduo se opor ao mal dentro de si mesmo. Eu não tenho tanta certeza. Ainda temos um componente muito animal em nós, e matamos uns aos outros por não termos inimigos naturais.

Espero que nosso cérebro continue evoluindo, enquanto se expande, para que sejamos capazes de compartilhar nossas experiências com os jovens, para que eles não cometam os mesmos erros. Às vezes ser velha é uma coisa terrível, pois sei, com base nas minhas experiências, que poderia alertar as pessoas a não se comportarem de determinadas maneiras, se elas estivessem dispostas a ouvir. Se conseguirmos desenvolver essa habilidade, ainda haverá alguma esperança para nós. Caso contrário, não.

Certa vez li um estudo sobre os sobreviventes do Holocausto afirmando que eles se classificam em três categorias: fisicamente arruinados, mentalmente feridos ou criativos. Espero que eu esteja na última categoria, principalmente no que diz respeito a fazer a minha parte contra a ascensão do fascismo na Europa e em outros lugares, algo que me perturba profundamente. Educar a próxima geração é tão importante nesse quesito, e é importante ser tão criativo quanto possível. Sempre que vou a escolas para falar sobre o Holocausto — algo que sinto ser minha obrigação fazer —, tento envolver os alunos e tornar o Holocausto real para eles.

— Quantos de vocês têm nomes alemães? — eu pergunto.

A resposta habitual é:

— Por quê? Você quer nos culpar pela guerra?.

Eu meneio a cabeça.

— Só quero saber por que atualmente existe um partido político se autodenomina "Tchecos pela Tchecoslováquia". Então imaginem que eles cheguem ao Parlamento, se tornem influentes e determinem que qualquer pessoa com um nome alemão precisa usar uma identificação.

Em seguida eu falo sobre todas as leis de Nuremberg que baniram judeus de tantos prazeres cotidianos antes da guerra, e peço para imaginarem que têm um amigo ou parente no Partido Tchecos pela Tchecoslováquia que lhes dá permissão para desobedecer apenas uma das regras:

— Qual vocês desobedeceriam?

Os alunos começam a discutir entre eles. Será que manteriam o cachorro, ou prefeririam ir ao cinema ou andar de bonde? Eles só podiam escolher uma regra. Isso realmente os faz pensar.

Minha última pergunta para a turma é:

— Muito bem, então agora vocês receberam os seus convites e precisam ir para Terezín, mas têm a chance de pedir para alguém os esconder, ou podem entrar para a resistência para lutar. O que vocês escolheriam?

Muitos escolhem se esconder, e um número surpreendente escolhe ir para Terezín. Apenas um deles até hoje preferiu se juntar à resistência, e era uma aluna chinesa.

Quando chega a vez deles de me questionarem, alguns fazem perguntas interessantes sobre a minha atitude em relação à guerra e à minha opinião sobre os crimes cometidos durante esses conflitos. Eu sempre respondo a mesma coisa:

— Acho que os criminosos de guerra devem ser processados, independentemente do quanto estejam velhos. Ninguém perguntou a idade de pessoas como o meu avô quando elas foram perseguidas e mortas.

Veja o caso do dr. Mengele, um homem que conheci pessoalmente e que nunca expressou qualquer arrependimento depois da guerra. Ou Eichmann, que sempre teve certeza de ter feito a coisa certa. "Era a lei", ele alegou. "Eu segui as ordens que recebi." Nunca pediu desculpas e nunca demonstrou arrependimento ou culpa. Se alguém realmente se arrependesse e me explicasse por que fez o que fez, talvez eu o perdoasse — e só se tivesse de fato se arrependido. Admiro Simon Wiesenthal pelo que ele fez ao caçar nazistas. Ele não teve uma vida tranquila e deve ter encontrado muitas dificuldades, mas escolheu esse caminho.

Costumo explicar para as crianças que ainda sinto culpa por ter sobrevivido, e essa é uma das razões pelas quais decidi falar com elas.

— Muitas vezes me pergunto por que eu, e não os outros? — digo.

Eu tento pagar as minhas dívidas para com todos eles o tempo todo. Sinto que sou responsável por viver minha vida da melhor forma possível, e por nunca dizer não se alguém quiser que eu conte as minhas lembranças, e espero de alguma forma que isso vai resolver minha culpa. É uma sensação que nunca me deixa.

Elas ficam surpresas ao saber que existe um serviço especial destinado a todos os sobreviventes do Holocausto em Praga, em que voluntários vão uma vez por semana ajudá-los com suas compras e tarefas. Um ano, um jovem alemão se ofereceu para me ajudar. Eu não sabia nada sobre o passado dele, e não perguntei. Talvez ele tivesse suas razões, ou talvez tivesse parentes que fossem culpados, mas ele não falou nada. Sei que muitos voluntários nesse serviço são netos de nazistas. Esse chegou trazendo o meu almoço, e foi muito simpático, pelo que fui grata.

Acho que os alemães realmente tentaram encontrar uma forma de digerir seu passado, e acredito que isso seja uma coisa boa. Não desejo vingança, nem sentir ódio, pois essas coisas machucam mais a pessoa que odeia. Como meu pai disse à minha mãe em Terezín, a vingança pertence a Deus. Eu ainda acho que odiar alguém é, na verdade, envenenar a si mesmo. Algumas vezes cheguei a questionar o meu caráter por não odiar os alemães tanto quanto talvez devesse, mas o ódio é uma emoção muito negativa. Várias vezes me perguntaram se eu conseguia perdoar um alemão, e eu dizia que, em primeiro lugar, ele deveria pedir pelo perdão, e depois eu consideraria se tinha força para perdoá-lo. Mas eu jamais esqueceria.

Minha fé está em processo de desenvolvimento. É uma fé tímida. Sou uma judia típica, sempre perguntando para o meu Deus coisas como: "Por que isso? Por que fazer aquilo? Por que isso precisa ser assim?". Viktor tinha seu próprio Deus, e uma vez escreveu uma peça musical que chamou de seu "tímido Aleluia", mas nós sempre observamos o Shabat. Mesmo se eu esquecesse, ele me fazia acender as velas, que evocavam memórias reconfortantes da minha infância feliz, em especial da nossa família em Dobris.

Eu me revoltei contra a religião depois dos campos, mas depois encontrei certo consolo e conforto nela. Quando fui estudar em Praga, costumava ir à sinagoga só para voltar a me sentir parte de uma comunidade. Ouvir os homens cantando em hebraico me fazia pensar em meu falecido avô Leopold, com sua linda voz de barítono, e no cheiro da chalá da minha avó vindo da cozinha.

Mas é Bach quem me ensina a fé. Ele era uma espécie de místico. Não aderiu a nenhuma igreja específica quando compôs suas obras. Criou música como uma forma de protesto e paixão. Esse espírito, o espírito de Bach, sempre esteve comigo e me manteve viva. Foi a única constante em minha vida desde a infância. Desenvolvi a minha espiritualidade através da obra dele, que é transcendental. Bach é de uma ordem mais elevada. Deus está em toda parte com ele — fazendo filhos, tomando vinho, cantando, no desespero e na tristeza.

Com Bach sempre há consolo. Ele nos dá algo eterno, que transcende a experiência humana.

Ele nos dá a graça.

Bach me apoiou durante de todos os desafios que tive na vida, e continuou comigo como fonte de consolo na velhice. Devo minha vida a ele. Quando as pessoas perguntam o que ele significa para mim, eu respondo: "A música de Bach é a ordem no caos. É a beleza na feiura".

Já vi o suficiente de ambos em minha vida para saber do que estou falando.

Só posso esperar que quando eu morrer talvez as pessoas digam que eu tive uma vida boa e devolvi um pouco de beleza ao mundo com minha música.

Isso seria razão suficiente para ter sobrevivido. Além do mais, gosto de pensar que é isso que Bach gostaria que eu fizesse...

Epílogo
Zuzana: duas apreciações

Tributo de Aleš Březina,
diretor do Instituto Bohuslav Martinů, em Praga

Zuzana Růžičková foi um fenômeno. Tudo em sua vida foi notável, começando pela infância privilegiada (como diria ela), sendo filha única dos donos de uma loja de brinquedos em Pilsen, passando pela queda ao poço mais profundo da existência nos campos de concentração em Theresienstadt, Auschwitz II-Birkenau e Bergen-Belsen.

Depois, temos sua sobrevivência miraculosa e a volta ao amado piano (apesar das mãos praticamente destruídas pelas durezas nos campos), a descoberta do cravo e sua carreira internacional como "primeira-dama" desse instrumento, que ela reavivou nas salas de concerto como um algo contemporâneo, até chegar às lendárias parcerias artísticas; em especial com Václav Neumann, Josef Suk, János Starker, Pierre Fournier, Aurèle Nicolet e Jean-Pierre Rampal, e um número quase incontável de gravações, entre as quais se destaca a primeira — e ainda única — gravação das obras completas de J. S. Bach para teclado.

Tudo isso é bem conhecido sobre ela, por isso vou acrescentar apenas duas memórias pessoais da época da queda do antigo regime, quando eu a conheci pessoalmente — graças a uma colaboração e posterior amizade com seu marido, Viktor Kalabis. Na idade em que as pessoas começam, lentamente, a encerrar suas carreiras profissionais, ela se adaptou com perfeição absoluta às novas condições e se lançou com energia a uma série de novas atividades. Além de ensinar na HAMU (Faculdade de Música e Dança da Academia de Artes Performativas de Praga), prestava trabalho voluntário em diversas instituições de caridade, inclusive no conselho de artes da Sociedade de Música de Câmara da Tchecoslováquia e na presidência do Círculo de Amigos da Música. Tudo isso ao mesmo tempo em que mantinha uma carreira artística ativa. Naquela época, ela também foi afetada por problemas de fé e de saúde, principalmente a leucemia contra a qual lutou bravamente por muitos anos. Zuzana enfrentou todos esses problemas com coragem e estabeleceu um fundo de doações que apoia vários projetos interessantes de longo prazo.

No entanto, o que mais a abalou foi o falecimento de seu amado marido, em 2006. No último ano da vida de Viktor, ela parou de realizar concertos para se dedicar somente a ele. Dias após sua morte, ela me disse: "Agora eu perdi tudo, Viktorek e a música".

Não é preciso relembrar sua vida durante a guerra e no pós-guerra para constatar o quanto Zuzana era uma pessoa incrivelmente corajosa e positiva. Lembro que em 2009, no hospital Na Františku, em Praga, ela estava se sentindo cheia de energia e felicidade, apesar de estar com uma perna fraturada, e me informou que já tinha agendado 62 apresentações de obras de seu falecido marido. Com seu bom humor fino e característico, ela acrescentou:

— Agora ele está lá em cima, se divertindo, porque nem numa cama de hospital eu paro de falar disso.

Ela se dedicou tão intensamente a promover a música de Viktor que quase se esqueceu totalmente de si mesma e de seu papel na vida musical da segunda metade do século xx. Zuzana ficou surpresa e feliz ao ser lembrada em seu aniversário de noventa anos pela imprensa de vários países — principalmente nos países onde tocou regularmente nos últimos cinquenta anos — e ainda mais quando (devido à iniciativa de seu aluno Mahan Esfahani), a Warner Classics lançou uma nova edição magnificamente remasterizada e editada de suas gravações do legado completo de Bach para instrumentos de teclado. Naquela ocasião eu pude ver como foi difícil para ela passar mais de dez anos não somente sem Viktor, mas também sem uma carreira ativa como concertista, e como ficou perturbada com a ideia de que sua abordagem realmente revolucionária e não ortodoxa à interpretação da música barroca (que deu margem a muitas disputas com os protagonistas da chamada "interpretação autêntica") tivesse caído no esquecimento.

Dizendo de forma curta e grossa: ela considerava o estudo da literatura musicológica fundamental da época algo natural, mas para ela não se tratava de uma lei, ou de um manual ditando a única maneira possível de interpretar uma obra. Não reconhecia escolas que professavam dogmatismo e produziam artistas irreconhecíveis uns dos outros. O mesmo se aplicava à sua escolha de instrumento: durante toda a sua vida, Zuzana promoveu o cravo moderno e a produção contemporânea para esse instrumento, que ela lutou com sucesso para emancipar do gueto da música "antiga" e da estagnação na construção de instrumentos.

Também mandou fazer um amplificador que usava em concertos orquestrais nos grandes salões para estabelecer um equilíbrio sonoro entre o cravo solo e o restante da orquestra. Nessa abordagem, muitas vezes rotulada como "romantizada" (embora tivesse sido mais preciso chamá-la de "individual" ou "distinta"), Zuzana foi uma verdadeira rebelde. Grande parte disso veio de seu domínio do piano, o instrumento com que começou e que tocou até o fim dos anos 1950. Costumava fazer concertos de piano em paralelo à sua carreira como cravista, chegando até mesmo a se revezar entre os dois instrumentos no mesmo palco.

Zuzana nunca quis ser classificada como uma "musicista antiga", e considerava a abordagem esotérica à interpretação musical algo limitante. Gostava de comparar sua abordagem com o Shakespeare criado por Laurence Olivier, que interpretava as peças do bardo inglês de acordo com os textos e figurinos originais, mas nunca se opôs ao emprego de recursos técnicos modernos. A celebração de sua originalidade e abordagem inspiradora na ocasião de seu aniversário de noventa anos a encheu de orgulho e produziu imensa satisfação, nem tanto consigo mesma — acredito que para ela isso não fosse o mais importante —, mas como outra oportunidade de promover o cravo como um instrumento de estilo e repertório.

Para mim, a excepcionalidade de Zuzana está na combinação única de otimismo inato com uma longa vida de ceticismo adquirido. Ela foi a própria representação de uma "sobrevivente", mas sobreviver foi apenas um pré-requisito para que ela propiciasse um significado contínuo à vida. Para Zuzana, muito mais importante do que apenas sobreviver era a qualidade que uma pessoa dá à própria vida todos os dias. Nesse aspecto, ela foi e continua sendo imensamente inspiradora para todos nós que a conhecemos.

Nos anos 1960, seu famoso aluno Christopher Hogwood lhe disse que, se podíamos viajar no espaço, também poderíamos viajar no tempo. Foi uma grande honra para mim viajar junto com Zuzana neste tempo e espaço por mais de vinte anos — e uma década a menos com Viktor — e ver como ela desfrutou do amor de seus amigos. Esses amigos sorriem até hoje quando dizem seu nome, e a maioria se lembra dela como um ser humano maravilhoso.

Zuzana nos mostrou que apesar da guerra, do Holocausto e do totalitarismo comunista, é possível ter uma vida feliz e realizada.

Uma apreciação musical do último aluno de Zuzana, por Mahan Esfahani.

Eu estaria passando a impressão errada se dissesse que Zuzana Růžičková foi universalmente aclamada como a maior cravista do final do século xx. Esse retrato não é totalmente preciso. Nos anos 1990 e 2000, a reputação de Zuzana entrou numa espécie de suspensão. Ela passou a ser vista como terrivelmente fora de moda, uma relíquia de uma era passada. Acredito ser importante enfatizar isso, pois as hagiografias e tributos escritos para ela parecem ter esquecido desse ponto. De fato, quando fui estudar com Zuzana, eu fui (e ainda sou) muito desdenhado por meus colegas por ter ido em busca de um "dinossauro".

Isso teve muito a ver com o declínio do cravo como instrumento moderno sério para concertos. E quando ela começou a tocar no início dos anos 1950, havia poucos cravos tocáveis. Não estou falando dos instrumentos em museus — que não tinham condições de ser tocados em concertos nem usados para gravações, uma vez que a arte de restauração capaz de devolver a esses instrumentos a glória de seu potencial musical ainda era incipiente. No bloco soviético, o único cravo disponível era o Ammer (produzido pela família Ammer, na Alemanha Oriental desde 1927), basicamente o único existente no mundo soviético, o que provavelmente explica por que a ideia de tocar cravo ainda provoca gargalhadas na maioria dos músicos russos. Os pianistas russos, em sua maioria, consideram o cravo um "instrumento de brinquedo", como certo pianista soviético famoso me disse uma vez (num tom de voz que prefiro deixar para a sua imaginação).

A propósito, o Ammer de Zuzana — o que ela usava para se apresentar e que foi tocado por um bom número de grandes cravistas em suas visitas a Praga no período comunista — recentemente veio morar comigo em meu apartamento. Foram necessários três funcionários albaneses muito fortes (e um tcheco extra, pescado no bar local) para levantá-lo com o auxílio de correias. Cheguei a pensar que o instrumento iria matar pelo menos um deles, de tão pesado. Em comparação, dois fracotes como eu conseguem mover uma cópia histórica comparável (ainda que com algum esforço).

Esse era o Ammer dela, e suas escolhas eram limitadas. É fácil culpar aquela geração por não tocar instrumentos históricos, mas eles tinham que lidar com isso, e foi o que usaram para fazer música. Sinto um tremendo respeito por essas pessoas, pois elas foram capazes de descobrir tanto a respeito da música, mesmo com instrumentos de baixa qualidade que eram híbridos precários de antiguidade e modernidade.

Eu tinha cerca de nove anos e uma curiosidade insaciável por todas as coisas relacionadas ao cravo quando soube do nome e da reputação de Zuzana, e tenho certeza que uma das primeiras fitas cassetes de cravo que escutei deve ter sido com ela tocando as sonatas de Domenico Scarlatti — mas não posso garantir, pois a fita era emprestada da biblioteca local.

Acho que a impressão inicial que tive da música de Zuzana foi seu alto nível de autoridade. Não autoridade no sentido intimidante ou adversarial, mas a autoridade de alguém que sabe o que está fazendo e tem algo a dizer, uma autoridade que deriva da sua legitimidade da intenção sincera de compartilhar as qualidades atemporais de uma obra musical. Seu modo de tocar tinha verve e imaginação e era quase confrontativo; o tipo de música que agarra a gente pelo colarinho e diz: "Você precisa ouvir essa música especial". Era muito diferente da música de cravo que entrou em moda nos anos 1990, que em vez disso dizia: "Isso está correto, portanto você está errado se não compreender".

CEM MILAGRES 337

Até hoje, quando escuto um disco de Zuzana, o som me absorve mais do que qualquer outra coisa, talvez com exceção das gravações de Wanda Landowska, a outra grande dama do cravo, que infelizmente Zuzana nunca conseguiu conhecer.

Como professora, Zuzana não perdia tempo com brincadeiras, e era bem rigorosa. Detestava quando eu aparecia com uma lição que não estava totalmente preparada ou ao menos semimemorizada. Não deixava nada escapar durante a aula. Se você não tivesse pensado em algo do início ao fim, não dava para enganá-la nem por um segundo, e acho que a palavra que ela mais usava era *desleixado*. Ela gostava que as ideias fossem expostas com clareza, mas também valorizava a ambiguidade que até mesmo uma narrativa literária apresenta, "a beleza frágil [...] as coisas agradáveis que desaparecem com a luz da manhã", como escreveu Kazuo Ishiguro. Expressava sua insatisfação batendo um lápis na mesa e balançando a cabeça, resmungando: "Mahan, Mahan... não!". Em geral era o sinal para parar de tocar.

Sua maneira de expressar prazer era bem singular. Ela se levantava devagar e dançava levemente com a música, respirando pesadamente — esse ritual ficou bem acentuado no último ano, quando seus pulmões estavam bem fracos. Aí ela dizia: "Agora estamos fazendo algum progresso". Acho que isso foi o mais próximo que ela chegou de um elogio na minha presença. Na verdade, houve outra vez em que toquei o "Capriccio sobre a partida do irmão amado (BWV 992)", de Bach, para ela, uma das primeiras peças do compositor, com títulos programáticos para cada movimento que podem ser lidos em voz alta antes de cada parte, e depois do último movimento, o que é difícil, uma fuga virtuosística. Ela esperou alguns segundos e comentou, secamente: "Bem, você leu os títulos muito bem".

Zuzana tocava algumas composições modernas, e era capaz de falar sobre uma grande variedade de músicas. Comparações com outros repertórios e compositores surgiam inevitavelmente durante as aulas. Eu gostaria de ressaltar que isso é algo raro no mundo autocentrado dos entusiastas do cravo. Ela também gostava de falar sobre suas experiências, principalmente sobre qualquer coisa que tivesse a ver com viagens e turnês. Sendo a última cravista a ter tocado no grande concerto orquestral e no circuito de recitais na mesma escala que os pianistas de renome, Zuzana tinha cinquenta anos de experiência para compartilhar. Ela ensinava o que fazer antes de tocar em um recital se você tivesse dormido muito pouco (toque qualquer coisa *menos* a música no programa). Ensinava o que comer, o que não comer (massa e frutas tudo bem, mas nada picante). Uma vez ela disse que no caso de acabar a base (sim, artistas masculinos também usam maquiagem!), o jeito era passar só no lado direito do rosto, já que é o lado que fica virado para a plateia na maior parte do tempo. Aconselhava sobre como lidar com os fãs, o que gravar, como gravar, como não gravar, quem evitar, como lidar com as frustrações e como lidar com concertos mal tocados.

Para ser honesto, ela não falou muito comigo sobre a guerra. No começo do nosso relacionamento, eu fiz algumas perguntas a respeito, mas isso ficou de lado conforme fomos desenvolvendo um vínculo baseado na música. Em retrospectiva, percebo que essa foi uma decisão não declarada, tanto da parte dela como da minha. No último ano de nossos estudos, ela costumava sentar comigo na cozinha depois da aula do dia — que terminava em algum momento no fim da tarde — e nós abríamos uma garrafa (em geral de um bom uísque trazido por mim de algum free shop pelo qual tinha passado na semana anterior. Lembro-me com clareza de ela me ajudando a acabar com uma garrafa de um uísque japonês muito caro trazido de Tóquio) e conversávamos sobre todo tipo de coisa. Às vezes surgia o assunto dos pais dela, de sua vida com Viktor e coisas do gênero, mas nada além disso. Eu achava que ela apreciava o fato de eu não tê-la procurado só para discutir o Holocausto.

Quando comecei a estudar com Zuzana, suas mãos já estavam totalmente inutilizadas e ela tinha dificuldades até para escrever. O máximo que chegou a fazer comigo foi demonstrar certa vez a altura adequada dos dedos para tocar um trinado. Em outra ocasião, ela me mostrou, com considerável dificuldade, como frasear a abertura das variações de William Byrd em "Walsingham". E não passou disso. Eu assistia gravações de seus concertos no começo dos anos 1990 e a minha impressão é de que já naquela época suas mãos já estavam piorando. Claro que nunca me atrevi a dizer isso a ela.

Duas ou três vezes eu a vi se perder numa música e declarar melancolicamente: "Eu faria qualquer coisa para poder tocar!". Ainda assim, devo dizer que aquilo a levou a ensinar de um jeito muito diferente. Isso teve um tremendo impacto na forma como aprendi a falar sobre música.

Na minha perspectiva, Zuzana tocava cravo pois sua vida fora salva pelo instrumento. Às vezes penso nisso como uma relação de interdependência entre um instrumento negligenciado e uma pessoa traumatizada e ferida. Acredito sinceramente que o cravo deu a ela uma vida e a oportunidade de ver e vivenciar o mundo de uma maneira que teria sido inatingível para a maioria das pessoas que vivia na Tchecoslováquia pós-guerra. Zuzana conheceu muitos dos grandes músicos e compositores de sua época, e de certa forma deixou seu pai orgulhoso. Ele era o homem de quem Zuzana era mais próxima, e sobre quem só falava depois de termos tomado uma ou duas doses.

Quanto à sua paixão por Bach, cada pessoa vê algo de diferente em suas composições. Nesse sentido, ele tem uma característica divina. Todos têm uma visão completamente distinta, e, em última análise, projetam nele aquilo que querem ver. Por isso, os românticos vão querer ver o "Grande Bach", os amadores vão dizer que as interpretações de Bach nunca eram perfeitas, as feministas dirão que ele defendia os direitos das mulheres, os ateus dirão que ele era qualquer coisa menos religioso, os clérigos dirão que ele era o ápice da devoção, e assim por diante, *ad nauseam*.

Para uma pessoa pensante como Zuzana, Bach proporciona todas as razões para viver e trabalhar. Penso que ela via J. S. Bach como um homem muito "acima" de coisas como a política. Bach representa o ápice do ofício de um músico em todos os aspectos imagináveis — o aspecto emocional e os aspectos lógico e matemático estão igualmente em estado de perfeição, e de alguma forma nenhum anula o outro. Músicos que evitam Bach — e acredito que Zuzana teria concordado com isso — em geral estão evitando confrontar a si mesmos.

Seus comentários sobre Bach se tornando uma ideologia fazem referência, creio, à ideia de que os artifícios originais de Bach deveriam representar o ideal do que aspiramos como intérpretes, que é uma preocupação de algumas pessoas no movimento de interpretação histórica. Zuzana basicamente pensava que essas pessoas deveriam ir para algum canto e entreterem a si mesmas, deixando o trabalho para os profissionais — e ela não hesitava em expressar essa opinião. Em outras palavras, eu não acho que ela se importava, essencialmente, com o que Bach fez originalmente, mas sim com o que nos deixou. Não gostava da ideia de uma religião criada a partir de Bach-como-profeta.

Talvez um bom exemplo da visão que Zuzana tinha de Bach esteja na maneira como ela abordou a nossa aula quando toquei a "Suíte inglesa nº 5 em mi menor (BWV 810)", de Bach. A peça tem por volta de 25 minutos no total, não mais do que isso. É uma composição sombria, pesada, abundante em motivos angulares e espinhosos e dissonâncias ásperas, que ficava na minha consciência por horas depois de ter tocado. O quarto movimento da suíte é uma sarabanda — a mais antiga e sofisticada das danças barrocas, que originalmente veio das Américas no século XVI na forma de uma canção selvagem com passagens lascivas e movimentos velozes, que com o passar do tempo foi se tornando mais branda conforme o estilo foi adotado pelas cortes europeias, especialmente na França.

Nas mãos de Bach — leves, considerando-se que ele estava na casa dos vinte anos quando compôs essa peça — a sarabanda se torna o ponto emocional central da suíte, o momento em que Bach, o mestre da dança, está redimindo almas. As sarabandas de Bach estão entre as peças mais complexas produzidas durante toda uma vida compondo suítes para o cravo (além de outras combinações) — não apenas num nível puramente técnico, claro, mas devido ao inefável conteúdo emocional nelas, que é especialmente difícil de transpor para um instrumento que tantas pessoas desdenham por não ter potencial dinâmico ou capacidade expressiva.

Como algumas pessoas sabem, foi a sarabanda dessa suíte que Zuzana copiou para levar consigo antes de ir para Auschwitz com a mãe. Aqui eu deveria incluir um ponto a respeito das *Suítes inglesas* como um todo. Existem seis delas, e na segunda, terceira e sexta suítes, a sarabanda é acompanhada na partitura de Bach pelo que é chamado de um "duplo", ou uma espécie de variação em que o compositor essencialmente cria uma nova peça na mesma harmonia básica. É uma maneira de brincar com a memória do ouvinte da sarabanda e de tocar as nostálgicas cordas de cor. Como a primeira, quarta e quinta suítes não têm essas variações, na teoria, o intérprete fica livre para compor ou improvisar por conta própria, como faço na primeira e na quarta suítes (na verdade, de qualquer forma, a primeira já é bem adornada, mas isso não vem ao caso).

Quando levei a quinta suíte à Zuzana pela primeira vez, fui com uma variação que tinha criado para a sarabanda. Ela não explicou bem por que, mas não encarou aquilo muito bem. (Naquele momento específico eu ainda não tinha somado dois mais dois para saber que *aquela* havia sido a sarabanda copiada para Auschwitz.)

Em vez de arranjar uma desculpa extramusical para me dizer que eu estava fazendo a coisa errada, Zuzana tentou me fazer reduzir a peça a seus aspectos fundamentais, ao cerne de sua existência. Era uma coisa que ela fazia com frequência, lembrando-me que, em essência, a única evidência real que temos de como tocar a peça é a própria partitura — e por isso ela me fez tocar o mínimo para ver primeiro qual era o "tique" da peça, e depois ver onde certas notas ou acentuações caberiam antes de fazer uma interpretação da relação entre as notas. Para os mais puristas, isso seria suficiente, pois era "objetivo" e, portanto, "correto". Mas esse foi um estágio experimental nas aulas com Zuzana, e de qualquer forma ela acreditava que qualquer experimento deveria ser feito em particular antes de destrancar a verdadeira peça por dentro, que por definição *precisava* incorporar o subjetivo numa interpretação real e adulta da peça. Ela chamava a abordagem objetiva de "anti-interpretação", e acho que o termo é válido.

Os dois primeiros compassos dessa peça, em mi menor, se repetem nos dois compassos seguintes no acorde relativo de sol maior, com cadências, que são como pontuações em um texto escrito, sempre ocorrendo na parte fraca da métrica. É difícil superestimar o notável colorido conferido pela repetição do tema em sol maior, como o sol se levantando de repente para encapsular o intérprete quando a voz principal evoca as outras para se reunirem numa extensão da melodia ascendente e nostálgica nos compassos subsequentes. Na segunda metade, a voz principal realmente assume uma personalidade dominante, estabelecendo um novo tema isolado enquanto as três vozes mais graves — é uma espécie de coral, um conjunto de quatro personagens no total — cantam no fundo para a melancólica melodia acima. Bach nos leva a algumas regiões harmonicamente bem distantes nessa peça, a lugares na consciência humana muito além do pretendido por uma simples dança de corte. A volta ao tema no fim é uma das declarações mais desoladas e resignadas que conheço de Bach, concluindo na versão menor original no tom em mi.

Acho que Zuzana e eu trabalhamos nessa peça por uma hora e meia — com certeza não menos que isso. No começo, ela realmente insistiu em manter o ritmo anotado, quando as vozes eram iguais, compartilhando a desolação do tema até o fim do quarto compasso, quando ela me dizia para enfatizar a voz mais alta encurtando ligeiramente as outras vozes na cadência no meio do compasso e esperar um pouco antes da semicolcheia que levava ao terceiro compasso: "Imagine que você não consegue mais respirar, e que esse é o momento perfeito para falar o que você sente... só que você não pode na verdade dizer isso, mas pode cantar para persuadir seu companheiro a seguir em frente".

E, no fim, a coisa mais enigmática. Bach anota um sol natural agudo no último compasso. Eu o toquei e ela não disse nada sobre aquilo, de um jeito ou de outro. Mas na sua gravação da peça, Zuzana toca um sol sustenido — uma enorme diferença! Um é triste e desolado, enquanto o outro confere certa esperança. É um efeito bizarro, e nunca me satisfiz nem com um nem com outro nas interpretações desde que o ouvi. Não é exatamente o que Bach anotou. Mas Zuzana pode ter tido outras prioridades além de simplesmente se preocupar com o que Bach anotou. Eu nunca consegui entender bem.

Agradecimentos

Este livro jamais seria possível sem a querida Zuzana, que dedicou as semanas finais de sua vida a me contar sua história e garantir que eu tivesse tudo o que precisava para passá-la à posteridade. Nunca me esquecerei do tempo precioso que compartilhamos e sempre me sentirei inspirada por sua tremenda paixão e energia.

Também me sinto em débito com um grande número de pessoas e organizações cujas gentileza e generosidade de tempo, de espírito e de entusiasmo permitiram que a história de Zuzana fosse contada integralmente pela primeira vez.

Sou grata a Aleš Březina e a todos da Fundação Viktor Kalabis e Zuzana Růžičková, em Praga, por apoiar e facilitar minhas pesquisas, abrindo espaço para continuar com o projeto depois da morte de Zuzana. Aleš leu, editou e ajudou a corroborar boa parte do manuscrito, além de corrigir os muitos desconcertantes acentos e expressões em tcheco. De todas as maneiras, ele foi infalivelmente cortês e bondoso e até conseguiu que suas entrevistas com Zuzana ao longo dos anos fossem traduzidas para me ajudar.

Harriet e Peter Getzels, que lançaram o premiado documentário *Zuzana: Music is Life*, também merecem menção especial — Harriet principalmente — pela paciência infinita e por me dar a oportunidade de ver todas as transcrições, copiões e fotografias relacionados ao excelente filme que dirigiram, atualmente sendo exibido mundo afora.

A prima de Zuzana, Marie Winn, viajou até Praga para entrevistá-la em 1991, e generosamente doou as transcrições e as fitas para o Museu Memorial do Holocausto dos Estados Unidos para escritores como eu terem acesso, com sua gentil permissão.

Frank e Emily Vogl, os parentes mais próximos de Zuzana, foram uma viga mestra na vida dela e têm se dedicado a promover e preservar sua memória desde sua morte. Ela sempre falou deles com muito afeto e fiquei encantada ao conhecê-los em Washington. Sou extremamente grata pela assistência e apoio que me forneceram.

Mahan Esfahani, o último aluno de Zuzana e prodígio musical, foi um entusiasta apaixonado deste projeto desde o começo e gentilmente me forneceu uma avaliação musical criteriosa e comovente de Zuzana no epílogo.

Dagmar "Dana" Lieblová, presidente da Iniciativa Terezín, conheceu Zuzana no gueto em 1942. Elas nunca perderam o contato. Ela gentilmente concordou em ler os capítulos relacionados à guerra e corrigiu os equívocos. Foi com muita tristeza que, em vez de agradecê-la pessoalmente em março de 2018, como planejado, eu fui ao seu funeral. Sou grata à sua filha Rita McLeod por me manter totalmente informada dos distintos tributos feitos tanto a Dagmar como a Zuzana antes e desde então.

Minha tradutora e amiga Anna Pocnarová fez um excelente trabalho ao traduzir diversos documentos históricos tchecos dos arquivos para mim, bem como ler as palavras de Zuzana em voz alta. A sobrevivente do Holocausto Hana Berger-Moran também gentilmente me ajudou em algumas traduções do tcheco e do alemão. O pessoal do Museu Judaico de Praga foi eficiente e bondoso como sempre ao localizar documentos relevantes para minha pesquisa. Faço uma menção especial a Pavla Hermina Neuner, curadora da Coleção História Oral, a Daniela Bartáková, do Departamento de História de Shoa, e a Martina Šiknerová, do Departamento de Coleções.

Silvia Rathmann, arquivista de Bergen-Belsen, compartilhou seu entusiasmo por este livro desde o começo e se mostrou incansável em desencavar fotografias, cartas pessoais e documentos relativos ao período que Zuzana passou no campo. Ela também teve a gentileza de agendar com o arquivista-chefe Bernd Horstmann uma turnê guiada pelo campo, as exposições do museu e os barracões de Hohne de onde Zuzana e sua mãe foram resgatadas no fim da guerra. Ambos, Bernd e Silvia, ajudaram a dar vida a essa parte da história e os dois se prestaram gentilmente a verificar a seção de Belsen no manuscrito.

Nadia Ficara, do Museu Memorial do Holocausto dos Estados Unidos em Washington, foi prestativa como sempre com contatos e outros materiais. A cravista britânica Virginia Black gentilmente revisou os capítulos relativos a esse complexo instrumento e me corrigiu em vários pontos importantes. O construtor de instrumentos Keith Hill, do Tennessee, fez a gentileza de me explicar o funcionamento do cravo de dezesseis pés e a sintonia fina dos tons. Também sou grata a muitos músicos e jornalistas que entrevistaram Zuzana ao longo de anos e publicaram suas entrevistas on-line. Há muitos para citar, mas meus agradecimentos especiais vão para Robert Tifft e seu fantástico site jsebestyen.org, que contém a mais abrangente relação de tributos prestados a Zuzana.

Gostaria de agradecer ainda à família de Clement Morgan, o jovem médico com quem Zuzana estabeleceu uma forte ligação em Bergen-Belsen. Suas meigas cartas para ele foram guardadas e doadas às autoridades alemãs para a posteridade num ato de generosidade e visão do futuro.

Meu inimitável editor Michael Fishwick, da Bloomsbury, não poderia ter sido mais prestativo enquanto eu trabalhei e desenvolvi este manuscrito. Suas anotações editoriais escritas à mão se mostraram inestimáveis (ainda que às vezes ilegíveis!) e seu estímulo foi essencial para que eu seguisse em frente nos meus momentos de desânimo.

Laura Williams, agente literária na Greene & Heaton, me ajudou a lidar com os altos e baixos de toda essa experiência. Sou grata a ela por me apresentar este projeto e por mantê-lo nos trilhos. Também agradeço ao departamento de direitos autorais da Peters Fraser Dunlop, em especial a Laura Otal, pela competente administração dos royalties sobre as vendas deste livro em todo o mundo.

Obrigada também ao Royal Literary Fund pela pequena bolsa de pesquisa que me permitiu continuar trabalhando nesta obra quando eu poderia não ter conseguido. Finalmente, meu reconhecimento de coração ao meu marido Chris por sua paciência infinita, apoio e estímulo, enquanto eu nos fazia passar pelas agonias de me imergir em mais um livro tão envolvente. Peço desculpas pelas noites insones.

Wendy Holden

Bibliografia

Berenbaum, Michael. *Witness to the Holocaust*. Nova York: Harper Collins, 1997.

Berney, Leonard. *Liberating Belsen Concentration Camp*. Editado por John Wood, Scotts Valey: CreateSpace, 2015.

Birenbaum, Halina. *Hope is the Last to Die*. Oświęcim: Publishing House of the State Museum em Oświęcim, 1971.

Gaulle-Anthonioz, Geneviève de. *God Remained Outsid*. Londres: Souvenir Press, 1999.

Frister, Roman. *The Cap: Or The Price of a Life*. Londres: Weidenfeld & Nicholson, 1999.

Gaines, James, *Evening in the Palace of Reason*. Nova York: Fourth Estate, 2005.

Gilbert, Martin. *The Holocaust: The Jewish Tragedy*. Londres: FontanaCollins, 1986.

_____. *Never Again: A History of the Holocaust*. Nova York: Universe, 2000.

_____. *The Righteous: The Unsung Heroes of the Holocaust*. Black Swan, 2003.

Haraszti, Miklós. *The Velvet Prison: Artists Under State Socialism*. Nova York: Basic Books, 1987.

Heimann, Mary. *Czechoslovakia: The State that Failed*. New Haven: Yale University Press, 2009.

Kluger, Ruth, *Landscapes of Memory: A Holocaust Girlhood Remembered*. Londres: Bloomsbury, 2003.

Langbein, Hermann. *People in Auschwitz*. Chapel Hill-Washington: University of North Carolina Press-USHMM, 1995.

LANZMANN, Claude. *Shoah: The Complete Text of the Acclaimed Holocaust Film*. Cambridge: Da Capo Press, 1995.

LASKER-WALLFISCH, Anita. *Inherit the Truth, 1939-45: The Documented Experiences of a Survivor of Auchwitz and Belsen*. Londres: Giles de la Mare, 1996.

LENGYEL, Olga. *Five Chimneys: A woman Survivor's True Story of Auschwitz*. Chicago: Academy Chicago Publishers, 1947.

LEVI, Primo. *É isto um homem?*.Rio de Janeiro: Rocco, 2013.

LIEBLOVÁ, Dagmar. *Someone Made a Mistake, So I Am Here Now: The Dagmar Lieblová Story*. Glencoe: McLeod, 2016.

LONGERICH, Peter. *Holocaust: The Nazi Persecution and Murder of the Jews*. Oxford: Oxford University Press, 2010.

LUSTIG, Arnošt. *Night and Hope*. Evanston: Northwestern University Press, 1976.

MICHEELS, Louis J., M.D. *Doctor 117641: A Holocaust Memoir*. New Haven: Yale University Press, 1989.

MULLER, Melissa. *A Garden of Eden in Hell: The Life of Alice Herz-Sommer*. Londres: Macmillan, 2007.

PIETRASZEWSKI, Igor. *Jazz in Poland: Improvised Freedom*. Berna: Jazz under State Socialism, Peter Lang International Academic Publishers, 2012.

POSNER, Gerald L. & WARE, John. *Mengele: The Complete Story*. Lanham: Cooper Square Press, 2000.

REDLICH, Gonda (autor); FRIEDMAN, Saul F. (ed.). *The Terezín Diary of Gonda Redlich*. Lexington: University Press of Kentucky, 1992.

SMITH, Lyn. *Forgotten Voices of the Holocaust*. Londres: Ebury Press, 2005.

SOLZHENITSYN, Aleksandr. *Um dia na vida de Ivan Denisovich*. Rio de Janeiro: Sextante, 2012.

SOMMER, Mark. *Living in freedom: The New Prague*. São Francisco: Mercury House, 1992.

VRBA, Rudolf. *I Escaped from Auschwitz*. Londres: Robson Books, 2006.

WEIL, Jiří. *Mendelssohn is on the Roof*. Londres: Daunt Books, 2011.

_____. *Life with a Star*. Londres: Daunt Books, 2012.

WHITWORTH, Wendy. *Survival: Holocaust Survivors Tell Their Story*. Retford: Quill Press, 2003.

WIESEL, Elie. *The Town Beyond the Wall*. Nova York: Schocken Books, 1982.

WINSTONE, Martin. *The Holocaust Sites of Europe*. Londres: I. B. Tauris, 2010.

WOLFF, Christoph. *Johann Sebastian Bach: The Learned Musician*. Oxford: Oxford University Press, 2000.

Zuzana: Music is Life. Direção: Getzels, Peter e Harriet. Produção: Getzels Gordon Productions. Edição: Catherine Shields. Cinematografia: Tony Miller. Elenco: Zuzana Růžičková. Filmdisposition Wessel, 2017. 1 filme (86 min), son., color , documentário. Disponível em: <www.zuzanathemovie.com>. Acesso em: 17 jan. 2020.

Zygmuntowicz, Itka & Goss, Jennifer. *Remember, My Child*. Scotts Valey: CreateSpace, 2016.

ESTE LIVRO, COMPOSTO NA FONTE FAIRFIELD,
FOI IMPRESSO EM PAPEL POLÉN SOFT 70G/M² NA BMF,
SÃO PAULO, SETEMBRO DE 2020.